U0094463

JIANG JIESHI
DE
JIASHI
YU
GUOSHI .

蒋介石的
家事
与
国事

王晓华 等著

团结出版社

图书在版编目（ＣＩＰ）数据

蒋介石的家事与国事／王晓华等著．—北京： 团
结出版社，2010.5（2023.8 重印）
ISBN 978-7-5126-0098-0

Ⅰ．①蒋… Ⅱ．①王… Ⅲ．①蒋介石（1887～1975）
－生平事迹 Ⅳ．① K827=7

中国版本图书馆 CIP 数据核字 (2010) 第 076858 号

出　版：团结出版社
　　　　（北京市东城区东皇城根南街 84 号　邮编：100006）
电　话：（010）65228880　65244790（出版社）
　　　　（010）65238766　85113874　65133603（发行部）
　　　　（010）65133603（邮购）
网　址：http://www.tjpress.com
E-mail：zb65244790@vip.163.com
　　　　tjcbsfxb@163.com（发行部邮购）
经　销：全国新华书店
印　装：三河市东方印刷有限公司

开　本：170mm×240mm　16 开
印　张：25
字　数：356 千字
版　次：2010 年 5 月　第 1 版
印　次：2023 年 8 月　第 2 次印刷

书　号：978-7-5126-0098-0
定　价：78.00 元

序　言

在近代中国变幻纷繁多彩的历史舞台上，蒋介石扮演了什么角色？是伟人抑或独夫，其历史功罪，向来评说民国史者，褒贬不一。近来虽有一些蒋介石传记问世，但详略不同，史料不足，评论也异。现王晓华、张庆军等撰写的《蒋介石的家事与国事》，在大量图书报刊档案资料的基础上，融会提炼，从不同角度多侧面地反映了蒋介石的形象。

《蒋介石的家事与国事》，有家庭、婚姻、思想、外交、军事、权术种种。其中"家庭篇"的"蒋氏谱牒与郑发其人"，客观地反映了蒋介石的身世；蒋介石的"经纬之情"，则显现出他对经国的严求、纬国的亲昵，揭示了其寄重任于经国的希望。"婚姻篇"，则显示了蒋介石与妻妾们的感情纠葛、陈洁如其人其事，并指出《陈洁如回忆录》是一部伪作。"思想篇"，既呈现出蒋介石的主观唯心主义的本体论、认识观，又揭露其对辩证唯物主义的错误批判和对中国社会的片面认识，并展现了他与基督教的关系。"外交篇"，显示出蒋介石对苏关系的失策；同时，还揭示了他的"夫人外交"路线。"权术篇"，则显现了一个在政治上玩弄权术"深藏不露"，"大权独揽，唯我是尊"和"举贤用不肖"，"裁抑权贵，玩弄平衡"，"扶植太子，继承大位"的蒋介石。此外，笔者还重点反映了蒋介石的"帅才"，如怎样打败孙传芳，如何收拾西北军，如何在中原大战中获胜，如何指挥五次"围剿"，如何适时地谋划"以空间换时间"的持久抗战方略，如何指挥"徐蚌会战"等等。这些篇章，基本构成了蒋介石一生的素描。

作者在笔下显现出来的蒋介石，从身世、婚恋、父子情到"亦憎亦恋、难舍难弃的乡情"；从主观唯心主义思想认识到其"安内"用兵、运用权术、独揽大权、"传大位"，形象栩栩如生，是一个有骨、有血、有肉、有个性特点的蒋介石。在写作方法上，作者不落前人窠臼，敢于创新，采用电影特写镜头的技艺，重点"扫描"了蒋介石几个主要不同的侧面，文字生动，便于人们认识蒋介石的历史面目，是一部寓历史科学性于可读性之中的成功之作。

书成，作者嘱我为序。我对蒋介石素乏深入系统的研究，难有中肯之言，但为了互策互励，特书数语，希望在蒋介石研究上，在中华民国史研究方面，各尽绵薄，做出新的奉献。是为序。

方庆秋

1994 年 7 月 7 日

再版序言

看到方庆秋先生的序言，颇多感慨。写序的时间是 1994 年 7 月 7 日。转瞬十六年过去了，由是想起"树犹如此人何以堪"的古话。

这本书原名叫《多棱镜下的蒋介石》，写于 1993 年。1995 年 1 月由南京大学出版社出版。但上了江苏省新华书店的畅销榜不久，由于种种原因被撤下柜台。

不久，台湾先智出版事业有限公司在 1995 年 12 月出版是书，换了个书名叫《蒋介石的六面谜云》。

近年各种各样的蒋介石的传记、文章层出不穷地涌现出来，各种新史料、新研究成果也陆续呈现出来。

与此相比，这本雪藏颇久的旧书再版会有什么价值？

不错，这也是作者要回答的问题。

首先是本书的观点，至今仍有独特之处。例如蒋介石的恋母情结，蒋介石与经国、纬国两子的关系，蒋纬国的亲生母亲重松金子等等，作者根据档案材料，提出自己的观点，而至今未有后来者提及。

其次是本书的史料价值。该书披露了不少重要的史料，比如陈洁如给好友朱逸民的 45 封信。陈洁如曾经顶着蒋总司令夫人的头衔出国留学，但她前脚离开，后脚蒋介石就另觅新欢，陈洁如是带着怎样的心情在美国的？在她眼里的蒋介石又是什么形象？书中有丰富的信函材料说明这个问题。

而有些新近出版的描写蒋介石及其家庭的著作存在史料不严导致内容有

误的情况，比如 2009 年由中国大百科全书出版社出版的《蒋纬国口述》，其中提到对《陈洁如回忆录》的质疑，他认为回忆录是伪作，证据是书中蒋介石和两个孩子在一起的照片有问题，将陈铣夫、陈甘夫当成蒋经国和蒋纬国，而陈洁如是不会犯这样的低级错误的；另外还有一条理由是蒋纬国说过他十岁时在广州认识陈洁如的，而回忆录则称陈洁如在蒋纬国六岁时就见过，由此说明该书是伪作。其实，在这个问题上恰恰就是蒋纬国出了记忆的偏差。本书的编者引用蒋介石 1921 年的日记证实：陈洁如的确是在蒋纬国六岁时第一次看到他并和他一起玩；同时又从学术角度研究《陈洁如回忆录》，从九个方面，用无可辩驳的论据证明《陈洁如回忆录》是一部伪作。此外，作者根据大量的蒋介石日记分析蒋介石思想的形成，其与家庭、妻妾之间的关系等等，还是具有相当大的研究价值的。总而言之，书中大量引用的档案原件对读者了解蒋介石这个人是有帮助的。

对于史学界长期争论的蒋介石是不是郑三发子的问题，作者也从蒋介石日记透露的信息对此问题重新加以论证，相信读者看后也会有自己的看法。

综上所述，该书引用的史料仍能为蒋介石研究者或对蒋介石感兴趣的人提供很多的帮助。同时，该书在蒋介石哲学思想、外交思想、军事思想等方面也都不乏独到的见解。

总之，该书是由中国第二历史档案馆的研究员和对民国史了解透彻的教授共同完成的，而他们所引用的档案材料是外单位所无法接触到的，除非到中国台湾和美国一些特殊机构才能看到。从这个意义上说，目前一些关于蒋介石的研究成果，早在十几年前本书即已经有了雏形，只不过因某种原因本书作者暂时终止了继续深入地研究。

团结出版社的张阳独具慧眼，使该书重新出版，并改名《蒋介石的家事与国事》，这个书名更切题，也更能反映该书的内容。在本书付梓之际，一并提出感谢。

王晓华

2010 年于金陵

目 录

家庭篇

蒋介石是神？是鬼？是人？

好像中国的"老白干"掺法国的"人头马"，难以品尝。

据一位台湾人士说："1975 年 4 月 5 日，老'总统'归天，霎时台岛电闪雷鸣，暴雨倾盆。老'总统'不是神，自然界何能出现如此惊人的变异？"

祖国大陆在改革开放以前，众口一词，无不呼蒋介石为"人民公敌蒋该死"。那时，在人民心中，曾经统治中国 22 年的蒋委员长又成了鬼。

苏轼千古绝唱："大江东去，浪淘尽，千古风流人物。"

1945 年 10 月，国共两党领袖坐在一张桌前共同磋商抗日战争胜利后的中国命运，签订了"双十协定"。当时报刊发表了毛泽东 1936 年填写的《沁园春·雪》，该词下半阕云：

惜秦皇汉武，略输文采；唐宗宋祖，稍逊风骚，一代天骄，成吉思汗，只识弯弓射大雕。俱往矣，数风流人物，还看今朝！

当时词中所指"风流人物"，是否包含掌握中华民族未来前途命运的国共两党最高领导人呢？不然何以选在这个独特的背景下发表？

蒋介石要独裁，内战爆发。"钟山风雨起苍黄，百万雄师过大江"，蒋介石无可奈何，逃到海岛上去了。而"反攻大陆"早成留在壁上的遗迹。尽管如此，一部中国现代历史，只写毛泽东，不书蒋介石，显欠完整。应该承认，他们都是人物，而毛泽东是"风流人物"。

既然，承认蒋介石是个人物，那么，在重论蒋介石时，我们就从一个普通家族细说从头。

以上这些，只能算"破题"罢了。

1. 蒋氏谱牒与郑发其人

国民党正史论及蒋介石家世时，都要说："蒋介石世代浙人，祖居奉化溪口。蒋介石曾祖父名祁增，字怀盛；祖父名斯千，字玉表；父名肇聪，字肃庵，明火；肃庵生二子，长子周康，即蒋锡侯，次子瑞元，即蒋中正。蒋家从玉表公时从商，经营玉泰盐店，后由蒋肇聪接办。他先后娶妻徐氏、孙氏、王氏。徐氏生子锡侯、生女瑞春，后故亡；孙氏亦亡，无后；蒋介石其母王采玉，为浙江嵊县葛竹村有则公次女也，嫁与肇聪填房，生子瑞元、瑞青，生女瑞莲。"来龙去脉，清清楚楚，不容怀疑。

从抗日战争时期就流传着一则小道消息，一位河南许昌乡下的"土老帽"，异想天开，千里寻亲，一路要饭到陪都重庆，冒死硬闯九重，认定全国最高领袖蒋委员长是其失散多年的胞弟。一个浙江的谱牒与一个中原的血统，究竟有什么联系？

若想猜得几分这里的奥妙，就要从郑发给蒋介石的两封信说起。

不少野史、歪史，腌臜蒋委员长，都要细说"郑三发子"。尤其是唐人先生的八卷本《金陵春梦》，妙笔生花，

少年时代的蒋介石

洋洋洒洒，把蒋介石糟蹋成一个"拖油瓶"的小叫花子。该书描述，光绪年间，王采玉先嫁给河南许州繁城镇后郑庄一位郑姓农民，生有三子，即大儿

郑绍发、二儿郑二发与三儿郑三发，三发就是后来的蒋介石。郑家世代务农，老实巴交，唯有三发子好吃懒做，不务正业，唯其母采玉偏爱三发子。日子虽然清苦，倒也过得去。迨至清光绪十八年（1892年），许州一带闹了大灾荒，赤地千里，寸草不生。夫妻本是同林鸟，大难来了各自飞。为了活命，郑氏农民与妻子各带一个孩子去逃荒。蒋介石的母亲带着六岁的"三发子"，要饭到了开封，后经人介绍，给一位姓蒋的师爷当奶妈，乃至做了填房。后来一起随蒋师爷回到浙江奉化溪口镇。蒋介石发迹后，自然不愿意提起这一板儿，于是学前人一样去寻一个显赫的祖宗。

战国时期，楚国政治家、大诗人屈原在著名的楚辞《离骚》的开头就这样写："帝高阳之苗裔兮，朕皇考曰伯庸。"

楚为上古帝王颛顼氏之后代，颛顼在得天下时称高阳帝，因此，在《离骚》一开头，屈原说："我是古帝王高阳氏的后代子孙，我的父亲（皇考：皇为大、美，父死曰考）字叫伯庸。"这可能是最早的吹捧祖先家世的例子了。

1921年，蒋介石在孙中山领导的广州革命政府中已有了一席之位。他为了掩饰自己家世中的隐情，也学做古贤先哲的样子，翻来奉化县的蒋氏家谱，去找体面的祖宗。

据蒋介石考证：蒋姓其先出自周公第三子伯龄。东汉时有蒋澄者，封函亭侯，其墓在宜兴。蒋澄后人，晋时迁台州。到蒋介石时已是第二十八代。

蒋介石认为（1921年12月4日日记）：

　　吾蒋氏在唐代由台州迁奉。楼隘或即俗呼楼岙者便是之。蒋浚明公，官至金紫大夫，即此派也。其墓在三岭山，子璿与玖祔葬。摩诃蒋宗霸公，世传为吾祖。谱中所称为必大公者是也。当五季之周，其居三岭，与岳林寺之弥勒相友善，亦近情理。唯由常州丹阳来之说不可考。据谢山全氏云：由昆陵迁来者为蒋猷氏，与蒋浚明别为一派。则吾祖自台州迁来者，而非昆陵一派审矣。

但有关"郑发"寻亲又是怎么回事呢？

1946 年 12 月初，北方已是地冻天寒，雨雪交加，而在南京城里，依然是深秋景象，木叶萧萧，透着瑟瑟的冷风。城南的秦淮河畔，当月上东山之时，河中画舫，岸上灯火，相互辉映，一派歌舞升平的景象。"朱门酒肉臭，路有冻死骨。"富者自在享乐，花天酒地；贫民饥啼号寒，沿街乞讨，形成鲜明的对比。

水西门内升州路糯米巷 15 号，座落着一幢旧式老宅，这里是河南同乡会馆。当时各地都有同乡会馆，主要为接待同乡的食宿及帮一些小忙。掌灯时分，从外面来了一位六十多岁的操河南许昌口音的老头，他穿了件大襟粗布棉袄、甩裆掖腰棉裤，掮着个布包袱。后来，有个河南老乡寄凡先生回忆曾见到此人的情景时说："从他满面皱纹上看来，就可以知道他过去的岁月是挣扎在艰难困苦之中，一个姓张的为他介绍说'这是郑老先生'。老头子显得非常慈祥，两只明亮的眼睛，一撮小胡子，骨架、轮廓都非常像蒋介石，唯一不同的就是他脸上的皱纹，黝黑的肤色，臃肿的身态和已经成了弓字形的背脊。"①

这就是郑发。他专程来南京的目的，是要和国民政府主席蒋中正见上一面。

后来，在南京的中国第二历史档案馆里保存了一宗档案，就是当年郑发写给蒋介石要求接见的两封信。

第一封信由国民政府职员高桂南登记，文件号为"总收文京府字第15517 号"，内容如下：

主席钧鉴：

敬禀者窃郑发，年六十二岁，原籍河南许昌灵沟镇人。于清光绪二十五

---

① 李敖著：《蒋介石研究》第四集，台湾华文出版社，第 57—58 页。

年（1899年——笔者注），曾在开封郑老师福安馆内求学时，与主席系属同学，别后数十年始终不克一晤（函）。民国十八年秋，承蒙主席昭见，因发离家未遇，殊觉怅然。发分别来京，晋谒无门。同学敬请。

崇安

民人郑发　拜启

此信寄出后不久，郑老头受到"大内总管"、国民政府秘书长吴鼎昌的接见，安抚一番，给些法币，郑发便回许昌去了。

问题是民国十八年秋天，蒋介石是否在许昌呢？查蒋介石日记：1929年11月3日　星期六　晴"……今晨八时由郾城出发，十一时到许昌会各将领，分派任务，决定计划，派员到巩（县）告孟潇（唐生智）速行总攻击也。下午入许昌城县署，此为曹孟德旧都，而今已不成都矣。"直到11月22日才离开，"昨夜由郑州回许昌，今晨会见各部长，处置完毕。十时后由许昌开车南旋……"原来这一时期，即郑发说的民国十八年秋天，蒋介石真在许昌逗留过。难怪郑发记性好，十八年后还记得那么清楚，蒋介石召见郑发，可是郑发偏偏不在，蒋介石要见一个乡下人干什么呢？蒋介石日记中没说，郑发也不便说。

至于郑老师福安是何许人呢？原来就是郑发的父亲。这也是暗示郑发与蒋介石之间的关系。

1948年初夏光景，郑发又从许昌来到南京，还是住升州路糯米巷15号河南同乡会馆，此次大约住了不少时间，这与河南同乡寄凡所回忆的时间同属一个季节。寄凡先生民国三十七年（即1948年）暑假从上海到南京也住在河南会馆中。他听郑老先生说起寻找蒋介石的情形："……我去重庆找他，没有见他，那个姓戴（戴笠）的派了四个人陪着我，不准我这，不准我那，我受不了，民国三十五年（即1946年）间便回家了，这些年间的家乡情形你是知道的，天灾人祸生活困难，来南京也没有见到他，唉！"

郑发要求蒋介石召见的第二封信，是 1948 年 5 月 23 日写就，此时蒋介石刚就任中华民国总统不久，此信由总统府职员童子敬登记，收文号为"总字第 326 号"，全文如下：

大总统钧鉴：

敬禀者，窃发，年六十四岁。原籍河南许昌灵沟镇人，于清光绪二十五年曾于开封郑老师馆内求学时，与总座同学。别后，数十年始终未克一晤。至三十五年，发奔至南京，蒙总座派秘书长吴鼎昌召见，心感莫忘。发今再来京，因许昌共匪扰乱，寻获郑发等语，迫不得已，发不顾生死，星夜奔至南京，以避危险，专呈一函，恳求总座恩准召见，以解数十年渴望，幸得一见，感戴之至。肃此，敬请。

崇安

步兵少校　郑发鞠躬

五月二十三日

以上两封信是 20 世纪 60 年代有关部门在蒋介石"总统府"的一个文件柜中发现的，当时即转交南京中国第二历史档案馆，档案号为（一）①4338。

从郑发给蒋介石的两封信内容看，郑蒋之间的确有一种难言的隐情与关系。郑发在信中一再暗示清光绪二十五年时，两人同在开封郑老师福安馆内读书；而蒋介石对此亦心领神会。郑发看来是有些头脑的，多次碰壁后，他不再到处称是"委员长的胞兄"了，他是心有余悸的：

1941 年，正是抗日战争的艰苦年头。蒋介石因国事正焦头烂额，这时，在重庆较场口附近的河南同乡会内，来了一位乡下农民打扮的老汉叫郑发，他逢人便吆喝是"蒋委员长的亲哥"。河南籍军人郜子举（军长、补训处处长）、李肖庭（军委会参议）以及蔡芷生（国民参政会参政员）给郑发出主意，但不敢代其上报。重庆的"河南同乡会在一块低洼地，从楼房到街上，须爬一个小坡。郑发走上小坡时，从楼上看其背像，与蒋介石十分相仿。他的身段动作，也有许多地方酷似蒋介石，而且他为人忠厚老实，不像虚夸浮冒、招摇撞骗之流。因此，邰、李等人都确信他是蒋介石的胞兄"。①

　　这位口没遮拦的郑大爷到处张扬，使蒋介石大为恼火，他手下军统的戴笠派人将郑老头软禁起来。这件事有张仲鲁、李延朗等人的回忆录证明；唐人在《关于〈金陵春梦〉及其他》一文中说："是 1949 年冬天，有一位真正的蒋介石侍从室侍卫官退休来港，寻亲访友，希望'叶落归根'，并且很快获得批准。他回乡之前用'八行笺'写下了一些有关蒋的情况，内中有五页是记载抗战时他奉蒋之命，在重庆监视蒋的长兄郑绍发的经过。由于事隔 30 年，已记不起这五页'八行笺'由友人送给我的经过了。"唐人据此撰写了《金陵春梦》第一集《郑三发子》。

蒋介石曾任过校长的武岭学校

①　张仲鲁：《关于蒋介石家世的一些传闻》，见《蒋介石家世》，台湾跃升文化事业有限公司出版。

张仲鲁、李延朗、唐人的回忆和创作，将蒋介石的身世问题搞得沸沸扬扬。于是河南人坚持说老蒋是许昌人；浙江人便矢口否认，最先是一些曾经得到过蒋介石恩惠的人，如武岭中学（该校是蒋介石创办的）第一任校长张明镐，蒋介石的内亲毛懋卿、孙表卿及汪日章、唐瑞福、蒋小品等人一致认为，此事是子虚乌有，纯属胡说八道。

可是到了华国锋当政的年代，大赦天下，一批战犯、特务头子经过二十多年的改造，走出了监狱，有些军政人员因了解故国内幕，又成为吃得开的人物。有一个叫沈醉的大特务，撰述了不少鲜为人知的军统内部情况，于是关于蒋介石当年怎样软禁郑发的内幕，又得以曝光。沈醉在《我所知道的戴笠》一文中回忆：

当时在重庆曾经闹得满城风雨，许多人都听到过的一件新闻：蒋介石的亲哥哥郑发从河南到重庆找蒋介石，而蒋介石不认亲兄的丑事，便是由戴笠一手来替他处理的。蒋介石随母下堂到蒋家当"拖油瓶"之前，他母亲所生的大儿子仍然留在河南郑家。几十年后，他的大哥弄清了这一底细，想到重庆见见这位当了委员长的同胞弟弟，叙一下骨肉之情，蒋介石哪肯承认有一个异姓的乡下土老儿是自己的亲哥哥，不但不接见，并立即叫戴笠来处理这一件大不韪的"冒充领袖亲兄案"。当戴笠派特务把这位老头抓去亲自进行了一番询问之后，不用说，一看面孔身材，完全像是一母所生，而所答的一切都是确确实实有根有据。这样，当然不敢公开严办，而一向标榜奉母至孝的蒋介石，也不便无端地叫部下杀害亲骨肉。最后只好听从戴笠贡献的两全之策，将这位哥哥交戴笠软禁在军统局望龙门两湖会馆的看守所里，不久又移住在磁器口缫丝厂，不准人和他接近，免得被外国记者知道了宣扬出去。我多次去看过这个老头，他一谈起这件事，便滔滔不绝地叫冤，希望蒋介石不承认就算了，快点让他回家去。以后戴笠便禁止军统特务去和这人谈话，怕不留心传开出来，便把他送往息烽软禁了几年。抗战胜利后，还是把他送回去了。

沈醉是戴笠手下的红人，因此，他的回忆是可靠的。

郑发正是有在重庆贸然认弟的"前科"，才被软禁了几年，因此，他总结以往的教训后，便识相地声称：与蒋介石只是在开封的同学。蒋介石毕竟还是个有血有肉的男儿，在杀也不是关也不是的情况下，决定安抚郑发，只要堵住他的嘴，让他生活无虞，打发走算了。因此，蒋介石特派国民政府秘书长吴鼎昌接见郑发，在如此这般的安排下，郑发回到河南省府开封后，省主席刘茂恩交代手下，给他个"步兵少校"虚衔，因此，在1948年5月，郑发再回金陵时，给蒋总统的信后特地落款"步兵少校郑发"。言下之意，你交代的事情下面都安排了，我原不打算再来烦你了，可是共军要抓我，生活困难，于是我又来了。

蒋介石自始至终未见郑发，是否认，还是默许这位"胞兄"存在呢？

如果否认，很简单，派特务找个地方把他崩掉算了，杀人灭口嘛；要不在报端发个启事辟谣。1927年9月，蒋介石已准备与宋美龄结婚，但知情人纷纷说蒋介石家中有老婆。蒋介石只好在《申报》上发表《蒋中正申明》，进行辩解：

"各同志对于中正家事多有来书质疑者……特奉告如下：民国十年元配毛氏与中正正式离婚，其他二氏（系指姚冶诚、陈洁如）本无婚约，现已与中正脱离关系，现在除家有二子外，未有妻女，惟传闻失实，易滋淆惑，专此奉复。"

当时陈洁如是头戴"国民革命军蒋总司令夫人"的桂冠去美国留学的，而且国民党驻美国领事馆亦按一定的规格进行接待。但蒋介石抓住无婚约为由，否认陈洁如是他正式妻子，而且搞了个文字游戏，即"现在除家有二子外，未有妻女"，潜台词意为：虽然很多人知道在外留学的陈洁如依然是蒋中正的妻子，但家中的确没有，这是蒋介石否认有妻女的一个高招。但此声明发表，也证明蒋介石喜新厌旧，斩断了与陈洁如的情缘。现在又冒出"大哥"，照样可以否认，秘密干掉，就死无对证了。蒋介石之所以不杀郑发而

派吴鼎昌接见，许以虚衔，证明了蒋介石是念手足情分的。而河南大哥也很
"义气"，从此只喊"同学"，不再叫"兄弟"了。如果不这样解释，蒋介石
派秘书长召见一个"土鳖"，又让"乡里老大"当少校、拿少校军饷该怎么
解释呢？

　　可见，唐人等人的故事并非虚构，都是有史实根据的。问题出在唐人的
渲染过分了，掺的水分太多，浙江人对虚构之处进行大肆抨击，攻击一点，
不及其余，一口咬定蒋介石是浙江人，绝不可能是河南人。其实，如果不是
发展旅游事业，蒋介石是哪里人都无所谓，公说公有理，婆说婆有理。一位
浙江籍现代文学史上有名的人物鲁迅在《阿Q正传》中，形容阿Q因头上
无发，后来引申到发亮、发光等等都要发怒。因此，在这个问题上该是什么
就是什么，也不应该像阿Q那样忌讳才好。河南人与湖北人为争名人诸葛亮
的隆中，也是撕撕拽拽，纠缠不清。后来清代南阳知府顾嘉蘅在南阳诸葛亮
隆中故居前，写下一副对联很有意思：

　　功在朝廷，原无分先主后主；
　　名高天下，何必辨襄阳南阳。

　　这才是浙江人与河南人应持的态度，说得清的史实很多，但搞不清的公
案也不少。近来有许昌人亦准备修复灵沟镇的所谓"蒋介石故居"，这是件
好事，起码蒋介石已不被人们大加挞伐了，成了大家的同乡了。河南、浙江
都纪念他，说明蒋介石是一位真正的"人物"。

　　史学专家李敖先生总结了正反两方面关于蒋介石出身的文章后，采用
社会学的方法进行分析，据民国"司法部"修订的法律及各省区司法机关的
《民商事习惯调查报告录》中，民国时期浙江省奉化县关于亲属继承习惯上
有如下规定：

　　（1）该项习惯之实例及沿革：奉邑习俗，妇人未亡，遗有子女，并无财

产，难以度活者，得将其身典与他人为妻妾，年老或家贫乏嗣之人，艰于婚娶，即典此项寡妇为妻妾。典期以 10 年或 8 年为限。（并无一定期限，系当事人于立典时双方合议所定）限内所生子女，认为所典人之子女，限满将典约解除，此等人子女大抵仍居前夫家者居多，所典人给予典妻财物，亦于约内载明每年银若干元，谷若干石，其数极微，仿佛津贴相似，并不负担全份之家用，其沿革已不可考矣。

（2）该项习惯之通行地域及效力：典妻习惯浙省台金衢温处各属皆有，唯他处典妻之原因，率以无力顾养者为多，奉化则十九以夫死而有子女（如无子女即完全再醮）难以自存者，始典与人为妻妾，其效力如典妻。于典期内生子有同一分析财产权，如所典人无子，该子即取得嫡庶子身份权入嗣登谱，并取得全份遗产，族中无反对之者……

根据奉化县这一习惯，李敖先生认为："王太夫人（王采玉）之于蒋肃庵，根本就是'典妻'身份；而蒋介石本人，则是'夫死而有子女难以自存'下的'拖油瓶'。"[①] 因此，蒋介石就是郑三发子。

这是目前所能看到的最令人信服的结论了。

至于 1949 年后，郑发矢口否认他去重庆、南京找过蒋介石的经历，道理很简单，在特定的政治环境下，他成了国共双方都不讨喜的角色。国民党整他是因为他"冒充"蒋介石的胞兄，搞得委员长十分狼狈，郑发因此倒霉活该！共产党治他，因为他是人民公敌"蒋该死"的"哥哥"，即便他是平民百姓，祸连九族，理应该治。是同一个原因造成了郑发人生最大的不幸，他一生都在尴尬中生活，到死难以瞑目的悲剧原因正在于此。

---

① 李敖：《蒋介石研究》第四集。

2. 俄狄浦斯情结 —— 蒋介石的恋母症

古希腊三大悲剧家之一的索福克勒斯在公元前 400 年左右，创作了不朽的戏剧诗《俄狄浦斯王》。索福克勒斯的笔下，哀婉动人地描述了一个悲剧故事。

忒拜城国王拉伊俄斯乏嗣，去问阿波罗神他是否能有儿子。阿波罗说："你会有一个儿子，但这个孩子会弑父娶母。"果然，他的王后伊俄卡斯达生了个儿子，国王命人用钉子钉住婴儿的双脚，并要把他弄死。仆人可怜这个辜的孩子，将他送给牧人，后辗转送到科任托斯的国王波吕波斯和王后墨洛珀处，两人为孩子起名俄狄浦斯。后来，俄狄浦斯无意中听说自己不是国王的亲子，便去问阿波罗。阿波罗只说他会弑父娶母。俄狄浦斯便外出流浪，路遇生父拉伊俄斯，双方冲突，俄狄浦斯竟把他打死了。

此时忒拜城面临更大的灾难，一个人面狮身的妖怪给全城出了一道谜语，答不出来的人都要被其吃掉。

谜语是：什么动物有时四只脚，有时两只脚，有时三只脚？

俄狄浦斯流浪至此，对妖怪说：人出生时为四只脚，长大后为两只脚，年老加拐杖为三只脚。

妖怪听完便自杀了，忒拜人遂立俄狄浦斯为王，他娶了王后伊俄卡斯达为妻，生下二子二女。后来，忒拜城发生瘟疫，阿波罗说，只有清查出弑父娶母的恶人，城邦才可免除灾难。俄狄浦斯下令追查，当找到当年的仆人与牧人后，真相大白，俄狄浦斯发现正是自己不知不觉间竟犯了这双重大罪，于是自刺双眼而失明，并自行放逐。

当戏剧即将进入高潮时，剧情像剥笋一样层层揭开，一个可怕而又最不想见到的谜底就要出现时，王后伊俄卡斯达已预感到情况不妙。在该戏剧诗第 973 行这样描写道：

伊俄卡斯达：现在别再把这件事放在心上了。

俄狄浦斯：难道我不害怕玷污我母亲的床榻吗？

伊俄卡斯达：偶然控制着我们，未来的事又看不清楚，我们为什么惧怕呢？最好尽可能随随便便地生活，别害怕你会玷污你母亲的婚姻，许多人曾在梦中娶过母亲，但是那些不以为意的人却安乐地生活。

……

精神分析的创始人弗洛伊德将此归结为"俄狄浦斯"情结，即恋母症。弗洛伊德把人的心理历程分为三个层次：上层为意识，中层为前意识，底层为潜意识，这即构成他的深度心理学理论。前意识指消逝的观念需要时可以再成为意识；潜意识的观念系指遭受过压抑而被摒斥于意识领域之外的，弗洛伊德认为这种被压抑的欲望主要是性欲望；他通过自我分析，发现了他幼时对母亲的里比多欲 ① 和对父亲的敌视，这就是所谓俄狄浦斯情结。他认为，幼儿的"性"不是专指生殖的或生殖器的快感，而指一切敏感区的快感。

弗洛伊德认为：幼儿也有性的冲动，"儿童的性生活全在于种种本能活动"。例如在母亲怀中的吸乳动作，即可满足生命中最大的两种欲望。经过精神分析研究这种动作在精神上的重要性是如何地终身保留而不失。"吸乳是性生活所由起的出发点，是后来各种性的满足的雏形；到了需要的时候，幻想往往借此以自慰。吸乳的欲望实含有追求母亲的胸乳的欲望，所以母亲的胸乳是性欲的第一个对象 …… 但是婴孩一旦能为吸吮而吸吮，这个对象即被抛弃而代之以自己身体的一部分，婴孩就自吮其拇指或口舌了。他于是不必乞助于外界的事物也能获得快感，而且将兴奋的区域扩大到身体的第二个区域，以增加快感的强度。…… 婴孩在自己身体上四面抚摩，觉得生殖器的区

---

① "里比多"与饥饿相同，是一种力量，本能，这里指性的本能。

域特别富于刺激，因此弃吸吮而手淫。"①

弗洛伊德详细解释了儿童的"俄狄浦斯情结"说："儿童在潜伏期之前选择对象的时候，我们若对他们作直接的观察，则他们的俄狄浦斯情结究竟有何种表现呢？我们不难看见小孩要独占母亲而不要父亲；见父母拥抱则不安，见父亲离开则满心愉快，他常坦直地表示自己的情感，而允许娶母亲为妻；这事似乎不足以和俄狄浦斯故事相比拟，但事实上却尽够相比了，两件事的中心思想是相同的。有时这同一儿童也对父亲表示好感，这常使我们迷惑不解；然而这种相反的或两极性的情感在成人或可引起冲突，但在小孩则可长期并存不悖，这和此种情感后来永远存在于潜意识中的状态是相同的。"②

根据弗洛伊德的这一理论，我们对一些过去完全不可理解的蒋介石的行为与举止顿时豁然开朗，原来蒋介石有较严重的恋母症，即俄狄浦斯情结。

蒋介石喜欢他的母亲，对母亲有着很深的感情，他小的时候就表现出对母亲的一种特殊感情，白天伴母一起玩，夜间和母亲同睡一床。而对比他母亲大得多的父亲蒋肃庵却表现出不喜欢或厌恶的态度。他以母亲为心目中最美好善良的女性化身，也曾有娶母为妻的罪恶念头。后来，王采玉又为蒋介石添了小弟弟蒋瑞青，这一下子激起了蒋介石的愤怒。他第一次看见溺爱自己的母亲，竟当着他的面，

蒋介石与母亲王采玉的合影

---

① 弗洛伊德:《精神分析引论》，商务印书馆 1984 年 11 月版，第 265 页。

② 弗洛伊德:《精神分析引论》，商务印书馆 1984 年 11 月版，第 264—265 页。

将原来专为他所有的乳房塞进瑞青的嘴，对他的感情移去一半到其弟身上，不再专注地注意他了。当时蒋介石认为自我利益受到了公然的妨碍，于是他对其弟瑞青，一个夺走他心爱的母亲、情人的小家伙，不免产生一种厌恶的感情，而有去之而后快的欲望，并不加隐瞒地流露出来。

蒋介石从此性格暴躁，爱撒野、胡闹，啸聚村童，占山为王，打群架、恶作剧，成了远近闻名的捣蛋鬼，"瑞元无赖"这一诨号由此产生。然而这一切，蒋介石只不过是想引起王采玉对他更多的注意，以便重新获取母爱而已。

不久，蒋介石的欲望得到了满足，其父肃庵公病故，他的小弟弟瑞青也不幸夭折，对蒋家、对王采玉来说是天大的不幸，对蒋介石来说却是一件好事，从此他与其母采玉相依为命，他的俄狄浦斯情结一发而不可收拾。在其同父异母的胞兄介卿与其母闹分家和吏胥豪强的欺凌下，一门孤寡，母子二人，相濡以沫。蒋介石眼中，王采玉是母亲，又是梦中的妻子；而王采玉眼中的蒋介石既是儿子，又是情人，儿子的恋母情结便呈病态发展，当然这种病态纯系精神上的依恋。母亲亦将儿子当作"情人，儿子爱母亲，母亲也爱儿子"①，是精神唯一的安慰。蒋介石后来一天天长大了，外出就读时只有 13 岁，对蒋介石来说，离开母亲，是受到最大的委屈。等到暑假时，他迫不及待赶回家，母子相见，抱头痛哭。蒋介石后来回忆说："……13 岁夏外读后回家之泣，与母之泣，举凡平生之泣，此三者为最甚也。"这是蒋记忆中哭得最厉害的第一次，耿耿于怀。王采玉亦觉母子的感情有难言之隐，于是慌忙给儿子提了门亲事，找了一个比蒋大五岁的女子毛福梅来代替自己。此时的蒋介石处于青春期的断乳期，虽然已压抑了娶母的潜意识，但又容不得在他们融洽的母子感情中插进一个外人，在新婚之际，便大肆混闹。母亲见儿子不理解她的苦心，于是向隅而泣，直到蒋介石跪着哭求，母子方抱头痛哭，王采玉才说了"余自汝父逝世，抚育汝至今日成室"之类的伤心话。蒋介石

———————————

① 参见沈卫威：《"儿子与情人"——鲁迅、胡适、茅盾婚恋心态与情结阐释》。

听完大哭，这是蒋平生第二次哭得最恸。但是新婚第一夜，蒋介石不与毛福梅同房，却在王采玉床上赖了一夜。第三次就是王采玉魂归之时，蒋又是哭得死去活来。

因此，日后王采玉因病而至死亡，蒋介石却一再将此害母罪名强加到其妻身上，说毛氏"害我母亲于郁死"，王采玉"即死于毛氏之身上"。谁都知道，毛福梅与王采玉相处融洽，孝顺婆母是远近闻名的。蒋介石出此罪名乍听近乎荒唐，王采玉得病，毛福梅侍候榻前，可谓贤媳，怎么能说是"害死婆母"呢？仔细再分析，没有毛福梅就破坏不了蒋介石的恋母之情，他便可以还做孩子承欢膝下，但结了婚，他便成了大人，要离开母亲身边到外面去上学，要和老婆睡在一起，这难道不是毛福梅一手造成的吗？蒋介石在信中写道："……甚至吾与吾慈母水火难灭之至情，亦生牵累……而再加以母不认子，则何有人生之乐趣也。"不正是这个意思吗？

蒋介石恋母症表现得突出方面，是王采玉死后，蒋捶胸顿足，哀伤欲绝。多次梦母，"醒后，犹余哭泣声"，"念母无已"，表示"母果有灵，儿愿随侍地下也"。并亲自前往鱼鳞岙，"寻母安厝吉壤"。但由于幼年时，蒋介石曾见其父母亲热，由此产生的厌恶至今未减，所以再加上其母生前曾嘱他死后不与其父合葬，因此，蒋介石不让其母死后与其父合葬，而另寻墓地，这是他"俄狄浦斯情结"的又一表现。

蒋介石为其母选墓地，亲自前往当在数十次以上。1921 年 8 月，孙中山自广州急电蒋"墨经从军"，蒋到上海

蒋介石与纬国在母亲的墓地

后，因连日大雨，担心其母棺柩被淹，又返回溪口。总之，他不想离开母亲的灵柩。

母亲死了，他的精神也崩溃了，自觉伤心，从此再无人疼怜，而"吾母若在，则垂怜有人"，"必不如今日之孤苦伶丁也"。蒋母安窆鱼鳞岙后，蒋又努力为其修墓立碑，多次扫墓，而却冷淡其父蒋肃庵墓，实在不得已时，蒋才去上一趟，比对其母之孝真不可同日而语。

蒋介石的俄狄浦斯情结，也多次反映在其日记中，我们择其几段，便可见蒋的恋母心态。

1919 年 10 月 16 日："余自抵日本来，屡梦母亲疼爱情状。昨晚竟以呼元元之声惊醒，不禁抚然久之……"

1920 年 3 月 1 日："……至午后三点半钟，母亲即趁轮归甬，余不能送行。此别虽有依依之状，不若前几次之怆伤也……别后，在寓庐独自纳闷，含泪思亲……"

3 月 2 日："甚念母去途中，恐为风雪所苦，今日思母不已……"

6 月 5 日："母亲今日抵沪，一见之下，大吐恶气（指日前蒋与姚氏生气，张静江、居正、戴季陶等都前往劝解。故蒋母一来，蒋介石就诉苦），老年人不堪为怀，事后懊悔不已，介石获罪于亲大矣，盖病中而处逆境。在生我（气？）者之前，必有一番撒娇，以舒其积郁，幸母能曲谅之。"（蒋是年已 33 岁，仍对其母撒娇，恋母之情，可见一斑）

6 月 20 日："……余在母前，大发脾气……幸母不以为意，不然获谴更大矣。母子之间，无论如何乖睽，而终能相谅，是诚水火不能灭其挚爱也……"

12 月 2 日："……濒行前，见母亲矜怜不忍舍之颜色……几乎使我昏晕……"

1921 年 5 月 6 日："晨起，因母羔好些，方寸自慰。惟上午饮药水后，病忽变坏，直至晚间，尚未松懈。闻咳嗽呻恫之声，肝肠俱裂矣。介石擎重，以致母病笃至此，清夜扪心，能无悔疚。"

5月24日："…… 今宵梦雪满山原，一白无际，弥望心惊。醒后犹自寒战，不知母病如何，殊切愁思。"

6月3日："…… 母子之挚情如此，不历今日之悲境不知也 ……"

6月6日："…… 下午，（母）呻吟又作，以药水味苦，不肯喝。虑儿见怪，托人佯言已服，爱子之心，体贴入微，使儿益加咽呜。"

6月15日："昨夜八时后睡，十时即醒。惝恍迷梦，如母生存，黯惨不可名状。中宵起床，悲感交集。呜呼，昔日由母抚养教育保护，以迄于成立，弧矢四方，而今所仗恃耶 …… 昊天罔极，余生但有怨慕而已 ……"

6月17日："…… 比盖棺时，匍匐号恸，几乎与母同归，不愿独活人世间，呜呼，何竟使几罹此鞠凶也。骨肉真性情，不可磨灭 ……"

6月22日："昨夜魂梦惺忪，宛若侍膝下，承慈颜，不信吾母归天者 ……"

6月23日："…… 吾母若在，则垂怜有人，往诉有所，必不如今日之孤苦伶丁也。呜呼，吾母此时，岂可死乎。"

6月24日："…… 三时后醒，辄思家事，又惹悲感。五时起，因家事而想念吾母，泪簌簌不止 …… 今日思念母亲，仍难止我悲酸。"

6月25日："…… 念母动辄泪雨，何日能忘慈恩耶。"

6月26日："早醒，哀感万端，思母不已。夜九时睡，不能成寐，萦怀吾母。"

6月27日："昨夜三时后，醒眼鳏鳏，濡恋在床时，思亲泪滴枕衾 ……"

7月1日："夜睡时，静忆吾母嘱胞兄顺我之语。倏又泪流枕上。嗟乎，母子之情，其挚刻有如是者。"

7月2日："…… 悄念母亲爱儿之真切，非第二人所能仿佛，而今不可复得矣。"

7月10日：“夜睡，思母无间，而悲亦未渫。母亲一生劬劳，实有使儿不忍忘者。故儿不能忘也。”

7月16日：“…… 梦见母亲在老屋客轩，与门外一人对语，其声音清亮，及颜色光华，如十年前无病之时，醒后乃知幻境可怜。”

7月20日：“…… 回念母亲，感泣不可抑，如母在，岂至于此。呜呼，母其可亡乎。”

8月7日：“…… 今日此时，庭闱冷寂，孤影无依，寻思旧梦，怎不销魂。”

11月23日：“…… 上午八时半，送柩出门；十一时半，到鱼鳞岙墓地，思母不能再见，号恸随之 ……”

11月28日：“下午，假寐醒时，感悼母氏，泪下盈腮，深自黯然 ……”

1923年8月15日：“…… 今日对两儿及家人，时时有依依不舍之心，甚至暗地吞泪，如十三龄出外就傅时恋母之状一般 ……”

从这些日记的记载中，读者不难发现蒋介石的恋母症竟如此深重，外表刚毅坚强的一介武夫的内心世界却异常丰富。有人在某杂志撰文曰《男人永远是孩子》，文中说即使是石头，从某个层次上看也是柔软的。即使最刚强的男人心中，也有软弱的一面。难道蒋介石不是这样吗？每当战事紧张，国内外压力沉重时，他都会不知不觉地想起母亲，希望得到母爱式的安抚与滋润，以求得心理上的肌肉伸展，能使他感到解脱与愉悦。后来，蒋介石与宋美龄结婚后，恋母症从其母移到其岳母和宋氏姊妹身上。

1931年1月2日，蒋介石“围剿”红军失利，他在日记中写道：“…… 今来上海，心甚悬悬，东固‘共匪’披猖，张师（指张辉赞被捉一事）失利，尤为焦忧 …… 今年责任必更繁重，甚望内助者有以补益。与大姊（指宋蔼龄）叙谈，心为扩然一慰。”

7月26日：“…… 岳母已弃养，不胜悲痛，中国又缺一贤母矣 ……”

7月29日：“…… 除家母以外，实不多见此贤母，今竟与世长逝矣，哀哉痛哉。"

8月18日："上午五时半，抵沪埠，即赴岳母宅，未入门，簌簌泪下，从此不复有爱我如岳母者也。悲夫哀哉……"

弗洛伊德说："婴孩对于对象的选择好像只是出于儿戏，然而它却奠定了青春期选择的对象的方向。在青春期，有一种很强烈的情感的流露以反映俄狄浦斯情结；但是因为意识已知道严于防御，所以这些情感的大部分不得不逗留于意识之外。一个人从青春期起就必须致力于摆脱父母的束缚，只有当这种摆脱有所成就之后，他才不再是一个孩子，而是成为社会中的一员了。就男孩而言，这个工作即在于使性的欲望不再以母亲为目标，而在外界另求一个实际的爱的对象；此外假使他仍敌视父亲，那么他必须力求和解。"[1]

蒋介石正是这样，自幼与母相依相恋，稍大后便去东瀛留学，从理智上摆脱对其母的依恋，并表示对其父的尊重，给其上坟以示孝顺；同时又寻新欢，找姚冶诚、陈洁如、宋美龄等为其性伙伴。尽管如此，他心中的俄狄浦斯情结依然存在，尤其是其母去世后他在日记中的真挚表露，就是其恋母症的重要证据之一。

---

[1]　弗洛伊德:《精神分析引论》，第 268 页。

3. 蒋介石的经纬之情

蒋介石膝下凡二子，长子曰经国，次子曰纬国。经纬的含义见《左传·昭二五年》："礼，上下之纪，天地之经纬也。"《疏》："言礼之于天地犹织之有经纬，得经纬相错乃成文。"《淮南子·要略》："经古今之道，治伦理之序，总万方之指，而归之一本，以经纬治道，纪纲王事。"由此可见，蒋介石为其二子取名时，就有所考虑，对其寄以希望，长大能规划整理，治国安邦，成为经纬济世之才。

蒋介石与蒋经国、蒋纬国的合影

蒋介石与其发妻毛福梅感情并不睦，留日学习期间，每逢暑假，回家探母，移尊就教，春风一度，不想到1910年3月18日，在春意融融、桃红柳绿之时，毛福梅在溪口丰镐房内产下一麟儿，蒋氏门中上下皆悦。虽然毛福梅并未以子而贵，但不管如何，心灵上总是有了精神依靠。蒋氏之后代，取名经国，乳名建丰。1920年夏，蒋介石"托故假归"，父子正式见面，经国已蹒跚学步，咿呀作语。蒋毛之间，虽有了这个宁馨儿，但两人的感情却未增添一分。一在东，一在西，劳燕分飞，名义是夫妻，只有经国是唯一勉强将父母拴在一起的"木桩"。

经国儿时，不像乃父，呆头呆脑，举止木讷，并不讨喜，但憨厚诚实，大有其母之风。他的幼年生活，只有经常双泪偷坠的母亲，不断教导他要争口气，好好读书，长大可让母亲扬眉吐气。

在孩子幼小心灵中的父亲，总是冰冷冷地教训他，而且经常打骂虐待心爱的母亲。因此，母子俩在蒋介石面前唯唯诺诺，大气都不敢出，像见到阎王一样。有时蒋介石也将儿子拉到身边，想为人父，温存一番。但儿子一副战战兢兢的模样，一问三不答的笨样，和一脸受气的惨样，不由得惹老子心烦，一脚踢开，或骂一声"滚出去"！在这种家庭氛围中，孩子见到父亲就怕，谈不上什么舐犊之情。蒋介石是个严父、霸王，越是亲生骨肉，越要严加管束，玉不琢，不成器，成人不自在，自在不成人，是蒋介石对待亲儿子的态度。

最让蒋经国永怀不忘、惊心动魄的是父母之间经常性的争吵，以及打架。蒋介石平时与毛福梅分居，不常见面。经国10岁那年，因奶奶有病，与母从宁波城里返回溪口。那时老宅已有了一个来历不明的弟弟纬国与姚家姆妈，孩子并不懂个中三昧，他有时问母亲："爹爹为何不让我们住在老家？"毛福梅无言以对，掩面而泣，经国亦哭，并用小手给其母拭泪，结果总是母子俩伤心一场，经国当时就很懂事了。

经国记得，那天与母亲刚回丰镐老宅，父亲正在看书，将书往地上一掼，便暴跳如雷："哪个让侬回来的！"经国只记得，母亲嗫嚅着说了一句："娘病重，我来侍候！"父亲顿时恼羞成怒，大骂起来："哪个要你这番孝心？你这倒霉鬼！"说完，过去揪起母亲的发髻，拳光腿影，打得天地易色。经国吓得哇哇大哭，房内奶奶痛苦的呻吟，与阿爹凶恶的叫骂声混成一片，真是鸡飞狗跳，四邻不安。从那以后，蒋经国心中，便对他那阎王般的父亲产生了一种仇恨，他恐惧的眼光中还带有一种敌意。

蒋介石对自己的亲儿子又是怎样的呢？我们还是来看看蒋介石的日记。

1919年4月4日："经国母子到沪，而母亲偏往雪窦寺烧香不来，心甚烦郁，家庭之事，不能稍如我意，实所痛心。"

1920 年 2 月 7 日："下午，枕琴先生定经儿课表 ……"

3 月 4 日："下午，定经儿课程表 ……"

4 月 2 日："…… 写示经儿函。"

8 月 11 日："经儿患股痛，纬儿又染目疾，不能开视，见之心剧烦。余每次回家，总多不利，岂天不容我一日安居乎 ……"

8 月 30 日："经儿在江天轮谒省，其言语举止，颇为明亮着重，心甚爱焉。"

11 月 30 日："下午，谈起教育经儿事，母言陈腐，此儿恐为所害，言之心痛 ……"

1921 年 3 月 6 日："下午，携经纬二儿往逛公园 ……"

4 月 3 日："下午，游文昌阁回，在书室看通鉴时，见毛氏与经国擅自从城舍回，忿气勃然不可遏，与之拼命大闹 …… 即逐妻妾二子出门，以慰我母亲，毋乃太过矣乎。"

11 月 28 日："…… 晚，留书与经纬二儿，示析产事。纬儿可爱，经儿可怜，思之凄哽 ……"

1922 年 3 月 3 日："接新夫函，乃知经儿已考入万竹小学四年级，颇为喜慰，寄谕经儿。"

5 月 24 日："下午，携经纬两儿及竺甥摄影，乘汽车游行郊外 ……"

1923 年 2 月 24 日："…… 经儿去沪就学。"

8 月 4 日："晚，与洁如、经儿驰车兜风。"

8 月 10 日："下午，复谕经儿。近日经儿学业，颇有进步，可慰。"

11 月 27 日："致经儿长幅书 ……"

1925 年 8 月 8 日："经国与柄侄祥甥到广州，心稍安乐。"

8 月 9 日："今日赴省垣，准备送经儿回沪。"

8 月 12 日："携经儿等照相。"

8月13日："……经儿今日与汪婴侄等去沪，北上就学。"

10月1日："晚，复谕经儿，准其赴俄留学。"

1926年6月13日："上午，接经儿禀，文理甚有进步，递与静江兄阅之。"

1931年11月28日："迩来甚念经儿。中正不孝之罪，于此增重，心甚不安。"

12月3日："近日思母綦切，念儿亦甚……"

12月25日："今日为耶稣圣诞。……午后约小学生来慈庵唱歌……时念慈母，并思经儿。"

12月27日："……经国如未为俄寇所害，则余虽不能生见其面，迨余死后，终必有归乡之一日。"

从以上日记可以看出，蒋介石对经国的感情是有一个发展过程的。经国幼时，蒋介石与毛福梅感情恶劣，恨妻及子，城门失火，殃及池鱼，蒋介石并不太喜欢他。但因为是自己的儿子，做父亲的无一不希望子能成才，所以对经国的教育很重视。由于他过分严格、苛刻，王采玉心疼，奶奶护孙子，理所当然，母子发生矛盾，所以，蒋介石埋怨，"此儿恐为所害。经儿虽乏天真活泼之态，但举止言语稳重"，蒋介石从内心里还是喜爱经国的，但不大流露出来。蒋介石与毛福梅离异，经国随其母住，蒋介石父子不常常相聚，故而很少领他外出玩耍，也觉得他很可怜，只有一两次，还是沾陈洁如和纬国的光。尽管如此，蒋介石对经国学习的进步却很赞赏。

蒋经国小时和王太夫人的合影

1925 年 8 月初，蒋经国 24 岁，已长成大人，他的广州之行，前后六天，蒋介石很冷淡，在儿子来的第二天就准备送他回去。但对经国的北上就学，去苏俄留学却表示支持，他准备培养、造就经国，因此主张对其应有一番磨炼。蒋经国去俄国后，蒋介石忙于自己的事情，与陈洁如分手，和宋美龄结婚，忙得一塌糊涂，很少会想起远在异国的蒋经国；尤其是 1927 年"四一二事变"后，蒋介石公开"反俄反共"，蒋经国在苏俄发表公开信，谴责其父是他的敌人。同年 4 月 16 日，苏联《消息报》报道："……蒋介石的儿子鼓动学生们到共产国际大厦前游行示威。不久前，他在一次中国青年的会议上说：'我在这里不是作为蒋介石的儿子，而是作为中国共产主义青年团的儿子来讲话的'。"① 不久，蒋经国的声明被塔斯社译成多种文字广泛散发，后又被蒋介石的政敌汪精卫控制下的汉口《人民论坛》报转载，全文如下：

"蒋介石的叛变并不使人感到意外。当他滔滔不绝地谈论革命时，他已经逐渐开始背叛革命，与张作霖和孙传芳妥协。蒋介石已经结束了他的革命生涯。作为一个革命者，他死了，他已走向反革命并且是中国工人大众的敌人。蒋介石曾经是我的父亲和革命的朋友。他已经走向革命阵营，现在他是我的敌人了。"②

"娘希匹，这个小赤佬胆敢反对我，和他娘亲一样，不是好东西！"蒋经国的声明把蒋介石气得大发脾气，发誓再不想这个王八蛋了。这是蒋介石与蒋经国感情发展的第二个阶段，双方都在气头上，父子反目成仇，从此便无音信。

1931 年，蒋介石已是 45 岁的人了，宋美龄与他结婚时，就表示专心从事革命事业，不生小孩（查蒋介石 1929 年 8 月 25 日日记："在家陪妻

---

① 《消息报》，1927 年 4 月 16 日，转引自《蒋经国自述》，第 59 页。

② 汉口《人民论坛》，1927 年 4 月 27 日第一版，转引自《蒋经国自述》，第 60 页。

养病。妻病小产，其状痛苦不堪。"可见宋美龄曾怀孕小产 —— 笔者补注）。

此时，蒋介石已感到寂寞，是年除夕，竟然发出了"伶仃孤苦，举目无亲，世人可怜，未有如今日之我也，因咄嗟不已"之感慨。从那时起，他便思念杳无音讯、远在苏联的蒋经国了。蒋介石已感到自己老了，老来惜子，于是加倍真挚地思念经国。有时想到可能今生再也见不到时，便伤心备至，遂产生"余虽不能见其面，迨余死后，终必有归乡之一日"的念头，并久久萦怀于胸，不肯原谅自己了。

如果蒋经国眼中的蒋介石是位"严父"，那么在蒋纬国眼中的父亲却大相径庭，简直是一位标准的"慈父"了。

纬国是蒋介石的义子，又是小儿，再加上自小聪明伶俐，天真活泼，一个典型开心果的模样，蒋介石欣赏不已，大赞"纬儿可爱"，并经常与纬儿开心玩耍，享尽天伦之乐。请看蒋介石的日记：

1919 年 3 月 16 日："…… 见纬儿伶俐活泼，殊可爱也 ……"

6 月 14 日："…… 回屿寓，会见纬国母子，无任喜慰。"

7 月 3 日："下午，与纬国玩笑。"

7 月 14 日："纬儿顽皮，禁闭少许时，事后甚怜之。"

9 月 18 日："下午，与纬儿玩笑 ……"

9 月 28 日："下午，与纬儿玩笑 ……"

9 月 29 日："上午，与纬儿戏耍 ……"

10 月 16 日："…… 复与纬儿玩耍 ……"

1920 年 2 月 29 日："下午，携柄侄纬儿，往逛新世界，及远行郊外。"

9 月 20 日："晨四时醒，纬儿来偎眠。"

9 月 21 日："…… 纬儿觉醒，叫爹不已，心甚怜之。"

11 月 14 日："初到城舍，见纬儿智慧开发，能识字，喜甚。由纬儿引我陟屋后官山上，及山后福寿庵，玩览许久。"

11 月 17 日："晨七时后，与纬儿玩耍。"

12 月 2 日："……到城舍，见纬国，稍开心。"

12 月 5 日："晚，与纬儿玩笑。"

12 月 19 日："上午，携纬儿游县城隍庙。"

12 月 20 日："下午，引纬儿出西门游玩。"

1921 年 1 月 26 日："今日几次取纬儿玩笑，纬儿服药后，言笑嬉戏，一如平时，心甚安也。"

2 月 13 日："下午，与纬儿玩耍。"

3 月 29 日："下午，由城舍随母回家，并挈纬儿，途次山妍水活，菜花、桃花、杨柳、莺儿，纷披娇啭，与纬儿玩耍跳跃，相涉成趣，乐不可支。"

4 月 8 日："……挈冶诚纬儿往逛公园……"

7 月 9 日："……晨起，教纬儿玩耍……"

9 月 1 日："晨，抱纬儿……"

9 月 15 日："晨四时醒，想念纬儿不已。"

10 月 25 日："携纬儿往观先母墓地。纬儿沿途跳跃，其觉有趣也。晚，与纬儿玩至十点半。"

1922 年 10 月 1 日："下午，携纬儿观剧。"

10 月 2 日："下午，领纬儿观剧，夜如之。"

10 月 12 日："晚，携纬儿观剧……"

1923 年 1 月 21 日："下午，与纬儿闲游。"

2 月 4 日："是日教纬儿书。"

2 月 5 日："上午，教纬儿书……"

2 月 6 日："教纬儿书……"

2 月 14 日："……下午，与纬儿出外购物；晚，教纬儿书。"

2 月 15 日："下午，携纬儿外出游览；祀祖；灯下教儿书。"

2 月 19 日—2 月 20 日："晚，纬儿。"

看到这里，读者可能认为，蒋纬国的幼年是幸福的。显然抚育他的蒋介石与姚冶诚对他视如己出；蒋介石对他的宠爱，是其兄经国所不能望之项背的。尤其是蒋介石得知蒋纬国的生母重松金子死后，越发对其溺爱，曾经一度甚至为了纬国，考虑再三，不与姚冶诚离异，也可以说，对于纬儿，蒋介石真是做到了"慈父"的标准。由此，我们可否推断：当年蒋介石与重松金子可能有一番难舍难分的缱绻之情，纬国虽不是其亲生儿子，但为了故人抚养孤子，也可以说是爱屋及乌，作为人父，是够格的。

尽管如此，在培养接班人问题上，蒋介石是有帝王思想的，传嫡不传庶，传长不传幼，对蒋经国来说，小时候历尽的折磨可以视作："天将降大任于斯人也，必先苦其心志，劳其筋骨，饿其体肤，空乏其身，行拂乱其所为，所以动心忍性，增益其所不能。人恒过，然后能改；困于心，衡于虑，而后作，征于色，发于声，而后喻。"蒋经国后来终于由"太子"而为"总统"，回忆往事，只能理解为是其父对他的一种考验吧：不发于畎亩，怎能担当大任，有谁见过纨绔子弟能掌国柄而不失国者？而纬国就不同，从小父慈母爱，好比在糖水中长大，但终于不能执军掌政。对比到此，读者不难体会蒋介石的良苦用心吧！呜呼，经纬之情，孰轻孰重，犹如泾渭分明，读者自然心中有数吧？

4. 蒋纬国的亲妈 —— 重松金子

　　我国在西周春秋时期产生的一部流传百世的诗歌总集叫《诗经》。《诗经》有《小雅·小宛》篇。诗曰："螟蛉有子，蜾蠃负之。"解释经文的书籍叫《传》。《传曰》："螟蛉，桑虫也，蜾蠃，薄卢也。"《笺曰》："薄卢取桑虫之子，负持而去，煦育养子，以成其子。"意为蜾蠃这种小虫，自己没有后代，取桑虫的幼虫养大就当成自己的儿子。

　　典由是出，后人沿袭这一说法，遂以"螟蛉"作为养子的代称。

蒋介石在日本留学时的留影

　　经过现代科学的解释，古人的观点是完全错误的。螟蛉是一种绿色小虫，蜾蠃是一种寄生蜂。蜾蠃常取螟蛉即桑虫作为其幼虫的食料。古人误认为蜾蠃不产子，喂养螟蛉为子，因此用"螟蛉"为养子的代称。古人错在不知道蜾蠃窝里发生的一切，只见到蜾蠃将螟蛉捉进窝里，就认为螟蛉是蜾蠃的后代。

　　这有些像蒋介石与蒋纬国的关系。纬国的身世，也严裹着一层厚重的神秘的壳，谁能了解壳里面发生了什么事情？世人公认蒋纬国是蒋介石的义子，猜测他是国民党元老戴季陶的儿子。但纬国的生母是谁，至今仍是个悬而未解的谜。

蒋纬国生活在中国的所谓"第一家庭"中，处境始终尴尬。尽管蒋介石及夫人宋美龄对他视如己出，宠爱有加，但随着蒋介石、蒋经国的先后西归，蒋纬国对自己身世更迫切想知道真相。"对酒当歌，人生几何？譬如朝露，去日苦多。"蒋纬国生前殷切希望尚存的"知情者"，能对解开自己的血统之谜提供更多的线索。

早在 1946 年，蒋介石令手下的御用文人纂修《武岭蒋氏宗谱》时，关于蒋介石的家世，执笔者绞尽脑汁，无处着墨。后来蒋介石只得亲自捉刀，撰写世牒，原文如下：

周泰，原名瑞元，一名中正，字介石，肇聪次子。保定全国陆军速成学堂第一期肄业，考送日本振武学堂毕业，高田野炮兵第十三团士官候补生。大元帅府参谋长、大本营参谋长、黄埔陆军军官学校校长、国民革命军总司令、陆海空军总司令、行政院院长、军事委员会委员长、中国国民党总裁、国民政府主席、第一任大总统。清光绪十三年丁亥九月十五日午时生。光绪三十三年加入同盟会。民国十九年受基督教洗礼。

在"妻室"栏中，蒋介石是这样写的：

元配毛氏，民国十年出为慈庵王太夫人义女。民国十六年继配宋氏美龄，美国韦尔斯莱大学博士，立法院立法委员，中国国民党中央执行委员，光绪二十五年己亥二月十二日生。

在"子息"栏中，蒋介石只有寥寥五字：

子经国、纬国。

写得好含糊——

当时已过而立之年的蒋纬国，对自己的生母是谁曾提出疑问，搞得执笔人沙孟海无法回答，只说宗谱是根据蒋介石亲手编写的。蒋纬国听后，默然良久，失望地说："过30年再说吧。"

四十多年过去了，这段在中国现代史上闹得沸沸扬扬的"公案"还是莫衷一是。1986年蒋纬国心情烦闷，他由"联勤总司令"被其兄蒋经国降职为"联训部总司令"时，曾亲自对前来采访他的香港女记者孙淡宁说他并不具备第一家族的血统。是真言？是牢骚？

蒋纬国话中不但否认蒋介石为他的生父，更对其生母是谁再次发出疑问。

要想知道这个谜底，还是追溯到七十多年前，从蒋介石与蒋纬国父子的感情说起。

1920年9月21日凌晨，奉化武岭，千丈岩的瀑布、妙高台的乔松、雪窦寺、文昌阁以及四野田园、房舍都沉浸在黎明前的黑夜中。天边七八颗残星，远处三两声鸡啼，透过窗棂，唤醒了酣睡在丰镐房内的蒋介石。他翻了个身，惊动了脚边蜷睡着的一个小小的孩子。他蠕动着幼小的身躯，一声不响地爬到蒋介石这头，将脑袋枕在父亲的胳膊上，依偎在其怀中，又呼呼睡着了。

东方既白，蒋介石小心翼翼抽出胳膊，起身更衣。今天，他要动身去广东，回到大元帅孙中山的麾下。

在侍妾姚冶诚的服侍下，蒋介石漱洗完毕，坐在桌前吃早饭。此时纬儿觉醒，以清脆的童音，连呼"爹爹、爹爹——"

面对美妾幼子，天伦之乐，蒋介石的意志几乎动摇，不想挪动一步。

清秋是离别的季节，又是伤怀的季节。

以上是蒋介石父子情深的一段悠悠往事，至微至细记载在日记中。

"纬儿可爱！"这是蒋介石在日记中对纬国的评价。

1919年3月16日，身为援闽粤军第二支队司令官的蒋介石风尘仆仆，从福建漳州赶回上海寓所，"见纬儿伶俐活泼"，由衷地发出"殊可爱也"的赞叹。

1919 年 5 月 1 日，蒋介石回到福建长泰营中。不久，他在风景旖旎的厦门鼓浪屿租赁了一幢房子。6 月的南国正是迷人的夏季，蒋介石不甘寂寞，又写信，又发电，"招姚氏纬国来此"。6 月 14 日，姚冶诚领着三岁的纬国来到鼓浪屿，蒋介石写下："会见纬国母子，无任喜慰。"这十个字的日记中，饱含了蒋介石十分丰富的情感。

有了纬国这个天真活泼的"开心果"，蒋介石孤独的心起了变化，变得快活起来。

用蒋介石日记来证明：

1919 年 9 月 18 日："下午与纬儿玩笑。"

9 月 28 日："与纬儿玩笑。"

9 月 29 日："上午，与纬儿戏耍。此儿叫笑跳踉，日甚一日，可喜。"

纬国毕竟是个小孩，有活泼可爱的一面，也有淘气捣蛋、让大人生厌的一面。有时实在顽皮过了头，乐极生悲，请看蒋介石日记：

"纬儿顽皮，禁闭少许时，事后甚怜之。"

"纬儿弄药，始则呵止之。继则以其倔强，掌责数下，终不降服，如是良久，听其啜泣声咽，下次再勿之语，不胜疼怜。"

这几段文字，将小纬国顽皮、任性和蒋介石舐犊之情描绘得活灵活现。

孩子一旦有病，是最令父母提心吊胆的事情，蒋介石也不例外。

8 月 16 日："夜中纬儿发热，心甚焦愁，卧难安枕。"

8 月 17 日："因纬儿热不退，郁闷未纾。"

8 月 18 日："日间纬儿寒热未退，心殊担忧。纬儿寒热较烈，终夕悬悬，寝不能安席。乃知吾母鞠育子女之苦也。"

8 月 19 日："纬儿来厦门医院受诊。"

9 月 17 日："纬儿玩弄点痣药水，伤手背起泡，痛楚堪怜。恨其母冶诚抚育不周也。顷之，渐瘥，心始安。"

姚冶诚成了蒋介石迁怒的对象，他把怨气都发泄到姚冶诚身上。一度，由于姚氏的嗜赌、贪婪、无礼、悍妒，搞得蒋介石大光其火，发誓要出离姚妾，曾与亲友"商谈解决冶诚事"。但"所虑者，纬儿抚育问题，无以措置之耳"，终于下不了最后的决心。由此可见，蒋介石对纬国的感情压倒其他，宁愿委曲求全。

蒋纬国小时候的确很可爱，最能引起蒋介石心灵震撼的一次，是1921年9月3日，这一天，蒋介石日记是这样记载的：

"深夜三时后，离家就道。纬儿始则绕膝依依，必欲随我前去。继则大哭大叫，连声爹爹，用力抱持我身；终为其母强行拉开。及余出门，犹向外号啕作欲前进状……"

在这种情形下，蒋介石"英雄气短，儿女情长"，凄然就道，无限悲凉。

蒋介石长年在外，经常想念纬国，在日记中多次写到思念之情：

1921年9月7日："下午，粤行船次，念纬儿不已。"

9月8日："……近日念纬儿甚，恨不携之偕行也。"

9月15日："晨四时醒，想念纬儿不已。"

思念之余，提笔写信给纬儿。因此，蒋介石日记中多次出现"寄谕纬儿"的记录。

1922年初，蒋介石随同孙中山在广西桂林组织北伐，住桂林旧藩署八桂厅中。春节之际，万家烟火，鞭炮响成一片，蒋介石独自绕阶徘徊。婆娑桂影，团团可爱，良宵美景，遥念溪口，不由吟诵杜甫名句："今夜鄜州月，闺中只独看。遥怜小儿女，未解忆长安……不知今夕，纬儿与冶诚是在怎样的快乐、兴奋中度过？"

他在清辉中拭去泪痕，回到房中给纬儿写信：

纬儿：

我今日在桂林过旧历新年，心里很想慕家庭今日的乐趣，自叹不能在家欢笑一堂，因之更加想念你活泼的神态，不能忘怀。又想起我的母亲逝世，不能再生，与我在家中过年。可怜我的人又少了一个了，欢喜你的人，亦少了一个了。从此以后，我永远不能见我母亲的面，尽一些孝心了。想到这里，更加悲伤……

蒋介石鼻子一酸，眼睛又有些模糊。

但愿你在家，要好好地孝敬你的母亲，友爱你的哥哥。少年立起一个做人的模样，不致如你父亲的悲伤老大才好。我在桂林，孙公公及胡许吴各位伯伯（指孙中山、胡汉民、许崇智与吴忠信 —— 笔者注），往来极其亲热，亦极其有趣；而且我住的八桂厅，亦极其幽雅，为桂林省城第一个好地方。今日在此同各位伯伯拍几个照片，将来晒好了，我还要带两张给你看。但是我的心里，无论如何快活，总不能忘记家庭乐趣，及母亲逝去的悲痛。不知你在家中，亦有此感想耶？我心里很想回家，但不知果能回来否耳？…… 你1月1日发的信，我已于前日接到了。远在他乡度岁之时，得见你们的笔迹。真是如获至宝，以后还要你们时常写信，来解慰我旅中的冷静为盼！

父示一月二十八日

1922年3月3日，蒋介石一身戎装、高筒马靴，骑在一匹大白马上，他双腿一夹，白马在旷野中飞驰，耳边呼呼的风声，使他感到有一种说不出的快感。这时，仆人阿顺举着纬国的信高声叫他。他勒马到大榕树下，兴冲冲跳下马来，"烽火连三月，家书抵万金"，他将信反复看了好几遍，立即回去给纬儿写信：

我接到你们正月十五日所写的信，非常欢喜。我到桂林，已有四十多天了，精神天天好起来，旧病已经好了。但一天到晚，事情很忙，心思亦很烦。我近来天天骑马，而且骑得很高兴。将来我回家时候，必定给你买一匹小马，教你骑马，我自己买一匹大马同你骑了游行就是了。

你今年不晓得有否读书？你如其会写字的时候，还要你写几个字来，给我看看，或者我的心里可以快活一些。我清明决意不回来了，你快快把家里和学校里的事情，详详细细，写封信来，使我可以放心……

南方的春天，花团锦簇，莺飞草长。孩童嬉笑着在野外戏耍，在春风中扯了风筝，放得很高很远。蒋介石若有所思，看着儿童游戏。

蒋介石的思绪随着翱翔的纸鸢，也扯得很远很长。他想念纬儿，忍不住又写家书，他只能用这种方式来倾诉感情。

纬儿：

我三个月没有见你了，心里非常记挂。我今天看见人家小孩子，在大本营前空地放风筝，我更加想起你去年在城中放风筝的趣味，不晓得你今年在家有做风筝去放没有？我在抽屉里，找出两张画图贺年片来，一张是富贵花，一张是小孩游戏，其中也有放风筝的，所以寄给你白相，不晓得你快乐吗……

从以上蒋介石的日记、信函中便可以看出蒋介石对纬国有着深厚的父子情谊，不是亲生而是螟蛉子，蒋介石会有这么浓重的感情吗？

蒋介石在日记中对蒋经国却是另一种口气，常常以一个严父的形象出现，也没有对经国过多的感情之词。如果说，蒋介石是因为与经国之母毛福梅感情破裂，殃及池鱼，可是，从他日记中却能发现更多的讨厌姚冶诚的记述，为什么还那么喜欢蒋纬国呢？

　　蒋纬国的生母到底是什么人？我们只知道她是一位日本妇女，名叫重松金子，一个神秘的女人，神龙见首不见尾。

　　1913 年 3 月，袁世凯派刺客枪杀了国民党重要政治领袖宋教仁。以孙中山为首的革命党进行武力讨袁，爆发了"二次革命"。由于军事行动仓促，加上内部分歧，在袁世凯大兵"围剿"时，革命烈火很快被扑灭。孙中山等一批国民党人重新亡命日本，蒋介石亦名列其中。

　　1914 年夏天，蒋介石奉孙中山之命，秘密潜回上海发动讨袁活动，任第一路司令，后因事机泄露，在袁世凯的通缉下，又逃回日本东京。是年 7 月 8 日，国民党的骨干分裂为两派，以孙中山为首的一派在东京筑地精养轩成立了中华革命党，以黄兴为首的一派后成立了欧事研究会。

　　这一阶段，不少革命党人意志消沉，无聊之至，在日本又找了日本下女，聊以充慰孤独之心。戴季陶与蒋介石共同认识了一个日本女子，叫重松金子。蒋介石回国后，戴季陶依旧与之往来，春风几度，珠胎暗结，1916 年 10 月 6 日生下一个男孩。这就是后来蒋介石的义子蒋纬国。

戴季陶

　　我们从蒋介石日记中的零星记载，也能略窥端倪：

　　1919 年 4 月 3 日："下午，与纬国母子访季陶于其寓次。同逛公园 ……"

　　蒋介石带纬国与戴季陶同逛公园，恐怕是有他一定的用意。可惜文字只是点到而已。

　　是年 10 月 25 日蒋介石突然从上海到了日本，前后共二十多天，于 11 月 16 日乘轮返国。蒋介石在上海好好的，为何专程去日本？目的何在？国民党出版的史书是这样记载的：

主席因为郁居上海，感觉乏味，想到日本去一次，看看离开了几年来的岛国情形，因此就在 10 月 25 日上午由上海搭船往日本 …… 到了日本之后，主席访晤旧友与留日同志，在 11 月 3 日参观横滨各书铺，以研究其出版文化界的动向。4 日在菊池屋购书，5 日撰《世界各国政府对付俄国劳农的手段如何》一文，8 日撰《打破外交的迷信问题》一文 …… 16 日趁轮返国。[①]

但是，国民党官书中不可能记载一个重要的情节，即蒋介石与重松金子的见面，这似乎才是蒋此番出国的主要目的。起码，这次秘密出行绝不是去购书写文章的。

请注意蒋介石日记的简单记载：

上午，致书与胞兄。下午，往会纬母重松金氏。八年十一月四日（1919年 11 月 4 日）。

在毛思诚编撰的《蒋介石日记类钞》中，1919 年 11 月 5 日到 11 月 21 日的日记一片空白。说明什么？编辑者为掩饰什么而将此 17 天的记载统统隐去？这恐怕就是关键所在了。

1921 年 3 月 11 日，蒋介石日记再一次也是最后一次提到重松金子。

晨起，得季陶书，知纬儿生母，因难产而身亡。异日此儿长成知其事，必引为终天之憾。思之曷胜感悼 ……

---

① 邓文仪主编：《伟大的蒋主席》，国防部新闻局印行，第 83 页；正气出版社，1946 年 10 月版。

这里包含了几层意思：第一，戴季陶与重松金子及其亲友有往来，他是最先知道重松金子因难产而身亡的。而蒋介石只得到二手信息，可以证明，戴季陶与重松金子的关系要密切于蒋介石。第二，蒋介石与重松金子的关系也不是一般朋友，有一定的感情，所以"思之曷胜感悼"。第三，蒋纬国当时尚小，蒋介石原拟"此儿长成后"告之其事，但不知为何，日后又改变主意，搞得纬国一生尴尬，自己明明知道外界各种传闻，又知道自己从相貌及血统都与乃父蒋介石不同，不具备"皇族"的血统。但因崇峦叠嶂，云遮雾罩，终于难识庐山之真面目。况且无法用科学手段去化验血型以确定生父，只能呼吁知情人提供线索，悲呼？

但是，从蒋纬国与戴季陶之子戴安国不同寻常的关系中，可以得到某些启示。

蒋纬国曾说："我与安国，情同手足，血浓于水。"[①]

蒋纬国 1957 年 2 月与邱爱伦小姐结婚时，是由戴安国陪同前往东京的。

1984 年，宋美龄在纽约病重，蒋纬国于 7 月 29 日专程由台北飞往纽约探候。但不到一星期，又匆匆飞回台北，因为"台北戴季陶的儿子戴安国病情也很危急"[②]。这就是血浓于水的证明。

以此可证明蒋纬国与戴安国属同父异母之兄弟，蒋纬国的生父应是戴季陶，生母是日本女子重松金子。

无论如何，蒋介石对蒋纬国视同己出，说明他是一个有血有肉、重感情的人。

据黄埔一期学生宋希濂等人回忆：蒋介石当年在黄埔军校官邸，"傍晚，蒋陈（洁如）携手散步，有时牵着活泼天真的纬国，我们经常看见"。

蒋介石的侍从室副官居亦侨说："蒋介石对天真活泼的蒋纬国非常喜爱，

---

① 司马春秋编著：《蒋氏家族的感情世界》，（台北）群伦出版社 1988 年版，第 187 页。
② 司马春秋编著：《蒋氏家族的感情世界》，（台北）群伦出版社 1988 年版，第 21 页。

兴奋时会让儿子骑在肩上，逗笑玩耍。"①

蒋纬国自己也充满感情地回忆："我最记得，每当父亲在前方打仗打得最危急、最激烈时，或当父亲遭受到国内外各方大压力时，他总喜欢把我叫到他身边，以疏解他所承受的压力。"

如果亲生儿子能享受如此殊荣，应当引起自豪，更遑论螟蛉子？都是父母之精血、天地之灵气、宇宙之物质而已。蒋纬国先生如从这个意义上来理解，何必非弄清身世之谜呢！②

---

① 居亦侨：《跟随蒋介石十二年》，湖南人民出版社，第 73 页。

② 2008 年 1 月，中国大百科全书出版社出版了《蒋纬国口述》，关于身世之谜，蒋纬国说："我无须考虑认祖不认祖的问题，这两位爸爸都是了不起的人物。我是戴先生的义子，安国哥已经不在了，我有责任照顾戴家。而总理的思想能够传下来，全靠戴先生；总理的事业能够传下来，全靠蒋先生。他们两人，一个是理论派，一个是行动派，这两位上人都是让我觉得骄傲的。我不需要去认谁是父亲或不认谁是父亲，你们如果有更多的资料足以有个结论，我亦希望能够弄清楚。"（《蒋纬国口述》第 33 页）表明其实蒋纬国已知道谜底了。

5. 亦憎亦恋、难舍难弃的乡情

孔圣人的语录被他的弟子们收集在《论语》中。在《论语·阳货》中，孔子曰："乡愿，德之贼也。"

在《孟子·尽心下》中解释为："万子曰：'一乡皆称愿人焉，无所往而不为愿人，孔子以为德之贼，何哉？'曰：'非之无举也，刺之无刺也，同乎流俗，合乎污世，居之似忠信，行之似廉洁，众皆悦之，自以为是，而不可与入尧舜之道，故曰德之贼也。'"意思为乡愿善于掩饰自己的过错，使人难以认清他的本来面目。而乡愿指乡里中言行不符、伪善欺世的人。

欧阳修在《相州昼锦堂记》中有精彩的论述："仕宦而至将相，富贵而归故乡，此人情之所荣，而今昔之所同也。盖士方穷时，困厄闾里，庸人孺子，皆得易而侮之 …… 一旦高车驷马，旗旄导前，而骑卒拥后，夹道之人，相与骈肩累迹，瞻望咨嗟；而所谓庸夫愚妇者，奔走骇汗，羞愧俯伏，以自悔罪于车尘马足之间，此一介之士，得志于当时，而意气之盛，昔人比之衣锦之荣者也。"这是对乡人的世态炎凉的另一种描写。

乡愿与乡人，是每个人都有或离不开的。

蒋介石青年时期是痛恨乡愿的，后来引申到恨家族，恨家族范围，恨家族观念。

蒋介石的这些思想，在他的日记中多有流露。

我们从蒋介石早年的日记中略择几段：

1919 年 2 月 26 日："忆及往昔乡间事，宿愤犹在。吾国绅耆阶级不打破，平民终无享乐之日也。"

1920 年 1 月 8 日："终身为我累为我敌者，一则家眷，二则乡友也。如无此辈，则客气与虚荣心，自必锐减若干……"

1920年1月23日："……家族观念打不破，家族范围跳不出，埋没古今多少英雄……"

1921年9月1日："……家居俗务纷烦，乡人眼孔浅，种种要求应酬，过于上海，互相倾轧之风，亦盛于沪人，习俗如此，非可安处，其即迁地为良乎。"

10月28日："下午，会客商议办理母丧事，兴办武岭学校，乡愿多作梗，周星垣顽旧尤甚，改造乡事，其难无比……"

以上种种，皆为蒋介石的心里话，他为什么有这种思想呢？

答案还须从蒋介石的家世说起：

1921年6月14日，清晨，鸟雀啁啾，武岭苏醒了，山林青翠欲滴；河塘小荷尖尖，露珠在阳光中闪烁。久被沉疴折磨，气喘咳闷的蒋母王采玉已经平静下来，她在弥留之际，昏迷不醒，嘴巴微张，只有微微的出气而没有进气了。

蒋介石心痛如焚，守在病榻前，不忍"对其长逝之生面，唯闻呼吸微嘘"。

"嬷嬷——嬷嬷——"

王采玉容蔼色庄，安静地去了。

"嬷嬷——嬷嬷——"

蒋介石哀哀呼唤，一声高于一声。

"而回音寂然矣。"此时是7点49分。于是，孝子中正便呼天抢地，捶胸顿足，肝肠寸断，悲疼到发昏，涕泪横流，思绪万缕，他认为："母死为人生第一可悲事也。"素帷设灵，易箦购棺，难受郁结于心，泪墨抒情，撰"哭母文"曰：

悲莫悲于死别，痛莫痛于家难，哀莫哀于亲丧，苦莫苦于孤子。呜呼，天胡不吊，夺我贤慈，竟使儿辈，悲痛哀苦至于极哉！

他一面哭，一面回忆往事：

回溯吾母来归，已三十有六载，当吾父健在之十年间，家中鞠育之苦，嫁娶之劳，饬家接物，皆吾母一人之内助。其苦心孤诣，已可感于无穷者矣！

下面的文字，似可说明一些问题：

洎乎先考中殂，家难频作，于此二十六寒暑间，内弭阋墙之祸，外御横逆之侮，爱护弱子，督责不肖，维持祖业，丕振家声，何莫非吾母诚挚精神，及无量苦心，有以致然也……

自蒋肇聪于 1895 年死后，"家难频作"，第一件事便是母子失和。家难指同父异母的胞兄蒋周康（锡侯）分家析产之事。蒋锡侯是年 20 岁，在他的要求下，从庶母手中（其中肯定有家族支持）分得玉泰盐店与毗连的厦房，及外面放出的账面；而蒋中正这一支偏房养的，只分到老宅三间楼房，即丰镐房，以及薄田 30 亩和一片竹山。当时的情景是：

中正九岁丧父，一门孤寡，茕子无依。其时清政不纲，吏胥势豪，夤缘为虐。吾家门祚既单，遂为觊觎之的，欺凌胁逼，靡日而宁。尝以田赋征收，强令供役，产业被夺，先畴不保，其至构陷公庭，迫辱备至。乡里既无正论，戚族亦多旁观，吾母子含愤茹痛，荼蘖之苦，不足以喻。

盖当此之时，独赖吾母本其仁慈，坚其苦节，毅然自任以保家育子之重，

外而周旋豪强，保护稚弱，内则辑和族里，整饬庭户……①

家难的第二层含义，系指亲属与吏胥豪势互相勾结，欺压孤儿寡母。征赋税，抢田产，构陷公庭，迫辱备至。这已不是兄弟阋于墙了，是一种外侮。蒋介石后来的"攘外必先安内"的思想大约能从中找到些影子。

家难的第三层含义，应该指那些平时道貌岸然、虚情假意的"乡愿"了。蒋介石指责此辈为"乡里既无正论，戚族亦多旁观"。乡愿、亲戚都袖手旁观看热闹，而王采玉"内则辑和族里"，是一副打落门牙肚里咽的忍气吞声的形象。寡母孤儿，势单力弱，可以想见是怎样低三下四、忍辱负重的。这一切都让少年时代的蒋介石看在眼里，深深铭刻在心中，须臾不能忘怀。

与蒋介石几乎同一时代的浙江同乡鲁迅，在少年时代，因家道中落，从13岁到16岁，经常出入于药店和当铺，在被侮蔑与歧视的环境中备尝社会的冷酷与势利。后来，慈父见背，他也经历了和蒋介石相同的命运。尝尽乡人的讥笑与冷眼，对鲁迅心灵刺激很深，遂发奋读书、负笈远游。当他留学日本回来后，立即接老母到北京，避开可恶的乡愿，并将这些"伪君子"在他笔下一一予以辛辣的入木三分的揭露，让世人了解这些人的丑恶嘴脸。

蒋介石母子的家难更甚于鲁迅，周家是名门望族，正宗嫡系；而蒋介石是什么身份，乡愿族人是知根把底的。很有一种可能即与蒋氏母子的特殊身份有关，所以，郑发之说是别有隐情的。王采玉为了儿子，只能受"胯下之辱"，强作欢颜，再去巴结族人乡愿。不如此，便不能周旋强暴、保护稚弱，就无法顾全蒋家的大局。因此，蒋介石对其母倍加赞扬，对其母的去世哀号痛哭。奇怪的是蒋介石这样一个心狠手辣的人，又为何对家难耿耿于怀，却对戚族乡里不敢报复呢？

① 蒋介石：《报国与思亲》。

蒋介石和鲁迅不一样，他不敢开罪乡里，特别是他长大以后，需要有个堂皇的家族，需要有个显赫的谱牒，如此便要结好乡愿；而其乡人亦为能出一个伟大的人物，不胜荣幸之至；双方都要满足一种虚荣心，便要维持一种虚伪、客气的融洽关系。但少时的刺激，对蒋毕竟是一个鲜明的反差，他一定要有所反应。这种心理活动表现在日记中是矛盾的，一方面，他回忆悠悠往事，宿愤不可遏止，发誓要打破这种不平等的"绅耆阶级"，超脱而去；但另一方面，这种家族范围、家族关系是一种绵绵密密的网，蒋介石的"虚荣心"，使他摆不脱、打不烂、撕不破，只能"客气"地维持下去，但又发出"终身为我所累"的哀叹。尤其是在重修家谱时，这种客气与虚荣心就更显得必要。即使成了"九五之尊"，也不敢开罪乡人。这便是他眼里可恶可憎的家族范围，可恶可憎的乡愿。

但正是乡亲的地域观念，才导致了一批乡人为蒋介石的籍贯进行辩护，这倒是一件无法评价的事情。

但是，终蒋一生，打不破的还是家族范围、地域观念。他发迹以后，任人唯亲，最信赖最重用的是他的浙江同乡。在他的核心圈子中，围绕着他、以他为轴心的呼啦圈转的，主要是陈诚、陈果夫、陈立夫、陈布雷、汤恩伯、胡宗南、戴季陶、戴笠、张静江、邵元冲、邵力子等人，都为浙江大同乡。他的老师毛思诚等是他的私人秘书，贴身的卫士长王世和等人，都是他从家乡奉化带出去的。

他仇恨家族观念、地域观念，而缠绕着他、甩不掉、砸不烂的还是这些乡情与乡愿。呜呼 —— 爱憎难舍的乡愿，载舟覆舟的乡情。正因为有了它们的存在，蒋介石的客气心与虚荣心，才增加很多，才显得很强。

婚姻篇

男女感情上的事，谁也说不清……

蒋介石举起右手，虔诚地宣誓：

"我——蒋中正，情愿遵从上帝的意旨，娶宋美龄为妻。从今以后，无论安乐患难，健康疾病，一切与你相共，必尽心竭力地爱敬你，保护你，终身不渝。"

在上帝面前的结合，是神圣的婚姻。

当婚礼进行曲奏响之时，有三个不幸的女性都在为斩断的情缘而伤心欲绝。她们分别是浙江奉化溪口丰镐房内的女主人，蒋介石的发妻毛福梅；苏州凤凰街孔副司巷一幢深宅大院中的侍妾姚冶诚；远在太平洋彼岸，美国纽约第二街区 115 大街 604 号的"蒋夫人"陈洁如。

"为何我这样没有眼睛地去爱了这样一个没良心的东西！破碎了我青春尚要来这样摆弄我，真使我有冤无处可诉……"

这是陈洁如凄凉、痛楚的心声。

"大人物"的感情生活，是铁幕后的秘密。一个人的日记不是为了发表，而只是为宣泄情欲时的心声，才是真实可信的。这些却是不能公开的秘密：与老婆厮打，与侍妾斗气，与情人偷情……

在国民党的官书正史中，只许有"第一夫人"宋美龄以仪态万方的形象出现。蒋介石的事业，离不开宋美龄的支持。蒋宋互相支持，摆成一个"人"字。蒋介石与宋美龄的结合，是身份与地位的结合。

揭开铁幕——蒋介石、毛福梅、姚冶诚、陈洁如四人感情纠葛交织在一起，一个有七情六欲的普通人形象又回到蒋介石的身上。

1. 蒋介石与妻妾们的感情纠葛

统治者、道貌岸然的大人物的内心世界，是铁幕中的秘密，自然又是俗人与世人所感兴趣、渴望知道的。在统治者生前，他们的感情世界常常作为国家最高秘密加以保护，因此披上了种种神秘的色彩。越是鲜为人知的信息越能引起人们的兴趣，于是各种小道消息不胫而走。一旦统治者死后，所谓"亲历者"的实录、亲历记之类便充斥坊间。但是，人们对于统治者生前的内心世界，希望能真正地了解。就好比飞机失事后，搜寻的救援人员急于找到黑匣子一样，历史学家们也努力搜寻"历史黑匣子"中的秘密。

（1）发妻毛福梅

1901 年冬，14 岁的"小丈夫"蒋介石与 19 岁的大姑娘 —— 奉化县岩头村的毛福梅结婚。婚后不久，就去邻近的岩溪村毛思诚设帐的学馆中继续念书。毛思诚的孙子毛丁先生说："因榆林村陈春泉先生的介绍 …… 蒋介石前往就读，为时虽不长，但师生颇为相得。"[1]蒋介石任黄埔军校校长后，即函邀 53 岁的毛思诚前往黄埔军校，任秘书。1937 年，毛思诚年近逾矩，告老还乡，"…… 先生（指蒋介石）以缄藤数具，亲付收藏，检其所储者，手卷也、日记也、公牍也、其余杂存也。反复披览，悉外间所不克具，而为历来珍秘之故楮，惊喜如获至宝 ……"[2]毛思诚对这些资料进行了爬梳整

---

① 毛丁：《蒋介石〈自反录〉及其编者毛思诚》。
② 毛丁：《蒋介石〈自反录〉及其编者毛思诚》。

毛福梅与蒋经国的合影

理，在此基础上编纂了《民国十五年以前之蒋介石先生》等著作。不久，抗日战争爆发，毛思诚来不及将蒋介石的有关资料转移，就将其藏在家乡的墙壁中。经过八年抗日战争、三年国共两党内战及中华人民共和国成立以后的风风雨雨，直至一场始无前例的"文化大革命"，全国各地破四旧，立四新，一切历史上的经史、诗书等书籍统统成了"毒草"，遭到焚毁与破坏。毛思诚早就死了，他的儿孙们为保护蒋中正的这批史料，历尽艰辛，也难逃劫数。"红卫兵"从毛家夹墙中抄得这些"反党罪证"，证明毛家还妄想变天。于是"斗批改"开始，毛氏子弟为此遭牵连者颇多，可谓家破人亡。"到中共十一届三中全会以后，拨乱反正，落实政策。这许多第一手资料，在政府的重视下，终于重新找到了。"毛思诚之孙毛丁遂于 1985 年 6 月将这批文史资料计 182 卷宗，献给中国第二历史档案馆。此后，这批"历史黑匣子"得以开启，从而向人们展示了蒋介石真正的内心世界。

蒋中正，字介石，原名周泰，字瑞元，学名志清。因"介石之性，举动异乎常人，如出地蛟龙，脱羁神骏，母爱教之"，后改名中正，其义来自于《易经》豫卦象传：刚遇中正，天下之大行也。豫卦六二爻辞：介于石，不终日，贞吉。1887 年 10 月 30 日（清光绪十三年九月十五日）出生。至于蒋介石到底生于何处，暂不下结论，读者好自思辨。

蒋介石的父亲蒋肇聪（字肃庵、明火）在奉化武岭经营其父蒋斯千（字玉表）传下的一爿玉泰盐店。

武岭一带，山明水秀。清澈流碧的剡溪曲折迂回从这里汇入甬江，东流出海，因此，该地又叫溪口。不远的东方，屏障着起伏连绵的青山。自天台摘星峰迤逦四明山东来，到溪口过 20 里而北为雪窦山。"在万峰绝顶，旷为平原之处，飞檐古刹，钟磬悠扬"，即著名的雪窦寺。蒋介石一生推崇的明代浙江同乡、余姚人王守仁，世称阳明先生，其哲学思想以良知良能为主，即格物致知，当自求诸心，不应求诸事物。但他游览了四明第一山的雪窦寺后，写下了"林间烟起知僧在，岩下云开见鸟飞"的名句，诚为由物而心发出的感慨。雪窦寺前有千丈岩瀑布，如玉龙白练，飞泻涧底，澎湃吟啸，回响幽谷。周围还有妙高台、龙潭等胜景，遥相辉映。落英缤纷、怪石嶙峋、茂林修竹、曲水流觞，仿佛置身于桃花源中。

环境是幽静的，一幅男耕女织的图画，而生活又是残酷的，由于蒋肇聪的亡故，少年时代的蒋介石尝尽世态炎凉。

后来，蒋介石回忆这段痛苦的岁月时说："我以茕劳弱嫠，历尽人世难堪之境，当其孤苦，曾不知何以自全，所确信不疑者，则为孤子之必须教养。"

在"艰危困苦"中，少年时代的蒋介石就下定决心，"自立自强，必当尽其在我，故家世愈艰而礼德不可不饬，门祚愈薄，而志气不可不坚"。他从六岁入家塾读书，13 岁去榆林村陈春泉家学馆就读。陈春泉在这一带是有名望的乡绅，是蒋介石之母王采玉的表兄，王采玉以门祚式微，决心让儿子尽早完婚，以添帮手。不久，她专程前往离此二里地的岩头村，去一户富裕人家，世代经商开米行和杂货店的毛鼎和家，为蒋介石和毛家二女儿福梅提亲。经毛鼎和夫妻首肯后，定于光绪二十七年（1901 年）冬结婚。

在蒋介石择吉迎亲的那一天，从岩头到溪口的山路上，送新人嫁妆的队伍十分壮观，红艳艳光莹莹一长溜，而毛福梅坐在颠簸的花轿中，心里如十五个水桶，七上八下的，不知未来的生活会怎样，丈夫又是怎样。

蒋介石在溪口却是一个有名的泼皮，素有"瑞元无赖"的诨号。他经常领一帮村童，在山上当"将军"，指挥双方"打仗"，好不威风。没曾想到，14 岁却要娶妻成婚，扔下一班"兄弟们"，自己被"招安"。但又不敢忤逆母意，真是牛不喝水强按头。当拜堂之时，蒋在傧相的扶持中，被摁着脑袋磕了三个响头，真是难受。好不容易当司仪喊"送新郎新娘入洞房"时，"他好似得了赦令，霍地直起身子，一手摘下头上的红缨西瓜皮帽，'呼'地向空中抛去，随着一声欢叫，飞一般地跑到门外街上去了。待到人们簇拥着小脚伶仃的新娘走进洞房，找新郎官继续进行坐床、撒帐、喝交杯酒、吃相量（和合的意思）盏时，蒋瑞元早已不知去向"。

"王采玉听说儿子不在洞房，急得团团乱转，正要派人到外面去找时，忽然门外一阵喧闹，拥进一大群毛头后生和顽童来，他们一边放炮仗，一边抢炮仗蒂头，而放得最多、抢得最多、抢得最快、喊得最来劲的，便是那位拖着油光辫子、披着吉祥如意红花、穿着长袍马褂的新郎官蒋瑞元。"①

蒋介石的胡闹，使其母王采玉在毛、王、蒋三家的亲戚面前大失面子。是夜两间房子里，一老一小，两个不幸的女人都在哭泣，都为蒋介石的不懂事而烦恼。蒋是个孝子，耳听着夜深人静时母亲和妻子的悲声，自知顽梗，累及贤慈，于是匍匐请罪。王采玉转身起来，教训他说："余自汝父逝世，抚育汝至今日成室，不知余有多少伤心事，愿汝长大立业，不忘平日教养之苦辛也。"蒋介石跪哭听受。

---

① 王月曦:《毛福梅与蒋氏父子》。

旧式婚姻，好比隔布袋买猫，结为夫妻的男女双方拜过天地之后，才彼此认识对方，感情是谈不上的。蒋毛两人年龄差五岁，夫妻的思想很难沟通。加上，蒋介石外出求学，不能耳鬓厮磨，燕燕于飞，于是总感到毛氏既无乐趣又无颜色，越发冷淡毛氏了。

以后，蒋介石走出闭塞狭小的武岭，到了宁波、上海，外面的世界好精彩；尤其是东渡日本留学后，眼界更是开阔许多。孤身海外，他像一只断了线的风筝，坠入花丛，放浪形骸，不再想念他的黄脸婆了。

蒋介石在东京振武学校学习军事，有时暑假回家，面对发妻，性欲来时，春风一度。1910 年 3 月 18 日，毛福梅欣喜之余，生一胖儿 —— 经国，使她孤寂的心有了依靠。但她与介石无论从思想上、感情上还是肉体上已越来越远。

1921 年，蒋介石与毛福梅的感情日趋冷淡，"甚至不愿同衾"。[1]4 月 3 日，蒋在溪口的丰镐房内看《通鉴》，"见毛氏与经国擅自城舍（宁波城中的屋舍，看来，毛氏的行动需经过蒋介石批准）归，忿不可遏，与之拼命大闹"。[2]蒋介石拳脚相加，毛氏吃打不过，也进行自卫，对蒋乱抓乱咬。此时的蒋毛感情已濒于破裂。这场厮打的结局，当然是以毛氏的遍体鳞伤，与儿经国抱头痛泣而告终。蒋介石兀自余怒未消，他在是日的日记中写道："余于毛氏平日，人影步声，皆足刺激神经。此次寻衅，竟与我对打，实属不成体统。决计离婚，以蠲痛苦。"[3]但是，就在这一时期，蒋母王采玉病重，毛氏"擅自"回来，是为了侍候婆婆的病。而一向以孝子自居的蒋介石，竟不顾病榻上辗转呻吟的母亲，闹得鸡飞狗跳，王采玉连病带气，差点送了半条老命。但作为一位传统守旧的妇女，无论如何不希望在有生之年，看见家庭破裂的下场。因此，她做主让毛氏回家，结束分居的局面。蒋介石在愤怒之中

---

① 《蒋介石日记类钞》。

② 《蒋介石日记类钞》。

③ 《蒋介石日记类钞》。

失去理智，在日记中写道："母亲老悖一至于此，不仅害我一生痛苦，而且阻我一生事业。徒以爱子孙之心，强欲重圆破镜，适足激我决绝而已，今日拟发最后离婚书。"

尽管蒋介石对母亲包办的婚姻，下定分手的决心，但为了不惹母亲再生气而加重病情，还是暂时维持着名义上的婚姻关系。自己终日在外闲游，伫眺四明山风景，散心解闷，转移注意力，但总是要回家的。进门一见"毛氏犹在"，偌大七尺一条汉子，竟然"为之晕厥，痴呆半晌"，顾不得许多，"又发暴性"。过后，怅然良久，哀叹不如"出家为僧而已"。

蒋介石把母亲的病重归罪于毛氏，又将自己婚姻的不幸强加于母亲。他说："我为毛氏而害我母亲于郁死，我母亲为毛氏而夺我一生之幸福。"母子失和，于是愈发恼恨毛氏不止。

1921 年 6 月 14 日，蒋母王采玉终于咽下了最后一口气。蒋介石将母亲的死归结为："乃死于家庭之旧习惯，即死于毛氏之身上也。"在母丧期间，蒋介石便急不可耐，多次召集族人商议"离异毛氏事"，由于"亲戚意见参差，致无结果，心殊恼恨"。其实在 4 月 4 日，蒋介石以沉痛的笔调给毛福梅的胞兄毛懋卿写了一封信，请其做毛福梅的工作以同意离婚的要求。信云：

十年来，闻步声，见人影，即成刺激。顿生怨痛者，亦勉强从事，尚未有何等决心，必欲夫妻分离也。不幸时至今日，家庭不成为家庭，夫固不能认妻，妻亦不得认夫，甚至吾与吾慈母水火难灭之至情，亦生牵累。是则夫不夫，妻不妻，而再加以母不认子，则何有人生之乐趣也……吾今日所下离婚决心乃经十年之痛苦，受十年之刺激以成者，非发自今日临时之气愤，亦非出自轻浮的武断。须知我出此言，致此函，乃以沉痛极悲哀的心情，做最不忍心之言也。高明如兄，谅能为我代谋幸福，免我终身之痛苦。

同年 11 月 28 日，蒋介石把与毛福梅离婚之事在信中告诉经国与纬国，他写道："余今与尔等生母之离异，余以后之成败生死，家庭自不致因我而再有波累。"

蒋介石 1927 年 9 月 27 日申明"民国十年元配毛氏与中正正式离婚"，又出为王太夫人义女，但具体是什么时间，却搞不清楚了。蒋介石日记只有如下记载："后卒解决此事，然已不知费了多少精神矣。"

1921 年底，毛福梅与蒋介石离婚，但不离家，仍住在溪口的蒋氏老宅。她万念俱灰，只是伴随青灯，吃斋念佛，过着与世无争的日子。唯一牵肠挂肚的是她在外念书的儿子经国，经国后来到上海读书，1925 年夏至广州，经蒋介石同意后，乃于同年 10 月赴莫斯科孙逸仙大学读书。思想上追求进步，处处表现激进。1927 年"四一二事变"后，蒋介石公开叛变国民革命，捕杀共产党人与进步人士。身在异国的蒋经国立即声明与其父划清界限，他回忆起少年时蒋介石动辄气势汹汹对其母拳脚相加的情景，不禁悲愤交加，在报上公开撰文，抨击蒋介石：

蒋介石一度是我的父亲和革命朋友，现在却成了我的敌人。几天前，作为革命者的他已经死去，现在活着的他是反革命的鬼魂。对革命，他曾满嘴甜言蜜语，竭尽歌功颂德之能事，但机会一到却背叛了它⋯⋯打倒蒋介石！打倒叛徒！

蒋经国在苏联滞留了十个年头。1937 年 3 月，蒋介石才通过外交途径，使经国回国，他还带回一位金发碧眼的俄国媳妇芬娜和两岁的儿子艾伦、一岁的女儿爱理。当时蒋介石已是全国领袖，经国对其父俯首听命，再不提往事，但对其母毛氏还是孝敬有加的。

1939 年，抗日战争经过了两个艰苦年头，蒋介石领导的国民政府还在坚持抗战，日本决定报复蒋介石，轰炸奉化溪口。12 月 12 日，浙江萧山上空出现了六架日本轰炸机，轰隆隆飞过慈溪、宁波、新昌、嵊县至仙居又转回溪口上空，投下十几枚炸弹，并俯冲扫射，顿时溪口镇火光冲天，烟雾弥漫。但蒋氏老宅丰镐房仅"弹痕数处"，受到轻微损坏。

蒋经国亲笔写下的"以血洗血"，
并为母亲立碑

日机俯冲轰炸时，毛福梅正在房中数珠念佛，但六根未净，听到警报声，慌慌忙忙逃至后门外，忽然想起门未关好，又返回锁门。后逃至后门外弄堂对面的墙下，眼前火光冲起，毛氏腹部中弹，肠子流出，一只脚被炸飞，呻吟着倒在墙边。此刻，日机投弹，震塌了墙壁，毛福梅被埋在断垣瓦砾之下窒息而亡，时年57岁。

蒋经国在赣南惊悉噩耗，千里奔丧。他顾不得一路颠簸的疲劳，下了汽车，被人扶到母亲遗体前，见到眼前惨状，立即昏厥过去，醒来抚尸号啕。他想到母亲一辈子的不幸，又为母亲的惨死大放哀声。悲痛之余，在母亲罹难处亲手写下"以血洗血"四个大字，并勒石立碑于此，表示与日寇不共戴天的仇恨。

不幸的毛福梅，悲惨的命运。

（2）侍妾姚冶诚

蒋介石除了明媒正娶的发妻毛福梅外，尚纳有一妾姚冶诚。姚冶诚是苏州人，明眸皓齿、天生丽质，为风尘女子。苏州自古多青楼，"骑马倚长桥，满楼红袖招"，这是一幅何等风流、潇洒的画面。

辛亥革命时期，政局多变，一部分革命党人意志消沉，醉入花丛，弦乐袅袅、笙歌处处，听曲纳妓，以为乐事。

就在这一时期，蒋介石认识了姚冶诚，为填补精神上、肉体上的空虚，纳其为侍妾。

1912 年冬天蒋介石携姚氏回溪口，关于姚冶诚的来历，当时天津《益世报》曾有如下介绍："女士出身寒微，当南北和议告成时，蒋氏随陈其美居沪，陈每过北里，蒋亦与偕往，怡琴（花名）在法租界某处作房侍，在筵席同见蒋氏，怡琴刻意奉迎蒋氏，终至以身相托，被蒋纳至侧室。"关于这一段故事，蒋纬国是这样说的："当年父亲从日本回到上海，被陈其美任命为沪军第五团团长，辛亥革命光复上海后，陈其美由绅商及会党拥为都督。后来因一次密谋策划的暗杀，父亲得以在陈其美的别馆结识一位年轻女子，那时父亲正值二十出头，两人乔装成夫妻，混进府里刺杀某人。那年轻女子就是我母亲 …… 他们完成任务之后，隐藏在上海法租界里，不久之后，就拿着预先准备好的两张船票，搭乘一条日本船到日本去，两人就在日本结婚了。"时间一长，新鲜过后，蒋介石便与姚妾打打闹闹，鸡猫喊叫。蒋介石与姚冶诚的感情好比鸡肋，食之无味，弃之可惜，一会儿好，一会儿恼，狗皮袜子无反正。从蒋介石日记中略择几条，便可说明当时的情况。

1919 年 4 月 13 日："以妾食，怨怒并集。"

10 月 18 日："冶诚赌博不休。"

1920 年 1 月 1 日："早晨未起床，瞭见楼下电灯尚明，甚恨冶诚不知治家法，痛骂一场，娶妾之为害，实不

张静江与朱逸民

可胜言。"

1月18日："中食,以发恼投箸外出,回则见冶妾独自属餍,大骂一顿。"

"中食于静江家,为冶诚事恼气受辱,实难为怀也。"

好生动的描写!姚冶诚好吃嗜赌,经常竹城雀战,彻夜不睡,蒋介石气得半死,经常大骂,有时正端起饭碗,恰巧二人拌嘴、讨气,老蒋一气摔了筷子,扭头外出。但姚冶诚胃口却极好,兀自大吃大嚼,蒋介石回来后见此情景,刚消下的火顿时又蹿三丈。蒋介石常为躲气,到他的盟兄张静江家去诉苦,而张二哥动之以情,晓之以理,加之张静江新娶与其女儿岁数相仿的朱逸民为妻,一个老夫一个少妇,却恩恩爱爱,燕燕于飞,搞得老蒋羡慕不已。朱逸民则表示,有机会给蒋介石再介绍一个好的。

张静江夫妇越是这样安慰他,他越觉得姚氏讨厌,他说:"近日益忿妾举动之贱劣,手术之狠贪。"

5月10日："近日冶诚嗜赌而不侍我疾,且出言悖谬,行动乖违,心甚愤恨之。"

5月23日："昨天冶诚来(病)院,余见之,心甚愤恚,病症加剧,因即令回寓,不欲其在旁侍候也。余凤世孽重,遇此冤家也宜哉。"

6月12日："近日躁情不自禁,盖由悍妾逼迫所致。"

6月13日："刺冶诚之意态,乃知其以敲诈为事,唯利是图,不胜恼恨。"

6月15日："又为冶诚事,烦恼不堪。余受尽彼妇凌辱,竟毫无办法。"

6月16日："听母亲教训,述及冶诚性行之凶狠,令人发指,余再不下决心断绝关系,是诚冷血裸虫也……为冶诚事恼气受辱,实难为怀也。"

6月24日："冶诚又来讨气,彼妇悍泼,不可言状。得罪于我,又得罪于我母,使我母心疼病重,我置妾之辜大矣。懊悔曷其有极。冶诚去后，忧愁闷忿怫郁牢骚，自坠地以来，未有如此之甚也。晚外出闲散，聊以抒怀。"

6月28日："此次离沪游普陀，非行乐也，乃为冶诚所逼耳。"①

从上面的日记可以看出，蒋介石与姚冶诚的关系并不融洽。姚冶诚的悍泼、贪婪、嗜赌，不知治家，不遵妇道，都使蒋介石气恼，况且蒋姚间经常大吵大闹，惹得四邻不安，蒋介石在日记中甚至写下："处置冶诚事……静江、季陶、觉生诸兄，俱来商量此事。"张静江、戴传贤、居正都是国民党要人，他们都来商议蒋氏与姚氏感情纠葛之事，可见影响之大。但是"处置冶诚事，离舍两难，乃决定暂留而析居，以观其后"。蒋介石采取冷处理的方法与姚冶诚分居而不离异，主要原因是："盖因去之……则纬儿（蒋纬国）无人抚养，恐其常思其母之心；一则藕断丝连，虑其终结不解之缘。"这说明姚冶诚手中有张王牌，即她抚养着蒋纬国。蒋介石舐犊情深，投鼠忌器，只有自己寻找心理平衡，在日记中写道："吾谓中国妇女，现在决无解放之可能。诚思多少祸胎，由妇女而起；多少事业，为妇女所败；多少英雄，受妇女所累。自今而后，吾将奉独身主义，不再造此罪孽矣。"蒋介石在无法解决好与姚冶诚关系时，一时间想不开，又想出家当和尚，他写道："我为何还恋尘缘而不自解脱耶？"

但蒋介石毕竟是人，他有正常人的七情六欲，在长期与姚冶诚分居时，也对姚氏有思念之情。从蒋介石写给姚冶诚的信中就可以发现，他在发狠取独身主义后，又离不开姚冶诚。

1921年9月22日，蒋介石在香港给姚氏写信：

冶诚妹鉴：

我昨日到香港，现住浅水湾香港酒店，风景甚好，惜纬儿与你不能同来

---

① 《蒋介石日记类钞》。

也。你病如何？不胜念念……

同年12月31日，蒋介石应孙中山电召，从广州经香港起程到广西桂林去，行前，他在另一封信中写道："冶妹鉴：前寄纬儿两函，想已收到。中正定今由香港起程往桂林，路上约需半月工夫，甚寂寞也。贵恙如何，甚以为念。家乡不知太平否？如恐危险，可往城中陈先生家住过年，待明年正月底，再回溪口往家亦可也。人在家无事，请每星期写一封信寄来，如有要事，可托上海发电报也……"

1922年1月24日夜，蒋介石在桂林旧藩署八桂厅中，仰望满天星斗，不由怀念起故乡的亲人，提笔给姚冶成写下一封情深意切的信："冶妹鉴：兄在桂林，日夜想在家过旧历年之心甚切，因之无时不想着你与纬儿也……"

四天后，正是春节，"每逢佳节倍思亲"，蒋介石不能与亲人团聚过年，不觉泪下……独坐对月，寒影自怜。

二十多天后，蒋介石按捺不住思念之情，又写了一封信："冶诚吾妹爱鉴：我在此地，心里烦闷，恨不得从速回家享福。你12月20日所发一封信，我前礼拜已收到了……我的旧病，亦时常发作，颇为忧闷。我这一回，总算来得顶不好了。但是已经来了，亦再没有从速回家的办法。只得跟着老头子（系指孙中山）做一天算一天就是了。"写到此处，老蒋真有些英雄气短，儿女情长。他自诩为孙中山忠实的学生，但对革命却抱做一天和尚撞一天钟的打算。从蒋介石的几封家书中，笔墨间飘溢着一种爱恋情愫，再也不是怨气冲天，"怨怒交并"的嘴脸了。他在家信中常与姚氏提一些鸡毛蒜皮的家务事而且喋喋不休：

清明节就快要到了，坟头应种的树，前信已经写明白了。我想在家中，即当店屋前后照墙角，离开三尺的地方，皆要栽种二道梅树、桃树，每道约种十株就够了。还有离中厅前屋檐下两尺地方，栽种十株梧桐才好。城中高等小学有这种树秧。就是大墙门东边，旧小屋前面，亦要栽种几株梅桃才好也。至于坟头所种之树，除了柏树、石槐树、樟木之外，还要多种几株杨柳树、栗子树及桂花树才好。家中亦好种两株桂花树及杨柳树，顶前屋檐下，杨柳树与梧桐树并种也 …… 屋后墙角，更要种树，西面三间屋后，片屋拆了，皆要种树 …… 如何种法，你皆要写信来报告我，使我可以安心。

我乡风俗，新坟是要早些拜扫的 …… 祖父、父亲及青弟的坟，亦要去上。经纬两家上坟时候，他俩兄弟皆要同去才好 ……

当店屋三间，如可买，则托舅公代买之。其价在 250 元左右可也。明年当店办学堂，我已答应。你只要择一间或二间居住，或迁入新屋亦可，由汝自择之可也。

蒋介石除向姚冶诚交代种树、买屋之事外，主要还有育儿问题："经儿明年令其往上海读书，与莲妹往上海居住，每月津贴共三四十元之费 ……"，"纬儿想必平安无事"，"最好把他多吃一些资（滋）养品，弄他肥大起来"。

正因为姚冶诚替蒋介石理家育儿，使蒋免去后顾之忧，所以蒋介石的生活中缺少不了姚冶诚。蒋姚间的关系，此后一直保持分居状态，至 1927 年 9 月，蒋介石申明与姚无婚约关系后，姚氏便与蒋纬国生活在一起，后居苏州蔡贞巷 7 号。

据叶永义先生说，与姚冶诚同时移居苏州的还有蒋介石的胞妹蒋瑞莲、妹夫竺芝珊一家，以及蒋介石在奉化凤麓学堂读书时的启蒙老师张家瑞（席卿）一家。先住在吴忠信在苏州凤凰街孔副司巷的一幢大宅中，后来姚氏在南园的蔡贞坊选了一块地皮，修筑了一座蒋公馆，门牌为蔡贞巷 7 号。"那里空旷静谧，适宜静养。蒋公馆共占十余亩，建筑结构紧凑，有前后两个大门。前大门正对木杏桥，一泓碧水潺潺萦绕 …… 蒋公馆主建筑为三层楼三开间的青砖洋房，东西两间是宽敞的房间，中间是会客厅。"①

从与蒋介石分手后，姚冶诚一直就是吃素。

抗战爆发后，姚氏随蒋迁重庆，住重庆南温泉，蒋介石每月托陈果夫转交46元大洋给姚冶诚。姚一度移居成都及兰州。抗战胜利后，又迁回苏州南园。1949年，中国人民解放军渡江之后，姚冶诚随蒋氏政权退至台湾，居桃园，后又迁至台中。1967年病逝，终年79岁。蒋纬国念其养育之情，执孝子礼，并凄伤不已，在母亲的墓碑上写道："辛劳八十年，养育半世纪。"

（3）"爱妻"宋美龄

蒋介石过了不惑之年，一颗放纵的浪漫花心大减，像一只迷途的羔羊终于找了个窝，他娶了宋美龄以后，虽然风风雨雨，绯闻不断，但蒋宋婚姻基础却没有发生动摇，没有婚变。正如蒋介石在与宋美龄以基督教方式举行婚礼时的宣誓：

蒋介石与宋美龄

> 我蒋中正，情愿遵从上帝的意旨，娶宋美龄为妻。从今以后，无论安乐患难，健康疾病，一切与你相共，我必尽心竭力地爱敬你、保护你，终身不渝……

从正史上看，蒋介石、宋美

---

① 叶永义：《蒋公与姚冶诚的一段情》，载台湾《传记文学》第60卷第6期。

龄都履行了这一承诺。

蒋介石在北伐统一中国后，又经历不少次大战。从蒋桂战争、蒋冯阎中原大战，到五次"围剿"红军的战争、对日战争等等，其中不乏惊涛骇浪，九死一生。

1930年6月12日夜，蒋介石的专列停在商丘不远的一个小站上。卫士们个个挥汗如雨、敞胸露怀，也有个别的跳下火车，钻进附近的小河塘里洗澡去了。燥热的夏夜，只有几处蛙鸣，"呱呱呱"此起彼伏。在专列上，卫士长王世和手提马灯，站在蒋介石的身边，身上像被雨水淋过一样。蒋介石依然军装整齐，正襟危坐观看军事地图。冯玉祥军一个劲地后撤，是不是别有诡计？这不像"冯大哥"的风格，作为盟弟蒋介石，对他大哥的性格、作风了解得太清楚了。蒋军刘峙部乘胜追击，会不会中人圈套？

想到此，他焦躁起来，站起身，来回在车厢里踱步。

突然间，近处枪声爆起，像平地而起的炸雷，蒋介石一惊，浑身竟觉冰凉。

"报告总座，冯玉祥郑大章部大队人马来袭。"

"完了！这次要成仁了。"这是蒋介石闪过的第一个念头。他明白，卫队不过百十来人，无论如何是敌不住如狼似虎的郑大章部骑兵的。

透过车窗，冲天的火光和硝烟中，郑大章的骑兵像洪水一般呼啸而来。

蒋介石想到即将与宋美龄永别，心中黯然。

"轰！轰！轰！"远处的飞机场火焰腾空，郑大章的骑兵袭击了商丘机场。

在蒋介石面临与宋美龄生死之际，枪声却渐渐稀了。原来郑大章并没有发现蒋总司令的专列，只是为炸毁飞机而来，不然蒋介石哪能死里逃生！

事后，蒋介石在日记中写道："今晨二时三十分逆军便衣队来烧飞机场，正在余卧车之旁，战斗约三十分，逆匪方溃窜，而飞机大部竟被其毁坏……"

1933年11月第十九路军将领陈铭枢、蒋光鼐、蔡廷锴等在福建公开反蒋，成立中华共和国人民革命政府。蒋介石调集大军攻击，宋美龄与蒋介石共同前往福建。她回忆这次难忘的旅途，后怕地说："有时我们沿高原边上的悬崖奔驰，开车一不小心，就会坠下深渊。有几段公路仍在筑造中，高拔陡峭，几如悬壁，一直到经过以后，我方才觉察那次旅行多么危险，多么费力。事后我丈夫深悔不该叫我冒这许多危险。"① 这是一次夫妻同舟共济的经历。

在江西"围剿"红军时，一天深夜里蒋介石行辕周围突然响起噼啪的枪声，蒋介石起身，并叫爱妻美龄快穿上衣服，宋美龄拣出重要文件，准备焚烧，蒋介石的卫队环列成一个圈子，宋美龄也掏出手枪准备应付万一，过了一个小时，枪声渐息，蒋宋齐合手加额："主上洪福，保护我们大难不死。"

1936 年 12 月，蒋介石从洛阳飞抵西安。此时国难深重，日寇步步进逼华北。蒋介石的政策很简单 ——"攘外必先安内"。朱、毛的残部"流窜"到陕北后，只剩下万把人，但此心腹之患不除，星星之火，虽然开始时很容易把它浇灭，但如让其死灰复燃，定有燎原之时。蒋介石调动张学良的东北军与杨虎城的西北军，进行彻底"围剿"。

共产党却提出"收复失地，自己人不打自己人"的口号。

在民族危机日甚的形势下，年轻气盛的张学良与杨虎城两将军决定发动兵谏。12 月 12 日夜，东北军直扑临潼华清池蒋介石行辕。经过激战，蒋的卫队死的死、伤的伤，委员长也躲在后山的石缝中当了俘虏。南京的军事委员会当即准备轰炸西安，进攻"叛逆"。当此千钧一发之际，宋美龄先闯军事会议，与何应钦拍了桌子，后又飞往虎穴，亲自救蒋。这又是一次蒋宋生死与共的经历。

但蒋介石与宋美龄的感情也不像国民党史书正面歌颂的那样，其阴暗面尚有不少。在蒋介石 1931 年 6 月 20 日日记中有一段有趣的文字："美妻今晚回沪，昨日撕碎之函，若递与一阅，则不致其疑。而我心地，亦堪大白，但见讯即恨，故一时心烦，不问是非，立即扯乱 …… 此函或为来间我夫妻感

---

① 国防部新闻局编：《伟大的蒋主席》，第 126 页。

情，吾人不察，反中奸计，其可乎？"

蒋与宋感情生波的原因是陈洁如从美国寄来的一封信。蒋介石为与宋美龄结合，令前"夫人"陈洁如赴美读书，并在经济上卡住陈，不让其回国。1931年6月中旬，陈洁如在美国学园艺毕业，5月份曾写信给蒋介石要求回国，并要求蒋介石寄一万美元的路费。孰料蒋在阅信时，被宋撞见并索要，蒋心中有鬼，慌忙撕碎，宋疑心大起，醋坛打破，于是离家怒走上海。

是年9月27日，宋美龄又一度负气出走，蒋介石日记中写道："上午以一言不合，妻即不别赴沪，使余更加一层苦痛……"

由此看来，两人的性格、生活习惯还是有不少差异，而且脾气都还不小。蒋介石乃"花县人氏"，绯闻时有发生，难怪同床异梦了。但为了大局，两人还是尽力维持夫妻关系。

抗战时期，国民政府迁渝后，也有蒋委员长几天不敢见外宾的趣闻，据一本美国人写的《宋氏王朝》中记载："委员长的脸都被夫人抓伤了，一天，在他卧室中，夫人发现了一只白色高跟鞋，愤怒之中，把它扔到窗外，正好击中一名卫士的脑袋。"[1]

这就是后来被人们津津乐道的轰动山城的"陈小姐"之谜。[2]

1937年七七事变后，不久，上海沦入日寇之手。陈洁如回国，隐居在法租界巴黎新村（今重庆南路169弄8号），1941年的一天，陈洁如与弟媳庞定贞同去南京路惠罗公司购物，不料与汪精卫的夫人陈璧君和褚民谊在电梯中邂逅。陈璧君因此常去陈洁如家串门，并许她出任汪精卫伪政府的"侨务委员会"副主任。陈洁如以民族大义为重，婉言拒绝，后逃出魔掌，秘密辗转江西上饶，后至重庆，被吴忠信秘密安排在吴公馆内。"蒋旧情复炽，经常去吴忠信公馆与陈幽会……据传有一段日子陆军大学的游泳池常有陈洁

---

① ［美］斯特林·西格雷夫：《宋氏王朝》，中国文联出版公司1986年出版发行，第541页。
② 颜平：《轰动山城的"陈小姐"之谜》，《民国春秋》1992年第1期。

如的身影，而蒋则坐在池边观看。"于是"陈小姐"成了人们佐餐的一道新闻。蒋夫人一怒出走美国，蒋宋婚姻受到威胁。"但宋美龄毕竟是一位非同寻常的政治家，她在美国住了半年以后，于1943年6月回到重庆，继续与蒋介石并肩出入各种重要场合，还于11月同去开罗出席中美英三国首脑会议，展现了她非凡的风采和魅力，自是陈洁如难以望其项背了。"①于是，陈只好再度退居二线，成为弃妇。

以上种种说法，见仁见智，莫衷一是，而蒋宋之间感情到底如何？

宋美龄，广东文昌人，宋美龄的年龄，一直作为"国家"最高机密来加以保护，蒋介石官邸的人都相信蒋夫人比蒋先生小一轮，即1899年出生。据《宋家王朝》考证，她出生于1897年3月5日。到底对不对，我们再考证一下蒋介石的日记，1931年3月30日记载："今日为妻旧历三十三岁悦诞。"根据万年历排查，光绪二十三年三月初五，是3月30日，那么宋美龄的准确出生日期应为公历1897年3月30日。1907年她远赴美国学习，后在麻塞诸塞州的卫斯理学院毕业。

蒋介石与宋美龄第一次相识是在上海莫礼哀路孙中山的家中，时间是1922年12月初的一个晚上。宋美龄充满异国风情的仪态、魅力，立即让蒋介石昏头昏脑，难以自持。他把美龄对他的热情视为一种特殊的感情，尽管宋美龄当时认为很正常，在她所受的教育中西方的因子要大于东方。中国女人的封建与羞怯，正是西方女性的热情、奔放的强烈反差，比如，外国人见朋友要吻一下，中国人便认为肯定是不平常的关系，其实只不过是一种文化与风俗的差异。

当时蒋介石肯定将美丽大方的宋小姐的热情理会错了意思。于是一见钟情，忘了家中还有毛福梅、姚冶诚和陈洁如，立即显出"军人本色，处事果断，应为即为，不稍踌躇"，他向孙中山询问："您认为可以说服宋小姐接受

① 颜平：《轰动山城的"陈小姐"之谜》，《民国春秋》1992年第1期。

我吗？"而孙中山亦不愧"孙大炮"，他坦白地说："不。"但表示愿意与夫人宋庆龄商量此事。国民党官书中说："（蒋）原与宋女士相稔，知其为理想之终身良伴，而向所求不得者，故不稍犹豫，露求婚之意。"①

1927年10月14日，蒋介石、宋美龄之婚姻轰动一时。当时一位《交通日报》记者专门采访过宋美龄，当问及此事时，有如下记载：

问：蒋先生谓初见女士时，已认女士为其理想的伴侣，但不知当时女士作何感想？

答：（女士微笑）此乃五年前事，当时余未注意之。

问：结婚问题，起于何时？

答：半年前，然最近始有成议。

由此说明：蒋介石当时位卑人轻，追求一个显赫家族的少女为妻，只不过是剃头挑子一头热。

而宋庆龄在孙中山面前提及此事时，态度亦非常明朗，她不屑地说，宁愿看到小妹死去，也不愿意小妹嫁给这样一个人，在广州，他的情妇就有一打。

按国民党官书记述：从1922年到1927年"蒋总统致力于革命事业，北伐军兴，蒋总统即率师北上，此期间与宋女士函牍往还，仍时申前请"。②

正史也好，野史也罢，不如看看蒋中正在日记中是怎么记载的。

1926年6月30日："下午，往访宋氏大、三姐妹。"

7月3日："上午，往访美龄。下午，美龄将回沪，心甚依依……"

从上面的日记看，蒋介石心系宋美龄，感情在升温，抛弃陈洁如只是时间的问题。那究竟什么时候蒋与宋订下终身的呢？

1927年5月31日，蒋介石密邀宋美龄游镇江焦山，订下终身。这个

① 董显光：《蒋"总统"传》。

② 董显光：《蒋"总统"传》。

时间，就是宋美龄在 10 月份接受《交通日报》记者采访时说的："半年前，始有成议。"

1927 年 7 月下旬，津浦线军事吃紧，孙传芳与张宗昌的安国军联袂南下，重镇徐州告急，蒋介石亲赴徐州云龙山前线督师。事前，他曾夸下海口，以祖逖击楫中流的典故告诫将士："介石不能清中原而复济者，有如此江。"

蒋介石指挥的是不可一世的骄兵，与他同是日本士官学校毕业的同学孙传芳布置了"口袋阵"让蒋往里钻，并派精兵断蒋归路。蒋介石死里逃生，丢盔卸甲，铩羽而归，而孙传芳一路追至下关江面，使国民政府首都暴露在他的炮口之下。蒋介石指挥失当，打了败仗，丢了面子，恼羞成怒，杀了前敌总指挥第十军军长王天培，自己却躲在汤山，致使全军人心惶惶。

李宗仁闻变，从安庆芜湖前线火速赶往汤山见蒋，以下是他们一段精彩的谈话：

"德邻兄，徐州我打了个大败仗，我现在准备下野了。"

"胜败乃兵家常事，为什么要下野呢？"

"你不知道，其中情形复杂得很。武汉方面一定要我下野，否则势难甘休，那我下野就是了。"

"在此军情紧急时期，总司令如何可以下野？这千万使不得。现在津浦路上一再失利，你下野必将影响军心民心 ……"

蒋仍然摇头说："你不知道内幕，情形复杂得很。"

"你最好派员到武汉去疏通，多说些好话 ……"

"交涉疏通是无济于事的。我决定下野了 ……"说着，他便拿出一张拟好的初稿文告，说是他的下野通电。[①]

蒋介石就这样置大局于不顾，毅然下野了。

8 月 12 日晚，蒋介石带着卫队二百余人悄然离开了下关车站，乘沪宁

---

① 《李宗仁回忆录》。

铁路快车到了上海。13日，发表了下野宣言。

> 中正受命党国，统师北伐，忽逾周岁。直捣燕冀，愿犹未遂，而环顾周围，党国则呈分崩离析之表象，人民则陷忧惶困惑之深渊。同隶青天白日之领域，而自相离携；同揭三民主义之旗帜，而俨分渭泾。民困无由解救，大计因之稽延，追原祸始，实由共党挑拨之阴谋所致，而武汉同志不察，异议所加，集于中正，远道难详，莫明真相。中正毁誉得失，何足措意，惟当此军阀待歼，共逆未净，长此相煎手足，稽延讨伐，快心者伊谁？受祸者何属？稍有人心，云胡不恫？……今既疚戾于一身，即应自劾而归去，解除职权，以谢天下。仍以党员之资格，努力于党务；以国民之资格，请献于党国，更以袍泽相从之旧谊，对国民革命军事，贡其一得而辅助其成功，以完总理求中国自由平等之遗志，以慰战死先烈在天之英灵。一息尚存，此志不懈。谨此宣言，以当息壤。

蒋介石为什么一定要下野呢？照《李宗仁回忆录》的描述，他完全不应该下野，李宗仁对蒋介石说："津浦线上，我军已溃不成军，局势十分紧张。敌人已进蚌埠，且夕之间可到达浦口，威胁首都。武汉方面又派兵东进，如何部署江防实为当务之急，我看，你无论如何要顾全大局，不要下野。"当时的情况正如蒋介石所说情形复杂得很，蒋介石嗜军权如命，放弃军权，以屈求伸，只能有两个原因：一是和宋美龄结婚；二是获得更大的权力。

果然，蒋介石一到上海，立即去陈洁如家，逼陈尽快办手续出国，同时征得他盟兄张静江的同意，让其长女蕊英和小女倩英护送陈洁如前往美国，并仍以"蒋总司令夫人"的身份走。陈洁如不疑于他，遂同意去国五年，学习知识，以便将来辅佐蒋介石。

8月19日，陈洁如走后，蒋即前往溪口，稍事整顿，便准备亲赴日本仙台，向在那里疗养的宋母倪桂珍乞婚。

蒋介石与宋美龄于 1927 年 12 月 1 日举行
了盛大的婚礼

9 月 27 日，上海《申报》上便刊出《蒋中正申明》：

各同志对于中正家事多有来书质疑者，因未及遍复，特奉告如下：民国十年元配毛氏与中正正式离婚，其他二氏本无婚约，现已与中正脱离关系，现在除家有二子外，未有妻女，惟传闻失实，易滋淆惑，专此奉复。

这一天，蒋介石满面春风，他在张群、刘纪文、马文车和蒋纬国陪同下，出现在南京路裕昌祥西服店，请一位洋裁缝定做西服，同时写了一纸情书给宋美龄：

余今无意政治活动，唯念生平倾慕之人，厥为女士。前在粤时，曾使人向令兄姐处示意，均未得要领。当时或因政治关系，顾余今退而为山野之人矣，举世所弃，万念灰绝。曩日之面对疆场，叱咤自喜；迄今思之，所谓功业宛如幻梦。独对于女士才华荣德，恋恋终不能忘。但不知此举世所弃下野之人，女士视之，谓如何耳？

此时，蒋宋结婚的消息早已传得沸沸扬扬，中外大报上多有报道。
据《大阪每日新闻》：

　　高卧浙江溪口镇草庐中，吟风弄月之蒋介石氏，25 日，忽与第二公子纬国少年，及前总参议张群等，自甬来沪，拟即渡日 …… 盖蒋此次，促急渡日缘由之里面，却有一段艳史可述，惟堪与知者道之。在北伐军尚未誓师出粤之前，有一次财政部长宋子文氏，开晚餐会，款待蒋氏。在场有芳年佳人，力侍座右，天生丽质，如玉如花，顿使多情英雄，发生恋爱 …… 今偕美龄女士、子文先生漫游日本云仙岳，并拟在云仙结庆 ……

　　《上海日报》云：

　　前革命军总司令蒋介石氏 …… 9 月 28 日上午 9 时，搭乘上海丸，向长崎出发。至云仙，慰问其岳母，并与美龄女士，结婚复偕同渡美，蜜月后回沪，将举行庄严灿烂之喜筵，以宴同志云 ……

　　宋母提出蒋介石必须信奉上帝，受洗礼成基督徒，因为美龄是虔诚的基督教徒，二人必须有共同的宗教信仰。蒋介石同意宋母提出的要求后，于 11 月 8 日返国，兴高采烈前往上海，筹备婚事。

　　1927 年 11 月 26 日，上海各大报纷纷刊登了蒋中正与宋美龄结婚启事：

　　中正奔走革命，频年戎马驱驰，未遑家室之私 …… 兹订于 12 月 1 日在上海与宋女士结婚。爰拟撙节婚礼费用及宴请朋友筵资，发起废兵院，以完中正昔日在军之私愿。宋女士亦同此意。如亲友同志厚爱不弃，欲为中正与宋女士结婚留一纪念，即请移节盛仪，玉成此举，无任铭感。凡赐珍仪，敬谨璧谢！婚礼简单，不再柬请 ……

12月1日，蒋介石谈结婚感想，说："我今天和最敬最爱的宋女士结婚，为有生以来最光荣最愉快的事。结婚以后，革命事业定有进步，从此且可以担任革命的大任。家庭就是社会的基础，想改造中国社会，必须从家庭起，宋女士对我的意见向来同感。我们的结婚给中国旧社会以影响，同时又给新社会以贡献，此后二人愿同为中国革命基础的建设而努力。"

孔祥熙与宋蔼龄

李宗仁当时就大发感慨："自思我们革命军全体将士在蒋总司令领导之下，打了一年的仗，死伤数万人，难道都为'假'革命而牺牲？我们此后再追随蒋总司令，冒锋镝矢石，去'真'革命，也岂视一女子为转移？"[1]

远在异域的弃妇陈洁如，如能听到蒋介石的这一番感想，会作何评价呢？

1927年12月1日下午3点10分，举世瞩目的蒋宋婚礼在上海租界西摩路宋公馆举行。在宋公馆的西花厅内，正中悬挂着宋美龄之父宋耀如的大幅遗像。堂中放置一红木长方桌，上面陈放着两个花篮。从第一客厅到西花厅，两旁排满各界所赠送的花篮。厅中留一通道，铺着红色地毯，右边是观礼席，厅外是乐队席。

国民党要人谭延闿、何香凝、王正廷、余日章和外国领事馆代表陆续到达，由宋蔼龄、孔祥熙夫妇殷勤接待。

① 《李宗仁回忆录》。

风琴响了，乐队奏起结婚进行曲。

新郎蒋介石新剃光头铮亮，他神采飞扬，身穿簇新的正式礼服：条纹西裤，黑燕尾服，白衬衣配着银色的活节领带，手上是雪白的手套，风流倜傥，蕴藉潇洒。在男傧相刘纪文的陪伴下，缓缓来到红木桌前。随后新娘宋美龄从楼上下来，她仪态万方，身穿白色长裙礼服，银色的乔其纱用一枝橙黄色的小花别住，轻轻地斜披在身上，身后拖着一袭银线绣花的白色长纱，乌黑的秀发被遮在白色桃花透孔的面纱后面，手捧一束用银白色缎带系着的康乃馨，由其兄宋子文挽着缓缓走过大厅。

观礼的人群爆发出一阵阵欢呼声。

宋公馆举行的是基督教仪式的婚礼，由中华基督教青年会全国协会总干事余日章主持。

余日章手捧《圣经》，站在新郎新娘面前宣读礼文：

诸位亲爱的兄弟姐妹们，我们今天在上帝与蒋宋二府的亲友面前为蒋介石先生、宋美龄女士举行婚姻的圣礼 …… 基督在世的时候，特地赴迦拿地方的婚筵，亦是注重婚姻的意思。圣保罗说婚姻一事，非常贵重，不可草率。我们应当谨敬尊奉上帝之意旨，成就这件大事。

蒋介石举起右手，虔诚地宣誓：

我蒋中正，情愿遵从上帝的意旨，娶宋美龄为妻。从今以后，无论安乐患难，健康疾病，一切与你相共，我必尽心竭力地爱敬你、保护你，终身不渝。上帝实临鉴之。这是我诚诚实实地应许你的，如今特将此戒指授予你，以坚此盟。

宋美龄将手放在《圣经》上：

我宋美龄，情愿遵从上帝的意旨，嫁你蒋中正，以你为夫。从今以后，无论安乐患难，健康疾病，一切与你相共。我必尽心竭力爱敬你、保护你、终身不渝。上帝实临鉴之，这是我诚诚实实地应许你的，如今特将此戒指授予你，以坚此盟。

蒋介石将结婚戒指套于宋美龄的左手无名指上，宋美龄也将结婚戒指套在蒋介石的左手无名指上，二人相顾展颜一笑。

余日章宣布：

蒋介石先生与宋美龄女士，今日已在上帝和蒋宋二府的亲友面前交换戒指，互立盟约，结为夫妇。我现在郑重宣告你们二人已正式结为夫妇。

他张开双臂祈祷着：

我们天上的父，你是统治世界万民的大主宰，是人类真正爱情的源泉。我们今天奉你的名，结合蒋先生与宋女士为夫妇，我们感谢你的大恩，求你使他们伉俪之情，与日俱笃，使他们组织理想完美的家庭，为中国社会确立良好的基础。今日中国人民创巨痛深，求你大施怜悯，使他们夫妇二人能时刻警惕努力进行革命工作，求你使他们有为国牺牲的大勇，能奋励直前，胜过任何艰难。求你使他们从今以后，在建立新中国的大业上，能更有伟大的贡献，使全国人民都得享受无上幸福与祝福。愿上帝天父保佑你们，赐福你们，引导帮助你们，叫你们一生一世，能完成上帝的意旨，荣耀他的圣名——阿门。

蒋介石夫妇一齐鞠躬，向余日章致谢。礼毕，众人热烈地鼓掌。

此后，蒋介石与宋美龄又分别乘车去大华饭店的礼堂，举行了庄严华贵的结婚典礼，在贵宾满座和中外记者云集的刺眼闪光灯与一片颂辞中，主婚人蔡元培、证婚人余日章站到中央，介绍人谭延闿、何香凝、王正廷以及蒋介石的胞兄蒋锡侯、冯玉祥夫人李德全均列两边。

蒋介石偕男傧相首先登堂，在门德尔松的婚曲中，陈明月和周稚英两位司花女童，手执花篮，边走边将花朵撒在地上。其后是穿桃红缎衣的女傧相四人，前面是郭宝珠与王正廷的女公子王莲珍，后面两位是倪吉贞与孔令仪，她们轻移细步，款款而行。宋美龄由其兄宋子文挽扶随琴声慢步前进，她身后长长的白纱，由孔令慧小姐及孔令杰公子司持，场面富丽堂皇，极为壮观。新郎新娘立定后，全体起立，共同向孙中山遗像及两旁的青天白日旗及青天白日满地红旗三鞠躬。

蔡元培高声宣读结婚证书，新郎新娘分别在证书上用印，并相对鞠躬，又向主婚人、证婚人一鞠躬，最后转身向来宾一鞠躬。

婚礼在人们的热烈掌声和欢呼声中，于下午 4 点 47 分结束。

蒋介石抛弃了曾经与他朝夕相处的"旧人"，吐故纳新，这就是改造家庭乃至改造世界吗？

结婚九天以后，蒋介石再度出山，就任国民革命军总司令，看来情场得意，战场未必会失意吧！

当时《大公报》巨头胡霖分析蒋宋联姻时作了如下评价：

蒋介石的再婚，是一项有预谋的政治活动，他希望借此赢得孙逸仙夫人和宋子文的支持……那时候，蒋介石也开始觉得有必要寻求西方的支持。娶宋美龄以后，他就有了与西方人交涉的"嘴巴和耳朵"。此外，他非常推崇宋子文是一个财政专家。但如果说蒋介石不爱宋美龄，那是不公平的。蒋介石显然把自己看成英雄，在中国历史上，英雄爱美人是天经地义的事，为了政治上的考虑，蒋介石什么事都做得出来。在那些情况下，娶一位新太太对蒋介石来说，是一件合乎逻辑的事。

是的，蒋介石是爱宋美龄的，何况结婚还能带来如此多的好处。我们还是略择蒋介石日记来说明：

1931 年 1 月 11 日："爱妻明日欲回沪，彼此无限缱绻，甚不愿舍。夫妻日久更爱，信矣。"

1 月 26 日："阅妻文字日有进步，心志亦渐定，此最可喜。家庭安乐之趣，胜于其他一切也。"

3 月 18 日："今日天气朗清，殊所少见，而心仍郁然也。妻病柔弱，晰其姿容少损，怜爱更甚。"

3 月 30 日："今日为妻旧历三十之岁悦诞。唯我下午，偕游郊外。我夫妻造诣之进步，荣华不足奇，德业乃为可贵也。"

9 月 27 日："…… 上午以一言不合，妻即不别赴沪，使余更加一层苦痛 ……"

9 月 29 日："妻回京，在此危难之中，不避艰险，来共生死，无任感激。"

10 月 18 日："下午，与妻倾谈为国牺牲之血性；妻亦表示其共同生死之决心 ……"

12 月 25 日："…… 而伉俪情笃，琴瑟静好，虽无儿女，岂为孤凄乎。"①

从以上蒋介石的日记来看，蒋宋的婚后生活当很幸福，虽然有些磕磕碰碰，但在政治方面，对国家大事的看法基本一致。因此，夫唱妇随，伉俪情深。

① 《蒋介石日记类钞》。

"蒋家王朝"败退台湾后，蒋介石与宋美龄共同度过了四分之一个世纪。

据说蒋宋"结婚几十年后，双方终于培养了一些共同的爱好，国画就是其中之一 …… 有时候，宋美龄作画，蒋介石就从办公室里走过来，站在一旁静静地看，宋美龄也不说话，两人在静谧的氛围里体味时光的流动"。①

宋美龄在绘画，蒋介石在旁静静地观看

在台北士林官邸宽广的花园里，在花木掩映的山间小道上，人们经常看到蒋介石和宋美龄手挽着手，并肩漫步，低声絮语。

1975 年 4 月 5 日，蒋介石因心力衰竭在台北荣民总医院去世，霎时台岛天地易色，狂风暴雨，电闪雷鸣。蒋经国到医院为蒋介石着衣，照乡例穿七条裤子、七件内衣，包括长袍马褂。遗体贴身包扎丝绵，穿黑袜、黑皮鞋，佩勋章（胸前佩"采玉"大勋章，左右侧分别为"国光"及"青天白日"勋章）。"10 时许，母亲（宋美龄）将父亲喜读之《三民主义》《圣经》《荒漠

① 张生、徐建云：《宋美龄在台跟蒋介石共同生活的日子》，载《民国春秋》1992 年第 4 期。

甘泉》和《唐诗》四本书，亲自置于灵柩之中，另有呢帽一顶、手杖一根。"①

　　4月16日上午8时举行大殓礼，在哀乐声中，宋美龄着纯黑色丧服，在侍女的搀扶下来到蒋介石的水晶棺前，放上了一束玫瑰花，后由蒋经国与蒋纬国搀扶，与蒋孝武、蒋孝勇于痛哭中将棺盖盖好，然后在灵前跪下，恭行三跪九叩大礼。起身后绕棺三匝，热泪奔涌，美龄最后不禁放声痛哭。48年的风风雨雨与相濡以沫的夫妻感情，从此天人永隔。

---

① 蒋经国：《守父灵一日记》。

2. 陈洁如其人其事

江南在写《蒋介石的婚姻生活》时，描写陈洁如是"上海长三堂子的姐妹"；下堂后矢志读书，写成一部自传。由于蒋家干涉，未能出版。

近年又有一本《陈洁如回忆录》出版，对陈洁如竭尽美化之能事，甚至认为以往的民国史现在可以重新改写了。骂则骂煞，捧则捧煞，那么一个真正的陈洁如又是怎样的一个人？

1921年9月9日，蒋介石日记中第一次出现一位年轻小姐的芳名：

"⋯⋯惠寄璐妹后更名洁如书。"

原来陈小姐原名陈璐，认识蒋介石以后，蒋为其易名洁如。

蒋介石是在上海张静江寓所认识陈洁如的，当时她正处于"豆蔻梢头二月初"的年华，只有13岁。但她苗条的身材，高高的个头，处处显示出青春早熟的风韵，使蒋介石一见倾心。这也不能完全怪蒋介石好色，古有明训，《诗经·周南》就有《关雎》篇：

蒋介石认识陈洁如时，她只有13岁

关关雎鸠，在河之洲，窈窕淑女，君子好逑。

参差荇菜，左右流之；窈窕淑女，寤寐求之。求之不得，寤寐思服；悠哉悠哉，辗转反侧。

参差荇菜，左右采之，窈窕淑女，琴瑟友之。

参差荇菜，左右芼之，窈窕淑女，钟鼓乐之。

关于陈洁如的来历，据最新调查资料表明，陈洁如是浙江镇海人，原住骆驼桥河角头陈村。陈洁如的父辈有两兄弟，兄鹤侪、弟鹤峰，早年同去杭州学徒。陈洁如父为鹤峰，后去上海当"栈师傅"，生二子二女，依次为：长子志贤、二子瑞彬，长女阿全、幼女阿凤即洁如。[①]

陈洁如的年龄，按目前广为流传的金忠立译《陈洁如回忆录》（原书名是英文）推算，"1912年民国肇建之时，我（指陈洁如）年方六岁"，那么她应该是1906年生。她生日据1926年8月19日《申报》上一篇《蒋夫人陈洁如女士梦中之牛女谈》中说："蒋介石夫人陈洁如女士，以七月七日生。"如果按农历即为光绪三十二年七月初七，公历应为1906年8月26日生。是否准确，待考。

陈洁如幼年随父去上海，在天益里爱国女校读书，与朱逸民即后来的张静江夫人为"总角之交"。稀里糊涂，情窦未开便认识了尚未发迹的蒋介石。但二人感情发展很快，如胶似漆。

1921年11月17日，蒋介石从广东回乡葬母之际，念念不忘在上海的洁如，"给讯璐妹"。蒋母棺安窆后，已是12月11日，蒋介石给他母亲叩了几个响头，是晚即赶到宁波，乘轮返回上海。

12月13日，蒋介石在日记中写下："晚，璐妹来省，近侍。"

这短短的几个字，说明这一夜，二人情深意浓，缱绻缠绵。几天后蒋介石去广西，筹划北伐作战计划。

从1922年1月上旬起至3月下旬，蒋介石在桂林共给陈洁如写了八封信。见蒋介石日记：

① 胡元福、王舜祁：《〈陈洁如回忆录〉几件史事纠谬》，载《民国春秋》1992年第6期。

1月9日:"…… 下午发奉静江函,附致璐妹笺。"

2月2日:"晨,寄璐妹讯与照片。"

2月6日:"裁笺寄璐妹。"

2月9日:蒋介石徘徊在八桂厅的庭园中,"静对明月,每思家乡上灯节之热闹,心辄彷徨",不由得长发感慨:"诚璐与纬儿三人,有一在此,即足以慰寂寥……"

2月18日:"寄璐妹相片。"

2月21日:"接复璐妹书。"

3月5日:"寄讯璐妹。"

3月10日:"写给冶诚璐妹笺。"

3月22日:"接复冶诚璐妹各书。"

蒋介石此次桂林之行,劳而无功,因为陈炯明暗中捣乱,不接济孙中山的北伐军丝毫饷械,同时在3月21日还派人暗杀了粤军参谋长邓铿。在此之前,蒋介石已了解到孙陈间有矛盾,他在给孙中山的信中说:"先生之于竞存(陈炯明字)只可望其宗旨相同,不超范围。若望其见危授命,尊党攘敌,则非其人,请先生善诱之而已。"在对付陈炯明的问题上,孙中山没有采纳蒋介石的意见,蒋便心灰意冷,辞去大本营参谋长之职。孙中山"恳切慰留",但蒋介石决心做个俗人,于4月23日乘轮北返,于28日回到奉化老家。

此次回家,蒋介石的主要任务是监修母墓,至5月22日,方携纬国离家赴沪。

5月23日,蒋介石迫不及待去找陈洁如。是日日记:"晚,访璐妹。"

此次沪行,前后共八天,蒋又回奉化监修母墓。

1922年6月18日,蒋介石得到汪兆铭与孙中山的电报,知道陈炯明叛变。孙中山的电报催蒋"事紧急,盼速来"。蒋介石当即做好"间关赴难"的准备,不久到了上海。

6月22日，蒋在日记中写道："晚，璐妹来探，即去。"

这几日，蒋介石还向张静江托付后事，心情自然沉痛，大有"壮士一去兮不复返"的劲头，为了解忧，他于6月24日写"晚，与璐妹并坐汽车，游览夜景，以粤难无法解救，聊以慰我忧耳"。这是蒋介石内心真实的写照，但是，事到临头，也不能做怕死鬼，次日，他还是毅然决然南下广州，并在6月29日赶到白鹅潭的永丰舰上。孙中山顿觉有了依靠，他对采访的外国记者说："蒋君一人来此，不啻增加两万援兵。"是年8月14日，蒋介石护送孙中山回到上海。

此时，蒋介石经过一番磨难，又回到歌舞升平的上海滩，再次见到陈洁如，悲喜交集，恍如隔世，顿时这对鸳鸯的感情一日千里，难舍难分。请看蒋介石日记：

8月15日："晚，宿于璐妹家。"

8月16日："傍晚，与璐妹同乘汽车，往北新泾逛玩。"

9月10日："日夕，访璐妹三次。"

9月12日："下午，寄笺与璐妹。"

10月4日："晚，璐妹来旅社。"

10月5日："晚，偕璐妹纬儿往观影戏。"

10月7日："领璐妹纬儿至极司非而路晚餐。"

在《蒋纬国口述》中说："该书（即《陈洁如回忆录》）说陈洁如是在我六岁时在张静江先生家里第一次见到我的，事实上，我是九岁时在广州第一次看到她的，可见得这本书不是她自己写的。"仅这个证据不能判断《陈洁如回忆录》是伪作，因为每个人的记忆都会出现偏差。蒋介石1922年10月7日记："领璐妹纬儿至极司非而路晚餐。"说明陈洁如已经与蒋纬国见过面了，那时他正好六岁。

同年10月11日，姚冶诚带着满腹妒火从宁波来到上海，蒋介石"见其面貌凶狠，心甚不快"。而又无法哄得一对佳人都满意，12日晚，故技重演，外出散心解闷，"携纬国观剧"。他在日记中写下感慨："嗟乎，家族之累人极矣，吾何以摆脱之？"

姚冶诚是旧人，陈洁如却是个十几岁的新人，姚氏的忌妒，并不能阻止蒋陈的爱情，反而更把老蒋推向小陈的一方。有日记为证：

10月16日："晚，璐妹见过。"

10月17日："晚，璐妹来访。"

10月18日："晚，璐妹又来。"

10月19日："下午，候璐妹。晚，偕璐妹观剧。程砚秋之貌及唱，似皆不及梅兰芳也。"

11月29日："下午，访洁如。"

12月4日："下午，璐妹随侍。"

12月5日："晚，璐妹与纬儿玩耍。"

12月6日："晚，璐妹来会，十时去。"

12月15日："晚，洁如即璐妹来访。"

12月17日："晚，偕璐妹回寓。"

从以上日记中对陈洁如的记载分析，蒋陈的关系已发展到"柔情似水，佳期如梦"的境地。在蒋介石的笔下，是带着一种满足、欣赏、爱怜的心态对陈洁如进行描述的。他写道：洁如"爱恋我之情，无异孺慕也"。此时的陈洁如还是一个不带俗气、纯洁天真的温情少女，对比"冶诚妒态时现，终欲使人不乐何"（1922年12月13日日记）。可以说，蒋介石与陈洁如的感情此时已到亲密无间的程度。而当时的蒋介石在中国政治大舞台上还仅仅

蒋介石与陈洁如

是一个小角色，远没有到举足轻重的地步。一对平常的老夫少妻，陈洁如与姚冶诚的争风吃醋，撒娇使性，恃宠专横，都可以用年幼无知来解释，可以令蒋容忍，相反他还为此感到高兴。如果就这样过下去，也许会夫唱妇随，白头到老。以蒋介石写给张静江的一封信便可以说明，当时蒋的感情上是离不开陈的。

1924年1月16日，国民党第一次全国代表大会召开前夕，蒋介石携姚冶诚、蒋纬国到达广州。陈洁如视蒋中正的举动是既不中又不正，感情的砝码倒向姚氏一方，是令陈洁如不能容忍的。她大发脾气，向蒋发出通牒，表示要一刀两断。老蒋吓坏了，急急忙忙给他的义兄、陈洁如的保护人张静江发出快信，请其给陈洁如做做工作，缓和关系。信的全文如下：

静兄大鉴：

今接璐君函，以纬国冶诚来粤，彼即不与吾相见，并作永远之辞。未知如何？现尚在沪否？其意究竟如何？请电复，敬请。

近安。

弟中正叩首

中华民国十三年一月十七日

蒋介石和张静江间信函很多，但落款处用"叩首"字样的并不多见，可见此次事件的严重性。这是蒋陈感情里出现的第一次危机。这次陈洁如威胁要蹬掉老蒋，而且动了真格。蒋介石是如何处理的呢？很多正史都记述，在国民党一大上，孙中山决定开办军官学校，创立党军，并在1月24日指派蒋介石为陆军军官学校筹备委员长。后指定在黄埔岛上以旧有的广东陆军军校与海军学校为校舍。在蒋手下的筹备委员共有王柏龄、邓演达、沈应时、林振雄、俞飞鹏、宋荣昌、张家瑞等七人。2月21日，蒋介石突然具禀孙中山及中央执行委员会，辞筹办军校职，并当即买舟北去。

蒋介石的出走，与财政经费有很大关系。当时孙科为广州市市政厅长，杨西岩为广东省财政厅长，二人拒发军校开办费，搞得老蒋大光其火，以"自维愚陋，不克胜任"为借口，拂袖而去。这只是一个冠冕堂皇的说法，其中不能明言的理由即是："有位佳人，在水一方。"蒋介石明白，他与陈洁如的爱情不能靠写信的方式来维系，处理爱情危机的唯一方法是回到陈洁如身边去。"奴为出来难，教君恣意怜"，这是不言而喻的。

2月29日，孙中山致电上海国民党执行部转蒋介石，催其回粤复职。一时间，廖仲恺、胡汉民、戴传贤、杨庶堪、汪兆铭等人纷纷函电交驰，令蒋目不暇接。

蒋介石依旧恋着陈洁如，红悄帐里，卿卿我我，温柔乡中，和好如初。他不动声色，让党国魁渠如热锅上蚂蚁，团团转去吧！

等孙中山让了步，答应了蒋介石"解散财团，刷新政党"的条件，黄埔军校的开办银子也到位后，4月21日，蒋介石才偕新妇靓姐，从上海大模大样地回黄埔军校视事。蒋介石此番闹得很过瘾，孙中山向他低头让步，廖仲恺、许崇智到沪、甬奉劝，胡汉民、汪精卫函电相催，他知道自己已成了举足轻重的"大腕儿"了。这真是料想不到的一箭双雕，功劳的一半在陈洁如，真是神来之笔。

蒋介石当上黄埔军校校长，为他日后宏图大展，奠定了坚实的基础。按马克思主义的理论，存在决定意识。当蒋介石的地位达到一个高度后，新的目标、新的天地出现在他的面前，这是他在山腰时所从未发现的。他朝着最高权力的目标，一次次运用机敏的、残忍的手段，心狠手辣地大干起来。孙中山的逝世，给他创造了一个大好机会，在各派争夺权力的斗争中，他纵横捭阖、翻云覆雨，控制了纷乱如丝的政治局面。他的对手许崇智、汪兆铭、胡汉民一个个被他放倒，而他也成了中国政治舞台上一颗闪闪夺目的"新星"。蒋介石从小混混变成了大人物，他的婚姻亦需要更新换代。因为大人物的婚姻是以政治为主的，即政治联姻，而平头百姓在考虑婚嫁时，往往以对方的经济条件为着眼点。从这个意义上说，在阶级社会中，真正以爱情为主的婚姻是不存在的。婚姻应与地位相匹配，而现在的蒋介石早已不是昔日的蒋介石，但昨日的璐妹还是今日的洁如。这种短暂的和平状态，暗藏着更大的风暴，一场更大的危机即将出现。可是当时的蒋介石与陈洁如都没有充分意识到这一潜在的裂变。爱情依旧是爱情，但理智已经显现。好似一张曝光正确，刚刚投入显影液中的照相纸，轮廓还没能看见，但图像早晚会清晰的，只是时间问题。但当时的蒋介石却陷入难割难舍、亦爱亦憎的困惑当中。

用什么来证明上述判断呢？请看蒋介石的日记：

1925 年 4 月 20 日："近日不满意于洁如，亦爱亦憎，情思缭乱。"

4 月 26 日："下午，携洁如赴汕。船次为情魔缠绊，怜耶恼耶，殆无已时。"

4 月 28 日："既不能舍之，又不肯谅之，大丈夫之于一女子，何情痴乃尔乎？"

4 月 30 日："下午，与洁如游西湖，途中又生气。我为此碧玉，几病神经矣。"

5 月 22 日："昨夜又与洁如吵闹。儿女情长，英雄气短，而乃一至于此。"

5 月 28 日："夜由汕头搭车船往海丰，睡至三时，浪入舱口，绵衾尽湿。此为洁如之物，不胜牵念。"

真是爱屋及乌，情牵意乱。我们不难发现，一个大人物的感情世界竟是如此丰富！这是一场纯真的感情，不是冤家不聚头，剪不断，理还乱。当 6 月 6 日陈洁如要回上海时，蒋陈在广州码头上依依惜别，蒋介石像个情种，别有一番滋味在心头。是日他在日记中写下："洁如返沪，终不放心。恨之而又爱之也，憎之而又惜之也。"

蒋介石身陷在这情魔之中，他的感情与理智在厮杀搏斗，他为这巨大的痛苦而无法自拔。陈洁如走后第二天，蒋介石写下了自己真实的感想："近日思念洁如，疼忿交并，留舍莫决。终恐其离我以后，受骗受苦，故又不忍弃之，毋乃太恋乎？不知洁如之意，曾亦想及将来之受骗受苦，而愿恋此不去否？女子情漓，英雄心醉，何其痴也！何其痴也！"从这段话可以看出蒋介石的心情是多么矛盾与痛苦。这就是感情与理智的搏杀。他知道，陈洁如这样一位小家碧玉，天真幼稚，没有什么心机与手腕，无论如何也不配做一位叱咤风云大人物的人生伴侣，分手只是时间问题。但此时他与陈的情感又是如醉如痴，他的感情是离不开陈的。这就是一个巨大的"情魔"。蒋介石一连用了两个"何其痴也"来概括当时的心情，他爱陈洁如，又要舍弃陈洁如，于是考虑很多、很远。但他又不知道陈洁如是如何想的，在缠绕纠葛的感情中，他无法理出头绪，只好逃避现实，表示要"淡然置之，不宜看得太真"。因此，他在 6 月 7 日的日记中又自我调节情绪，故作潇洒地写道："故今日郁结，致较减于昨日也。"语云："假作真时真亦假，无为有处有总无。"

蒋介石毕竟是个俗人，才下眉头，又上心头，此情无计可消除，事过一天，情又转浓。

6 月 8 日："今日心气略舒，然终不能忘怀洁如也。"

6 月 9 日："早起，百忙中写寄洁如一笺，隐恨无穷。"

6 月 10 日："上午，增补寄洁如笺。"

6 月 15 日："今日精神倦疲，时时欲睡。义为洁如事发怔移时，特电纬国母子来粤。"

6 月 16 日："晨 6 时起床，为洁如事，痴想良久。男女问题，令人不能解决，如此其奈之何？"

蒋介石对陈洁如还是不能忘情，甫分离却又要陈洁如回到他身边，陈洁如迟迟不到，"望穿秋水，不见还家，潸潸泪似麻"。引得蒋介石心烦意乱，脾气极坏。他在日记中说："今日时发暴躁，闻洁如须月杪方到，心更著烦也。"

蒋介石为何烦躁呢？因为 6 月 23 日这一天，广州军民学生为应援上海"五卅惨案"，举行游行示威。当游行队伍行进到沙基附近时，遭到英军射击，造成了震惊中外的"沙基惨案"。一时，广州的气氛异常紧张。就在这个当口，陈洁如只身从上海乘轮赴广州途中，"晚以洁如在中途，不能到（香）港"，蒋介石担心她的安全，自然乱发脾气。无可奈何，只有"设法迎之"。蒋介石朝思暮想，"恐洁如逗（香）港，不能到省垣，殊切云霓之望"。

6月28日："晨六时起床，想起洁如前情，痛恨又起，几乎晕厥矣。下午，假眠醒，以瑞昌（蒋的仆人）亦坦鼾，任我呼叫无应者，恨极，罚瑞昌禁闭七日。"

瑞昌无故受罚，代人受过，一件区区小过，竟被惩罚禁闭七天，未免太不公平。蒋介石为何气量恁小，脾气忒大？只有一个原因，即"今日以洁如未到，暴性大肆"。事后，刚愎自用的蒋介石，自省有些后悔，"暴性大肆，不忍耐至此，何以治事"。为了陈洁如，何至于如此？蒋介石等直了眼，精神快要崩溃之际，6月29日，"闻洁如已到省垣，心略安。躬迓之"。蒋介石亲自迎接，真有"相迎不道远，直至长风沙"的感觉。

但是，陈洁如一来，两人又恢复昔日的吵闹、生气。有时为了一件小事，蒋竟"迁怒洁如，噪闹镇日"。哪里还像大人物所为！

8月1日："下午，又与洁如纠缠。"

蒋介石的心情很坏，直到8月8日，大公子经国与侄儿等到广州，"心稍安乐"。

8月13日："晚7时，未见洁如回，心又躁急矣。"

8月15日："今早下床，发火气……洁如耐心侍奉，毫无嗔怒之态，亦可恕其既往矣。"

8月18日："午正，回寓，见器物凌乱无次，大叱洁如，气煞半天……"

蒋介石喜怒无常，"性躁而僻"，连他自己也觉得有些变态，只好"思读性理书以养之"。家庭问题，是最令人头痛而又处理不好的，特别是当姚冶诚与陈洁如将见面时，蒋既"心殊怦怦，恐洁如不悦也"，又认为："冶诚刁诈如故 …… 不禁隐痛深长。"他一方面与姚妾应付，另一方面又在搞感情平衡，与"洁如等乘车环游广州市"。

1926 年 3 月 20 日，蒋介石一手炮制了"中山舰事件"，不久，便登上国民革命军总司令之宝座，当时正是他的不惑之年，雄姿英发，气吞万里，他已经意识到自己将左右中国的命运，时间正以倒计时向他迫进，于是陈洁如爱情悲剧的帷幕拉开了。

蒋介石决定向当时中国最显赫的家族，宋家"才貌均优"的现代女性小妹宋美龄求婚，以"适应时代潮流"。

尽管四年过去，蒋介石对宋美龄始终未能忘怀，而宋家三妹这时也来黄埔参观，蒋介石一见便心荡魂摇，不能自持，"芳容倩影，频劳梦寐"，四年前他的地位与品德太低，连孙中山与宋庆龄都持反对意见，蒋氏也不再作非分之想，只与陈洁如"烧糊的卷子"厮混下去。现在情况变了，蒋介石攀登最高权力宝座，已具备了向宋美龄求爱的条件。但是，他理智地认识到陈洁如将是他与美龄小姐结合的最大障碍，对这一点他着实动了一番心机。

他从心里感到十分矛盾，常对陈洁如"心躁色厉，使洁如难堪"，过后心又"甚悔"。但要与头上已戴"蒋总司令夫人"桂冠的陈洁如分手，就必须找出些理由。他在 6 月 20 日的日记中是这样写的："洁如仍是一女孩，于不知治家之道 ……"

7 月 10 日："今日以洁如治家无方，教育幼稚，不胜怨恨。"

7 月 13 日："洁如胶执性成，岂余有不德乎？"

7 月 30 日："以洁如不谙家世，心甚懊闷，驰函劝令读书。"

11 月 8 日，国民革命军攻占南昌。兴奋不已的蒋介石进了南昌城，后乘火车到了九江。11 月 12 日，是孙中山诞辰纪念日，军书旁午之际，接到陈洁如来信，大光其火。他在是日日记中写道："得洁如书，知其迁赁月租七十二元华屋，不胜恚恨。奢靡趋俗，招摇败名，年轻妇女，不得放纵也。"

综合陈洁如的"罪状"，不是"治家教育孩子无方"，就是"任性、虚荣、奢靡趋俗"。欲加之罪，何患无辞？

明修栈道，暗度陈仓。早在7月2日，蒋介石"上午，往访美龄；下午，美龄将回沪，心甚依依"。这是最好的谜底，蒋介石已移情别处，心系佳人了。

1926年7月27日，蒋总司令督师北伐。上午8时，他偕夫人陈洁如、公子蒋纬国和国民政府代主席张静江由广州东山蒋公馆乘轿车至天字码头，转乘大南洋电船直驶粤汉铁路的黄沙车站，再从那里上火车去韶关督师。

国民革命军北伐出征时，张静江（中坐者）为蒋介石送行。右四为宋子文、右五为李福林、右六为吴稚晖、右七为谭延闿、左四为何香凝、左五为陈洁如、左七为蒋介石，张静江身边的小孩是蒋纬国

在黄沙车站站台上，已聚集了国民党要员谭延闿、吴稚晖、顾孟余、宋子文、何香凝等与送行者二百余人。

蒋介石一行抵达后，与主要送行者站成一排拍照留念。蒋介石与陈洁如中间站着加伦将军；陈洁如左边依次为何香凝、鲍罗廷夫人、顾孟余、鲍罗廷；蒋介石右边为谭延闿、吴稚晖、李福林、宋子文、李济深、雷铸寰与白崇禧。前排正中坐着张静江，身旁是蒋纬国。

拍摄完毕后，陈洁如已是泪眼朦胧，蒋介石安慰她，并许下誓言，海誓山盟。但刚一分手，戎马倥偬之际，于7月30日，便给他的义兄张静江写了一封信，为与陈洁如的分手迈出了一大步。信的内容如下：

二兄大鉴：

洁如之游心比年岁而增大，既不愿学习，又不知治家，家中事纷乱无状。此次行李应用者皆不检点，而无用者皆携来，徒增担夫之劳。请嘱其不管闲事，安心学习五年，或出洋留学，将来为我之助，如何？今日在乐昌休息有怀，随笔书之。

此时，蒋介石与宋美龄的感情已在迅速升温。从宋美龄致蒋介石的一封信中即可看出端倪。1927年1月，宋美龄写道：

亲爱的大哥：

我已几个月没有见到你，聆听你的教益。你在军务倥偬之中，给我来电，邀请我陪同家姊及家人往访武汉，以参观我们国民党的新猷。为此我很感激。……聊草数语，敬候起居。

美龄

但这时横在蒋介石与宋美龄之间最大的障碍是陈洁如。同年3月，蒋介石邀请宋母和宋氏三姐妹等到庐山牯岭游玩，但唯独美龄未去，蒋介石知道原因就是他的妻子陈洁如，于是从这天起蒋介石开始蓄谋令陈洁如出国的计划，到1927年8月19日，陈洁如在上海新关码头登上美国"杰克逊总统号"轮船，共一年零十九天。蒋介石的目的终于达到了，陈洁如奉令出国留学五年，此去便终身与蒋介石分离。

陈洁如当时还蒙在鼓里，她是顶着"蒋总司令夫人"桂冠走的。据1927年8月22日《申报》以《黄浦江头送别声》为题的特写，全文如下：

黄浦江头送别声 ①

每年的8月里，总有大批官私费的男女学生，出洋留学。今年出洋留学的清华有72人，自费有68人，共计140人。这亦可说中国学生出洋留学的踊跃了。本年7月14日，环球中国学生会等12团体，假座在戈登路国民政府外交部长伍朝枢花园开了一个欢送会，我得了朱君少屏一个请柬，曾经参与这个欢送会。这个时期各位学生，因为放洋还有几日，不觉得怎样，并且很高兴的玩着。到了前天（19日），是他们的放洋日子了，因为其中有几位是我的朋友，所以这天上午我亦赶到黄浦江头去送别，直待他们的轮船走了才回来。回来以后，回想到送别时的情形，我就随便写了几句在下面，用告读者。

那只放洋的轮船叫杰克逊总统号（President Jackson），因为船大水浅，不能拢岸，所以停泊在黄浦江中，另外预备一只小火轮，停在新关码头。等齐出洋的学生和送别的亲友，就在上午11点半钟开到总统号的旁边去了。大家上船以后，整理行李的，整理房间的，话别的，摄影的，各种都有，忙得不亦乐乎，大约忙了十几分钟光景，大家都跑到舱面上来，三三五五地相叙阔别的话了。有的是和姐妹兄弟，有的是和亲戚朋友，有的是和未婚夫，有的是和未婚妻，大家互相用手牵着，现出一种难离的痛苦。到了下午1点钟的时候，小火轮的汽笛表示要开回去似的响了一声，大家都被这无情的汽笛一吹，吹得不能自禁地饮泣起来了。用手巾揩眼泪的人，真真不少。尤其是女人，等到放洋的轮船之汽笛表示要开船了的一吹，有几位女人竟放声哭起来了。一时"你去罢，顺风啊，路上当心啊，到了神户就写信来啊，到了美国

① 《申报》，1927年8月22日，作者余华亭。

要保重些啊"等等的离别话，充满了耳鼓，真是令人闻之伤心，听之断肠。唉，可见生离死别，实在是人生最痛苦的一件事啊！

这次出洋的男女学生中，最令人注意的，就是已经宣告下野的国民革命军总司令蒋介石夫人陈洁如女士。陈女士同张静江的两位女公子，往来于人群之中。起初知道的人很少，后来因为张静江的第五女公子张海伦女士说出来，人家才知道伊是蒋介石夫人。大家争先恐后的摄影，所以蒋夫人就特别被人注意了。蒋夫人穿一件淡灰色细纱长马甲，下面有白红蓝的间色，里面衬着半节式的背心，脚上穿白皮鞋和粉红的长筒丝袜，短发蓬松，态度自然。在小火轮汽笛吹第一次的时候，伊不觉得怎样，到了大轮船的汽笛吹小火轮的汽笛再吹的当儿，伊就哭泣起来了。同时就在手提皮夹中取出一条手巾，揩伊的眼泪了。送伊的人都是女人，男人招呼伊的只有两位。等到送行的人上了小火轮开回去了，伊还是同张海伦女士在一个窗栏上挥着伊的手巾，表示无穷的离情别绪。伊是住在115号，两位张小姐住在113号。伊的房间里还有人家送伊的花篮两只。听说蒋夫人是不谙英文的，这次到美国去，不知道是去读书呢？还是游历呢？我的朋友林君泽苍，替伊们摄了一张照片。我现在把它登在这里。中立的就是蒋夫人，两旁的就是张静江的两位女公子……

送行的人们中，有两位老前辈，一位是胡适之博士。胡先生在17年前亦是个同样像这次放洋的留学生。他这天因为有亲戚朋友放洋，他同夫人公子等四人，到船上送行。胡先生在17年前人家送他放洋，17年后他送别人放洋。从前是个学生，现在是个哲学家。17年如一日，不知胡先生作何感想。一个是徐志摩先生，徐先生亦是数年前的一个留学生。这天亦是因为朋友去送行。但是没有看见他的夫人陆小曼女士，想是没空吧。

小火轮的汽笛连续地吹了几响，送别的人们，不得已都别了亲友，含了眼泪下船。船开回新关码头，约需15分钟，这15分钟之中，大家相对无言，各自饮泣而已。只听见轧轧的机轮声，好像诉着离别的情绪，更加令人难受。一直到了小火轮拢岸后，方才各自分散。

张静江的五个女儿：前排左为芸英，右为芷英；
后排左起：荔英、蕊英、倩英

上海《时报》1927年9月4日载同船赴美留学的鲁潼平所撰《蒋夫人等过日再记》：

蒋中正夫人陈洁如女士，偕张静江之女公子蕊英倩英，于8月19日乘提督公司杰克逊总统号离沪渡美。21日下午1时，舟抵神户。1时中日记者争来访问；3时许，蒋夫人张氏二女公子等四人登岸，乘844号白色汽车，赴三吴服店，购日本名产花油伞及笺纸数叠，随即驱车游某公园。园在高山上，羊肠小道，曲折殊多。山顶为方场，有铜像二，并苍劲之翠柏，俯首可纵览全市，风物殊曼妙。蒋夫人携有柯达相机，斯时即取出摄风景及同游者照片数帧；旋赴菊水楼晚餐。日式建筑，颇饶风致。每室均有特殊之陈设，蒋夫人极为叹赞。日俗入室须脱履，菊水楼之拖鞋极大，张倩英女士上楼时，数落其履。日本女侍，及蒋夫人等，莫不掩口而笑。餐后，菊水楼用自备汽车送蒋夫人等至东方饭店，先在大客厅中冷饮，张倩英女士问侍役以今夜映何片？（What movie tonight？）侍役答，A Taxi in Kiss（接吻中之汽车），莫不大笑。9时许，相偕入跳舞厅，观琵琶黛丽丝之名作。倩英女士谓极爱此间之设备。但回忆大华、卡尔登之风物犹不胜依依云。第二日晨，蒋夫人复携张蕊英女士登岸，购衣物甚多。夫人最爱日制笺纸，小小一束，绝为精美，想今后绿衣人手中，常不时传递此名富有之书简矣。

　　蒋夫人其沉默，少与同航诸人交际，旗袍革履，亦极朴素。但和蔼可亲，与张蕊英女士同住115号官舱。就餐时，则有船长及张氏二女公子同桌。张蕊英女士静穆有学者风度，在神户购置水彩稿纸颜色等殊多，盖女士亦善绘事也。张倩英女士三五年华，殊活泼，喜着男式洋装。每闻乐声即翩然起舞，与船上乘客上海Plaza Hotel之舞女，Miss Snow颇相得。故交际室中，时有女士芳踪。

陈洁如（前排右六）所到之处受到国民党组织的欢迎

　　1927年9月2日，陈洁如一行抵达檀香山，受了当地的中华民国领事馆官员的欢迎，国民党党部八十多位忠实党员打着"欢迎国民军蒋总司令夫人"的条幅，召开欢迎大会。檀岛总督范任顿在总督府予以亲切的会见，并亲自给陈洁如戴上花环。陈洁如到了旧金山后，当地报纸纷纷加以介绍，像欢迎政府要人一样欢迎她。但是不久，中国新闻机构便出来否认有什么"蒋夫人"在美国，而蒋介石"与其他二氏本无婚约"的申明也公之于世。风光十足的陈洁如立即灰溜溜、急惶惶地去了纽约。

蒋介石当时是让陈洁如出国学习五年，但他在经济上卡着陈洁如，生活费每月一百多美元，只够维持，并不给多余的钱，以使陈不能回国。有一种说法是蒋还通过外交途径，使陈长期滞留美国。

1927年的冬天来得很早，当寒风席卷太平洋彼岸时，在纽约第二街区115大街西604号公寓的一扇窗户，透出了昏黄的灯光。凌晨3点多了，陈洁如痴呆般地拥衾而坐，泪水洗面，她已经知道上了蒋介石的当，被骗出国，而现在从中国传来的消息是，蒋介石已和宋美龄结婚了，是以基督教的方式举行的婚礼。

"这个伪君子！"

她已经连续几个夜晚失眠了。她的痛苦是伴随岁月，无情而漫长的。

1928年3月20日，陈洁如在写给好友朱逸民的信中说："我自来美国后，只有写过一封信给介石，因我心中实在不忍作书与他，大半是我恐怕他们似鸳鸯般的夫妻发生冲突，所以我只能忍气吞声的。一口气只能闷在自己肚子中，我想除了你之外，恐怕没有人可知晓我心中的苦痛了……"

香港，20世纪70年代的第一个暮秋，整个中国大陆的气候是寒冷的。冷空气前锋从西伯利亚横扫过华北平原、华中丘陵，翻越过衡山山脉，大庾岭的山花便纷纷零落成泥、落红无数了。冷凛的寒气笼罩南中国海面时，一向温暖的亚热带香港的维多利亚海湾，萧萧落木，一派肃杀之气。

华灯初上，夙有"东方不夜城"之称的香港城区依旧沉浸在各式各样霓虹灯的闪烁之中，莺声燕语、光怪陆离，有钱人出入高级酒吧、舞厅，欢歌笑语，醉生梦死，好不热闹。

在百德新街的一幢公寓里，一位在人生旅途上坎坷艰难走过65个年头的衰弱多病的老妪，凄凄冷冷、孤孤独独地去了。易箦之际，身边没有一位亲人。几位经常与死者生前搓麻将的牌友，只知道这位普通妇女的名字叫陈璐，而对她的过往却一无所知，唯一知晓的是此人60年代从内地到香港定居，有一个丈夫和女儿，还有两个外甥都留在上海。

陈璐女士逝世的讣告，通过当地新闻媒介传向四方，海峡两岸都有不同的反应。

北京，中南海西花厅。

中华人民共和国国务院总理周恩来在办公室桌前，翻看着秘书为他整理的一周新闻简报，突然，《纽约时报》的一条消息使他受到震动：

"陈洁如女士已在香港病逝……"

"那是四十五六年前的一位故人了。"周恩来靠在椅背上，习惯性地抱起臂膀，他脑海中的历史画面闪回到1924年。

"任命周恩来为粤军第一军政治部主任。蒋中正。"

一个如火如荼的大革命的年代。

1924年1月，在广州举行的中国国民党第一次全国代表大会上，孙中山作出了一个历史性的决定，即实行"联俄、联共、扶助农工"三大政策；同时议决创办军官学校，成立党军。孙中山任命蒋介石为陆军军官学校校长，由他负责创办党军。

当时广东国民政府选定了离广州市区不远珠江上的一个小岛——黄埔岛的广东海军学校的校址，作为陆军军官学校所在地，校长为蒋介石，党代表是廖仲恺。军校设政治、教练、教授三个部。年轻英俊的周恩来被任命为政治部主任。

一天，身着笔挺军服的周恩来在进军校校门时，迎面碰上了身披拿破仑式黑披风的校长蒋介石。蒋校长平时治军极严，以身作则，军装整齐，显得仪范楚楚、很有威严。他的前面通常是副官季方开道，后面是四个持枪的卫士相随；而今天，他的旁边是一位身材高挑、面目清秀，年方二九，穿着绸裙的青年女子。

"蒋校长好！"周恩来立正、敬礼，干净利落。

陈洁如

平时不苟言笑的蒋介石，此番笑容可掬。

"好！好！恩来，我介绍一下，"他指着身边的佳丽道："这是我的夫人陈洁如，刚从上海来到这里 ……"

周恩来看着眼前的青年女子，像个女学生模样，略有些不自然，但出于对校长的尊敬，双脚脚跟一并，又是一个敬礼：

"蒋师母好！"

"洁如，这位青年是周恩来，今年才 24 岁，已是政治部主任，代替季陶的。"

"这样年轻，担此大任！"陈洁如莞尔一笑，"你好！周主任。介石，想不到在黄埔军校中还有这样的一表人才。"陈洁如由衷称赞。

"洁如，我的黄埔岛上人才济济，都是有学问的。恩来是从法国留学回来的，学识、胆略、品德都是一流的。还有李济深、邓演达、何应钦、王柏龄等等，将来统一中国，都是栋梁之材。"

"邓演达、李济深还算将材，何应钦、王柏龄，阿猫、阿狗唯唯诺诺，不像好东西！"陈洁如鄙夷地说。

蒋介石一脸愠怒，斥道："胡说八道，青年女子，不要放纵自己，注意你的身份。"他转身："恩来，去忙你的吧！"蒋介石泛起一个假笑。

走了数步，周恩来听见蒋陈争吵起来。

"娘希匹，侬懂什么，乱议我的爱将？成何体统！"

"就懂，就懂，你就喜欢奴才。"

"他们头上没有红帽子，是自己人。"

"不是讲国共合作吗？你是顶大红帽子……"

"唯女子与小人难养也。"蒋介石无可奈何。

"娘希匹……"二人越吵越远。

周恩来对陈洁如的第一印象就较为深刻。以后，二人经常在大院中碰见，双方都客气地打个招呼。有时也能看见蒋校长、陈洁如领着活泼天真的纬国在校园中携手散步，一副亲密无间的样子。

北伐战争开始后，陈洁如回到上海，周恩来就再没有见过她，一晃几十年过去，弹指一挥间。听说陈洁如在新中国成立后，留在上海，在卢湾区政协工作，只是隐姓埋名，改名陈璐，不让别人知道她曾做过七年的蒋介石夫人。

周恩来并没有将她忘记。

1961年12月7日，中共中央统战部邀请陈洁如去北京，说有首长要见她。12月26日上午11时，一辆黑色的伏尔加轿车载着陈洁如进了庄严巍峨的新华门。

西花厅前，国务院总理周恩来和夫人邓颖超、廖承志夫妇以及中央统战部副部长徐冰都站在阶前迎候。

周恩来风度依然那样潇洒，他快走几步。

"蒋师母，你好啊！"

听到这久违而又熟悉的呼唤，陈洁如心里像打翻了五味坛子，多年郁积的委屈和泪水一下子涌了出来。她握着周恩来的手，哽咽着说：

中年陈洁如

"总理——"再也说不出话来。

周恩来也受了感动："蒋师母，见面应该高兴嘛，很不容易，一晃几十年过去了。"

"总理，过去的称呼我不敢当了。"

"蒋师母，我们是历史唯物主义者，历史是不应当抹杀的。当年，我也参加过国民党吗，我入国民党的介绍人还是蒋先生。他倡导的黄埔精神是'亲爱精诚'，尽管以后我与蒋先生走的不是一条路，但尊师重教，是我们中华民族的美德。再说，你离开蒋介石以后，没有再组织家庭，我称你一声'师母'也是应该的。"

陈洁如只觉得一股热流，涌入心田。

廖承志走了过来："蒋伯母，我是廖承志，廖仲恺的儿子。"

"记得记得，当年在广州我和你母亲何香凝先生是最要好的朋友，当时蒋先生很忙，你母亲关心我，怕我寂寞，好像是我母亲一样。她还好吗？"

"好，好，就是年岁大了，行动不方便。"

"有机会我去看她。"

周恩来："来来，外面冷，到房间里谈吧，时间还有的。"

西花厅内春意盎然，大家的情绪很高，显得暖融融的。周恩来洒脱地谈着，不时还开怀大笑。

在送陈洁如上车时，周总理关心地问：

"蒋师母，生活上有什么困难尽管说，我是给全国人民当家的，你这个家我也能管。"

"总理，我想移居香港，可是上面总不批准。"

徐冰接过话头："总理，有关部门是不是考虑到统战的因素？"

周恩来想了一下："香港是中国的领土，1997 年我们就要收回的。去香港也可以继续为我国社会主义事业服务，我看可以批准。徐冰同志，你说呢？"

徐冰点头："总理，我责成有关部门尽快办理。"

"总理，我已是五十多岁的人了，年龄大了，不能一个人生活，我想让女儿女婿同去。"

"女儿?"周恩来不解地问。

"对,就是在广州时廖夫人帮我领养的。"

"哦,好像叫'陪陪'。"廖承志说。

"对,是陪陪,大名叫蒋瑶光,后改姓陈,叫陈瑶光。我女婿叫陆久之,解放前为地下党做过一些事情;1955年受潘杨一案牵连,被判了15年徒刑,现在还在监狱里。"

周恩来:"司法部门的事情,比较复杂。我不能马上答复你,但蒋师母,共产党的政策是绝不冤枉一个好人,也绝不放走一个坏人。"

没过多久,陈洁如经有关方面批准,移居香港。直至1971年去世。

西花厅里,周恩来浓黑的眉头紧锁着,他又拿起报纸,从内心深处充满了对一个不幸女人的命运的同情与悼念。他拿起红铅笔批示:

"上海市革命委员会张春桥主任,希准许陈洁如在沪的亲属,前往香港奔丧。"

周恩来的批示,遭到张春桥一伙的拖延与抵制。几经周折,陈瑶光终于走出罗湖桥,踏上香港土地时,她的养母陈洁如,静静地躺在冰冷的停尸柜中已12天了。

台湾方面最先得知陈洁如死讯的是"行政院"新闻局联络室主任罗启。某日下午,美国《华盛顿邮报》驻香港记者卡诺打电话告诉罗启,陈洁如女士已在香港逝世,并告知他们要以"蒋介石夫人"的名义发布新闻。卡诺的目的是欲了解台湾当局与士林官邸蒋介石对此事的看法,以便发稿。罗启立即将此事告诉"新闻局"局长魏景蒙。魏考虑后,说:"我们见经国先生去。"但见了蒋经国后,蒋未有任何表示。最后,魏景蒙等人建议,低调处理,即把它当成是贩夫走卒、一般平民的问题,因此,这件事的解决办法,似乎应该由儿子(蒋经国)出面解决为宜,不必惊动士林官邸的蒋介石、宋美龄夫妇。然后魏景蒙又打电话给卡诺,让报纸不要大肆宣扬。蒋经国派了一个会说粤语又与香港方面有关系的人出面，拿了些钱去香港，水不惊、鱼不跳，摆平了此事。

陈洁如就这样无声地去了，身化青烟，魂凝白云，把毁誉留在她不堪回首的人间。根据死者的遗愿，其骨灰后迁至她备受孤寂之苦的第二故乡——美国加州某公墓埋葬。

2002年，陈洁如养女陈瑶光为实现其养母的遗愿，将陈洁如的骨灰从美国迁至上海青浦福寿园公墓中。2009年3月19日，陈瑶光将上海原淡水路陈洁如旧居的五门橱移至福寿园人文纪念馆。据陈瑶光介绍，此五门橱是1921年12月5日蒋介石与陈洁如结婚时，陈母送的陪嫁家具之一。如今，福寿园陈洁如墓前还有陈洁如的一座塑像。

3. 陈洁如笔下的蒋介石和其在美学习、生活

陈洁如远在异域，举目四望，没有亲人的笑貌，没有爱情的甜蜜，生活在被遗弃的阴影下，终生未能走出来。如此惨痛的经历，造成心灵上难以愈合的创伤。陈洁如的心情有谁能知？

只有一个人是了解这一切的，她就是朱逸民。她与陈洁如是总角之交。两人是上海海宁路天堡里爱国女校同学，从小形影不离，最为知心。

朱逸民在回忆录中描写了 1926 年春她到广州时的情形："及抵广州，余友洁如，已在岸高呼。余喜极欲狂，盖洁（如）离沪已年余，与余为总角之交也。追抵其家，见蒋君介石与外子一一与之握手。余以乘舟委顿，在彼家少憩。洁如缕言别后状况。翌日代余赁屋，与彼家望

张静江的继室朱逸民（右）与陈洁如（中）

衡对宇，见之甚为惬意。初至其地，一应应用什物，皆为洁代备，亦无不便也。"[1] 可见，陈、朱二人关系非同一般。

陈洁如到美国以后，在给朱逸民的信中亦深情地写道："你我自小至今仍

---

[1] 《朱逸民回忆录》未刊稿：中国第二历史档案馆藏。

可以算为良好之爱友，因此离后时彼此之痛苦实在难以尽述。"① 与朱逸民的回忆录对照看来，两人的确为亲密无间的知心朋友。

陈洁如幼时，随父到上海，与朱逸民家住同一条街，两人又是同学，经常放学回来，便在一起做功课。闲暇之余，常数着天上的星星，望着虚无缥缈的乳白色的银河，同做美好的少女之梦，两人曾相约：苟富贵，毋相忘。

后来，上海证券交易所的大名人张静江的妻子姚蕙在美国病死，经人说合，年轻的朱逸民小姐成了张静江先生的续弦，住进了豪华的深宅大院。陈洁如见好友一下子变成了别人的太太，心中产生了强烈的失落感，失魂落魄，不能自已。

就在陈洁如暗自伤心之际，朱逸民说服了张静江，允许陈洁如自由出入张宅，陈、朱亲密无间的关系于是得以继续下去，陈亦成为张静江的朋友。

张静江和他的元配夫人姚蕙

1921 年的某天，张静江的小老弟，与其一起在证券交易所厮混的蒋中正，便在张宅与陈洁如相遇。一个老于世故的上海滩的高级"阿混"，与身材高挑、纯洁如水的女学生陈洁如相识了，一股无名的欲火在蒋介石心中熊熊燃起。蒋介石以前的妻妾，一个是比他大 5 岁的毫无情趣的乡下女人，一个是惯于扭捏作态的烟花女子，都已使蒋介石腻透了。于是，他像毛头小伙子一样，笨手笨脚地狂热追求陈洁如。在几番进攻均不能奏效的情况下，转而告求年轻的"二嫂"朱逸

---

① 陈洁如 1930 年 1 月 29 日致朱逸民函。

民相助。于是张静江夫妇共同为蒋介石作伐，蒋陈二人才得以结合。以后，张静江与蒋介石的地位不断提高。北伐前夕，张静江成为国民党中央委员会代理主席，蒋介石成了国民革命军总司令，朱逸民、陈洁如二位夫人的关系就更加亲密，于是便出现在广州相遇"喜极欲狂"和在庐山同游，如一对情侣般形影不离。

陈洁如好梦不长，蒋夫君在率军打到长江流域以后，在骄阳似火的 8 月的某一天，到陈宅让陈洁如出国留洋，以便将来更好地辅佐他统治中国。不谙世事的陈洁如被迫答应了蒋介石的安排，而这一切阴谋张静江是一清二楚的。早在一年前，蒋介石便写信让其劝陈洁如出国留学五年。为了最高利益，张静江让长女张蕊英与五女张倩英一同陪陈远赴美国。对于蒋介石的所作所为，朱逸民心里是气愤的，但不敢告诉自己的挚友，只能在回忆录中愤愤地骂道："自蒋总司令执政至今，民众之恶怨，日益增多。以蒋总司令所行皆不道，一入沪地，便与宋美龄结婚，使天下之妇女皆恶入骨髓。"[1] 朱逸民当然也包括在"恶入骨髓"的妇女之中。

陈洁如上当受骗流落在无人相识、语言不通的异域，能交谈的知心朋友，只有远在太平洋彼岸的朱逸民了。从 1927 年 10 月至 1935 年，陈洁如在美国给朱逸民写了几十封信，其中有 45 封信在中国第二历史档案馆中保存。这些信中反映出陈洁如对蒋介石的怨恨，对亲人、祖国的真挚怀念以及在美国的学习、生活情况等方面的内容，对于研究、了解陈洁如在美国期间的状况是绝好的资料。由于其中某些信件中牵涉不少政治大人物的隐私，恕不能公开，我们只选登陈洁如滞美期间致国内好友朱逸民等信件中的 41 封。从这些信中，读者可以了解陈洁如笔下的蒋介石是个什么形象。信中的省略号是本书作者有意隐去一些文字的记号，而不是陈洁如信中原有的，特此说明。

---

[1] 《朱逸民回忆录》未刊稿。

（1）1927年10月2日信

我可爱的逸姐姐呀：

　　你我分离了这许久的日子，一转瞬间已经一个多月了。遥想我们在上海时，每日相见的快乐，真使妹心花怒放。但是想到现在互相分别，路隔万里，天各一方，要望不见，要说不得，如何叫我不难过呢？对于这种地方往往使我悲痛至极，未知何日才能有脱离痛苦而转变为快乐的希望，真使我每日悲痛交战（并）。好姐姐，世间像你这样爱我的人，真是难找得出第二个了。我在此这样想念姐姐，谅必姐姐亦在那里想念我吗？现在我不愿再说这种话了，如果我再写下去，那么我这封信一定写不成功了。因此，只能同姐姐说说笑笑了。你近来的爱体可安好吗？有否出外去游玩？英文有否请先生来教？沈家姐姐处有去打麻雀吗？天蟾舞台的《华丽缘》七八本有去看过吗？①我实在在这里眼红呢。外国究有何种好处，触目都是七八层洋房，他们窗门好像蜜蜂房，有时见到外国人在窗上张望时，他们的形状再像一个蜜蜂没有了，见了真是好笑。昌、琪、三囡囡②时常活泼否，甚为想念。二先生③仍在外工作吗？他的贵体想必较昔日壮强，请姐想起时代为问安，是所拜托。我们来到纽约已有十几天了，因为忙碌的缘故，所以没有时间来信了，请吾姐原谅为要。蕊英、倩英④已睡了，现在已经二点半钟了，但是你们上海还是方起身呢？我实在眼倦死了，请吾姐恕我，经过的情形以后的来信再奉告。尚此敬请近安。

　　二先生均此，不另。

　　二先生的来电已敬悉了。妹准奉命求学，决不为之忧虑，务请放心可也。

---

① 陈洁如是1927年8月19日离开上海的。查当时《申报》广告，天蟾舞台的《华丽缘》演到三四本。陈洁如写这封信时，已是40多天以后，故有此问。"打麻雀"指打麻将。

② 昌、琪、三囡囡指朱逸民与张静江结婚后所生的子女。张静江前妻生有五个女儿。

③ 二先生指张静江。

④ 蕊英即张前妻所生长女，倩英即第五女。1927年8月，陪同陈洁如一同赴美留学。

如姐等帮助我感恩之，因我实无人能相助也。

通讯处：604 West 115 Street 2C New York City。①

妹洁如吻

十月二日

（2）1927年11月18日信

逸姐爱鉴：

昨日姚先生抵美，带下吾姐手翰及衣料，敬悉之下不胜感谢万分。承蒙吾姐劝慰诸言，妹当奉命而进行，决不使吾姐失望也。对于介石一切进行，妹都不闻。目下祇望自能安慰而已。②近日天气渐寒，吾姐玉体宜自珍重为要。妹身虽去纽约，然精神未尝一日离吾姐也，心甚恋恋为乎。我辈既离山隔水而不相见，然求你我精神常存，况神苟合也，虽千里而如胶（漆）。神苟离也，虽一室而如天涯。勿忘在远，切磋有得，互证同心，毋以暌隔而情疏，毋以孤寂而志馁也……下月美国有友回国，或许我可托其带物来沪，如其决定船期，我便前来信奉告是也。

上海近来消息如何？我等在此隔膜不堪，希望我姐有暇可否赐知一二，使我亦可得悉上海近况也。二先生贵体安健否？念念。蕊英、倩英本欲来信奉告近情，所因彼等不能写中文信来家③，所以怕丑不写也。请姐转达二先生，原谅她们可也。

澄姐④有来吾姐府否？如其来时，请吾姐劝慰一二，请其不可待母亲太恶，时常去问候问候，此为小辈者应当之道，不可使母亲时时生气，请吾姐劳神转达为要。我甚念琪、昌、三因因，想必因因们更活泼可爱矣。

友姐来信云，得二先生之许可，每日有三四时能游竹林，少解寂寞，妹

---

① 地址翻译为纽约市第二街区 115 号大街西 604 号。
② 有关蒋介石的文字，本书作者在其下加着重号，以便使读者了解陈洁如笔下的蒋介石。下同。
③ 张蕊英、张倩英等系在美国长大，故中文写不好。
④ 陈洁如行三，上有一哥一姐，下有一弟。澄姐恐指其姐。

闻之甚羡慕。现我英文教员已找到，每日上一小时课，明年或可进校读书，今未也知也。言不尽意，草此，敬请敬安。

　　蕊、倩英附笔谢谢姐姐之衣料。

妹洁如手上
十一月十八日晨

（3）1927年12月4日信

逸民吾姐爱鉴：

　　前日奉上一函，谅已诵悉。今有鲍先生叔矩回国之便，托其带奉物件数种，望吾姐不以微细，请笑纳之为盼，物名后列。

　　余等忽忽将有三月不见，身心殊为不适，爱友离别，终究依恋不舍也。前日得悉友姐之信，始知吾姐因妹赴美而姐伤感万分。闻之痛心不极（已）。不知将何言能慰吾姐也，悲哉，爱（哀）哉。只求吾姐爱我之心永久存在，则我死亦闭目矣。近来美国天气渐冷，未知上海气候如何？姐姐近日可忙否？作何事消遣？英文有请先生教授否。妹自受学之，今对于进步两字真是惭愧莫及。因我神心不能聚集，在读书之时神经常为之痛，对于此点妹甚痛恨，未知将（何）方法能疗之也。未知吾姐能否了解此意。自来纽约后，身体渐觉肥壮，对于一切生活极为积俭，未曾消费分文，以外诸事，前信详复，只望吾姐贵体保重，诸事宜自注意为盼。新友少交，因现今之世，狡猾之人多而善良人少也。此点请吾姐特别注意为要。妹在美单独不堪，无人叹苦也，情情不能相合，可见除吾姐之外，再无我之友所在，因之恋恋之心更切，可说是无时不想姐也。幸亏你我皆是女流之辈，或许一男一女可为了得，未知闹成何种笑话矣。言至此，即回顾以前在牯岭时我等之运动甚为可笑，余等可算为夫妇之称，未知何人是夫是妇，却是甚难判定也。[①]但此信终不能与

---

①　1927年冬天，陈洁如、朱逸民等同在庐山游玩月余。因陈洁如、朱逸民二人为形影不离的挚友，故戏称其为"夫妇"。

他人所见，偶一误会即可造成笑话矣。

　　二先生近来贵体如何强壮，饮食起居是否照旧，请其原谅，不单另写信问安，希请吾姐代达请安为盼。余言不尽，草此，敬请近安。

妹洁如手上
十二月四日

（4）1927 年 12 月 8 日信

逸姐爱鉴：

　　前日奉上数函，谅已接悉了。我好久没有来信奉告近况，这是很对勿起的了。因为近日我们觉得很忙碌，过这耶稣圣诞节，忙的什么确是说不出来，大半是在外面游乐、吃饭或看戏，有时还要学习舞蹈，所以使得二条腿成日的工作，一些时候亦不使她休息，因此她大发其怒的使人觉得酸痛得很了。姐姐，你想可恶吗？还是我游玩得太厉害了？这是要请姐姐来批评的了。听说在纽约只有这几天之中有娱乐的机会，以外就没有什么机会可以得到愉快的时候了。再过四五天我们就要考书了，因此我心中非常着急，未知考得如何成绩。虽然是在家（外）求学，但是在红毛人面前不免亦要争一口气给他们看看，你想对不对呀。好姐姐，你为何不常来信给我，真使妹望眼欲穿地待封来信。但是每星期使妹失望矣，真是痛苦万分。前星期，这里已下过二次雪了，但是近日天气尚温暖，未知上海近况如何？甚念姐姐近日作何消遣，有否出外游玩？友姐处有去否？麻雀有否去玩，我如（时）常梦见姐等，并且同在一块地方游乐。人家说梦是反的，因此我就迷信起来，可想预知我们见面之时真不知在何日了。近日间说蒋与宋已结婚了，未知我姐有否去贺喜？闻说廖夫人做证婚人 ①，未知有此事否？

　　二先生仍在外工作吗？想必他是很忙的，成日为党国而牺牲精神，近日谅必安康如常为念。前日，这里有一位包先生回国，托其带上微物数种，谅

---

① 廖夫人即廖仲恺的夫人何香凝。蒋介石、宋美龄结婚时，何香凝为证婚人。

必吾姐早已接到了。未知三个因因的衣服够穿吗？或是太（少）了。

姐姐，我想请你代我镶一样东西（小钻戒），并且当中要添一粒大钻石，我已通知弟弟送来，或他不送来，只好请姐劳神亲自或差程先生去西门路西门里八号问瑞弟①取可也，手寸亦请问弟弟可也。我贱体安好，请勿念为要。敬祝吾姐玉体保重，耑此敬祝。

年安

友姐前代为问安

妹洁如手上

十二月八日

（5）1928年2月11日信

逸民吾姐爱鉴：

你我别离了已将半年，在这半年之中彼此的忆念真是大受其痛苦呢，真所谓别时容易见时难，但是我们见面的时候大约不是长久的。吾爱的姐姐呀，你如果听到我说的话有不中听或使吾姐伤心的事，你就当我放屁，千万不要自己淌眼抹泪来伤精神。上海究竟如何危险？何时才能停战事？现在打到何处？山东有否得到？二先生现任何事？希望他不要太辛苦，自己玉体要珍重。姐姐，我已进校一星期了，校中诸位教员及同学等都待我很和爱（蔼），因此我亦不得做新学生痛苦，近来姐姐做了几多三代（打牌时），请你有暇时常赐示为盼。这信我（在）床上写的，所以写得更乱七八糟了，请你原谅我，我们再谈吧。

姐姐，我差不多每星期有封信来的，未知姐姐有收到否。

妹洁如吻

二月十一日

---

① 瑞弟即陈洁如之弟陈瑞彬，时在上海同济大学上学，住上海西门路西门里八号，估计陈洁如之母亦住在这里。

（6）1928年3月20日信

吾可爱的逸姐姐呀：

　　今晨接读吾姐手翰，喜出望外的真使我欢（喜）万分。爱姐姐，你不可成日的在家想我为盼，我们既为好友（又）如同胞，只要心勿忘一切就是了。因我恐怕吾姐爱体要紧，偶一不幸，则我心亦不能安在此求学矣。希请吾爱的姐姐原谅我以前所寄奉的信中，有多少不讲理的言语。好姐姐，你要明白我的理想才好，因为我实在怀念的太过头了，所以我只能写信来出你的气了，你想我没有理吧？爱姐姐请你万勿生气，要愿（原）恕我才好呢。闻姐姐说常在梦中遇见我，这是大半是在白天想得我太厉害了，因此在晚间就易遇见了。但是，我虽思念你们，但是很少能梦见你们，未知何故。你为何会牙痛，是否太辛苦了，希望吾姐请牙齿医生诊治才好，因为牙痛对于玉体有关系的，希望吾姐注意才是呢。我人虽在美国，然我的精神仍旧依依不忘的追随爱好的姐姐呢。我们的交朋友完全不是普通社会上及交际上的朋友，我们的爱好完全可以说是于脑海中发生出来的。因此，无论如何就是我们离了这样的远程，亦是很难忘却的。希望吾好的姐姐将自己爱体珍重才好呢，则使我亦可安心在外求学。姐姐你说要我原谅而不罪你与宋美龄交谈，但是这种地方亦是无法可想的。事到其间亦只能勉强做去。所以我很可原谅你，而感谢你的爱意，时时记挂着我。现在除我爱好的姐姐之外，爱我的人可是再没有第二个了，这亦是我的幸福非浅呢。我实在不忍讲这些话（给）你听的，如其我不说出来，则爱姐姐如何能了解你最可怜的小妹妹呀。你我离了亦有七月多了，可是无一时能忘怀在外爱姐姐的面貌及代（对）我的恩爱。但是我未知何日才能报我可爱的好姐姐的恩爱呢。但是，爱姐姐呀我又要来吵闹你了，可否请吾姐转请二先牛告介石，每月支我美金三百元。一月的开支我可列一数目如下：

　　房租按月六十元；

　　伙食按月六十元（此伙食是晚间及星期六、星期日的）；

学琴费二十元；

学费按月二十四元；

在校中饭十四元；

车费按月四元。

以上的数目，共计一百八十二元。他给我只有一百七十五元一个月[1]，所以我要问他索款，未知他可否愿意尚未能知之，希请吾姐劳神转告为盼，如何情形望请吾姐示复为要。妹妹我想亲自写信给介石，问他可否给些款，我明年暑假往法国游历一周，你想他能允许我吗。或吾姐得便时，请吾姐转请二先生探问他为要。我自来美国后，只有写过一封信给介石，因我心中实在不认（忍）作书与他，大半是我恐怕他们爱好似鸳鸯般的夫妻发生冲突，所以我只能忍气吞声的。一口气只能闷在自己肚中，我想除了你之外，恐怕没有人可知晓我心中的苦痛了。爱姐姐我近来买了一块衣料是送与姐姐及友姐的，未知你们可喜欢这花样吗，这又是一个问题，总算我在外时时不忘的一些表情而已。大约在这星期内就由邮局寄奉，希请吾姐查收为盼。如我姐中意何物，妹可代购的，请你不要害怕我没有钱，因这趁此机会多拿到一钱是一钱，这是我真真确确的老实话呢。你读到这里免不了就要一笑了，哈哈，我们再会罢（吧）。

敬请近安。

二先生前代为问安。

妹洁如吻上

三月二十日

（7）1928 年 5 月 18 日信

逸民爱姐：

今晨接读爱姐的手翰，真是欢喜极了，所以读了几次。这种兴味，因为

---

[1] 有材料说，陈洁如是向蒋中正索取了大批款项后去美国的，恐不确。从此信来看，蒋介石每月只给陈洁如175美元费用，并没有多余的钱，以致陈洁如想回国连旅费都没有。说明蒋介石除了使用外交手段之外，主要是用经济手段将陈洁如滞留在美国的。

少能得到，因此更觉其味无穷了。爱姐你这样苦楚，如何办法，三个因因都出了沙（痧）子，那当然是很忙的了。姐姐信中所说，要我赐姐无罪，那当然我可以原谅姐的，并且使我心中非常不安，可恨我不随吾姐在沪上，妹虽不贤，尚可助姐一臂之力，谅想乞（迄）今诸因因均可安康了，这是做娘的苦处。姐姐，再有一二年琪、昌、因因多是长大了，姐姐忙碌想必亦能改少些了。我在这里身体很好，饮食如常，然而我体质加重，你可看我附上的相片上，然后遂明白我胖了。我近来的理想和体质都变笨了，什么事都不管，一天到晚，日度三餐，夜度一眠，闲事都不管，饭吃三大碗，你想我怎样的过得去这一世呢？

　　姐姐，你所说的蕊英女士的事，以前我没有详细地通告你，或者姐姐没有明白我的意思，这遂叫作笔难尽述的苦，但是我仍旧要想使姐等能明白其意。我并非说她们骄傲，实在是她（蕊）在那里上当，将来不要后悔来不及了。这是完全是她将来一生而一身当受的事，与她父亲当然是无关紧要的，不过静江先生是一个市局上叫得起的人，如果他的女儿给人家，如此这般的给人家当作什么东西来看待，这是完全坍爷娘的台，本意我不来通知姐姐，请姐转达二先生的，都因为二先生和姐姐都是爱好如兄姐般的来看待我，我如何可以见事不来通报，这是完全很难的事。她现在只认识一个姓瞿的人以外，连妹妹都不要了，因为海伦时常要去干涉他们两人的行动，并且要说阿姐是痴子，而说她不认人头，所以那姓瞿的见了海伦是目中之钉一样了，并且，他成日夜在我们这里，自早晨九十时起，直到晚上十二时或一二时去困，有时候两人坐一夜，你想想这种样子好笑不好笑。我所恐怕的就是他是一个已有娘子的人，虽然在世界文明可以离婚，但是最可怕的如果给他尝到滋味，那就危险了，或许蕊英没有这样呆，但是这种地方是一言难尽的，否则我不能米这样糟蹋他们的，因为他们时常两人躲在一间房内，一些亮都没有，这是很危险的事，因为有娘子的人一时色性发足，到那时就是发急亦来不及了。这些话只能你一人看的，千万不能给别人看的，就是二先生亦不能给他看的，只能讲给他听就是了。我恐怕将来二先生要说我怎么不先来通知他，以为我同在一起和调，你想对不对。这一事对于你无相干的，请你不必放在心上为要。前次姚先生已干涉过，但是仍旧无效，所以亦可不必忧虑，我不过来通知一二罢了。

光阴过去得很速，一年将到了，可怜我的痛念姐姐的精神可说是无一时忙掉的，但是我明年或者要回家亦未可知，我实在亦没有觉得有进益，所以我非常扫兴。未知明年如何进行，只能将来再奉上了。

你们打十三只①，一星期打几次，我见（听）了当然是手痒的，但是没有法子，可以想出只能听听你们说说罢了。

姐姐现在变坏了，什么东西都瞒我了，所以我很生气，想必你已将我忘记了一半了，是吗？或者我又来冤枉你了，这是我不能说的，只随你的爱心和精神就是了。

近来北伐将要到目的地了，你可喜欢吗？不久你们就可到北京去了，快乐吗？爱姐姐再谈罢，敬祝近安。

沈家的喜酒你去吃吗？友姐有信来，但我尚未复她呢。

妹洁如手上
五月十八日

（8）1928年5月27日信

逸民吾姐爱鉴：

前日奉上一函，谅已收悉，谅必问（信）中一切言语，吾姐定能了解了。好姐姐，我无时不在怀念你们，你的爱（玉）体想必一定很强康吗？两星期前，我有一只皮夹由邮局奉上，内中有两只小粉盒，一只是你的，一只是友姐的，随便你中意将何只送她，由你支配好了。如其要何种物件，请来信通

---

① 打十三只，指打麻将。

告为盼。近来战争消息很好，我们亦很高兴。伍朝枢他已来美国了①，现在往华盛顿去了，我没有相见，他在纽约不过四五小时即起程的。我们大家身体很好，望爱姐勿念就是了，有暇时希望常常来信，免得使我日夜想念，即此敬请近安。

二先生前代请问好。

琪、昌囡囡有否近来的相片，可否送我一张，因我实在想念呢！

妹洁如白

五月二十七日

（9）1928年7月12日信

静江先生尊鉴：

前由王文伯君带下之赐教，兹已敬悉一切，谅必尊体安康为祝为颂。近闻我军已入北京目的地点，因此使我们在外洋亦非常高兴，并且还要来恭贺您的大功，把望您的贵体珍重为要，不可太劳苦，现在天气炎热，诸宜注意。

我等在外身体均托福安好，望勿远念为要。蕊英与倩英小姐较前好多了，因为我们现在只有三个人同住……现在三人都很爱（友）好，请您放心勿念为祷。内有附介石一信，敬烦请转交为要，草此敬请夏安。

李石曾与郑毓秀已回国了②，他们来美时因有种种不便之处，所以我不愿相见，他们（与）蕊倩两小姐是会见的，特此奉告。

妹洁如谨上

七月十二日

---

① 1928年1月，国民政府外交部部长伍朝枢奉派赴美，改任订条约专使。伍朝枢原为广州国民政府委员、广州市政委员长、军事委员会委员，陈洁如为蒋校长夫人时，与其相识。此时，陈的身份已改变，故不愿与其见面。

② 李石曾即李煜瀛。曾任国民党中央监察委员、国民党教育行政委员、北平大学校长等。郑毓秀，女，曾获法国巴黎大学博士学位。1928年春奉派考察欧美各国政治，并为驻欧代表。

（10）1928年7月12日信

逸民吾姐爱鉴：

前由王文伯君带下一切物件，兹已如数收悉不误。爱姐姐呀，请你要原谅我这么久没有信来，实在我太赖（懒）惰了，随便何事都是怕动手，你想我赖（懒）到这样地步，真赖（懒）虫亦要出来了。姐姐呀，你什么时候才能空身，我很想吃你的红蛋，未知你想得到送我吗，不要使我望眼欲穿的，在这里垂涎直溜的使人好笑我呢。爱姐姐呀，我听见你说在家冷清，而二先生常不在家，使我真是依依不舍。你我人虽然相离万里，然你我的精神实不能分离一分钟，我是无时不想着你的，实在你我的感情是深到极点了，所以不可以使大家彼此忘却了，你想对不对呀。姐姐，我很谢谢爱姐赠我的华美的衣料，你时常送物件，我实在过意不去，只有小敬大，没有大敬小的，所以我很磕头地谢谢你，好姐姐呀。

我们现在都放暑假了，但是近来暑假补习班已开学了，我与倩英两人在"哥狼皮阿"学游泳，大家很觉有兴味，有时还要去骑马，所以我的身体更较前壮多了。去年的衣服，我多穿不着了，屁股和胸部多发大了，将来我回来的时候，你们一定不认识我了，或是说我变成了一个大阿福了。姐姐，我实在想不出以何物来敬我的爱姐姐，如爱姐心欲何物，请姐大胆写信与我，则我可照单奉办也……

姐姐要我的照片，前日我亦同弟弟一样两张照片寄奉姐姐，未知我姐有否收到此照，望请赐知为要。草此，敬请近安。

琪、昌二因因仍旧记得我吗？蕊英与倩英附笔谢谢姐姐所赠之衣料。

妹洁如上
七月十二日

（11）1928 年 8 月信 ①

逸姐爱鉴：

久未奉读赐教，不胜怀念之极，遥想吾姐贵体安康为祝为颂。妹每日企（翘）首把望吾姐来信，使我可以作与爱姐谈话，但终使我失望为止，真是苦到极点了。好姐姐，我在此一个朋友亦没有知己的，在此暑期间闷闷不乐，无从消遣。在此举目无亲的境界内真是扫兴至极，我差不多无时不思念你的，我想世界上除了亲爱的姐姐以外，别无第二个人我可做知己了，因此使我很感触，时常无心求学，只想回家。现在我随便何时总是孤独的，未知吾姐已见喜否，千望我姐玉体珍重为要。请爱姐放心，我自己的贱（体）很好，就是有高兴的地方，那么我来姐前诉苦了，你想我的人坏不坏。亲爱的姐姐呀，我心想明年回家一次，未知能否实行，我再不能久待（呆）了。我们将要迁屋了，我想在此一年中间，我一定要好好的验（研）究学问才是道理。好姐姐，与你再谈罢，最好给我知道些中国的消息为要，并祝近安。

二先生前代为问安。

妹洁如吻

（12）1928 年 9 月 18 日信

吾宝贝的爱姐姐呀！

今晨接到爱姐的手翰，使我真是欢天喜地的，但是我不能形容我如何的可（喜）爱这封信。吾的好姐姐呀，您说望我来信使您的头颈已有二三尺长，但是我的望爱姐的赐教，老实是有二三丈长了。您听了这话可有发生何种感想，有否在那里痛怜我吗。本意我时常要来信的，因为爱姐不常复我的回信，因此我恐怕姐姐有新知交将我忘记在腹外了，所以我不敢奉信问候，或是我多起疑心。亦未可知爱宝贝姐姐，您何日临盆产，您可爱的小宝宝不要将我忘记为要，我实在很想吃红蛋，但是我没有这种福气，苦怜呀，我们爱好的

---

① 此信无日期，上海收到的日期为 1928 年 9 月 22 日。

聚首，未知在何日才有此良机呢。爱好姐姐呀，我实在想回家，但是我的学问真是尴尬，未知何年日才能大学毕业呢？因此，我们的叙会真不知在何日矣。我很想听到些中国的消息，因我在此非常隔膜，外国报我还看不懂，所以一切的国内近况我全不知道，最好爱姐姐有暇时写信来给我知道些为要。二先生常在府而不去北平及南京了①，是否同介石意见不合，我实在不能明白，姐姐信中是何意思，请爱姐原谅为望。前月我有信请二先生转交介石，未知有否收到，因我至今未接读回音，未知内中如何，请爱姐代我探查（察）赐复为要。近来我们已经迁屋了，所以很是忙乱，现在大家都定妥了，但是学校已开学了，又要很忙地读书了。爱姐近来作何消遣，遥想爱体安康为祝颂的。二先生近来公忙如何，想他亦是很安宁的罢，请姐姐代我请安为要。近闻上海有大风潮，未知确有此事否，但今晚得卖报云，不久纽约亦要有大风发生，未知确实否，我希望他们是造谣，否则在纽约真是危险，因为这里的房屋多数是很高的，偶一有风潮，真要吓死我了。爱姐姐再谈罢，敬请近安。

　　二先生前代为问好。

妹洁如接吻
九月十八日

通信处：420 Riverside Drive Apr 5E New York City②

（13）1928年10月24日信

逸姐爱鉴：

　　昨天奉读爱姐手翰，不胜喜欢万分，遥想玉体安康为颂。闻得二先生欠安，殊为挂念，谅想近可安好了罢，请爱姐代为问安为托。听姐说三个囝囝又有疾，未知是何病，妹实在闻见不安之极。想心爱姐忙碌是不必说了，因

---

① 二先生指张静江。1928年6月，国民革命军占领北京，并改北京为北平。张静江于1928年春被国民政府任命为浙江省政府主席，有时住杭州，故不去北平与南京，陈洁如不了解情况，故有此问。

② 英文地址翻译为纽约利维塞德·德里夫大街420号。陈洁如原住纽约市第二街区115大街西640号，1928年9月10日以后迁至此。

此我当然要原谅你的不来信了，并且我很抱歉不能来帮助你，这是空口说白话。离开了这样远，如何能帮得呀，恐怕亦是这天气的关系，未知姐意为然乎。我们在纽约天气不一，有时可以穿单衫，有时可以穿皮衣，你想这种天气使皮（疲）弱不堪，一天到晚总是睡觉，真是气死我了，未知中国的如何是否同这里一样呀。

你说叫我以后不要送东西给你了，但是你要知道的这是不值钱的东西，千里送鹅毛，这里我的一些微意而已，望你原谅为盼。

姐姐呀，谢谢你同我交信与介石，这种东西是没良心的，有了东就忘了西的，真是要气死人的，并且每年的年费尚未寄来，你想岂有此理吗。未知他的心中如何想头，或者不愿意给我了，亦可以来信告诉我的，不要使我在外面为难才是呢。你说他给宋美龄骗去七只牙齿，究竟如何情形，我尚未了解，请爱姐有暇时详细告诉我为要。

臭红蛋我亦要吃的，千记，即请近安。

二先生前代为问安。

妹洁如吻 [1]

（14）1928年12月3日信

逸姐爱鉴：

久未奉读手教，殊为系念，遥想吾姐玉体安康为祝为颂。近日作何消遣？竹林常去游否？电影有去看过吗？我等在此身体很好，饮食如常，自己尚可消遣，但是时常挂念姐姐，可恨中国离此太远，如近些我早已回国了，现实觉得没有味道。在此举目无亲的环境内，介石是否要我到死的地步，要他每月增加些月费，他亦不理，死死活活亦要给我一个回音，自己不愿写信与我亦可以的，只要通知我一听就完了。好姐姐，你想他可恶吗。我下星期再要写信给他索钱，如其不愿意给我，则我明年要回国了。……

---

[1] 此信上海收到的时间为10月24日。

草此，敬请近安。

二先生前代为问好。

妹洁如吻

十二月三日

（15）1929年1月7日信

逸姐爱鉴：

正深思念而朵云忽从天上飞来，展读之下，不胜欣喜，知吾姐乐乐如常，甚可放心也。近来吾姐在府上除打十三只之外，未知作何消遣，闻报载上海抢案颇多，至晚间六七时即动手抢物，闻之惊骇不堪，望爱姐少外出为妙，并非妹先来言不吉利。我等在美尚可称安，希请吾姐勿念为要。我在此星期起，每日七时起身，预备入学，但尚未正式上课，因此在家并无功课预备，且觉寂寞不堪而心觉烦闷，无所为消遣，只能写信与姐，同吾姐谈谈笑笑。好姐姐呀，你以为我在美日夜想介石吗？真正不是的，如果我每日来想他，我已差不多死了有几个月了，永远亦不还在这里与吾姐白话了。

二先生前代为问安。昌、琪、恒因因想是更活泼可爱了①。如遇介石时，代我给他吃几个白果（白眼），拜托拜托。

妹洁如手白

一月七日

（16）1929年1月18日信

逸民吾可爱的爱姐姐呀：

我们大家好久没有空口说白话了，并且我久未接读爱姐的手教，大约有两个月光景没有见你和我谈话了，真使我心念万分，而且每夜总要梦见爱姐姐一次，所以我觉得很快活，因为天天见到你在我可爱的甜梦中，因此我信

---

① 指张静江与朱逸民的子女。张静江元配姚蕙生有五个女儿，即蕊英、芷英、云英、荔英、倩英，陪陈洁如到美国的为其长女张蕊英与五女张倩英。朱逸民嫁张静江后生二男二女。昌、琪、恒为朱逸民所生。

亦不常写了。好似天天见到你，用不着再写信了，但是我今天才始从睡梦中醒来，这是不行的，我自己以为然，但我爱姐要想我是有了什么新朋友了，所以赶快的写信，来请吾可爱的姐姐勿见怪才是我的幸福呢。爱姐自有千金小姐后，谅必爱体强壮为盼，饮食如何，千望凡事宜珍重是所至盼。近来中国有何消息，所识诸人均各安好否。近来爱姐姐常在上海，还是杭州，出门时宜珍重。虽在中国亦宜注意，因姐无人能帮助一肩（臂）之力，你我为同病相怜，爱姐有运气，所以遇到二先生敬待无欺望（妄）。爱姐勿念我为要，我近来贱体很好，比较在中国强壮，并且我亦很快活，兹奉上最近相片三小张，你看我多么开心。爱姐姐再谈罢，敬请年安。

二先生前代为问安。

妹洁如吻

正月十八日

（17）1929 年 2 月 11 日信

逸民吾姐爱鉴：

久未奉读教益，不胜念念。近日内闻有人说昌因因有欠安之说，未知有否此事，我实在很想你们，望你万分的当心昌昌，第一是饮食要清洁，并且时候要均匀，最好要我姐自己极点注意佣人才好，切切望望。我在此身体很好，本意早要来信，实因我近来之懒怠，真是笔难尽述，所以只能请姐姐原谅我才好呢。

我要问你一件事，就是上次所说的那个姓瞿的，未知有否过来说媒。好姐姐，我是好心来告诉你转告二先生，因为这个人已经娶了人，偶一蕊英愿意，二先生亦没有法子，可想最好是双方大家可靠，那是真的，我并非欺骗他们。因为蕊英既有了学问，并且又有了父亲可以帮忙，不要失了这个好机会，偶一我知了，不来告诉，还可以说我是看人家的好看，你想对不对。因此，我做了冤家来信告诉的，他们现在或者双方面见我均恨，但是将来是他们自己享福的，于我无益，而他们恨我仍旧是目中之钉。好姐姐你知道我的意思吗，因为我已经受（被）人家的骗到这样的田（地）步，现在见到人家要上当，那当然要提醒人家的，但是蕊英是知道我通知你们的，他们两人当然要恨我至切骨了。你为何不通些中国新闻给我知道呀，好好姐姐，你不必去管他们的事了，冤家不必做了，二先生一定将此事说于（与）二小姐知道了，因此她来了一封信与她大阿姐，来说我是他们的奸细了，这是我在此想的，未知是否，待她骂了我再来通知你罢。因为蕊英现在往华盛顿看她的舅舅，未知见了如何话说，下一个星期来通知你。现在我读英文书很忙，实在种数太多了，所以使我手足都要举起来做事了。你现在人究竟在何处，我真似木人一样，请你有暇时来信告诉一切你的近况。同她们小姐们说话要注意些，以免我受灰气和夹在内，敬请近安。

妹洁如吻

一九二九年二月十一日

（18）1929 年 2 月 17 日信

逸民爱姐：

如见前日。接读来信，使我的喜痛一时交并，喜的是你成日的想我回国，痛的是为何昌囡囡[①] 人小而有肺弱之病，谅想爱姐为此亦觉受苦罢。但是此事非常重大，全要爱姐极力注意当心他，而且使其空气流通于室中，每日清晨起身与昌囡囡往法国花园[②] 游玩一二小时，不能时常深闭大门在家，或往杭州高山[③] 上住几月才能回家，千望爱姐极力注意。承蒙爱姐与二先生记念，并想我回家，我心中实在想回家，但是事实上做不到，且回家亦没有趣味，虽有爱姐等及家母，但是既已出洋来此境地，我想学成一种事业，而我可自立而生活，不去依赖他人才是我的所要求的目的。但是想明年回家一次，然后再出来学成一件事业，但是可恨介石，要他的钱，总是半吞半吐的，不来

① 昌囡囡指朱逸民的儿子。

② 法国公园在上海。

③ 杭州高山系指莫干山，张静江在山上筑舍为"静逸别墅"。

照你的意思的，你想可恶吗。我要他给我三百元美金一月，他音信不通，好当我已死在外面了，并且汇来的钱亦迟了两个月，他是不要紧，但是我不能无钱住屋的，并且我又无一个亲人及朋友，你想我这生活如何能维持下去，他真要想逼死我唉。爱姐姐呀，为何我这样没有眼睛的去爱了这样一个没良心的东西，破碎了我青春尚要来这样的摆弄我，真使我有冤无处可诉。可否请姐姐费心与二先生商量，问介石可否给我三百元一月，如其不允，请他汇一万元美金船费来，我要想游历欧洲各国而一路回家了。如我有力量读我自己的苦书，而不要依靠他了，爱姐姐你想好不好。因此男人实在不能使我入目，我一眼望出去都是无良心的男子，所以我实在不愿意再想要嫁人的心思，这一个心思我可以说完全打消了，究竟是没有味道呀。爱姐姐，这话是我只能与你我心爱的姐姐能谈，别人是无人可以谈我的心事。爱姐姐，我的脑海中成日想着你，差不多每夜梦见我的爱姐姐，何年何日我们始能相见呀。我想下月要去印几张相片来给你，未知你赞成吗？我现在写此信时，此地的时间是晚上一时了，但是你们大家或者刚才起身呢。爱姐姐，你近日的爱体如何，好吗？我近来身体很好，请姐姐不要念我为盼，我们见面的日子就要将达到了，但是我们见面后的谈话未知要几多时候始能讲完呢，我希望你我永世亦说不完才可以称我的心呢。前日来了一封快信，信内所说的话作为无事看待罢，蕊英见了此信并未说何话，现有李文卿先生之公子回国，托其带上微物希请吾姐查收为盼，物名注在信封上，敬请春安。

　　二先生前代为问好，并谢其记念我。

你的爱妹洁如吻

二月十七日

（19）1929年4月12日信

喂！吾可爱的亲人呀！

　　我好久未曾接读你的来信，真使我怀念不堪。吾爱呀！你近来做何事，在家中可是忙碌吗？我闻说你常来往杭州与上海，我想你一定是很忙碌的了，或许不是忙碌而已忘我在腹外了，这种言语是可以不必说的。总而言之，是要你良心来发生愿意的，你想对不对。我实在要想念死了，因此不能再延迟了，所以我今天在枕头上写此信给我爱的亲人，我要请你原谅我久不通信给你，我因为有英文课，并且每天要预备功课，因此每天并无空暇来写信给你了。爱姐姐呀！我们大家已有两年不见面了，但是我今年夏天还不能回家来相见的可爱的笑脸，我实在想念，成日地想念你，你知道吗？你是我的的确确的爱友，因此我每夜梦见你，并且想见大家很愉快的在一处。一月之前，我托有一位李先生带上绸夹一只，并且还有一封很长的信，内中要求你代我做的事情，未知你能否同我没法代做，我实在希望得知消息。希望你有暇无人时常常来信给我，如此可免去我的很苦痛的怀念，这是我所巴望你的。想你亦不会因两年不见而忘记我了。你近来玉体如何，作何种游乐，现在中国的天气谅想必一定可以令人可爱的。因为我们中国的春天是没有别国所能比得上的，想起春景还是想回国。但是，我要学成一种学问，能够自立而不依赖于他人了，我才能称我的心了，你想对不对。但是我明年想回国一次，因为我的老母亲想我回家，所以我想今年寻定一个学校，可以给我学成一样行业的，那么我要回来相见你们了。待我寻妥后，再通知你我的近况就是了。我们现在将要去吃晚饭了，所以请恕我投笔不写下去了。近来美国的天气不一，但是我可以当心自己的，请你不要想念我就是了。爱姐姐再谈罢！

二先生前代为问安。

琪、昌诸因因都很活泼罢。

大、五小姐都安好勿念。

妹洁如吻

四月十二日

（20）1929年8月28日信

逸姐爱鉴：

昨日接读手教，使妹苦极万分，但是目前信内所说之话，并非我不（要）

爱姐来信，其实我要体谅你而爱惜你，因为你有了这许多可爱而活泼的因因们，那当然要成日的相助整理他们了，哪有空暇再写信给我呢。并且有了可爱的朋友在身旁，那当然要忘记了孤苦伶仃而被人抛去（弃）的我了。平心而论，你有几个月不写信给我了，自离别后两年，我总共接到不满二十封信，你想爱好的朋友如此疏冷，何况普通之良友。你既然爱我，你就可以明晓我在举目无亲而独居在外国，并无有一个良友的地方，你可想而知我的心如何地切望我爱姐姐的来信。想起往事，泪下如注，使我毛骨悚然也。我心成片而哀痛，有谁来爱怜我。爱姐姐，你苦妹妹的悲（委）屈实在笔难尽述，偶一有相见之时，详告我姐可也，谢谢你和二先生代我送信给介石。爱姐姐呵，为何世界上的男子这样黑良心，自我离祖国以来，一个字的音信介石亦没有给我过。尤其是朋友的交情亦没有，你想要气死人吗。总而言之，我没有好运气，但是介石不应该使我出洋，而使我母女们相离异地，而对于金钱缩紧，我实在难以维持。因此，我只能来信实告我姐，我已将自己的钱汇来用了。爱姐姐，我和你商量，我可以写信去问介石，每月给我美金三百元一月否。讲实在话，我在纽约住并不花多钱，但是我现在想定下学期去一个专门女子学校学园艺，本来我想明年去的，因为我的英文不太好，但是现在我们的护照关系，美国移民局不准再延期，因此我等非出境不可（还要一个学校承认我，因此我不能出境去换学生护照）①。而且对于钱财一事，又要发生关系，我实在觉得惭愧。说起此事，但是我不愿意再用我自己的钱了，但是我已有信去弟弟，由其转告陈果夫②，由陈果夫再告介石，未知他能否明白我的痛苦。如其不明白，请姐转告二先生劳心，当他们见面的时候提起一句。真正谢谢，时常劳烦你们两位，临时只能谢谢你们，以后当面谢就是了。

　　我近来身体很好，请放心，希望你有暇而不忘我，常常来信给我为要，

---

① 陈洁如要去加拿大换护照。

② 1920 年张静江与蒋介石在上海搞证券交易所时，陈果夫为其经纪人。他是蒋介石心腹，陈洁如留美的年费均由陈果夫代汇。

此请近安。

　　有最近相片三张，并且谢谢你可爱的相片。

　　……

妹洁如吻

八月二十八日

（21）1929年10月13日信

逸姐爱鉴：

　　前日接读吾姐赐教，使妹如得其宝之喜欢，但有一事使我闻之非常痛心。未知何故，我等虽各居异地而做事，可以称为同病相怜，每一想到爱姐，泪如雨下，真是莫明其妙。但是，我等见面之时，未知彼此如何感动，想必亦不过如此而已。我自离纽约后已一月，在此校中非常快乐，因为所学之功课大多是实验的，同时实习时我等常常采一个苹果在手中，一面工作一面吃苹果，因此觉得非常快活①，并且同学们均多相爱，此校与他校是不相同的，所有学生大约四十余名，所以彼此相熟万分。上星期之功课实在重大，大多同学因工作太多而困倒在床，但是我尚可称为运气，未曾有何伤害。我屡次想写信给吾姐，但是未知从何处而起，想必你和友姐时常相见，但是未知何日我等始能相见，大约再有两年。如我在此毕业或者另有他事更动，亦未可知，我时常想家中，想起之时身不由知（己），思想和精神觉得非常痛苦，因此更觉介石之心如黑炭，使我相离爱好之良友，而可爱之母亲。所以，我对于男朋友等实在不放在心上，有时见之如目中钉，如我将来如自立，至死我不愿再嫁他人，究竟有何兴味，使精神上加痛苦而已……

---

① 陈洁如在美学习何专业，有人说是教育学，曾获有学位。但陈洁如之女婿陆久之先生否认此种说法，说陈洁如在美国学习园艺学。从此信内容看，陆的说法是可信的。而且陈洁如在1929年8月28日给朱逸民的信中说："我现在想定下学期去一个专门女子学校学园艺。"陈洁如有无学教育专业，从其给朱逸民的全部信函中尚找不到证据。

草此，敬请近安。

妹洁如吻

十月十三日

（22）1929年11月3日信

逸姐爱鉴：

久未奉读手教，殊为系念。遥想吾姐玉体安好为祝为颂。未知吾姐近在何处，是否仍旧来往于沪宁之间，有否往天津探望友姐，想必姐等仍爱好如古（故），每一想到我等同在一处之快乐，实在苦泪难以止住。自我来此校后，举目全是美国人，因此使我更觉想回国，我觉得非常痛苦，于心实在难以放忧痛之气，未知何日我再有快乐之相会。逸民爱姐有何法可以使我心花怒放。上月我往纽约探望海伦[①]，她甚安好，请姐等勿念为盼。唯对于款之问题，果夫汇来之千余元，实在她难以维持一年，因为我等往加拿大调换护照费去大约二百余元，并且她要付学费四百余元，大约其余最多不过四五百元。如吾姐能转告二先生可否汇些款给她，以免她忧悉金钱而痛苦。逸民爱姐，自我再等几年在美国，对于我将来无以靠赖，因为我实在难以维持介石给我之银，因此我只能用我自己之银，你想我苦不苦，所做之事无一使我有快乐之处唉。想起做人究竟有何趣味，实在我因有一个母亲及弟弟，自（如）我只有我个人，我实在不愿为人于世，只是希望早死一日，早有出头之日矣，想必我之命运生成苦命。爱姐姐，无论如何我死之前总要相见吾姐一面，希望吾姐见信后不必挂心，而不要忧愁而流泪。因我心受痛悚，因此发生此种言语，望吾姐以为无其事为盼。草此，敬请近安。

二先生前代为问安。

妹洁如吻

十一月三日

---

① 海伦即张倩英。

（23）1929年12月1日信

逸民爱姐呀！

　　你所说的言语我都明白而了解，但是我亦成日不忘地想念着你，尤其是听到吾姐有病，使我心中实在难过，而且更觉想念你了。你托姚先生带来之白绸旗袍及两管头油都收到了，这样美观的旗袍我来老实告诉你罢，恐怕我出世之来还是第一次上身呢，你想我什（怎）么会不欢喜，而且是我最爱的送给我的，那当然很宝贝收了。但是，我觉得非常惭愧，常常接收吾姐赐物，对于情意上实在讲不过去，但是现在我只能谢谢你。当然，我穿了之后好像成日和姐在一处，请你将自己的身体总要保重，我实在不愿听见吾爱（姐）有病在床，但是希望你以后爱体珍重，既然无人在旁边当心，所以只能希望吾爱（姐）自己饮食注意。我虽离开祖国已有三年，但是并未学成何物，倘若将来能够学成一物，未知我自己能否自立，现在尚未能知之。吾姐听说我不常来信，实在我觉得有些懒惰，尤其是现在更是无暇来信给吾爱了，因为学校功课甚忙，希望吾爱原谅为盼。

　　我明日回校上课，余言只能第二封信内再告诉你罢。再会，敬祝近安。

　　　　　　　　　　　　　　　　　　　　　　　　妹洁如吻

　　　　　　　　　　　　　　　　　　　　　　　　十二月一日

（24）1930年1月29日信

逸民吾姐爱鉴：

　　前日寄上一函，谅已洞悉。光阴如箭，一转瞬间，别后已有二年有余。妹在美国无时不想吾姐，想必你我同病相怜，多因你我自小至今仍可以算为良好之爱友，因此离后时彼此之痛苦实在难以尽述，想必此乃天然之事。遥想吾姐玉体安好，诸事如意，昨日接读上海一友来信说，近来下雪甚大，因此气候寒冷，所以我希望吾姐将爱体保重，请宜珍重为要。未知昌囡囡身体如何，是否旧有寒热，希望吾姐特别当心其为要。

　　近来中国如何情形，是否仍旧打仗，我听见此言，实在对于这种百姓痛苦之极。因为我看见许多由中国来的电影，实在悲痛之极，因此我在此虽苦，亦心满意足，由此就不觉得十分痛苦。但是，我仍旧想念家中，希望这一年来快些过去，到时我等可以相见，大家爱好如古（故）。待我有暇写一封很长的信给你，和你谈谈我将来所要做之事，大家相商相商，未知吾姐赞成否。谅必你已接到我的相片了！未知吾姐喜欢此照否，可以说我已改过样子了，或许表面上有些变样，但是我的心中是同前时一律，希望吾妹有暇时常常来信，以免我之想念为盼。附上海伦即倩英女士信一封，请吾姐转交二先生，因为她实在难以维持下去，照果夫所汇下之款，实在不能支付一切，因此烦请吾姐在二先生前特地道明，并请见函后即汇款来，以免她临时不得无处设法，而且个人在外之苦痛是无人能知之，只有此人如经过此种困难，才能得知之。

我近日身体很强，诸事如常，希请勿念。草此，敬请近安。

二先生前代为问安。

妹洁如手上

一月二十九日

（25）1930年2月10日信

逸民爱姐：

如晤。别后至今已将三载，遥想吾姐爱体安好甚为余念。光阴如箭，一转瞬间我等又能喜怒哀乐，欢叙一堂，未知吾姐意为如何。前次接到吾姐相片数张，未知在何处，想必在杭州附近乡下。但是，我现在所学之功课比较于别学校大不相同，因为我们值（实）习课程颇多，因此到晚上四肢疲倦不堪，但是对于身体上确是很有益的，我自己觉得比较以前强壮四五倍，将来回来时候，想必老虎都可打得死了，但是我总免不了想家两字。本月十七日我往纽约去看梅兰芳[①]，因此姚先生已来信邀我，想必可以使我快乐一天，而

---

① 梅兰芳于1930年初率团去美国演出，是年秋返国。

且同时可以觉在中国一样，因为在外国少有听见能看中国戏剧，但是等我看后再详细告姐就是了。

　　未知近来中国情形如何，我实在莫名其妙，中国时局所有听得未知可否确实，消息我亦不能信以为真事，现是与我亦不关相连，所以我亦可以不必多管闲事，我想中国将成野蛮世界绑票之多，实在闻之亦觉可怕，希望吾姐有暇时常来信，以免想念为要。草此，敬请近安。

　　二先生前代为问安。

妹洁如手上
二月十日

（26）1930年5月14日信

逸民爱姐：

　　前月奉上之函有否收到，为何不见赐复，谅必我姐爱体安康为祝为颂。我实在想念吾姐，但是未知何日才有见面之日，大约明年夏天我可以回家一次，如果介石允能于准许我，然后我始能实行我希望的目的地。你想，我苦不苦，我实在觉得做人没味，到处无鲜颜之面貌看，真觉无味至极了。我们近来的生活天天都是一样的，成日埋头读书，除了看书读书之外，别的事情无论如何亦无暇可去做了，所以我很是可恨这样的生活。如果要过一世这样无着无实的生活，未知如何能维持下去。每天早晨起身后就很快地预备上学校去，到中午的时候回家，因此一天的生活亦觉很忙了，所以不能常写信来了，但是只能请吾姐原谅了。爱姐姐我实在想念你，希望你能于有空时写一二个字的信给我亦好的，只要你能有长心就可以了。你现在常在何处的时候多，是否仍在杭州，我很（想）回来游玩一会儿，但是没有此圆满的好东西。我现在写了一封信给介石，托大小姐①带回去了，请姐转告二先生，请他代为转交，谢谢。现在她回家了，我们二人更觉冷静了，我有一套困（睡）

---

① 大小姐即张蕊英。

衣，托她带回家来给你，未知你中意否。别的等几天再来信奉告罢，草此，敬请近安。

友姐之一包请姐转交为要，尚有皮包一件，请姐使佣人送去我家为要，谢谢。

妹洁如吻

五月十四日

（27）1930年6月8日信

逸民吾姐：

今晨接读来书欣喜不堪，但是请姐原谅我的信内实在无理之极，来信责罚你，既姐忙碌如此，请姐亦可不必常来信，不过只要你能记得你的被人家抛弃的小妹妹，那我当然是很高兴，并且可以算到我尚有一些幸福，有一个可爱的人如姐的来照顾我，那是我的最大的幸福。

爱姐姐既然这样忙碌，贵体安康如常否，希望爱姐玉体珍重是所至盼。昌昌因因究竟如何病症，吾妹［姐］未曾详细告我，希望姐姐特别当心补养昌昌为盼。

近来你与友姐作何事，有否时常相见，她常有信给我，闻说她亦忙来往天津和上海，我们可爱的朋友，大家彼此各分东西，相见之时真是难以得到，尤其是我与姐等，大家相离已将三年，但是在此三年之中，我真惭愧，讲起我们学之学文（问）一无所进，真是愚笨之极，并且我的记忆力坏到极点了，见过即忙（忘），如何能得进步，并且我精神四散，不能相叙，奈何奈何。蕊英女士想必已经安抵家矣，谅其路中安好，请姐代为问好。其回家时托她带上信数封，请姐劳神转交为要，内有一信是送给介石的，我要求他明年能否给我回家一次，因为家母欲妹回家相叙一切，如明年不回家，尚要三四年才能回家，因为我想从明年起学农学，未知能否成功。我真是倘未可决，因我想尽各种功课多不配我，所能去学它，因此我想还是学成做一个乡下人罢。如果介石能于允许明年回家，那我就能于相见爱姐姐的玉面了，你想我的心里如何快活呀，并且我要安排一切，而且我母时常有小恙，因此我心更觉不安了。

　　我近来身体很好，并且亦常去运动，有时去骑马，有时打网球，真正没有趣味时一个人去看电影，我非常快乐，并且无人来管，我无论何事都是随我的心，所以我很欢乐，请姐放心。草此，敬请近安。

妹洁如吻
六月八日

　　（28）1930年7月30日信

逸姐：

　　如见。久未奉读赐教，殊为虑念。遥想玉体安康，以及各位团团想已长大，并且活泼，我实在痛念不堪，未知何日始有此良机而能相见于一堂，彼此谈长说笑，真可以说难能相逢。我心中经常可恨中美为何相离开如远，否则我随便何时都可以来探望爱姐，但是此刻只能渺想而已，但好在我们已为知己，良好之友，何物能停止我等之爱好。

　　前日接读友姐来信云，我姐近日来往于沪杭间，想必因此之故，我姐无暇能通信于我也。我近日在暑假期内，但不久将要开学矣，我与海伦很快乐，在此请你们可以不必挂念，可也请姐有暇时常来信，以免你可爱的小妹妹痛念为盼。草此，敬请近安。

　　二先生前代为问安。

妹洁如吻
七月三十日

　　（29）1931年1月20日信

逸民吾姐爱鉴：

　　昨接赐教并姐等游兴相片四张，使妹喜怒同起，喜的是吾姐玉体安康，游兴如常，并且学太极拳术，此乃对于吾姐玉体有益，或许对于国家涨（长）体面。我国将来之女家，应当强壮于他国，则我国就不会亡国矣。恕我不能相见吾（汝）而同在一处游玩，可恨中美相离太远，否则我早已回国。可爱的姐姐，但是我们所能相见之时即在目前。我虽还有两年在美，但光阴如箭之过去，至时我等可以抱臂谈心，但是我有许多苦实在无处可告，因此只能独自痛吞而已。

爱姐，我有一事请吾姐恕我为要，有时写来之信实在不恭之极，万望我姐原谅为盼。

我在新年时非常快乐，因为我们学校有年假一月，因此我在纽约一月与海伦及姚先生，姚太太[①]等，并且年三十夜我守岁一夜，直到第二日早晨七时上床，未知吾姐如何游玩并作何种消遣。

近来美国天气颇冷，并且下雪甚大，因此更觉寒冷。未知国内如何情形，谅必不至于如此寒冷。昌团团既说已全（痊）愈，为何仍旧有热度，但希望吾姐当心保重他为要，因为旧病复发不见（是）儿戏之事。

前日有相片奉上，但是并不像我，因为时间急速，所以未曾重拍，随便奉上，以免我姐想念罢了。

我有一事可否请吾姐代我问一声蕊英女士，前她回国时托其带回之衣料代做夏衣数件，共有衣料四块，最好请姐问她一声而可否。请吾姐代妹做，而可由邮局寄上，则妹可有夏衣穿。衣料颜色如下，一件白乔其纱，一件白黑条子绿底，一件淡血牙色中国绸，一件深血牙。可否请吾姐照黑丝绒样，即吾姐送我之衣，要长袖，而身长宜长至少三寸可否，吾姐代我做半中半西，如衣料够做，常来烦姐，将来只能将身送上报答吾姐。我身体甚好，请勿念。

代请问安二先生。

草此，敬请近安。

妹洁如手上

一月二十日

---

① 姚先生指海伦生母姚蕙之弟。

（30）1931年6月27日信

逸民爱姐：

久未接读来书，殊为系念，遥想吾姐等玉体安好为祝为颂。我人虽在此，然我之心无日不在中国和挂念你们。未知吾姐等近来作何消遣，谅必吾姐遇伴友好多，诸小姐都在一处，使姐亦可畅乐一下。未知为何久未通音给我，或许姐已忘记我了罢，人生在世，最恨是爱友相离。我在此夏天可以完毕此学校了，然我尚未决定何日能回家。因为介石至今尚未答复我，你想可恨吗？实在我有冤无处可诉。但是，我近日心神烦乱如麻，未知进退如何是好，然而家母要妹回家整理家务，然我之意再想在此多得些学识，对于将来立身事业最好。介石能给我船费，在今年夏天回家一次，然后再出洋，大约他不很愿意的罢。好姐姐呀，你我或可以相见在年底之时，我在月中离校①，以后通信寄海伦女士为盼。草此，敬请近安。

妹洁如手上

六月二十七日

（31）1931年12月13日信

逸民爱姐：

如见。前日奉读手教，使妹心花怒放而得之如宝，因为近来吾姐不常来信之故，因此见来信更觉喜欢，而读了又读。希望吾姐如有暇时时常来书为要，一可以使我放心，二可以使我乐观些，因我在此耳不闻而目不见，诸事我所希望姐能时常来信告知我一切中国近情。我如此度日，对于精神上非常受痛苦，而且海伦女士回国后，在此更觉没有兴趣，因此只能希望明年早日回国，而相见我可爱的姐姐们。未知吾姐有否闻见外面有反

---

① 蒋介石因故不允许陈洁如回国，陈未能如愿以偿，令其出国五年的誓约也不算数了，陈只能滞留美国。

对妹回国，如吾姐听见有此之论，请姐告之为盼，既吾姐爱妹如同胞，那当然姐姐通告我一切，以免我受痛苦。然我之心中切想回国，我自离国后已将五年，想念姐姐，而希望吾姐永不忘妹独居外国。想必吾姐近来家务事多，做妹者当然能原谅你的，不过希望将后能时常来信，以免我之痛念之苦，并且希望吾姐玉体珍重，而不可过分劳闷为盼。草此，敬请近安。

静江先生前代为问安。

妹洁如手上

十二月十三日

（32）1932年5月30日信①

逸民吾姐爱鉴：

前星期接读姐之来信，如得一宝，因为你我有长久没有通信了，所以更使我想念你们了。我很眼痒，你作北平之游，因为我很想到那边去游玩，但是始终没有这个机会。然而只能希望你的兴游罢了。未知吾姐和何人同去，而大约去几多天才能回上海。我们有五年没有相见，不知见面时能笑还是哭，真是无人能知道，或者有很多人不愿意相见我了，那时再作道理罢。当时今之世，眼高目大，见穷就不睬，那是非常普通之事。我若没有家庭和几位亲朋友等，我实在不愿意回国，并无将来之希望，然我在此，亦是无结果……然而只能回家后再作计而已。我现在校中已放暑假，但等介石之回信，可恨的就是每日两眼望穿，音悉不见，真使人心身可恨万分，我实在有苦无处可告，只能私吞而已唉。总而言之，是我的命运关系。闻得诸囡囡多安好，非常快乐，然我很是想念他们，将来我回来时，他们或许亦不认识我了。是我今年不回国之说，那末要请姐寄几张最近的相片给我，以免我之痛念，如吾

---

① 不少回忆陈洁如的文章说陈洁如1932年回国。此说不准确。从1927年到1932年已足五年，蒋介石为不使宋美龄生气，拒不同意陈洁如回国，陈只得向朱逸民诉苦。

姐有暇时带可以告知一切为要。草此，敬请安好。

老先生代为问安。

妹洁如手上

五月三十日

（33）1935年9月8日信^①

逸姐爱鉴：

昨日承蒙吾姐等来船送行，实在感铭万分，我等在船尚可称平安。惟昨晚在大洋中遇着大风，因此风浪很大，而船上饭堂桌上之碗件打破许多，然今日已风平浪静，甚为舒服，请姐等不必挂念为要。希望吾姐在二小姐前代为谢谢。余言下次奉告，并请吾姐玉体保重。敬请近安。

二先生前代为问安。

妹洁如手上

九月八日

（34）1935年9月12日信

逸姐爱鉴：

前在香港时奉上一信，谅早收悉，遥想吾姐等贵体平安为盼。妹离中国虽不过一星期之久，然想念你们之心非常之切。船上之生活，在此经过二等活命，实在笔难尽述。当然，各处受经济音（影）响，但事实如此，亦无可奈何，只能忍耐而已。明晨我等可到新加坡，因此我们预备上岸去大吃一次中菜，并且要备些罐头食品以便在船上可吃。此船在该岸约停六小时，未知我等作何游乐，只能下次来信时再奉告姐等可也。现在时候急促，不能多写，只希望玉体保重为盼。草此，并请近安。

---

① 1935年陈洁如回国探亲，是年9月至1936年，陈洁如曾赴欧洲一行，是从上海乘船走的，朱逸民等人前往码头送行。行程为中国香港—新加坡—德国汉堡—奥地利维也纳—法国—美国—中国内地。以下几封信即是旅欧途中写的。

　　二先生前均此，勿另，并二小姐前代为致意。

妹洁如手上

九、十二、二十四

　　（35）1935年9月19日信

逸姐爱鉴：

　　前日由新加坡奉上一函，谅早收悉，遥想吾姐玉体安好，甚念。妹一路风平浪静，尚可称为畅快，但是船中之生活，实在可以说不能与吾姐谈笑，或十三只绿黄糕①之特点，因此心中可恨万分。我在哥伦市②与几位同伴畅游该地，大约八小时之游乐，因此眼福无穷，但是印度城中实在不可形容其污秽，因此我等非常之失望。明晨八时可到孟买③，所以有机会写信来通告一切吾姐知晓。黄山如何好玩，请吾姐有暇时来信告知为盼。草此，敬请近佳。

　　二先生均此，不另。

妹洁如手上

九、十九、二十四

　　（36）1935年11月5日信

逸民吾姐爱鉴：

　　自别后至今已将双月，遥想吾姐等贵体安好，凡事如意，是所至盼。妹自到汉堡后，未曾来信奉告一切，因此甚觉抱歉，但望吾姐宥恕为盼。"康梯罗索"（船）十月一日到意境，诸事颇好，唯饮食上甚觉痛苦，二三十天尚可维持，多则不能过此生活。我本欲往瑞士一行，但途中有人同来德国，因此不能如原（愿）。现我已去信琪琪，请其来信措告我一切，若不用纳税，妹即将一部分物件寄去以外，我去时再亲自带去可也。前见报上之对于元元农场之新闻，妹心中甚觉着急，未知我姐可想别法否？未知可否将股票转卖

---

①　指麻将牌。

②　即锡兰首都科伦坡。

③　孟买为印度商业城市，世界良港之一。

于金城银行，多少不论，可以取些本钱回来，以外之数，待妹回国后再作别法，或妹可如数奉还。此事发生真出于我意料之外，甚觉侥幸至极，请姐放心而不可使妹有罪。自离祖国后，精神尚可称安，唯晚间失眠一事，近日又有发生，此乃我神经衰弱之故，请吾姐不可因此而着急。德国之人民，现在甚觉痛苦①，因为政策之故而牛油无处可买，而对于食物一事，甚为悲观，并且儿童多是面无血色，真使人惨见。德政府及各国准备明年之世界大战，未知吾姐在国内有否得到此消息？未知近来国内如何，而汪精卫有否此消息已死？② 实在外面之新闻不能以为真确。但希望吾姐有暇时常来信为盼，以免远念。草此，敬请近安。

二先生前代为问安，不另。

李、程二位先生近来如何，请姐代为注意。

妹洁如手上

十一月五日

（37）1935 年 12 月 25 日信

逸民吾姐爱鉴：

前日奉上一函，谅已收悉，至今未得复音，甚为焦急。未知二先生近日如何情形？是否仍在医院疗养？还是在府静养，妹实在着急万分，最好请姐赐下数行，以免痛念之苦。妹在德境已将四月，但现已决定在明年正月底离此前往维也纳，然后去法国，乘船取道经过美国约勾留一二月之久，由美起程回国。因个人在外亦觉乏味，所以想赶早回家，以免在外寂寞之苦。未知吾姐近日作何公事，除念佛外不知作何消遣，希望吾姐不可过分劳动。近日，

---

① 1934 年 8 月，希特勒出任德国元首兼总理，实行法西斯专政，重整军备，准备发动战争。因此，德国人民"甚觉痛苦"。

② 1935 年 11 月 1 日，汪精卫出席国民党四届六中全会开幕式，被爱国志士孙凤鸣连击三枪，受了重伤。当时世界各通讯社迅速报道了这一消息，因此，11 月 5 日，陈洁如信中问及此事，表示对国内政局的关心。

恒、龙、珣、荣及昌弟等想必安好如常，我本意想寄些玩具回来给他们，但我既决定回家之期在即，因此待我来沪时带来可也。如吾姐买何物，请来信通告，则妹可照单办到。如有信件，可由法国地址转下可也，此处冰天雪地，严寒非常，未悉申地如何，诸希保重为要，余容再告。此上，敬请冬安。

二先生前代为请安及李、程先生不另。

妹洁如手上

十二月二十五日

（38）1936年1月9日信

逸民吾姐爱鉴：

前上数函，谅已收悉。未知何故，至今未曾见到赐复，遥想吾姐玉体安好，诸住平安，甚念。希望吾姐在百忙之中，有暇时可否赐下数行，以免远念。前日阅见由沪来之申报中有一节新闻论，二先生近日贵体较前好多，而且不久即可出院，尚有吾姐伴读报之说，见后使我十二分高兴，虽觉到消息不是直接，然而可以使妹放心得多，最好吾姐能亲自写信给我更好。现在我在德境无事可做，因此在最短期内就要离此，往日内瓦去几天，然后起程往美国，如吾姐要在德国内买何物，妹可在此代办，因为我可以用登记马克，比较可以便宜百分之四十，希望吾姐不必客气，而使妹办理一切。现在我已买一只扫地毯电机送姐，特此先告，以免买双份，以外之物，请姐从速来信通知为要。未知近来国内情形如何，自纸币政策实行①，对于商人究有何益？闻说百货多涨一倍，未知确有此消息否。近将旧历新年，未知吾姐在何处庆祝，此时当有一番热闹，想了亦觉眼痒，恨路远不能立即回上海共同叙乐，但希望吾姐玉体保重，而不可以吃得太多，因为不合卫生之说。近来非常想吃蔬菜，但有钱而办不到之苦。

---

① 指1935年的"币制改革"，南京政府实行法币政策，以中央银行、中国银行、交通银行三银行所发行之钞票为法币。所有交易以法币为限，所有银圆持有人都需兑换法币。

二先生前代为请安，并祝珍重静养，并祝新禧。

妹洁如手上
正月九日

（39）1936年2月18日信

逸民吾姐爱鉴：

自别以来，已将半载，屡次望吾姐之来信，但每次失望，因此我只能自己勉励自己，想必无音信即等于好消息。妹自本月十五日离汉堡来瑞典，到此已有两天，但约明后日即赴英，再有一月之期即可往瑞士探望琪琪。因此特来信报告吾姐。想必二先生近来贵体已可完全复原，甚念，请吾姐代为注意，问安。今有一事妹觉非常无礼，未得吾姐之允许，就冒昧用二先生之名，想必吾姐不至于罪我为要，就是前日由德境寄上一大木箱，内有大小物体十二件之多，现在我想将细账开给李先生，因恐关上要付关税，以外有一只电影机，并有照电影布一箱共二件，总共寄上物件大小三件，现在只求吾姐之允许将细账寄李先生代办就可以了。吾姐所托之红、绿、蓝、黑宝石戒一只，现已有德国时价，待妹赴法国探听后再能决定何处便宜就买，待我返国时带奉可也。由李先生信中得知吾姐已进新府，想必一切胜常，未知艺林之木器如何，而可否称吾姐之意。现在请你宥我，不再多写了，所说李先生之信大约到英国后再能寄上。别无要事，望我姐有暇时赐教数行，以免远念。草此，敬请近安。

二先生代为问安。

大、二、三小姐亦强女士，李、程先生等请注意。

妹洁如手上
二月十八日

（40）1936年3月4日信

逸民吾姐：

如见。前日奉上一函，谅已收悉，想必近日吾姐玉体安好为颂。妹现在法国巴黎，大约在此两星期即往日内瓦探望琪琪①。上星期妹在伦敦时买了花子数种，由该店直接寄奉，未知至今有否收到，内中红花子占多数，所以希望吾姐特别注意，不可将各种花色放在一处，以外各种花子待妹回国后，再当代姐设法一切。所说三小姐之灯笼花种，待妹回国时自己带来，如姐相见时请代转言。昨晚，由此处卢太太请吃夜饭，闻说开元小姐在此，颇为安好，并且他们自己买了一层房屋，有一辆汽车，未知有否机会和他们相见。吾姐所要之戒指，现在妹已同卢太太说好，在今日下午去首饰店，如有便宜，妹当代办可也。近日粗体安好，请姐勿念。妹在五月内回中国，以后，如要何物，请吾姐寄信到美国通运公司，转交地址问海伦可也。草此，敬请春安。

二先生前代为问安。

海伦代望望。

妹洁如手上

三月四日

（41）1936 年 3 月 28 日信

逸姐爱鉴：

前奉数函，谅已收悉，想必贵体安好胜常，二先生足部想必复原如旧为颂。妹前日由法往日内瓦，看见琪琪，她在校中各事安好，唯饮食方面不能如愿，然她人体较在中国时高大许多，并且校中之生活她已习惯，而各人和她很好。今春假时，她要到西班牙去，一切费用不需，就是车资她付，她同去的朋友就是她同房的一位西班牙学生，并且琪琪已得到李石曾先生的准许，所以她很高兴，大约去两星期之久，以外之事待我回国后再详细报告。现在我有一事要求吾姐代为处置，就是我所有旧库券，可否请姐设法换一种相对比较值价高些的新库券，或取现亦可。请吾姐转告李先生，若瑞弟来时请他代为帮助为要，因我在五月前不能回到中国，大约在六月中我才能回国，届

---

① 琪琪即张静江、朱逸民之女，当时在瑞士学习。

时再来信奉告一切。如公债由旧换新有转期一二月者，则我之库券待我回国后再想别法，可暂时不换，此事请望劳神，感谢万分。前日寄上之花子有否收到，前在法国时定镶一只戒指，就是吾姐所托办的，但不知其颜色能否合意。妹定四月八日由汉堡上船往美国，在船上大约八天才到达目的地。草此，敬请春安。

二先生及各位前代问安。

妹洁如手上

三月二十八日①

从以上信函中，我们就可以了解蒋陈分手给陈洁如心灵上造成了巨大的伤害，正是由于感情上的挫折，陈洁如发誓终身不再嫁人。因此她将蒋介石描述为"心黑如炭"的骗子，而且用卑鄙的手段不让她回国，以免损害自己的光辉形象，和给蒋宋之间的关系蒙上阴影。

从这些信中，我们还能感受到陈洁如与朱逸民和张静江的关系绝非一般。以后蒋介石与张静江关系恶化，与陈洁如不无关系。

从信中我们也大致能知道陈洁如在美国的学习生活情况，这应是最可靠的原始史料了。

---

① 陈洁如致朱逸民函截止到 1936 年 3 月 28 日，以后情况不详。但自 1935 年以后陈洁如信中便不再提及蒋介石，此时陈蒋矛盾可能淡化，否则抗战时期二人不会再旧情复燃。

4.《陈洁如回忆录》是一部伪作

　　陈洁如，这位从 1921 年至 1927 年做过七年蒋中正夫人的普通女性，从她在 1927 年 8 月 19 日从上海新关码头踏上"杰克逊总统号"舷梯之后，便在中国的历史舞台上可谓是无声无息了。

　　65 个年头过去了，陈洁如的名字早被人们忘记，或根本不为人所知。她以一个不谙世事的小姑娘的身份，糊里糊涂地在第一次国内革命战争的大洪流中，陪伴在蒋中正的身边七年，正像花蕊夫人所说的："君在城头竖降旗，妾在深宫哪得知？"一个从卧房到厨房的青年女子，在回顾自己一生时，很难记起什么重大历史事件及其发展线索的。然而，1992 年，台湾《传记文学》杂志从第六十卷第一期至第六期，连载了陈洁如英文原著、金忠立译的题为《蒋介石陈洁如的婚姻故事》，即被称为改变民国历史的《陈洁如回忆录》。当这个"历史黑匣子"被揭开以后，许多鲜为人知

陈洁如

的史料一下子展现在人们面前，"海内外读者反应甚为热烈，造成极大的轰动"[1]。著名的历史学者唐德刚先生在为《陈洁如回忆录》全译本所作的代序

---

① 　唐德刚：《私情的感念和职业的道义》，载《传记文学》第 60 卷第 6 期，第 17 页。

中写道:"它蕴藏着很多外界不知的第一手史料。但是本书似非作者亲笔,它是经由执笔人'艺增'(艺术加工)过的。执笔者所着重的是它的'艺术价值'、'新闻价值'或'历史价值',则其取材的选择和落笔的轻重之间,就有很大的出入了。"①

唐先生的高见,是指陈洁如保存的第一手史料和执笔者在撰写时"取材的选择和落笔的轻重之间"产生了出入。

《陈洁如回忆录》出版不久,风靡海内外,一股"陈洁如热"从天而降。中国大陆、台湾、香港各种版本的《陈洁如回忆录》相继问世。在"陈洁如飓风"过后,不少人开始冷静地分析回忆录的真实性的问题。

香港《大公报》连载了胡元福、王舜祁联合执笔的《〈回忆录〉外的查访》的文章。胡、王两先生在《陈洁如回忆录》之外,调查了陈洁如的家世,翻阅了《蒋介石日记》,走访了蒋介石故乡奉化溪口镇,发现此回忆录中错误之处不在少数,于是就主要几点进行分析,指出其错误之处。

本来,作为"十分细心的历史工作者"所持有的实事求是的态度是无可厚非的,不料,此举惹恼了远在北美洲的唐德刚先生,于是唐给《传记文学》杂志的发行人刘绍唐先生写了一封题为《陈洁如回忆录是口述原始史料》的信。唐先生在信中说:"须知陈洁如是蒋介石出山时代,'风雨同舟'的枕边人。他二人在一张床上睡觉至七年之久,连周恩来都叫她'师母',这是一件铁的事实;这是中国近代史上无人可以否认的一片伟大的原始森林。若说在这片大森林是砍倒几棵大树,就可以否定森林的存在,那就是西人所谓'只见树木,不见森林'了。"②

唐先生为其"森林说"提出充分论据,指出国民党元老李宗仁、顾维钧、钮永建、吴开先诸先生的口述记录原稿中都存在着错误。例如,吴开先将他

---

① 唐德刚:《私情的感念和职业的道义》,载《传记文学》第 6 卷第 60 期,第 17 页。

② 唐德刚:《陈洁如回忆录是口述原始史料》,载台湾《传记文学》第 4 卷第 61 期。

所亲身参与的"五卅运动"和"五四运动"弄混淆了。"至于李宗仁将军在他记忆里弄错了几百条";就连国务总理、外交总长、大使、国际法庭的大法官顾维钧博士……"却编造出很多有头有尾的故事来欺骗他自己";因此，"陈洁如这位宁波老太太，这位民国史上最不幸的'白头宫女'……这位搓搓麻将的街坊妇女"的回忆录就应该理直气壮地有错。错是合理的，不错就是不合情理的了。唐先生为其错误找到了合理的论据后，不禁联想万千，记起年轻时在西方某大公园里看到一尊套满花圈的雪莱石像，雅兴大发而作的一首新诗：

它原是块石头／生在深山大壑／笨得可笑／真得可爱／无端地被搬到城里来／乱加雕凿／便被游客／当作了诗人／到头来它只是一块受了伤的石头／呆呆地站在路旁，凝视着过往的行人

唐先生的用意还是要说明，"历史学家对付一桩原始史料，正如大飓风过境后现场救灾的工作人员。他们在一堆废墟中所捡到的，哪些是值得保存复原的可用之材，哪些是应该报废的废料，这就要看治史者本人的史学修养了。你把敝帚当千金，固然是错，你把黄金当废铜，也不应该"。①

以上双方的观点，引起笔者对《陈洁如回忆录》的真伪性产生了兴趣。正好，在笔者工作的中国第二历史档案馆中，藏有不少蒋介石的档案，其中包括蒋介石早年日记、信函与年谱。笔者与《陈洁如回忆录》进行了认真地对照与分析后认为，如果没有更确凿的材料来证明《陈洁如回忆录》的真实性，那这部风靡海内外、造成极大轰动的回忆录，就可能是一部伪作。下面从十个问题来进行分析。

（1）蒋介石与陈洁如的婚姻问题

1927 年 9 月 28 日，蒋介石在《申报》上发表启事云："民国十年元配

---

① 唐德刚：《陈洁如回忆录是口述原始史料》，载台湾《传记文学》第 61 卷第 4 期。

毛氏与中正正式离婚，其他二氏本无婚约，现已与中正脱离关系。"

《陈洁如回忆录》中否定了无婚约之说。

《陈洁如回忆录》以较多笔墨渲染了一个动人的结婚场面，并强调"孙中山作见证要我们尽快结婚"，"结婚典礼于一九二一年十二月五日很安静地举行，地点在上海永安大楼大东旅馆大宴客厅内"，"张静江福证，季陶为介石主婚"①。婚后三日归宁后即起程赴宁波，在溪口，陈洁如与毛福梅相见、祭祖、喜筵，为蒋母上坟、游雪窦寺等，"共住了十天"。还有的书上刊出蒋陈的结婚书，附有照片。

但是，笔者查阅了蒋介石日记，即在陈洁如所说的婚期中，蒋介石根本未离开溪口，此时正以孝子身份忙于其母王采玉窆窆之事。请看蒋介石日记：

1921 年 10 月 8 日："下午三时抵家。见纬儿面部疮疤犹在，颇讶，旋往抚母棺。"

10 月 9 日："下午，登高与幼秋往鱼鳞岙，勘察母墓地。"

10 月 10 日："上午，看新建厅屋。下午与幼秋周厉 …… 各祖墓，并先考坟前，观察风水 ……"

10 月 11 日："下午，又往鱼鳞岙，看先妣墓地。"

10 月 12 日："下午，走往宋春姊家。"

10 月 13 日："侵晚，同幼秋乘簲墨斗潭。"

10 月 20 日："晚，与纬儿玩物 ……"

10 月 21 日："日间监厅屋工程 ……"

10 月 23 日："晚，颖甫来谈养精屋事 ……"

10 月 25 日："下午，携冶诚、纬儿往观先母墓地 ……"

10 月 27 日："…… 下午，挈纬儿往视青弟墓地。"

---

① 《陈洁如回忆录》，载台湾《传记文学》第 60 卷第 1 期，第 30 页。

10 月 28 日:"下午，会客商议办理母丧事……"

10 月 30 日:"今日立石青弟墓……"

……

11 月 4 日:"下午，处理家书事。"

11 月 5 日:"……余时监造屋工。"

11 月 6 日:"……上午监造屋工。下午，如之。"

11 月 7 日:"竟日督造屋工……"

11 月 8 日:"晚，往溪西庙观剧。"

11 月 9 日:"上午，董造屋工。"

11 月 13 日:"竟日料理丧事，今日胞兄归自粤。"

11 月 14 日:"上午，筹办丧记。"

11 月 15 日:"上午，藻饰堂室……"

11 月 16 日:"终日布置丧次……"

11 月 17 日:"下午，筹备丧事，给讯璐妹①。"

11 月 18 日:"……是日整洁室舍。"

11 月 19 日:"……上午，筹备丧事;下午，集客议礼。"

11 月 21 日:"上午，悬设丧幕;下午，议定丧礼……"

11 月 22 日:"下午，举行祭礼。"

11 月 23 日:"……上午，八时半，送柩出门;十一时半，到鱼鳞岙墓地……安穸后回家，奉主入祠。"

11 月 24 日:"上午，送沪来各友行……"

11 月 25 日:"……下午，往省母墓……"

11 月 26 日:"上午，拟谢唁函稿;下午，检录各友挽诔……"

---

① 璐妹即陈洁如。《蒋介石日记》1921 年 9 月 9 日:"惠寄璐妹后更名洁如书。"有一种说法为蒋、陈分手后，陈改名璐，此说不准确。

11月27日:"上午,辑存挽诔;下午,为离异毛氏事,忿怨交并。"

11月28日:"上午,会议离婚事,亲戚意见参差,虽无结果,心殊恼恨……后卒解决此事,然不知费了多少精神矣。"

11月29日:"……下午,诣文昌阁散闷……"

11月30日:"晨起,视冶诚病,仍未见愈,甚念也;下午,以有人来访,无暇打文昌阁屋样……"

12月1日:"上午,填发谢唁笺;下午,陪王观海医生诊冶诚病……"

12月2日:"冶诚病未好,甚念也……"

12月3日:"上午,孙舅父来谈;下午,往视先母墓工;晚,编先妣哀思录。"

12月4日:"晨,调药;下午,往视先母墓工……"

12月5日:"晚,辑先妣哀思录。"

12月6日:"上午,往省胞兄,又诣文昌阁测量基址;下午,绘改建文昌阁为图书馆基址屋样,往视母墓……"

12月7日:"上午,测量文昌阁基址;下午,往母墓监工。回家,拜奠母诞生忌辰……"

12月8日:"……下午,往视母墓……"

12月9日:"终日在母墓监工……"

12月10日:"上午,游览文昌阁,准备出门事;下午,往监母墓……"

12月11日:"……下午,别母墓。"①

根本没有12月5日的结婚记录。有无可能陈洁如将结婚日期记错了,也许在1921年9月以前?

---

① 以上辑《蒋介石日记类钞·家庭》,原件藏中国第二历史档案馆。此为蒋介石的老师毛思诚整理、收藏。1986年6月,毛思诚之孙毛丁将蒋介石早年的档案(包括函电、家书、日记、年谱、传记等)捐赠给中国第二历史档案馆。

1921 年 6 月 14 日，蒋母王采玉病逝。蒋介石为其母举行了隆重的举丧仪式，将灵柩暂厝祖宅。直至 8 月 10 日，在孙中山的电催下，蒋介石勉强至沪，拟去广西。"留旬余，时值大风雨，因念母灵柩在堂，恐被水淹"，故于 8 月 24 日复返溪口，迨至 9 月 3 日才动身赴粤。

蒋介石在 8 月 11 日至 8 月 23 日滞留沪上，会不会在这一段时间里与陈洁如结婚呢？从蒋介石日记中找不到只字记载，只能根据其他情况判断。

《陈洁如回忆录》本身否定了这种可能。回忆录说，陈父学方于 1921 年 9 月 7 日溘逝，陈母在张静江等人的劝说下，决定令洁如需在为其父守制三个月后才能举行婚礼。8 月中下旬，陈父当还健在，因此不可能有结婚之说。其次，《陈洁如回忆录》说，蒋陈结婚三日后归宁，然后伉俪同回溪口拜祭蒋母墓。而此时蒋母棺尚厝堂中。《陈洁如回忆录》中还说与蒋介石兄介卿一同拜祭蒋母墓，而此时蒋介卿远在广东英德县任上。

从这三点看，也不可能在此段时间结婚。作为孝子蒋介石能在其母病逝不满半年时举行婚礼吗？

那有无可能蒋介石、陈洁如的婚礼在 1921 年 12 月 12 日以后呢？

据蒋介石日记，1921 年 12 月 13 日，即蒋从溪口返回上海的那天晚上，的确有关于陈洁如的记述，如下：

"晚，璐妹来省。"

次日，蒋介石便乘轮赴粤，12 月 18 日抵广州；1922 年 1 月 18 日"晡抵桂林"，直至 1922 年 4 月 27 日返沪，共在两广停留约五个月，也找不出十几天的结婚时间。因此，可以判断《陈洁回忆录》中有关蒋介石与陈洁如"结婚"的日期和蜜月都是杜撰的。

（2）关于"陈洁如随侍永丰舰"问题

1922 年 6 月 15 日，陈炯明叛变革命，率部围攻广州观音山大总统府，孙中山遂避难永丰舰，18 日急电在宁波的蒋介石："事紧急，盼速来。"蒋此时又得汪兆铭、胡汉民电报告急，乃决定南下，并贻书张静江，托付后事。蒋介石 21 日上午抵沪，访汪兆铭"痛谈粤事，拟即奔粤往救"①。

6 月 22 日，蒋介石在日记中云："上午，与冶诚书。晚，璐妹来探，即去。"②

6 月 24 日，蒋介石"倍感家事党事交迫于胸"，"二者不能兼顾"，忧虑难排，他在日记中写道：

"晚，与璐妹并坐汽车，游览夜景，以粤难无法解救，聊以写我忧耳。"

6 月 25 日，蒋介石乘船赶往广州，于 29 日"下午三时抵黄埔，随即登上永丰舰，见大总统"③。

蒋介石间关赴难，使孤立无援、身困绝境的孙中山大为感动。他对来访永丰舰的外国记者说："蒋君一人来此，不啻增加两万援兵。"事后，孙中山为蒋介石撰写的《孙大总统广州蒙难记》作序道："陈逆之变，介石赴难来粤，入舰侍余侧，而筹策多中，乐与余及海军将士共死生，兹纪殆为实录。"④

如果陈洁如一同随侍，孙中山的感受或许更深，定会写下"蒋君伉俪来此"的字样，可惜没有，从这里就说明可能性不大。后来孙夫人宋庆龄在回忆这次叛乱时，也根本未提到陈洁如当时也在永丰舰上。而当时在永丰舰上有几十人，很多人都撰写了回忆录，却无一篇文字提及此事。

---

① 毛思诚著：《蒋介石年谱草稿》，原件藏中国第二历史档案馆；该年谱系按《蒋介石日记》编纂的，所以其中很多是日记原文。

② 《蒋介石日记》中有关陈洁如的部分，都被蒋介石本人用毛笔抹去；笔者经过反复辨认，始恢复原貌。因此，笔者在有关被蒋抹去后还原部分之下加"·"，以示区别。

③ 毛思诚著：《蒋介石年谱草稿》。

④ 孙中山为蒋介石撰《孙大总统广州蒙难记》所作序文。

　　《陈洁如回忆录》却大书特书陈洁如冒险登上永丰舰，随侍孙总统躲在船底，亲历了与叛军激烈战斗场面的情节，是不可信的。

　　理由如下：蒋介石于 29 日登上永丰舰后，30 日便给家人写了两封信。蒋介石日记中记载："上午，发给冶诚璐妹讯。"给陈洁如信之内容不得而知；但给姚冶诚信的原件，保存在蒋介石的档案中。全文如下 [①]：

冶诚妹鉴：

　　兄今日已平安到粤，请勿念。通信地址，一时尚不能定，容后续知。你近日谅必可往普陀避暑么？纬儿想必同行？此致。

元字十一、六、二十九

　　这封信可以证实蒋介石确实给陈洁如、姚冶诚去过信，而陈洁如根本不可能在永丰舰上。

　　7 月 10 日，战斗异常激烈，"敌炮以全力注射永丰舰，弹如雨下……冲船身者四，全舰震动" [②]。蒋介石请孙中山避弹舱底，自己在上舱坚持指挥战斗，双方激战二十余分钟，永丰舰始冲过车歪炮台。

　　也许有人推测，蒋介石在 6 月 29 日写信给陈洁如，陈接信后不会去广州随侍吗？这种可能性几乎不存在。因为，蒋介石离家时，就扬言准备牺牲，并向张静江托付后事。在他洒泪登程之时，怎忍心让一个小姑娘前往虎口？即使蒋介石到广州后，让陈洁如前往，信在路上至少要五六天；陈洁如接信后，再由沪赴粤，又需五六天。试问陈昼夜兼程，亦必在十天以后才能抵粤，那时永丰舰早已冲过了车歪炮台。陈即使到了广州也不可能亲历永丰舰历险的惊险场面了。

---

① 蒋介石幼名瑞元，故与其妻妾写信时，落款常用"元字"或"兄元字"。
② 毛思诚著：《蒋介石年谱草稿》。

　　唐德刚先生认为"洁如十三岁便许身蒋公，至二十岁而被弃，在她那短短七年婚姻生活中，她的天地只限于厨房与卧房"。[①]那就应该分析一下这绘声绘色的永丰舰战斗场面，陈洁如在船底的可能性究竟有多少，由此便可以对这段"翻云覆雨"充满文学色彩的描写作出正确的评价。

　　8月7日，蒋介石因局势险恶，力劝孙中山"暂离广州"。9日下午，蒋介石陪孙中山登上英舰前往香港，复改乘俄国邮船回沪，于14日抵达上海。

　　8月15日，蒋介石白天在孙中山宅办公，晚即与陈洁如相见。是夜，"宿于璐妹家"。[②]

　　8月16日，蒋介石白天仍在孙邸办公。"傍晚，与璐妹同乘汽车，往北新泾逛玩"[③]，并宿于陈洁如家。

　　8月17日，蒋介石于"晨七时，由璐妹家出外……晚十时，偕璐妹回其家"[④]。

　　蒋介石自广州回来后，天天与陈洁如欢聚，日记中都有记载；而在6月30日至8月15日却没有一次记载，从而也说明在这段时间里两人根本不在一起。因此，笔者认为陈洁如随侍永丰舰的情节是伪造的。

（3）关于"介石出国给我的五封家书"问题

　　《陈洁如回忆录》中说，1923年，"介石和我已在广州住了几个月，现在又要踏上旅途。这次旅行是为要履行孙先生与俄国协议的最后一点，就是称为'孙中山先生派赴苏俄考察团'的考察之旅……因此须先回上海……我们于7月28日离开广州，1923年8月2日抵上海"。[⑤]

①　唐德刚：《私情的感念和职业的道义》，载台湾《传记文学》第60卷第6期，第25页。

②　《蒋介石日记类钞·家庭》。

③　《蒋介石日记类钞·家庭》。

④　《蒋介石日记类钞·家庭》。

⑤　《陈洁如回忆录》，载台湾《传记文学》第60卷第4期，第40页。

《蒋介石日记》是这样记载的：

4月4日："…… 启程如甬 …… 四时后，抵江北岸寓庐。"

4月6日："上午，看纬儿玩耍。下午，携纬国母子观剧。"

4月7日：（抵沪）"上午，诣洁如。"

4月8日："上午，经儿来见。下午，偕洁如游吴淞，即回。"

4月9日："晚，洁如来旅社。"

4月12日："见冶诚讯，心殊激忿。妒妇诚难养也。下午，洁如来旅社。"

4月13日："下午，洁如来旅社。"

4月14日："晚，洁如来旅社。"

4月15日，蒋中正由沪乘船南下赴粤，20日抵广州，却是孑然一身，并无洁如同行。因为在4月22日"寄笺洁如"。以后在5月14日、15日、21日，连续"寄洁如书"。

6月8日，蒋介石代电张静江，询问陈洁如之病，语甚焦急。后来接到陈洁如发自上海的信，"知病已痊，甚慰"。

7月10日，"晨，写致冶诚洁如各笺"，告诉洁如即将回沪的消息。蒋于14日离粤，17日下午抵沪，随即"洁如来省"。

7月18日："今日在旅社与洁如闲谈。"①

可见，《陈洁如回忆录》中描述的蒋介石去俄国前，与陈洁如同去广州住了几个月，后一同回上海的说法是瞎编的。

是年8月5日，蒋介石奉孙中山意旨，与汪精卫、张继等和苏俄代表马林商筹"孙逸仙博士代表团赴俄"事项。16日，蒋介石便率沈定一、张太雷、王登云等在沪乘"神田丸"启程赴俄，并于9月2日下午抵达莫斯科。给陈洁如写第一封信时，蒋介石刚进入苏联境内。

《陈洁如回忆录》中说："介石出国给我的五封家书"，写信的时间分别

---

① 引号内文均见《蒋介石日记类钞·家庭》。

是 8 月 25 日、9 月 2 日、9 月 14 日、9 月 20 日、11 月 20 日。

其实，蒋介石在苏俄期间共给陈洁如写了七封信，《蒋介石日记》中有清楚的记述，时间分别为：

8 月 23 日（写自哈尔滨）："寓书与经国、冶诚、洁如。"25 日没有给陈洁如写信。

9 月 5 日（写自莫斯科）："……致洁如书。"

9 月 14 日（写自莫斯科）："下午，寄书与经纬二儿暨洁如。"

10 月 3 日（写自莫斯科）："上午，寄洁如书，给经儿谕。"

10 月 15 日（写自莫斯科）："……复谕经纬，给笺洁如。"

10 月 31 日（写自莫斯科）："上午，发洁如经纬各讯。"

11 月 27 日（写自莫斯科）："致经儿长幅书。分致洁如与纬儿书。"①

如果这五封信是真实的，而且保存在陈洁如手中，陈洁如在撰写回忆录时，即引用信的全部内容时，谅必不会将信的日期搞错。这是从写信的时间来说明回忆录是不真实的。

再从信的内容来进行分析。《陈洁如回忆录》中详载了蒋介石致陈洁如五封家书的内容。从行文内容来看，记述得很详细、具体，不像是日后单凭记忆所能描述的大致的内容，请看五封信之全文。

第一封信（8 月 25 日）：

我最亲爱的妻：

我于今天中午到达满洲里。我必须说我十分想念你。我高兴看到这座小城。此地只住有一千户人家，大致上华人俄人各半。各方面情况都还很落后。每班火车到达时，都要接受彻底检查。我们都将换火车，因为车厢不能过境。有人带领我们这团人去看了边境实况，他们很有礼貌。我很惊异地发现那只

---

① 《蒋介石日记类钞·家庭》。

是一条狭长的路段，没有值勤卫兵守卫，凡人均可自由越境进出。我抵莫斯科后，会马上再写信给你。……

介石　民国十二年八月二十五日 [①]

这封信的全文是从蒋介石年谱、蒋介石日记中所记事实抄袭来的。而信中内容，在毛思诚撰写的《民国十五年前的蒋介石先生》等书上都有。蒋介石让他的启蒙老师毛思诚为其编了一个年谱，题为《蒋公介石年谱初稿》，经蒋介石亲笔修改，又由陈布雷加以修饰，1937年3月印行时，书名改为《民国十五年前之蒋介石先生》。请对照《蒋介石年谱》中有关访苏俄的记述："三时五十分，至满洲里，即中俄两国分界处。居民约仅千家，华俄混杂。凡火车过此，必经一度检查，并换车辆，代表来站招待，陪同视察国境。其境界为一长塍，各无封人掌守，出入任自由……"

将以上内容翻译成白话文，前面加上"亲爱的妻"，后面加以落款，不就成了给陈洁如的第一封信的内容吗？

第二封信（9月2日）：

我最亲爱的妻：

我已安抵莫斯科。这里的海关非常严格，我们的行李都被彻底搜查。令我最惊讶的是这里的欧洲风味，诸事都与亚洲不同。我将往访彼得格勒，然后返回此间。我并将参观各种组织，研究它们的情况，还要拜会若干与中国有关系的人员。我很引以为憾的是列宁病得很重，事实上，他已陷入昏迷状态，访客不得晋见。我真想假如此行你能一路陪我多么好。附上两张快照。请注意：我身上穿的是你给我的那件披风，那就是说，我在想念你。

介石　民国十二年九月二日

---

① 《陈洁如回忆录》载台湾《传记文学》第60卷第4期，，以下蒋介石致陈洁如信均出于此。

《蒋介石年谱》记载：

"二日，晨六时后过一小站。十时，至阿林柯伦独夫站。十一时半至就路加也福站，其地风景市廛，皆呈欧化，若已至莫斯科者。午后一时，到达苏俄京城莫斯科。"

"三日，闻俄国革命党首领苏维埃共和国之创造者列宁，积劳成疾，不能谒晤……下午，代表团往见东方部长。"

以上内容杂凑在一起，稍作加工，就成了第二封信的内容。

第三封信（9月13日）：

我最亲爱的妻：

附奉在莫斯科拍的几张照片。你会高兴看见我穿着那件披风，其意义就是我爱你。至今我在俄国见到的第一位大人物是外交事务人民委员长齐采林先生。我们讨论过共产党及国民党的事情。我很用心地想使他了解，中国人民非常担心俄国在外蒙的活动。我曾与加里宁、季诺维也夫、托洛斯基及其他重要领导人士晤商。加里宁现任苏维埃主席，看起来他似是一位诚恳的乡农。在我问他俄国以外的大事时，他竟说他不知如何回答。在一个农民统治的国度里，竟然出了这样一位国会议长！

我对托洛斯基先生感觉兴趣，他认为一个革命者的最基本资格，是忍耐与活动，缺一不可。托洛斯基在俄国是一重要人物。我向他提到将外蒙归还中国的重要性，但他对此不予置评。

我记下来的"俄国革命成功三大原因"如下：

一、工人了解革命之必要性。

二、农民欲拥有一块土地。

三、俄国一百五十个不同民族获得自治权及加入苏联的权利。

其三项缺点如下：

一、工厂被没收后，就再无经理人员。

二、国家将所有小型工厂接管后，专营的效果过于严苛。

三、利润分配仍有困难。

最近的重建情况如下：

一、广泛的儿童义务教育。

二、所有工人接受军事训练。

三、小型工厂租给私人。

余容再叙。

爱你的介石　十二年九月十三日

《蒋介石日记》记载：

"9月5日，见外交委员长齐采令。"

"7日，上午，往见共产党秘书长罗素达克，听谈革命史况，约两小时余。其革命成功之点有三：一、工人知革命之必要；二、农人要求共产党（准拥有一块土地）；三、准俄国一百五十民族自治组成联邦制。而其缺点亦有三：一、工厂充公后无人管理；二、小工厂尽归国有，集中主义过甚；三、利益分配困难。又言现在建设情形。一、儿童教育严密；二、工人皆受军队教育；三、小工厂租给私人。云云……"

"9月9日，上午，往访党部之东方局长胡定康。下午，访陆军部次长司克亮斯克，讨研中国现势。又会见参谋总长加密热夫。"

"10月21日，下午，往会齐采令，谈蒙古自治问题，及其根本办法，无结果而散。"

"11月16日，往见苏维埃议长加利宁，一诚笃农民也。问其国外大势，不知所答。其劳农专政国之代议士哉。"

"11月19日，公与托洛斯基书，华人怀疑俄国侵略蒙古一点，务为避免。"

"11月27日，见托洛斯基，其人慷爽活泼。为言革命党之要素：忍耐与活动二者，不可缺一。"

从以上记载，可以明显地看出这是一封经过伪造的信，其采用了时空错位的衔接手法，将9月5日至11月27日这84天中发生的事情，总结在10天中完成。例如，9月12日写信的这一天，离蒋介石拜见托洛斯基的日子竟相距76天。除非蒋介石有预卜先知的本领，不然怎能预先知道对方谈话的内容与立场呢？

第四封信（9月20日）：

我最亲爱的妻：

今天我会见了军事训练总监，从他那里，我学到了非常多的红军组织情形。这种组织的政治方面，由党所派的代表掌理。为求获一实务示范，我去考察了党代表在陆军中的工作情形。我发现在红军第一四四步兵团中，部队长只能掌管军事指挥的事，至于政治及精神训练，以及一般知识的讲解等，完全交由党代表主办。军官和党代表的职责权力，都有明白区分。这种制度实行得很好。我与教育事务人民委员长晤谈后，曾记下如下几点。

俄国教育的趋势：

一、教育制度之划一。

二、增加技术学校。

三、接近现实生活。

四、特别注重工人学校。

五、废除宗教。

六、男女同校。

七、学生治校。

除考察陆海空军外，我也参观了其他不同地方，以求获取有关社会服务及共产党活动与组织各方面的了解。我也出席过若干群众大会，其中之一竟有二十二万人参加。我另参加过若干小委员会会议和讨论小组。还有正式招待会和宴会。宴会后再观赏戏剧表演。我还研究过工业农业组织，参观了莫斯科以外的几座新模范村。

我已买了马克斯（思）所著资本论来读。此书上半部似颇难读，但下半部则深奥且引人入胜。下封信中再告诉你更多消息。

热爱你的介石　十二年九月二十日

《蒋介石年谱》记载：

"九月二日 …… 途遇社会党群众运动，集团约二十二万人 ……"

"九月七日 …… 晚，观剧于前皇家戏园 ……"

"九月十一日，往访教练总监彼得禄夫斯克，知俄国军队组织之内容，每团都由党部派一政治委员常住，参与主要任务，命令经其署名方能生效 ……"

"九月十七日，视察步兵第一四四团。其优点在全团上下亲爱。团长专任军事指挥，政治及智识上事务与精神讲话，则由政党代表任之。"

"九月十九日 …… 下午，参观步兵第二学校 ……"

"九月二十日，参观军用化学学校 ……"

"九月二十二日，往高级射击学校参观 ……"

"九月二十四日，乘飞艇空中望月，太虚清朗，四顾茫然 ……"

"九月二十五日，试趁旅行飞机，较昨乘军用机为稳 ……"

"九月二十七日，参观海军大学校及海军学校，海军机器学校。"

"十月二十九日，参观电灯泡制造厂及发电厂，其中工人俱乐部，学课及手工音乐补习室 …… 尤以社会科学为最注重。其余各贩卖合作社、图书室、阅报室，无不应有尽有，而以职工会及少年共产党部主其政 ……"

"十月三十日，参观西乡'太太儿'等处农村 …… 先入其村苏维埃，如吾乡之乡自治会，再观其小学校及消费合作社 ……"

"看马克思学说上半部，颇欲厌去。至下半部，则生玄悟而忍释卷矣。"

"十一月二十一日，会教育总长鲁那哈斯基。其言教育方针：一、统一教育制。二、多办专门学校。三、接近实际生活。四、注重劳工学校。五、废除宗教。六、男女同学。七、学生管理学校。"

将以上内容拼凑在一起，就成了第四封信的内容。

第四封信仍然采用时空大错位之法，将上下两月间发生的事情，颠倒衔接起来。当时陈洁如是个不谙政治的小女孩，蒋介石何苦对牛弹琴，喋喋不休、不厌其烦地大谈苏俄的政治得失呢？

第五封信（11 月 20 日）：

我亲爱的妻：

在俄国，今天我有一大惊喜，也有两次不愉快的震惊。我在外交部看到我们领袖孙先生写的三封信，一封给列宁，一封给托洛斯基，另一封给齐采林。在这三封信中，我们领袖都提到我，而且很抬举我。至于震惊方面，第一次发生在我于十月十日国庆日演讲中华革命党历史的第二天。有些曾听我讲演的中国学生粗鲁地批评我的讲演，说我将领袖讲得好像他是一个神，而那篇演讲也使人以为我是一个英雄崇拜者。当我听到这话之时，我对这些无礼的年轻人感到很烦恼。他们竟然不知道尊敬自己国家领袖的重要。他们自称为中国人，而又藐视自己的领袖，这岂非一大讽刺。另一次震惊发生于我看到第三国际批评国民党的那项决议案之时。我看过后，愤怒地大声说："呸！看它讲些什么！怎么可能对一个友党无知至此。他们的见解如此褊狭，怎能冀望成为世界革命的核心？"

我打算于十一月二十九日离开莫斯科，可能于十二月十五日左右抵上海。我正在算日子，期待与你重聚。我很好，不要为我担心。

爱你的介石　十二年十一月二十日

《蒋介石年谱》记载：

"十月十三日，往外交部，会独霍夫斯基，得见总理致列宁、托洛斯基及齐采林三书。中多对己推崇语，为之涕零……"

"十月十日，晚，留学莫京中国留学生全体集合宾馆，庆祝双十节，公讲述革命党历史……越日，闻有人訾其演说为有崇拜个人之弊。因以中国青年自大之心，及其愿为外人支配，而不知尊重祖国领袖，甚为吾党惧焉。"

"十一月二十八日，审阅第三国际对国民党决议文。怫然曰：吁，观其论调，不认知友党如此，应愧自居为世界革命之中心。"

"十二月十五日，上午七时，船入吴淞口，九时抵沪埠……"

试问蒋介石能在 11 月 20 日给陈洁如写信时，告诉陈在 11 月 28 日审阅第三国际对国民党的决议案吗？又如何能在十几天之前就告诉陈洁如准确到沪的时间？

此外，从《蒋介石日记》、信函的称谓也能看出以上五封信是伪造的。

蒋介石在日记中，凡涉及毛福梅之处均称"毛妻"、"毛氏"；对姚冶诚则称"冶妹"、"姚妾"、"冶妾"；对宋美龄称"妻"、"爱妻"，未婚时称"美龄"；对陈洁如则呼之为"洁如"、"璐君"、"璐妹"，没有"亲爱的妻"的称法。笔者亦敢断定，蒋氏对陈肯定不会有"妻"的称呼。

（4）关于"介石决定率学员攻打惠州"问题

《陈洁如回忆录》中谈到，1925 年 2 月 15 日，一次决定性的战斗在惠州以南约二十里的战略要镇淡水打了起来……第二天，亲自指挥作战的蒋介石，向他的官兵作了一次精神讲话，他说：

"敌人在淡水的失败，是由于你们大家的勇往直前。我们只以两千名革命学员，就击败了敌方六千士兵。我们掳获两千多敌兵俘虏。我们夺得一千多支枪。我已经将这项好消息打电报到北京，报告我们的总理孙先生。他收到这个喜讯，一定会欣慰万分。这可给他打气。"

"你们官兵们已经以忠诚和勇气表现出纪律和勇毅。你们已使每个人惊奇不已。由于你们的训练时间并不算长，这次的好成果再次证明了本党的主义深入人心，是伟大的。现在敌人实力已经损失一半，肃清东江一带，也将是指日间之事。我为你们大家的勇敢致贺。"①

蒋介石是 2 月 13 日率校军抵达淡水的，15 日早晨 5 时攻城开始，午前 8 时战斗胜利结束。

所谓蒋介石的讲话，同样是伪作，实际上是两个文件拼凑在一起的。第一段摘自 1925 年 2 月 16 日晚，蒋介石在长山仔对教导第一团的训话，原文如下：

"各位官民士兵，这次来到淡水攻破敌人，大家奋勇直前，以两千个革命军，打败五千敌人，而且俘虏了他两千多个官兵，缴到枪支一千多杆，这种好的成绩，孙大元帅知道了，一定是非常快活的……"②

第二段根本不是什么蒋介石的训话，而系胡汉民之皓电，原文如下：

"……而尤以教导团军纪之肃，战斗之勇，出人意表。训练未久，而得此良好成绩，固征吾党主义灌输之力，益显见等平日训导之功。（这句在翻译时被有意删去）今者逆贼实力，丧失已过半，肃清东江，计日可期，敢为我党前途预贺……"③

把两个不同的文件拼凑在一起之目的，无非告诉读者，这是陈洁如当时亲身经历过的。

《陈洁如回忆录》中说："一九二五年三月初，介石满怀着近乎狂热的自信，率领他的学员和士兵，再度去攻打惠州……一周前攻占东江上的梅县之后，介石就派人接我前去。我们先在这座老旧小城住了几天。如今又已占领惠州，扫荡工作已在进行之中，我们正准备入驻惠州。此时，孙先生不幸逝

---

① 《陈洁如回忆录》，载台湾《传记文学》第 60 卷第 4 期，第 51 页。
② 《蒋介石年谱草稿》。
③ 《蒋介石年谱草稿》。

世的噩耗自北京传来。我们都伤恸欲绝，我立即叫阿顺去买些黑布，剪成布条，给介石和军官们制作黑臂章戴上。我们暂住的沈府也将所悬的国民党旗下半旗志哀。"①

这段所谓回忆，尤其荒唐。蒋介石在第一次东征时，陈洁如并没有随侍军中，而是住在上海的娘家。

查蒋介石东征日程：1925 年 2 月 1 日蒋在长洲下动员令；5 日晚入东莞城；7 日下午抵石龙；9 日到常平站；16 日进淡水城；21 日宿营于永湖；23 日在白芒花开军事会议，蒋决定趋海陆丰，直捣潮梅，夺取陈炯明之潮汕根据地，是日下午，蒋"致洁如与经纬二儿书"，证明当时陈洁如远在上海；2 月 28 日进海丰城；3 月 5 日入普宁城；6 日进揭阳城；19 日入五华城；21 日入兴宁城；27 日，蒋在兴宁城东门外为孙中山逝世事哀告全军；30 日蒋在兴宁门外刁屋坝开追悼孙中山及阵亡将士大会，之后乘船去潮汕；31 日由水口经畲坑、梅县至鳄骨潭、丙村、松口，宿于船上；4 月 1 日下午 3 时到潮州，7 时抵汕头；4 月 3 日乘轮，4 日抵香港，5 日晨 7 时抵广州，②当即电洁如来广州，算定五天后到。

4 月 11 日，不见陈洁如踪影，蒋心焦如焚，在日记中写道："洁如不见来，殊劳企盼。"

12 日，蒋介石由省垣子然一身回到长洲岛。是夜，一弯弦月，四野蛙鸣，蒋牵动乡情，离绪萦怀。

18 日，蒋介石"晨六时前，起床。往码头接洁如。未到，甚为懊丧"。

19 日，蒋介石还是六时起床，去码头接陈。是日上午，洁如姗姗来迟，与蒋"同回长洲司令部"。

蒋几多相思，几番迎候，爱陈之情，溢于言表，但陈却不解人意，

---

① 《陈洁如回忆录》，载台湾《传记文学》第 60 卷第 4 期，第 58 页。
② 《蒋介石年谱草稿》。

令蒋懊恼，于是在日记中写下："近日不满意于洁如，亦爱亦憎，情思缭乱。"①

笔者之所以喋喋不休，无非是想说明，陈洁如并未随蒋戎马于东征军前。因此，陈在梅县一个姓沈的府上住了几天之说，纯属子虚乌有。

（5）关于"我发觉汪精卫夫妇有阴谋"问题

蒋介石与汪精卫

有关"三二〇"事件的内幕，《陈洁如回忆录》中是这样说的："一九二六年三月十八日，汪精卫夫人打电话到东山蒋公馆问陈洁如：蒋'今晚何时去黄埔吗？''他会在哪个码头上等？'以后在两个小时内，汪夫人共打了五次电话，催问蒋介石的行踪，这样引起了陈洁如的怀疑。当蒋介石回来后，陈洁如将此事告诉蒋，正好军校教育长告诉他，中山舰已奉命到黄埔，说命令是汪精卫下的。第二天，蒋彻查此事，发现果然有一项阴谋，要绑架他，将他送往莫斯科。"②因此，陈洁如救了蒋介石一命。

回忆录中的这种"新说法"是否像某些人所认为的是"历史黑匣子"中的秘密呢？其实这是 1926 年 4 月 21 日晚，蒋介石在宴请退出粤军第一军党代表及 CP 官长的训话中的内容，训话说：

"当三月二十日前二天，即三月十八那一天夜晚，无缘无故开二艘兵舰

---

①　以上引文均见《蒋介石日记类钞·家庭》。

②　《陈洁如回忆录》，载台湾《传记文学》第 60 卷第 4 期，第 60 页。

到黄埔来，一艘是中山舰，另外还有一艘是宝璧舰……当时我并不晓得它是已经开到黄埔来了。到了第二天，即十九日，有一同志（其实指汪精卫，笔者注）——他的名字，不能宣布，问我，起初见面时就问我：'今天你黄埔去不去？'我说：'今天我要回去的。'后来离别了他之后，到了九点至十点模样，那同志又打电话来问我：'黄埔什么时候去？'如此一连打了三次电话来问我什么时候去，当他打第二次电话，我还不觉得什么。直到第三次来问我的时候，我觉得有些稀奇，为什么那同志，今天总是急急地来问我去不去呢？如果没有缘故，他从来没有这样子来问的，我后来答复他说：'我今天去不去，还不一定。'他晓得我是不去黄埔了。

后来不到一点钟的时候，李之龙就打电话来问我，说他要调中山舰回省城预备给参观团参观。我问他：'中山舰什么时候开去的？'他答：'昨晚上开去的。'我说：'我没有叫你开去，你要开回来，就开回来好了。何必问我做什么呢？'因为十九日十点钟，晓得我不回黄埔，所以当日下午就叫中山舰回省城……后来问他：'哪个叫你开去的？'他说：'是校长的命令，'又说：'是教育长命令。'我要他拿命令来看，他又说：'没有，是打电话来的。'……等到中山舰回省城之后，应该没有事情，就要熄火，但他升火升了一夜晚，还不熄火，形同戒严……至于有人说季山嘉阴谋，预定是日待我由省城乘船回黄埔途中，想要劫我到中山舰上，强逼我去海参崴的话，我也不能完全相信……"①

《陈洁如回忆录》中又说："一九二六年三月二十二日，苏俄驻广州领事馆一位代表来东山见我们，他向介石问到这次事件。他问：'这次突击是针对汪精卫，还是针对苏俄？'介石告诉他是针对汪精卫。"这段话也有出处。

---

① 《蒋介石年谱草稿》。

《蒋介石日记》是这样记录的。①

3月22日："上午，俄使馆参议来见问余，'系对人问题抑对俄问题？'余答以'对人问题'。彼言只得此语，此心大安……"

我们在这里不去讨论"中山舰事件"的性质，只是把《陈洁如回忆录》所说的内幕与蒋介石的谈话内容对照一下，就不难发现二者之间有惊人的相似之处，不一致的是回忆录中陈洁如说电话是陈接的，蒋介石说电话是蒋接的。只要把蒋介石换成陈洁如，恐怕就没有什么分歧了。

这里有必要将下面的事情澄清一下。

《陈洁如回忆录》中说：

"同日，介石召开这项会议（即中央政治委员会会议），汪精卫也被带至会中。在八十位国民党委员面前，汪否认他曾颁发任何命令……他随即转身朝向主席，要求许他迁至一家医院接受诊疗。他并请张静江老先生——我这位干爹是中央监察委员之一为他作保。依照这样安排，汪精卫被送入医院休息。他于四月间始终住院，直至一九二六年五月十一日，他无只字留言，秘密离开广东，前往法国，表面上说是健康原因。"②

陈洁如从未拜过或称过张静江干爹，她与朱逸民以姊妹相称，后随蒋同称张静江为"二兄"。陈洁如赴美以后，给朱逸民的信中多次提到代问"二先生"，不知"干爹"从何而来？以此也可证明《陈洁如回忆录》造假。

关于汪精卫，蒋在日记中是这样说的：

3月20日："下午五时，往晤汪兆铭。"

3月21日："傍晚访季新兄③病，观其怒气冲天，感情冲动，不可一世甚矣，政治势力之恶劣使人几无道义之可言也。"

---

① 《蒋介石日记》中之党务部分。

② 《陈洁如回忆录》，载台湾《传记文学》第60卷第4期，第61页。

③ 汪兆铭，字季新，号精卫。

3月22日：“上午十时后开政治委员会决议，令俄顾问主任引去，第二师党代表撤回，对不规（轨）军官查办。下午与谭（延闿）朱（培德）李（济深）各军长谈对俄顾问及共产党各问题……”

3月23日：“终日在校审虑政局及处置方法，闻汪主席迁地就医，不胜疑惧。昨日决议完全尊重其意思，宜无不愿也。”

就在同一天，蒋介石的盟兄张静江从上海到了广州，一下船便急忙赶到长洲要塞司令部。蒋介石“回部叙谈一切，今年以来所有政局内容与外交经过也”。在谈到“中山舰事件”时，张对蒋的手腕倍加赞赏，称蒋为“天才”。

3月25日：“上午与静江兄商议经过事实……四时后回省与子文商议找觅精卫行踪，不可得后得其致静江兄一书，称余疑渠厌渠是以不再任政治军事之事。彼之心迹可以知矣，为人不可有亏心事也。”①

3月26日：“上午致精卫、子文、组安、任潮、益之，告休养书，属其促精卫出来任事也。”②

3月31日：“季新行踪仍无下落。此种不负责任之行为，非当大事者之行径也……”

5月8日：“闻精卫尚在西关。”

5月10日：“……闻展堂昨晨潜赴香港，船中遇精卫，是诚不约而会，冤家逢对头也。”③

这就是蒋介石对汪精卫的态度，蒋并没有扣押汪精卫。因此，回忆录所说请张静江担保一事，是无稽之谈。

此外，《陈洁如回忆录》中提到，3月22日，苏俄领事馆代表还指责蒋介石在处置“中山舰事件”时，对俄国顾问鲍罗廷采取置之不理的态度，既

① 以上引文见《蒋介石日记类钞·党务》。
② 子文、组安、任潮、益之，分别为宋子文、谭延闿（字组安）、李济深（字任潮）、朱培德（字益之）。
③ 《蒋介石日记类钞·党务》。

不汇报，也不商量。这给读者造成一种假象，即认为当时鲍罗廷就在广州；而实际上当时鲍罗廷在苏俄休假，并不在广州，直至 4 月 29 日才到粤。蒋介石对鲍罗廷的到来十分紧张，在日记中写道：因"精卫问题恐生缪辂"。这说明回忆录中这个情节又是虚构的。

（6）关于"何香凝陪我赴韶关慰劳伤患"问题

《陈洁如回忆录》中说，1926 年 7 月 27 日，蒋介石从黄沙车站登车赴韶关前线后，"次一个星期，我们收到介石来电，说那边已很安全，要我们即去韶关。廖夫人和我乘火车前往战区 …… 我们一路畅顺，抵达之时，天气还算暖和（此处文理欠通，广州的七八月天应该是炎热的）。介石带着他的卫士及蓝衣队员已在车站迎候。他面上显得又黑又瘦，但仍然是精力充沛，精神抖擞 …… 然后，他带领我们到韶关闻人吴先生宅中。此宅是一座高大雄伟的建筑，房间很多，里面陈设着传统式的高贵黑木家具。我们的男女主人都是斯文之士，热烈地欢迎我们。介石先将廖夫人带到她的房间，然后带我到他自己房间。"

"当夜晚餐后，我们提早回到卧室，介石拥我在怀 …… 然后，我紧贴着他，我俩就合二为一。"

"翌日一早，介石去和他的军官们会商，廖夫人和我则出去参观军营 …… 第三天，北伐军向北方开动，廖夫人和我向介石黯然道别之后，就回到广州。"①

多么生动而又浪漫的描写，阅此，读者亦将为这美丽的故事所感染。但事实并非如此，除非蒋介石有分身术。请看蒋介石行军日程。

7 月 27 日，蒋介石在黄沙车站与陈洁如、纬国等"洒泪惜别"后，下午 6 时，抵达韶关。

---

① 《陈洁如回忆录》，载台湾《传记文学》第 60 卷第 5 期，第 46 页。

7月28日，晨6时，蒋介石由韶关出发，经布（市）头，午后3时，始达盔头市之东，"乃一韶关对乐昌防御阵地也。驻节于兵站"。

7月29日，晨5时启程，午正至乐昌城。

7月30日，上午7时后起床，在乐昌休息一天，是日致函张静江，令其劝陈洁如出国。

7月31日，午前2时前出乐昌城，行军65里至九峰村，休息后，蒋对该地军民开展联欢会演讲。

8月1日，午前零时，蒋介石由九峰出发，道路崎岖，6时后，上山径，越青草岭、鱼岭关，至11时后至黄圃（又名塘村）。是日行军90里，"皆从山谷中行"。

8月2日，晨1时前，蒋介石由塘村出发，至界牌岭，入湖南境，11时至良田，驻节于山中高小学校，并莅欢迎会。

8月3日6时，蒋介石由良田起程，到达湖南郴州，该城五千群众，开会欢迎，蒋致演说词。是日行军40余里。①

这就是蒋介石自广州出发后一个星期的行军路线，从韶关出来后，皆步行在崎岖山岭中，直到郴州境内，道路才开始平坦。蒋怎会在一星期后，又带领大批人马复越山岭石径而回到韶关去见他的"亲亲"呢？可能陈洁如又是记性不好，会不会是下一个星期？我们再看蒋介石下一个星期的行军路线。

8月4日，上午，蒋拟电稿训令六七通，然后登苏仙岭，在苏仙庙午餐。相传汉代苏耽成仙于此，该地有遗迹沉香岩，为苏耽飞升之处。蒋介石该不是也从这里飞升而至韶关？可惜没有。他又游玩了白鹿洞、义地楚墓等处，尽兴而归。是晚，去市党部演讲。

8月5日，晨4时半，蒋由郴县出发，经马头岭，11时至楼凤渡，晚

---

① 《蒋介石年谱草稿》。

驻节神农庙。

8月6日，晨3时，蒋由楼凤渡启行，11时至公平墟，受到当地热烈欢迎。是日，蒋草鞋布服，在炎日下奔走，共行军70里。

8月7日，晨3时上路，11时到达耒阳城。是日晚8时后，离耒阳，改走水路。

8月8日，蒋在船上看《建国方略》《心理建设》。

8月9日，晚7时，船出来河口入湘江，至衡阳城。

8月10日，夜12时，蒋介石由衡阳上船。

8月11日，夜10时，船到株洲，次晨3时后，船抵长沙，住交涉使署；18日迁至省长公署。①

以上是蒋介石从广州黄沙车站北上督师以后，第二个星期的行军路线与日程。蒋介石的日记和年谱中都逐日详细记述了当时的情况。军务倥偬，蒋根本不可能停留在韶关，在一个姓吴的先生府上与陈洁如欢聚三天。问题是回忆录何苦要捏造出一个何香凝陪陈洁如到韶关并慰劳伤患的情节？作者虚构的细节愈真实，无非要让读者相信这一切都是不容怀疑的。可惜这样愈发露出作伪的事实。

（7）关于"介石急电要我去九江相会"的问题

《陈洁如回忆录》中说："一九二六年九月二十八日，（陈洁如）乘太古轮'四川'号的舱位由上海至九江。"抵达时，蒋介石带着卫队去码头接到陈洁如后，同住在九江名流方栋夫妇家中。

这段记述是错误的。

首先时间不对。1926年11月以前，九江尚在东南五省联军总司令孙传芳的控制下，国民革命军并未克复九江，蒋介石也不可能与陈洁如在九江

---

① 《蒋介石年谱草稿》。

社会名流方栋家中居住。

同年11月5日，蒋介石在南昌"得贺师长耀组克复九江之报"后，于11月11日上午，由南昌乘火车，循南浔铁路而下，于午后5时抵九江。就在这一天，蒋介石收到陈洁如从上海家中寄来的信，告诉他又搬了新居，当然，费用还得从蒋介石腰包中出。此时，陈洁如已是明日黄花，早引不起蒋介石的兴趣。见信后，"知其迁赁月租七十二元华屋，不胜恚恨。奢靡趋俗，招摇败名，年轻妇女，不得放纵也"。① 对陈洁如的厌恶心情，跃然纸上。回忆录却大肆渲染蒋、陈在九江的爱情故事。

蒋介石与陈洁如的见面时间是1926年11月21日晚，地点是在南昌。是日，陈洁如风尘仆仆从上海辗转到达南昌，与蒋介石同"住署西洋房"。

至于蒋介石偕陈洁如同游庐山确有其事，日期是12月4日下午，但蒋介石是"随同中央委员赴庐山"，不只是与陈偕游的。

据1926年12月14日《申报》刊登的《蒋介石游牯岭记》云："四日下午一时，忽闻九江电话，悉蒋总司令已启节来奉…… 候至八时许，先有孙夫人及蒋夫人，并蒋公子及女公子等乘肩舆而至，继而蒋总司令肩舆亦至…… 次日（五日）蒋因游览胜迹，故于晨八时即与随员十余人乘肩舆往横门口（即亚农公园）等处游览…… 至下午一时始还。六日，蒋即偕鲍罗廷等乘肩舆又往黄龙寺及大天池、佛手岩等处游览。"② 至于《陈洁如回忆录》中游庐山的其他情节就无法考证了。

（8）关于"同意娶宋美龄可得财政支援"的问题

《陈洁如回忆录》中记述蒋介石北伐江西后，财政遇到了极大困难。

---

① 《蒋介石日记类钞·家庭》。

② 《申报》，1926年12月14日。

"介石想到另一个策略，就是：如要搞垮敌人，根本的策略应是铲除对方的实力，而这些重要实力之一就是财源……他想尽力设法，使汉口政府失其财政部长宋子文。这件事如要做得精细巧妙，最好假手宋子文的姐姐孔夫人，因为她对大局的想法与他自己的一致，而且也正想与他会面。主意既定，他就写信给她，邀请她去九江磋商要事，以便借机争取她的助力。"

"孔夫人接信后，便搭乘中国银行的汽轮，火速遄来。抵达时，她没有下船，反而留在船上，叫人请介石登轮。两人作了二十四小时长谈……"

"宋蔼龄说：'我愿与你做成一项交易，是这样的：我不但要如你所愿，怂恿我的弟弟子文，脱离汉口政府，而且还要更进一步；他和我将尽力号召上海具有带头作用的大银行家们，以必要的款项支持你，用以购买你所需要的军火，俾得继续北伐……而作为交换条件，你要同意娶我的妹妹美龄，也要答应一俟南京政府成立，就派我丈夫孔祥熙任阁揆，我弟弟子文做你的财政部部长。如果没有这项婚姻，蒋介石无法从上海银行家手中拿到一分钱的支援。'"

这种说法有几分真实性呢？

早在 1924 年 8 月，广州中央银行就得到中国银行副总裁张嘉璈的同意，借现金 50 万元给蒋介石，以整顿金融、纸币。而其中牵线人是黄郛，该借款后共达 200 万元。

1926 年 9 月初，北伐军进入江西后，赣州等地的人民拒绝使用北伐军的兑换券（即广东省银行纸币加盖中央银行湘、赣、桂三省通用纸币戳记，并加盖国民革命军司令部行营方印），张嘉璈密电中国银行南昌支行汇款 30 万元至赣州；1927 年 1 月初，张嘉璈又密电南昌支行密汇 20 万元给蒋介石。此外，张嘉璈还密令中行汉口分行代理经理汪翊唐，俟蒋总司令抵达武汉后，可予借支 100 万元。此款后于 1927 年 2 月底在上海支付。

蒋介石抵达上海后，在张嘉璈的帮助下，与江浙财阀的关键人物陈光甫、李铭、钱新之等人拉上关系，并在江浙财阀的支持下，成立苏沪财政委员会，发行了 3000 万元的国库券，得以继续北伐大业。

江浙财阀支持蒋介石的关键人物是张嘉璈，而使张、蒋相识的关键人物是黄郛，这与宋子文没有多大关系，更谈不上宋蔼龄的所谓"政治交易"了。以上事实说明，《陈洁如回忆录》中的这一情节是虚构的。

蒋介石与黄郛

其实，早在 1926 年北伐前，蒋宋二人早有来往，在蒋介石的日记中略露端倪：

1926 年 6 月 30 日："下午，往访宋氏大、三姊妹。"

7 月 2 日："上午，往访美龄。下午，美龄将回沪，心甚依依。"

也就在蒋介石对宋美龄含情脉脉之时，对陈洁如不满情绪溢于言表，1926 年 6 月 20 日他在日记中写道："洁如仍是一女孩，于不知治家之道……"

7 月 10 日："今日以洁如治家无方，教育幼稚，不胜怨恨。"

蒋介石与陈洁如在一起时，弃妇之意尚不甚明显；1926 年 7 月 27 日，蒋介石与陈洁如分手，三天后就给张静江写信云：

二兄大鉴：

洁如之游心比年岁而增大，既不愿学习，又不知治家。家中事纷乱无状，此次行李应用者皆不检点，而无用者皆携来，徒增担夫之劳。请嘱其不管闲事，安心学习五年，或出洋留学将来为我之助。如现在下去，必无结果也，乃害其一生耳，如何。今日在乐昌休息有怀，随笔书之。

弟中正　顿首

中华民国十五年七月三十日 ①

从蒋介石以上日记、信函中可以看出，在没有那场蒋介石、宋蔼龄交易之前，蒋介石已对宋美龄有意，并已萌生让陈洁如出国学习五年的计划。这说明《陈洁如回忆录》中的"交易说"是不真实的，是缺乏根据的。

（9）关于"陈洁如到美国后"等问题

《陈洁如回忆录》中说：1927 年 8 月 19 日，陈洁如在张静江两个女儿陪同下，离开上海，路过日本，"离开横滨，直到火奴鲁鲁，其间经过 13 个无聊日子。船在火奴鲁鲁预定停靠六小时。然后，我们又往美国大陆前进，经过五天漫长的时间，到旧金山"。

这里的记述是有疑点的，因为陈洁如一行于 9 月 2 日抵达檀香山后，当地的总督范任顿曾前往迎接，在总督府接见陈洁如、张蕊英、张倩英等人，并合影留念。他们在总督府门前曾被众多的欢迎者、记者包围。当地国民党支部八十余人打着"国民党檀香山忠实同志欢迎蒋夫人大会"的横幅，开会欢迎 ②。陈洁如一行抵达旧金山后，当地领事馆、国民党支部亦派人前往欢迎等情节。如果回忆录是真实的，在这些地方不应该大加叙述吗？可是恰恰没有渲染，岂非怪事？

《陈洁如回忆录》中说，陈抵美国纽约后，住址为纽约河边大道 310 号公寓。

---

① 蒋介石致张静江函，原件藏中国第二历史档案馆。

② 陈洁如一行抵美的照片，原件藏于中国第二历史档案馆，可资证明。

可是笔者查阅了陈洁如在纽约时给朱逸民信的地址为："纽约市第二街区 115 大街西 604 号"，即 "604 West 115 Street 2C New York City"，一直住到 1928 年 9 月 10 日以后迁至纽约利维塞德·德里夫大街 420 号，即 "420 Riverside Drive，Apr 5E New York City. W. Y"①。

《陈洁如回忆录》中地址也是错的。这也证明回忆录之真实性是值得怀疑的。

上述九个问题，笔者都怀有疑问。此外，《陈洁如回忆录》中还有不少谬误，连台湾《传记文学》的编辑者自己也不得不予以更正。例如将唐绍仪之死，归咎于蓝衣社所为，便是一例。最明显的硬伤是将唐人《金陵春梦》中有关"郑三发子"的传说，完全照搬到回忆录中，作为陈洁如之母对蒋介石家世的调查，不能不说是荒腔走板。

因此，这些谬误绝不是"史料中偶有小疵，然瑕不掩瑜也"。② 笔者并不想否认《陈洁如回忆录》中有真实的地方，但基本人所共知。恰恰是人所不知的地方，作者却有意识地杜撰，这就不能不令人怀疑《陈洁如回忆录》的可靠性了。笔者认为，真正的"黑匣子"倒是未公开的《蒋介石日记》、信函和年谱了。特别是有关"陈洁如"部分，都被蒋介石墨笔抹去了，这才是历史的秘密。而目前充斥坊间的这部充满虚构、杜撰情节的《陈洁如回忆录》是根本不可能改变民国历史的。

1993 年 4 月，中国社会科学院近代史研究所研究员杨天石先生，在香港《明报月刊》上发表了《蒋介石第三任夫人遗波 —— 关于〈陈洁如回忆录〉的作伪部分》一文。杨先生根据在访美期间收集的资料，阐述了该回忆录中的有关内容，重点也谈了该回忆的作伪问题。下面摘录其主要论点。

---

① 陈洁如在美国及欧洲期间，给其好友张静江夫人朱逸民写了很多信，中国第二历史档案馆共藏有 45 封。

② 唐德刚：《私情的感念和职业的道义》。

《陈洁如回忆录》中说，1926年12月，蒋介石和陈洁如自牯岭下山，突然接到汉口来的一封急电。蒋介石看了之后，双手抱拳，频频捶头，从桌上拿起一只花瓶，摔得粉碎，对陈洁如说："他们剥夺了我的领导地位，我的一切计划都完了，我所有的希望都破灭了！"陈拿起电报看，其大意为："80位国民党员、国民政府委员及新任中央执行委员会已投票通过其本身为汉口国民政府，掌有最高权力，希候命。"接着蒋介石像疯子一样，到房间的抽屉中、柜子里寻觅手枪要自杀，由于陈洁如知道蒋介石有一发脾气就控制不住的毛病，事先将手枪藏到靴子里。这样避免了一场流血事件。陈不无骄傲地说她又救了蒋介石一条命。

这里的"新任中央执行委员会"是不存在的，电报的真实性大有问题。

杨先生论证："当时的情况是：当月13日，孙科、徐谦、蒋作宾、柏文蔚、吴玉章、宋庆龄、陈友仁、鲍罗廷等在武昌举行谈话会，决定在中央执行委员会政治会议未迁到武昌之前，由先期到达的国民党中央执行委员和国民政府委员组成临时联席会议，执行最高职权。参加人数很少，不存在所谓'80位国民党员、国民政府委员及新任中央执行委员会'投票问题；当时并未召开党的全国代表大会，何来'新任中央执行委员会'？"

《陈洁如回忆录》接着说，蒋介石在陈洁如的提议下，要求武汉方面派一位国民政府委员会的代表到九江来，与蒋当面把事情谈清楚。27小时之后，何香凝自武汉到九江，对蒋陈二人说："在我开始谈事情以前，我先要你们两位了解，鲍罗廷和汪精卫都认为我是代表汉口政府来将他们的决定告诉你们的最合适的人选。"何接着说："国民党已经由广州迁到汉口，现在本党已设立一个政府，由最近从法国回来的汪精卫担任主席，陈友仁是外交部长，宋子文是财政部长。"

杨先生说："其实，汪精卫这时还在欧洲，回到武汉是几个月之后——1927年4月的事。"于是"又露出一个破绽"。

回忆录又写道：

何香凝拿出了许崇智的一封信交给蒋介石，信的全文为：

介石吾弟：

你当能记忆，十年前你和我追随我们的总理从事革命工作，我们本着不屈不挠的精神，奉献此生，冀求达到成功。不幸，我们的总理去世了。你曾请我将我的部队暂时交你统率，俾你重加编组，我也予以同意。其后你在广州成立国民政府，将我的军队改成国民革命军。

在我将全军交给你之后，本党党务即陷于混乱分歧，行政工作亦趋于腐败恶劣。因此，你已将自身变成众矢之的。过去曾自称为你的部属、支持者或朋友的人，已一致起而反对你。依据此次弹劾案的理由，你实无由免除责任。

今汉口政府已成事实，我希望你静夜深思，行所当为，服从命令，自承错误。你当谴责自身之背信，并信守自身之承诺，藉求维持国内和平。为你计，此乃一条荣誉的出路；为我国民计，则为一大幸运。请扪心自问：你现能否脱身于当前四面楚歌的困境？请镇定而冷静地思索我这番建言。

许崇智

杨先生分析道：

"如果说前述电报因为是回忆大意，可能记错，那么，此信有头有尾，完整无缺，示人以存有原信的感觉。但是，也正是因为如此，其有意作伪的痕迹就暴露出来了。

"其一，广州国民政府成立于 1925 年 7 月 1 日，汪精卫、许崇智、谭延闿、胡汉民、林森为常务委员，张静江、于右任、张继、徐谦、廖仲恺等 16 人为委员，以汪精卫为主席，蒋介石连委员都不是，许崇智怎么会认为蒋介石'在广州成立国民政府'呢！同样，当时军事委员会的主席是汪精卫，编组国民革命军是包括许崇智在内的军事委员会的决定，蒋介石只是国民革命军第一军军长，此外，还有四个军，许崇智也不会认为是蒋介石建立了国民革命军。

"其二，不管是武汉联席会议，还是 1927 年 3 月召开的国民党二届三中全会，都不曾有过所谓的对蒋介石的'弹劾案'，上引许函所称'依据此次弹劾案的理由。你实无由免除责任'云云，岂非无稽之谈！

"其三，武汉政府是左派政府，许崇智是右派，曾被西山会议派选为'中央委员会委员'，一向和左派不合作，他怎么会在信中劝告蒋介石：'今汉口政府已成事实，我希望你静夜深思，行所当为，服从命令，自承错误！'

"其四，武汉联席会议成立于 1926 年 12 月 13 日，事后，立即通知了蒋介石，何香凝又是在 27 小时之后就应蒋介石的要求到九江向他作解释的。当时许崇智在上海，他怎么可能这样迅速地认为'汉口政府已成事实'，而又这样神速地写了信，神速地寄到了武汉？"

通过以上详尽透彻地分析，结论只能是"回忆录所引许崇智函是伪作"。

《陈洁如回忆录》的作伪者，搞这套把戏不是一两次，可以说，回忆录凡是在引用信函时，其内容大抵作伪（上文所述，蒋介石从苏俄寄给陈洁如的五封家信概莫能外，都是伪作）。回忆录的作伪者了解一些历史知识，但又不是专门研究历史的，于是才出现了这些驴唇不对马嘴的假文件。唬唬一般人还可以，但李鬼碰上李逵，就要弄出许多麻烦来。

像这种伪造的文件还有许多，例如汪精卫致蒋介石的公开信，全文为：

当我们的领袖孙中山先生目睹我们快速衰落之时，他就依据革命的政策，提倡各项原则。这些政策与原则之制订，乃是为要扫除国家的一切障碍。孙先生于北伐宣言中所揭示的目标，不但要摧毁军阀，并要确保这些军阀之后，不会有之继之而起。但现在一个狡徒却夺权力，以求自我扩张。

蒋介石自以为他能追求其私人利益，因他现手握最高权威。他的专制野心正在横行无阻。他破坏党规，申斥党代表大会。他为争取支持，正以重要公职分许其友人。他视国家如私产，人民的性命全赖其一己之私念，在他之下，生命低贱，无安全可言。我们的同志，或为曾多年追随我们的领袖的先进，或为笃心民主之志士，现在都自誓为党为国，不惜牺牲一己生命。他们皆视蒋介石为我们的公敌，决心将其铲除。此一宣言公告同胞之后，希即武装起义，扫除此一叛徒，以免过迟之感；非如此，不足以救我国于覆亡，救人民于奴役。

汪精卫

《陈洁如回忆录》中还有这样一段：

何香凝解释说："鲍罗廷认为汉口是较为适宜的政府所在地，于是国民党已于核可。现在有若干改革工作正在进行。国民政府委员会及中央执行委员会已组成了联席会议。事实上，这个联席会议已于1926年12月13日举行第一次会议，会中表决通过以此联席会议为汉口政府之上的党权机构，鲍罗廷及许多同志当时均在场。汪精卫获选担任主席。"何香凝又说："由于你已大失人心，汉口政府已下令撤除你的所有公职，并将你开除党籍。不消说，这些都是合法而经一致通过的。"然后，何香凝又交给蒋介石一份正式文件，题为《致国民党全体党员之命令》，文云：

自北伐发动以来，所有军政事务及党务均集中于蒋介石一人之手。此即谓本党已不能指挥政治行政事宜，而仅由军事机构指挥之。此项体制缺失甚多，不但所有本党之堕落无用分子能借以获得保障，且更将诸多官僚及狡诈之投机分子引进本党，因而竟自此产生出一个独裁者及一个军事专制者，吾人对此已无法多容忍一日。

汪精卫
鲍罗廷

杨天石先生认为"以上一大段回忆除了联席会议举行第一次会议的时间说得不错以外。其他内容不是错的,就是假的"。理由如下:

第一,汪精卫这时还在欧洲。武汉临时联席会议的主席是徐谦,而不是汪精卫。因此,汪不可能签署上述文件。

第二,鲍罗廷只是国民政府的总顾问,并非行政或党务官员,从未与汪精卫联合签署过文件。

第三,文件内容和1927年上半年的实际政治进程不符,有明显的破绽。事实是:临时联席会议成立后,蒋介石于1927年1月3日在南昌召集中央政治会议第六次会议,决定中央党部和国民政府暂驻南昌。双方发生迁都之争。2月上旬,武汉方面发动提高党权运动。3月10日至17日,国民党在武汉召开二届三中全会,进行改选,组成了新的党政领导机构。蒋介石虽然失去了国民党中央常务委员会主席等职务,从权力的巅峰上被拉了下来,但是,仍然被选为常务委员、军事委员、军事委员会主席团委员、国民政府委员,国民革命军总司令一职也并未变动。武汉政府决定开除蒋介石党籍,免去本兼各职,要求将其拿解中央,按反革命条例惩治是四一二反革命政变以后的事,武汉国民党中央发布《为惩治蒋中正训令全体党员》也是那时的事,怎么可能在迁都之争时期就出现一个由汪精卫签署的文件,公告同胞,"希即武装起义,扫除此一叛徒"呢?作伪者大概忘记了,1927年4月初,汪精卫自欧洲归国,途经上海,还曾与蒋介石握手言欢,促膝会谈。如果此前汪精卫就签署过这样一个公开的文件,还怎么见面呢?而且,即使是四一二反革命政变之后,也不曾出现过由汪精卫或汪精卫与鲍罗廷联合签署的讨蒋文件。

因此,杨天石先生认为这两个文件也是伪造的。"为何要作伪呢?目的很清楚,为了提高回忆录的价值。但是,聪明反被聪明误,回忆录反而因此失去了价值。有些人认为《陈洁如回忆录》的发表将'改写民国历史',这一结论作得过于仓促了。"①

（10）关于陈洁如手稿问题

目前市场上流行的《陈洁如回忆录》的版本不少，译者有金忠立、汪凌石、耿云志诸人的，据悉都系根据陈洁如的英文稿翻译的。

究竟有没有这个英文稿？回答应该是肯定的。

因为陈洁如在 20 世纪 60 年代移居香港后，穷困潦倒；加上早年她在广州由何香凝帮忙领养的女儿蒋瑶光（陈蒋分手后，改名为陈瑶光）重病而无钱医治，曾动过写回忆录赚钱替女儿看病的念头。她将此念流露给陈立夫，遭到陈多次劝阻。杨天石先生 1992 年在海外访问时，曾在美国哥伦比亚大学珍本和手稿图书馆中，查阅到陈立夫先生写给陈洁如的两封信，其中一封为英文，一封为中文。

英文信译出如下：

洁如女士：

依余见，君来港之事肯定无望。购置一所房舍以作为投资，在别人或可实现，在君则绝无可能。

共产党人了解君之一切。君以富贵不能淫，贫贱不能移之伟大人格给予（国民党）支持，使共产党不能利用，彼辈如何能容许君投奔自由！盍舍弃此种梦想乎！

如君以余之言为是，则安居勿迁。君不拟见孙夫人、廖夫人以求助，此诚君之智慧。倘君拟售出回忆录以获取金钱，冀作医药之资，则余窃以为与损一人而救另一人无异。君养女之疾无可救，君或视为□□（词义不明），此种状况虽非君所愿，然亦因果使然耳！

①　杨天石：《蒋介石第三任夫人遗波——关于〈陈洁如回忆录〉的作伪部分》，香港《明报月刊》1993 年 4 月号。

　　君仅可信任李先生一人。倘君突然有某种困难，彼必可相助。君不必向许多地方求援，此等做法不能解决君之问题。余即将返美，盼即赐答。

　　友人赴港，此函托其在彼处付邮。余之临时地址为台北敬天街（译音）第十二巷五号。

　　祝君健康！

陈立夫

三月二十日

　　这封信虽无年份，从内容上看陈洁如当时尚在国内，未去香港，估计在50年代左右。

　　陈洁如为摆脱贫困状况，拟出售回忆录去换一笔钱，而将此想法告诉陈立夫。而陈从维护蒋介石形象考虑，为"党国大计"考虑，认为陈洁如不能这么干，于是写信劝阻。

　　另一封中文信函为：

洁如女士：

　　兹闻君复受人怂恿，拟出版某种书物。立夫为君着想，实为不智，不但外人将认为此乃共匪之恶意宣传，而绝不会发生其他影响。对君本身而言，则有百害而无一利。前函已详陈之。希君一如往昔，保持个人伟大人格，重友谊而轻物质，不为歹人所利用，此乃立夫所期望于君者也。今后计划如何，望示知一二为盼。

　　敬请旅安！

陈立夫敬启

十一月四日 ①

----

① 陈立夫两封信均引自杨天石《蒋介石第三任夫人遗波——关于〈陈洁如回忆录〉的作伪部分》；见香港《明报月刊》1993年4月号。

在《陈洁如回忆录》中也引用了陈立夫的一封信（翻译稿）：

我恳求你不要出版你的回忆录。这许多年来，你为中国统一所作出的牺牲和你的缄默，已经使你成为一位伟大人物和一个忠实国民。但如果你出版了这本书，它将只会伤害最高统帅及国民党，因此，切盼你固守沉默，一如既往。①

笔者怀疑，这封信的内容即陈立夫给陈洁如中文信函的英文翻译稿，又从英文翻译过来，就成了现在这个样子。不管怎么说，陈洁如撰写回忆录确有其事。

杨天石先生的文章中引用了陈洁如 1964 年 1 月 10 日在香港签署的一份委托书。全文如下：

兹授权劳伦斯·爱普·希尔先生出版我的回忆录打字稿，共四二五页，题为《我作为蒋介石夫人的七年》，或《蒋介石的崛起》，附加五十幅插图。

我在此保证，内容全部属实。我对我所叙述的一切负责。

自一九六四年一月至四月，此书必须在四个月内出版。如逾期，自一九六四年五月一日起，我保留将稿件交欧洲出版商出版的权利。

詹尼陈

劳伦斯决定出版这本回忆录，并写信给在美国纽约的陈立夫与宋蔼龄，请他们协助证实稿件的可靠性。同年 4 月底，劳伦斯收到孔祥熙与陈立夫两个法律事务所的来信，认为稿件存在着错误和诽谤的资料。不久，纽约的国民党总领事通过协助陈洁如写回忆录的詹姆斯李对劳伦斯说，愿以 10 万美

----

① 《陈洁如回忆录》。

元做交易。而劳伦斯回答，他们的目的仅是出版该书。后来，劳伦斯去办公室便遭到身份不明之人的袭击，房间被盗。

此后，陈洁如等人通过江一平律师与台湾当局达成协议，台湾当局以17万美元的代价，使陈洁如收回了稿件。国民党政府于1965年3月收回了回忆录的副本。

那么，《陈洁如回忆录》现在何处呢？

据唐德刚先生说："陈洁如文稿归入联合国中文组档案内，中文组组长是赖景瑚。"①

赖景瑚遗孀陈杏秋女士知道后，托陈立夫写信给台湾《传记文学》杂志社刘绍唐先生，澄清数点：②

陈立夫先生函：

今受赖景瑚兄遗孀陈杏秋女士之请托关于唐德刚君在一九九二年六月在《传记文学》登载《私情的感念和职业的道义》文中涉及赖景瑚兄数点代为澄清。详列于后：

1. 陈洁如文稿归入联合国中文组档案内，联合国系国际组织，绝不可能将私人文稿存入档案内。

2. "政治难民"赖景瑚兄当时曾任"中央常委"、"立法委员"及"海外部"副部长等职，因在第一届"立法院"中力主提倡民主政治、肃清贪官污吏及反对翁文灏组阁（不久翁君投共）而被当局申斥。一九四八年去美，不久辞去党政职务留美教学，一九八三年逝世。余井塘先生悼念《赖景瑚一生》文中可澄清一切。

一九五三年考入联合国，当时投考者一百余人，录取后任中文组组长。

---

① 唐德刚：《私情的感念和职业的道义》，载台湾《传记文学》第60卷第6期。
② 《陈立夫先生函》，载台湾《传记文学》1993年第3期。

联合国任何职位必须经过考试，所谓 DP 级者亦不例外。

以上数点确系事实，特予澄清以正视听。

陈立夫　八二、二八

杨天石先生访美归来，所得的信息为"陈洁如做过七年'蒋介石夫人'。她的回忆录英文打字稿藏于美国斯坦福大学胡佛研究所档案馆，哥伦比亚大学珍本和手稿图书馆藏有摘要本"。[①]

问题是目前这部充满谎言的回忆录是不是陈洁如真实的回忆。杨先生从文件、信函与重大的历史背景入手，揭露了回忆录的作伪部分后指出："其中回忆个人生活部分可能真实性大，而回忆政治大事部分可能真实性小。这是符合陈洁如情况的。她不是一个政治人物，在做蒋介石夫人的那些年代里，也并未卷入政治，太多回忆政治，只能是弄巧反拙。"

而笔者要说的是，在《陈洁如回忆录》中属个人生活部分的描述，比如结婚问题、随侍永丰舰问题、蒋介石的五封家书问题、救蒋介石的问题、"何香凝陪我赴韶关慰伤患"问题与"蒋介石急电要我去九江相会"问题、娶宋美龄的问题、到美国的问题等，恰恰都是陈洁如自身经历的事情，属个人生活问题。而这些问题却纯系子虚乌有，那么奠定这片伟大森林的一棵棵树木，都是伪劣产品。试问，我们还有什么理由认为《陈洁如回忆录》不是伪作了？如果是协助陈洁如写回忆录者自己擅改的，似乎有些片面。笔者认为陈洁如在回忆录中恣意编造历史的行为，是对蒋介石的一种报复，既然你不仁，我也不义。于是回忆录中出现诸如蒋介石患梅毒，骗陈洁如去旅馆企图非礼等糟蹋侮辱种种刻薄语言的情节亦层出不穷，逼得国民党当局拿出 17 万美元收回了事。陈洁如死了二十多年了，没想到她的充满虚伪色彩的回忆录再次引起了风风雨雨。本来是一块无价值的石头，有人硬说是一块金子，大肆吹

---

① 杨天石:《蒋介石第三任夫人遗波——关于〈陈洁如回忆录〉的作伪部分》。

捧，以至抬高到要改变民国历史的高度。于是受到治史者的质疑也是无可非议的，何必非要吹捧它、抬高它呢？如果《陈洁如回忆录》在去伪存真之后，还有些许价值的话。而现在由好事者千里购运而置的"黔之驴"终将要技穷而失去本身的价值了。

综上所述，我们有理由认为：陈洁如写回忆录实有其事，但坊间《陈洁如回忆录》所述主要内容是伪造的，因此，它是一部伪作。

思想篇

作为国民党一代王朝的最高统治者，蒋介石一生最主要的对手自然是共产党的领导者毛泽东了。这两位人物同时咤叱风云数十年，同样对中国社会有着尖锐的认识，同样对传统文化有着精深的造诣，但却有着不同的取舍、不同的目的和不同的价值观念。

毛泽东表现出来的是那种打碎一个旧世界创造一个新世界的胆量与气魄，他从不迷信权威，拘泥于教条。即从思想的吸收来看，尽管他重视中国的传统思想，但更多的却是那种"指点江山、激扬文字"之风发，"秦皇汉武"尚"略输文采"，"唐宗宋主"仍"稍逊风骚"。对于传统文化的继承，他是批判与吸收同时并重，高屋建瓴、洒脱不羁。他的思想如浩瀚之海洋，博大精深、掀波涌浪。

蒋介石则不同，他的学术态度如同那拘谨的性格，不逾中国传统思想之雷池，紧随圣贤圣哲之后亦步亦趋，他不图创新，却善于改造，为我所用，以儒家道统继承者自居。儒家学说是构成他思想的主流，而孙中山的三民主义则仅是表面上的浪花。

蒋介石一生著述甚丰，举凡训词、文论、著作、演讲录等等，各种形式不一而足，内容十分庞杂，涉及政治、哲学、社会、军事各个方面。虽然也形成了自己的体系，但那喋喋不休的儒家说教却充塞其间，令人乏味，大有拾人牙慧之嫌。与毛泽东那种恣肆汪洋、丰富多彩的语言特点形成鲜明的对比，蒋介石很有一种有意识"传之后世"、"为圣贤立言"的追求与期望。

因此，当我们去探溯蒋介石思想的源流时，将会随时发现传统的儒家经典学说几乎贯穿于各个方面，构筑成它最基本的框架。

1．蒋介石的哲学思想

蒋介石的哲学思想散见于他的各种言论文集中，有时自命为"革命哲学"、"中国新民族哲学"，有时则称为行的哲学或力行哲学。尽管名称屡有变化，实际上只是明代王阳明心学之流绪。

蒋介石一生对王阳明十分信奉，这种信仰在他早年留学日本时就已确立，请看蒋介石的回忆：

"当我早年留学日本的时候，不论在火车上、电车上或在轮渡上，凡是在旅行的时候，总看到许多日本人都在阅读王阳明《传习录》，且有很多人读了之后，就闭目静坐，似乎是在聚精会神，思索这个哲学的精义；特别是陆海军官，对于阳明哲学，更是手不释卷地在那里拳拳服膺。后来到书坊去买书，发现关于王阳明哲学一类的书籍很多，有些还是我们国内所见不到；我于是将阳明哲学有关的各种书籍，尽我所有的财力都买了来，不断地阅读研究，到了后来对于这个哲学真是有手之舞之足之蹈之一种心领神驰的仰慕。"①

何以王阳明的哲学能令蒋介石达到如此"手之舞之足之蹈之"之痴迷？在阶级社会，作为阶级斗争先导的哲学思想往往是由阶级斗争的变化所制约的，具有鲜明的阶级性。王阳明以及儒家思想中所强调宣扬的那种"仁爱"、"良知"恰恰抹杀了人类的阶级性。对此，蒋介石有十分清晰的认识，认为它们"是体用具备，系统完整的"，只要掌握了"这个知识之钥，无论在任

---

① 蒋介石：《总理"知难行易"学说与阳明"知行合一"哲学之综合研究》。

何时间空间，都可以登堂入室，得其精要"①。这样才可以同中国共产党所信仰的辩证唯物主义相抗衡，从而在理论上达到战胜之目的。

（1）"中立一元论"企图独辟蹊径

在中外哲学史上，始终存在着唯物主义与唯心主义两大派别的争论。列宁对什么是唯物主义、什么是唯心主义作过很精辟的论断："唯物主义的基本前提是承认外部世界，承认物在我们的意识之外，并且不依赖于我们的意识而存在着。"② 因此，判断一个哲学家是唯物主义或唯心主义，不是看他创立了什么新名词，前后有怎样的矛盾，而是看他是否承认客观物质世界"在我们的意识之外，并且不依赖于我们的意识而存在着"。

蒋介石却希图在哲学这个最基本的问题上另辟蹊径，他认为无论是唯物主义或是唯心主义都存在着偏颇，而他的所谓"中立一元论"才是"穷千古的奥秘，泄造化的神奇"。

蒋介石的"中立一元论"大意即所谓物质不能离开心灵，对象不能离开思维。换言之，就是心与物二者并无严格划分界限，既无所谓物，也无所谓心，一切均凭人类精神知觉体察自然。为了论证此种观点，他还运用了近代物理学的成果讲行分析，因为原子分析到最后，已不见了物质，只剩下了"能"，而原子弹的构造，乃是人工破碎原子，促使原子所含的"能"放射出来，产生力量。由此可见，能之凝结者为质，能之放射者为力，三者结为整体，互相作用，故质就是力，力就是质，而"能"则为本体。过去哲学界所认为的思维、考虑以及各种心意活动，均为"能"的活动。

蒋介石在利用近代"物理学危机"来为自己的理论张目的同时，还硬栽孙中山的哲学思想也正是这种"综合心与物二者的最高理想"。其实，他对

---

① 蒋介石：《哲学与教育对于青年的关系》。
② 《列宁选集》第 2 卷，第 79 页。

近代物理学发展意义的理解远远落后于孙中山。孙中山是按照自然科学的本来面貌去理解自然科学的，从唯物主义的立场去利用自然科学的成果。比如，对于化学元素镭和电子的发现等，孙中山没有跟着当时"物理学"的唯心主义思潮跑，也不认为物质消失了，更没有否定宇宙的客观物质性。相反，他从镭元素的发现得出元素都是可变的、可分割的正确结论，体现了孙中山具有物质的无限可分的辩证法思想。而这一点，正是蒋介石的谬误所在。

　　实际上，蒋介石这套理论并不新鲜，不过是孟子"万物皆备于我"、王阳明"心物一体"的演绎和发挥。被他视为本体的"能"，按他的比附，就是中国哲学上所谓的"性"，亦就是"性能"这个名词，唯"性"之为物，是不可形容的，必须通过"寓理帅气"四字来表现性能。关于这一点，蒋介石认为这乃是他对中国哲学的创造与贡献。他认为气之为物，乃是无形而流动的，而气之捭阖往来，则有一定的法则，也就是规律，而这法则和规律就是"理"，而性、理、气三者发生作用时，则需合一而不可分，性通过理与气表现其能，理与气通过性有所附丽，而气只是在捭阖往来而成事成物之中有其存在，中国哲学"理之外无气，气之外无理"就是这个道理。据此，蒋介石推断出无论精神、物质都不能单独存在，而必须有一个东西为之贯通，使之互相效用而归于统一，这所谓贯通，就是宇宙的本能，也就是他前面提过的"寓理帅气"四个字。[①]

　　"寓理帅气"到底代表什么？蒋介石明确解释，这就是心，他"无声无臭、惟虚惟微、至善至中、寓理帅气"。很显然，此处所指的心，并不是指生理学意义上的心脏之心，而是采用了王阳明的说法："心不是一块肉，凡知觉处便是心，如耳目之知视听，手足之知痛痒，此知觉便是心。"指的是一个灵觉，是在那天理发生处，虚灵不昧，众理具而万事出的灵心。为了强调"中立一元论"的特别之处，蒋介石故弄玄虚，又特意指明心并不属于精

---

① 蒋介石:《总理"知难行易"学说与阳明"知行合一"哲学之综合研究》。

神意识范畴，他要人们清楚："现在有许多人认为心就在脑筋里，或亦有认为脑筋就是心的，这是一个重大的错误。大家要彻底了解脑筋并不是心，而心亦并不附丽于脑筋范围之中的，他是独立自在于脑筋之上，本然自得的本能，他是运用脑筋与指导五官，至高无上的灵觉。"尽管蒋介石对"心"作了种种玄奥的解释，但依然指的是精神意识。因此，他的"中立一元论"实际上与王阳明的"心外无理"、"心外无物"的主观唯心主义本体论没有什么不同。

（2）"天人合一"的人生法则

儒家文化有一个很明显的特点，即注重对理想人格的探讨。为了论证这种理想人格的合理性，则欲图以宇宙的法则来作为衡量人生的法则。"天人合一"这一命题正是从这一目的衍生而来的。如《易经》称"人德合天德"，孟子称"万物皆备于我"，陆九渊称"宇宙即我心"，王阳明称"心之本体，无所不赅，原是一个天"。以上所说，虽所取名词不同，然均本"天人合一"之理，人道与天道合一，其真正含义即为，人的思想行为必须符合法则、规律，不得逆天而行，逆道而驰，所谓顺天者昌、逆天者亡就是这个道理。

蒋介石也完全继承发挥了儒家这套理论，他对天的解释就是指天命，它"不睹不闻、莫见莫显，上帝鉴临，于穆不已"，尽管虚无缥缈，但却犹如上帝密察明鉴，让你时时有所敬畏。这样，心即与天合，心即天，心即上帝，宇宙的法则就是心的法则。①

蒋介石这套理论与王阳明的学说完全是同工同曲的，王阳明说："人心是天渊，心之本体，无所不赅，原是一个天，只为私欲障碍，则天之本体失了；心之理无穷尽，原是一个渊，只为私欲窒塞，则渊之本体失了。如今念念致良知，将此障碍窒塞，一齐去尽，则本体已得复，便是天渊了。"这段话的

---

① 蒋介石:《革命教育的基础》。

意思是，天即在心中，而人的正确的行为准则 —— 良知也就是心的本体，同时也就是天，只要顺从良知去扩充善念，克服恶念，就能保持天心合一，本体不变，浩气长存。

天与心的关系即如此，天如人的关系也是一样。蒋介石指出"唯有具有仁义礼智之心（良知）的人，方得称之为人"。蒋介石在这里将那些封建伦理教条提高到宇宙法则的地位。他认为在天地万物之间，一定有其构成与存在之理，所以《诗经》称"天生蒸民，有物有则"，一个人只要遵循之，发扬之，那就是一个正人君子，也就达到了中国哲学中"天人合一"的最高境界。

如何达到"天人合一"的境界，中国哲学理论中历来有"人禽之分"一说，孟子讲："无恻隐之心非人也，无是非之心非人也。"因为那"恻隐之心，是仁之端也；羞恶之心，是义之端也；辞让之心，是礼之端也；是非之心，智之端也。人之有此四端，犹如有其四体"。将此四端发扬光大者，方才够上做人的资格。

宋代大儒朱熹也发扬了孟子这一学说。朱熹认为，既然天降生民，仁义礼智之心是与生俱来的，他和孟子一样，力图从人性论上来证明人性的本质就是合乎天理而至善至美的。只是一般人由于气质的不及，没有把这些完美的道德发挥出来。这种人性论，从理论上给封建道德、封建的社会秩序以合理的解释。同时他又提出气质之性，则又告诫人们须接受封建的教化和道德的灌输，也就说，"存天理，去人欲"。

王阳明也同样按此说，认为道德观念是人所先天具备的，"知是心之本体，心自然会知，见父自然知孝，见兄自然知弟，见孺子入井自然知恻隐。此便是良知，不假补求"。与朱熹稍有不同的是，为了达到人禽之分，他更注重一个"悟"字。也就是注重个人的修养，即内省自察、修身养性。

在此问题上，蒋介石基本接受了上述意见，他夸张地说：中国哲学"说得明白些，就是要严辨人类与禽兽之分，因为人之所以异于禽兽者，在其有理性。因为人类有了理性，所以他有了生活，还要充实他生活的内容。在个人方面不以有食果腹、有衣蔽体为止境，还要讲求享乐和艺术。在社会方面，不以合群猎食、结队御侮为止境，还要讲求社会组织和政治制度。禽兽只有停留在使用爪牙羽毛，以维持它们生命的阶段；而人类却能从野蛮进入文明"。① 看来，蒋介石对人性的认识还是本其传统的人性论，从先验的角度提出所谓的"理性"，用以抹杀人的阶级性，让人们按照其"理性"也就是他念念于心的仁义礼智等封建伦理规范的发展而对当朝当代的统治政策、统治思想循规蹈矩。

（3）"知行合一"的认识论

在中国哲学思想中，关于"知"与"行"的问题一直是人们所关注研究的，而知易行难则是传统的观点。所谓"非知之艰，行之维艰"。当辛亥革命的成果被帝国主义、封建军阀篡夺以后，孙中山鉴于革命屡遭失败的教训，试图从理论上探寻革命失败的原因。他认为那种传统的"知易行难"学说乃国家民族精神上之祸根，与革命最大之敌人。他在《孙文学说·自序》中说得很明白："吾党之士，于革命宗旨、革命方略，亦难免有信仰不笃、奉行不力之咎也。而其所以然者，实多以思想错误而懈志也。此思想错误为何？即'知之非艰，行之维艰'之说也，此说始于传说对武丁之言，由是数千年来，深入于中国之人心，已成牢不可破矣。故余之计划，一一皆为此说所打消也。"因此，孙中山倡"知难行易"说，"以破此心理之大敌，而出国人之思想于迷津，庶几吾之建国方略，或不致再被国人视为理想空谈也"。

孙中山认为，行在先而知在后，知是由行中求得的，所以行是易，知是难。例如饮食是人日常生活中最普通的事，是不待教而能的，但是营养和烹饪的学问则是经过长期饮食的实践而后才逐渐得到的；建筑学的发展也是如

---

① 蒋介石：《为何汉奸必亡侵略必败》。

此，人类最初为了避风遮雨而造屋生存，随后在不断实践中，建筑作为一门艺术和学问也就日趋复杂和完美。其他诸如造船、化学、电学、货币学等等都是如此。这些例证都说明行在先知在后，知难行易。由于后人较容易地继承前人经过实践得来的知识成果，便以为知容易而行困难，孙中山认为这种观点是不符合事实的。

孙中山还批评王阳明的"知行合一"是不合于科学的。因为"知行合一"把认识完全看成是主观先验的，拒绝经过实践获得知识。比如说王阳明欲了解竹子，他先和友人按朱熹的办法静坐在竹子面前体会，结果累病了也没体会出竹子的道理。遂相与叹息此理不通，于是企图通过另一种充满神秘色彩的幡然觉醒的"顿悟"来达到目的。这仍然是摒弃实践，只注重主观自省的唯心主义认识论。因此孙中山直斥其非，指出："如是不知固不欲行，而知之又不敢行，则天下事无可为者矣。"为了表示与王阳明观点对立，他又进一步提出了"知行分位"的观点，将知与行割裂开来。在这里，孙中山犯了矫枉过正、形而上学的毛病，否认了知与行历史的、具体的统一。这一结果，固然是他在批判王阳明理论时走向另一极端所致，同时也反映了他重知轻行的倾向。

蒋介石一生信奉王阳明学说，同时又标榜自己是孙中山的忠实信徒。为了调和孙中山与王阳明在知行理论上的矛盾，他给两者所提出的"知"的内容作了区别，王阳明所讲的知是良知的知，是人的良心上的知识，不待外求；孙中山所讲的知是一切学问的知识，不易强求。蒋介石这一分析原本不错，正是道出了孙中山知行论与王阳明知行论之间唯物主义倾向与主观唯心主义倾向的区别。

但是，蒋介石知行思想的核心却是完全继承王阳明的，就知的来源说，他认为："我们的心意没有一时一刻不与事物相接触，我们要认识事物，就不能离开心意，就是精神。譬如我们开始研究一件事物，在我们脑筋当中，首先发生出来的就是与这件事物有关的许多概念，但概念不是由外面装进我们脑筋里面来，而是我们心灵对于外界事物的印象产生出一种理智活动的结果。"① 拿这句话证之王阳明观点，则让人有如出一辙之感。据《传习录》载：

"先生（王阳明）游南镇，一友指岩中花树问曰：天下无心外之物，如此花树在深山中自开自落，于我心亦何相关？先生曰：你未看此花时，此花与汝心同归于寂；你来看花时，则此花颜色一时明白起来，便知此花不在你的心外。"

上述观点与孙中山关于知从行中来的看法有本质上的不同。

再就知与行关系问题上看，蒋介石是明确反对知行分位理论的，他认为知与行并行不悖，知只是行的关系。有人"通常往往将'行动'二字和'思维'相对立，或是和'言论'相对立，其实广义地讲，所谓'思维'和'言论'只是行的过程，原是包括在'行'的范围以内，而并不是列于'行'之外的"。②

但蒋介石在此处提到的"行"，并非指纯粹的实践活动，而具有更复杂的意义，"要比普通所说的'动'广博得多"，要从易经上"天行健"这句话去体会真谛，它应乎天理顺乎人情川流不息，而无不善。说白了，就是王阳明"致良知"理论中那个"致"，就是从各人良知到事物上亲身体验。

我们再看看王阳明对这个问题是如何阐发的。王阳明认为知与行都是由主观的心所产生，所以二者是合一的，知的时候就是行了，行即是知，如见好色属知，好好色属行，只见那好色时已自好了，不是见了后又立个心去好，也就是说，人一念发动处便即是行了。

但是，王阳明提出"知行合一"理论是有其"立言宗旨"的，其目的就是要"致良知"，知是知天理，行是行天理。知不以"良知"为准则是"悬

---

① 蒋介石：《自述研究革命哲学经过的阶段》。

② 蒋介石：《行的道路》。

空思索"；行不以"良知"为准则是"冥行妄作"。

以上王阳明的立论正符合蒋介石政治上的需要。王生活在明朝中叶，当时封建社会危机加深，皇室、贵族、宦官和大官僚大地主疯狂地进行土地兼并，使农民和地主阶级矛盾愈加尖锐，农民起义此起彼伏。另外，封建统治阶级内部矛盾也愈趋激烈，宦官专权，王室反叛，官吏腐败，各种现象不一而足。王阳明对此没有从本质上去寻求原因，而是将封建社会的危机归结为人心不古，私欲横行。因此他提出"知行合一"与"致良知"的理论，就是要破所谓"心中贼"，知即行，也就是说，心念发动处即是行，行为受动机决定，因而事先要在动机上下功夫，要认真去体会"良知"真谛，这样不论在静处体悟或事上磨炼，就能把握自己，而不会有违背封建道德的行为发生。

蒋介石的知行理论也含有同样的认识和目的。1954 年，他在退居台湾后所作的《革命教育的基础》一文中总结了国民党队伍本身的腐败，对这层意思说得非常明白："我们革命党员唯有能致良知，认识这心之本体，才能真正做到祛私、补偏、戒欺、破疑，而拔除过去各种不良的病根，湔雪革命屡次失败的耻辱了。""那就不难将现在革命大敌 —— 私、偏、欺、疑的四大病症，拔本塞源，克去自己的所有的恶习、痼疾，而能切切实实地来即知即行了。"

（4）对辩证唯物主义的攻击

据说在西安事变前夕，张学良尚未发动兵谏前，曾批评蒋介石思想过于陈旧，所阅之书大多为古代典籍，而遭蒋介石之讥讽，并要求张学良就马克思主义理论方面问题进行提问，以表示自己早有研究。

从共产党与国民党长期合作与斗争的历史看，辩证唯物主义作为共产党的思想理论基础及工作、斗争的指导方法确实展现出巨大的精神力量和物质力量，即使国民党阵营中人也莫不同感。对此，蒋介石批评说："一听到人家讲唯物主义与辩证法，就以为新奇，就为所眩惑，不是盲从附和，就是茫然失措。"① 因此，要消灭辩证唯物主义，首先必须了解辩证唯物主义，剖析其原理，研究其法则。1955 年为了总结在大陆失败的教训，蒋介石写了《解决共产主义思想与方法的根本问题》一文，对辩证唯物主义进行全面抨击，此文可视为蒋氏研究该方面问题的代表作。

在该文中，蒋介石对唯物辩证法的来源和原理作了介绍和分析。马克思主义哲学有两个来源，一是黑格尔的辩证法思想，一是费尔巴哈的唯物主义，但蒋介石似乎对辩证唯物主义中所蕴藏的辩证法思想更为重视并详加研究。

他认为黑格尔所运用的"正、反、合"也就是矛盾统一的辩证观点，并不是什么新奇的东西，我国早在数千年之前就有发现，如《易经》所谓"一阴一阳之谓道"，就是阳为正、阴为反、太极为合的意思，而且其哲理远较黑格尔"正、反、合"高明而深邃。其他如老子"有无相生，难易相成"以及《书经》的"危微精一中"，都无不是现代辩证逻辑学所自出。蒋介石十分遗憾地指出：可惜我们对于这些学问，"不但不知发扬光大，反而视之为陈旧无用的东西。结果乃就数典忘祖，舍本逐末"。

为了改变这种状况，蒋介石竭力以他的"力行哲学"来对抗辩证唯物主义。他认为，他的哲学思想是继承了中国哲学中的道统思想，平和中庸而亲切圆满，世界万事万物都是彼此协调的，它们不需要经过矛盾统一的机械式过程，本身内部就自具有一种中和的本能来求其均衡发展和互不相害。而黑格尔的辩证法思想虽然有一定的道理，但它经过了马克思的改造，内容与精神已完全相反，"当然不在统一矛盾和解决矛盾，而在使世界的矛盾，尽量扩大，人类的斗争永无止境，最后就是要使人类根本丧失人

---

① 蒋介石:《哲学与教育对于青年的关系》。

性，成为毫无良知的禽兽"。在这里，蒋介石黔驴技穷，已几近无赖式的谩骂了。

蒋介石诬蔑唯物辩证法是一种充满人欲的哲学，矛盾统一规律、否定之否定规律、质量互变规律，这些辩证法的基本法则展示出来的是一种以恨为主的共产主义唯物论者的世界观。因此，同辩证唯物主义的斗争，实际上就是一场"天理"与"人欲"的斗争，甚至可以说是一场宗教斗争。因为马克思的唯物辩证法是摒弃一切神仙与救世主的，而蒋介石却乞灵于上帝的存在，"必须承认宇宙之中，是有一位神在冥冥中为之主宰的，并且他是无时不在每一个人的心中，而不得外求的"，"希望我们反共志士，认清这'天'与'神'的观念以及宗教的信仰，都是反共的精神武装中最精锐的基本武器"。

上述蒋氏言论表明了一个事实，即在理论上，蒋介石对唯物辩证法的攻击是无力的，基本上也就止于谩骂的水平。而且，他也不得不承认辩证唯物主义这一武器的犀利，他以在大陆失败的教训佐证了这一点。他认为共产党的三大法宝"统一战线、武装斗争、党的建设就是共产党人娴熟运用唯物辩证法的例证，我们试一回顾本党三十年来的反共历史，就可以憬然于'共匪'完全是将其'矛盾律'的法则，循环运用，以击败本党的。他们先搞'统战'以利用分化拉拢的手段，作互相渗透，以分化本党和孤立本党。后来又有所谓'武装斗争'，那就是利用国军各种弱点，拼命制造我们内部的矛盾，转移国军的注意力，以便扩大他的武装叛乱，来达到其'全程贯彻'的目的。至于他所谓的'党的建设'就是每一次他们在行将被本党消灭的时候，乃教育其干部和煽动盲从的群众，要求与本党妥协，但他决不放弃其消灭本党的基本原则"。从这里，我们可以看出蒋介石对唯物辩证法既抱有恐惧的心理，其理解又流于表面和简单。他没有看到国共两党在长期相处和斗争的背后隐藏着的历史的真正动因，以及蕴藏在唯物辩证法中的对客观世界、历史发展合乎科学的解释。正因如此，他对辩证唯物主义的攻击显得粗鲁而无力，缺乏理论的广度与深度。

2. "半部《论语》治天下"

"政治"一词，早在中国古代典籍中就屡有出现，《书·毕命》曰："道洽政治，泽润生命。"将政治认为是治理国家所施行的措施。列宁也说过："政治就是参与国事、指导国家、确立国家活动的方式、任务和内容。"[①]政治的基本内容就是各个阶级、政党、集团等参与国家生活的活动，而这些活动的中心问题是政权问题，简言之，也就是治国之道。

关于治国之道，中国古代圣贤圣哲多有讨论，但基本上是循着中国道统思想所指示的那条路子。北宋名相赵普曾有一句中的之论，"半部《论语》治天下"，也就是以人为本，以仁施政，这乃是历代统治者心中认可的至理名言。

尽管到了中国近现代，中国社会性质发生了巨大的变化，尽管蒋介石也属于这个巨大变革时期的风云人物，但这些古老的观念和教条在他头脑中固执地存在着，儒家道统思想也同样反映在他的政治思想中。而他自称一直信仰尊奉的孙中山思想，他也干脆认为其基本精神同样脱胎取法于传统的儒家思想，并在此基础上随意拮取选择，从而构成他自己的一套政治理论体系。

（1）以人为本的政治理论

赵普以"半部《论语》治天下"一语惊人，而蒋介石则以儒家经典中另一篇文章《哀公问政》为其政治思想的主要来源。1939 年 3 月，蒋介石在

---

① 《列宁选集》，俄文版第 21 卷，第 14 页。

重庆中央训练团作题为《政治的道理》演讲时，就对它推崇备至，认为它是"治国行政，革命立业的要则"，包含了政治哲学的诸多要领。并以此结合其他儒家思想，集中阐述了他的政治观点。

《哀公问政》首先阐述了儒家以人为本的政治观点，其曰："义武之政，布在方策，其人存则其政举，其人亡，则其政息。"也就是说，治国之道，必须有明了这个政制的原理和价值的人，然后这个政治体制才可能有效地运转起来，否则将难以收效。

蒋介石也同样认为政治要以人为本，要有人来运用，离开了人，就无所谓政治。他引用该文说："人道敏政、地道敏树，蒲芦也。"蒲芦，即河边植物。这是说，政治只要符合人类的本性，就可以像植物那样茂盛生长。

为了强调以人为本的政治观点，蒋介石认为整个儒家政治思想都基于此，他引证发挥说："大学之道所说的三纲：①明明德；②亲民；③止于至善。都离不了人，明明德是存乎人的本性之中；亲民的对象是人；止于至善，即择善固执，也要由人从学问思辨中去把握。至于所谓格物、致知、诚意、正心、修身、齐家、治国、平天下的八目，前四者是个人的修养，后四者是由个人而影响到更大范围的人类各个分子。这八目也都是以'人'为本。再从礼运大国之治章来说：开头所谓讲信修睦，是说人对人应有的关系，选贤与能的贤能是人，接着说不独亲其亲，不独子其子，使老有所终，壮有所用，幼有所长，鳏寡孤独废疾者皆有所养，以至男有分，女有归，这里所谓亲，所谓子，所谓老者、壮者、幼者、鳏寡孤独废疾者，以及男的、女的，每一句每一项都指的是人，差不多离了人就没有作为，离了人就无所谓政治。""我们再来看看中庸里面所说的五达道，亦就是古时所说的五伦，其中君臣、父子、夫妇、兄弟、朋友（包括家族和政治关系以外的一切人）都是说明人与人的关系。再看所说的九经，所谓修'身'，亲'亲'，敬'大臣'，体'群臣'，子'庶民'，来'百工'，柔'远人'，怀'诸侯'，他的对象又无一不是'人'，因之我们可以说整个的中国政治理想，综括一语贯之，就是要把'人'

的品性提高起来，把'人'的价值和功效发挥出来，把'人'和'人'的关系修明起来，中国政治的目的，为政的精义，就是以'人'为本，所以说'为政在人'。"

（2）伦理为政治的基础

从客观上分析，中国传统儒学的政治思想是一种以人为单元，以家庭、宗族、社会为对象的政治学说，它与我国封建社会家族同构的政治结构相适应。中国社会结构由家庭、宗族、朝廷、帝王构成。最下层的民众是国家的群众基础，这些人都分别隶属于各自的家庭，在家庭范围内活动。家长管教子女，族长管教氏族成员，天子管教天下臣民，无论是权力的运用或者观念的认可都可顺理成章。儒学以仁树立人，以孝悌模范家庭，以忠孝贡献国家，遂而形成一种与伦理相结合的政治思想体系，这正是与中国社会形态及其所派生的人们的观念形态完全吻合的。

蒋介石也深谙个中道理，因为"伦理的教义，比较法制更积极、更自然，亦能更深入人心"。他认为尽管当前的社会性质已发生了变化，宗法观念、家族主义与近代社会组织不尽相同，但传统伦理的内在精神仍然存在，礼义廉耻、知仁勇这些道德规范仍然应成为政治的基础，只有这样的政治才是最有根底亦最完善的。

以伦理作为政治的基础，也就是说治国之道，要以"人治"为主，辅之以法治，伦理的价值是高于法制的，因为"伦理与法制的不同，就是伦理是从人类本性上启发人自觉性，法制是代表着国家公共权力而带着强制性的，伦理不仅是指明某种行为是正当的，而且是从人生意义上去探求为什么这种行为是正当的。法制只是这种行为的正当与不正当，不容许人们逃避其所当为，或为其所不当为而已"。[①] 蒋介石之所以如此重视伦理的作用和力量，乃

---

① 蒋介石：《反共反俄基本论》。

在于他认为这是一个人人生价值和行为标准的问题，只有依靠这一力量，才能由己推人，由爱家庭推至爱国家、爱政府。

（3）"仁"为施政之要

赵普所谓"半部《论语》治天下"，实际上是对儒家政治思想的一种浓缩，其实我们还可以予以更精炼的概括，就是以"仁"施政，以"仁"治国。这一思想在《哀公问政》中也有反映，因此蒋介石在他的《政治的道理》一文中也大加发挥。他认为："古时所谓仁政，就是要发动人民的力量，救济人民的痛苦。为政之要，就在于竭尽能力，定出方法和计划，来救治人民的困乏与痛苦。"而这就是孙中山的民生主义，它的目的，就在于救国救民和救世，否则，所谓一切政治就都是空泛而无意义的。

从以上蒋介石对政治思想的论述中，我们看到他一些基本观点和思想还是传统的儒家思想的重复，从蒋介石一生言行观察，他的封建思想尤其是帝王思想是十分浓厚的。而儒家的政治思想、治国之道就十分适宜他的口味，这也是他尊奉儒家的一个主要原因。我们知道，政治的基本内容是处理各种阶级之间的关系，但儒家学说却提出以人为本的政治观，这个"人"是抽象的，并以此为基点，演绎出一连串带有伦理色彩的政治理论，在这些伦理政治中，既有符合人道主义的人伦性质的合理成分，也有与专制主义相通的不合理的尊卑等级因素，这些合理与不合理的东西已经世世代代胶着一体并和君权理论互为结合，既为专制主义者所乐为，又为下层群众心理所易受，蒋介石重操此论，表现出他对以传统伦理观念为背景的社会心理是何等的驾轻就熟。有人评论，蒋介石很懂中国，这一"懂"字可谓入木三分。

3. 蒋介石对中国社会的认识

说蒋介石"懂"中国，是指他对中国社会有一定的了解，对民众心理的掌握技巧娴熟而运用自如，并有一整套的理论作为驾驭的指导。否则，他只能算是昙花一现的历史过路客，不可能在众多新旧军阀角逐中脱颖而出，更不可能数十年来，甚至退至台湾以后，一直将国民党统治大权始终控制在自己手中。

蒋介石对中国社会的了解与认识，谈不上全面、科学和准确，但是却能道出某些令人寻味咀嚼的东西。这些东西尽管早有人作过类似的分析，也并非新鲜，但对于他这样一个新瓶旧装的统治者来说，却也是形成他政治思想和治国之策的重要依据。

研究中国社会，蒋介石认为就是要研究中国社会所具有的习性以及由此衍生的国民性，他从三个方面入手进行分析。

首先从历史地理方面来观察：中国社会是一个大陆社会。这种大陆国家特有的民族习性，当然是由于大陆的气候、地理以及各种生活、传统累积而成的。这种大陆社会的民族习性，最显著的，就是安土重迁和安居乐业的心理。在这种心理影响下，缺乏积极进取、协同合作、向上和主动精神的现象也就随之而生。因此，也就没有研究发展、创造和勇于负责、敢作敢为的习惯。千百年来的积习所遗传下来的就只有迟钝、粗重、散漫、消极和自私。国家的观念、民族的意识竟是家族观念、宗族观念的延续和扩大，一切都成了形式上的墨守成规。所以，见之于人心风俗的也就是淳厚朴实有余，进取和发展却不足。

其次就政治伦理方面来观察：中国社会是一个伦理社会。蒋介石对伦理的解释参照了中国文字的本义说，伦就是类，理是纹理，引申为一切有条贯、有脉络可寻的道理，是说明人与人关系的，包括人对于家庭、邻里、社会、国家乃至世界人类各种关系上所采取的正确态度，是诉之于人的理性而确定的行为标准。伦理与法制不同，是从人类本性上启获人的自觉。前文说过，蒋介石认为中国政治哲学是与伦理紧密相连的，从一个人的修身推到亲亲，再从亲亲推到睦姻任邮，推到仁民爱物。甚至一切的制度与组织，都有伦理的色彩。例如，从中国固有社会组织看，在血统方面，由身而家而族；在地域方面，由家族而保甲而乡社，这两方面的延伸和系统都很分明，由个人日常生活的箴规推而至于家，则有家礼，有家训；推而至于族，则有族谱、有族规；在保甲则有保约；在乡社则有乡约和社约。它们通过自治、互助而发展、生存和延续，运用伦理的力量、法则进行管理，而并不仅凭法律条文。"言教育则有乡校和社会、言赒济则有义田和义庄、言积谷备荒则有社仓的储蓄、言防盗缉奸则有保甲的连坐。乃至堤防沟洫、道路河川，无不由乡社的群力以从事于修筑和疏通。"① 这种以伦理为基础的社会组织可以说是中国社会的一大特色。

再次从经济民生角度来观察：中国社会是一个农业社会。几千年来，以农立国的方针始终未变。农业社会的长期递嬗，固然养成那种淳厚和忍苦耐劳的朴实风气，尤其是它以敬老扶幼、除暴安良、守望相助、效死勿去的仗义来发扬其保家护乡、团结奋斗的精神。这种以其家族制度为基础的农业社会组织在国家变乱、流寇蜂起、外侮侵凌的时期，将起到平定祸乱的作用。如太平天国时期的湘军淮军，正是依靠这种组织力量的典型事例。但是，由于农村社会的经济结构方式，农民的分散性和无组织性，也产生了许多病态现象，其弊在狭小浅陋和偷惰自私，重感情而轻法制，好散漫而恶集中。蒋介石为此总结出十大缺陷：①轻忽时间；②不重数字；③不知奋勉向上；④消

---

① 蒋介石：《中国社会之命运》。

极颓唐；⑤不分本末、不求重点；⑥消耗时间；⑦反科学；⑧反组织；⑨反纪律；⑩因循苟且、推诿负责。

对于以上的认识，我们姑且不从科学的角度去论证其是否准确，但其中某些现象却是客观地存在着的。而蒋介石所承袭的中国儒家道统思想则是与这些社会习性相适应的。从地理条件看，我国大陆地区山岭河道纵横，形成一块块带有特色的区域，各个地域之间因自给自足的经济模式造成了相应的封闭性和因循守旧，使得适应这一社会环境的思想能长期存在下去。即使到了近代，由于自然经济仍然占据优势，因此传统的思想依然有一定的社会影响力。另外，中国是一个以农立国的国家，国家最重要的日常事务是兴修水利、征收赋税和防御外敌。农民的生活主要靠种田维持，他们只需要简单的农业知识，而儒家的伦理知识足以满足封建王朝的需要。所以，它是占据社会统治地位的国民知识。更由于几千年的耳濡目染，早已潜移默化，深入人心。既然儒学与小农经济时代人们自给自足的经济水平和人际关系相适应，人们男耕女织、自产自用，日出而作、日落而息，加上聚族而居，乡亲父老之间穷则相济、急则相助，必然培养成义气、厚道、重义轻利的民风民俗。因此，儒家学说中的一些伦理规范也自然形成了人们的价值取向。它的优势在于，将其君权理论与群众以血缘亲情和自发人道主义为基础的伦理观念结合起来，使之具有相当坚实的社会心理基础，任何一种新专制主义的理论，只要涂上合乎潮流的时代色彩，就能够借助于这种社会心理而影响社会，如果得到统治者的支持，就能够演变为社会统治思想。

正是基于对中国社会的如此认识，蒋介石十分相信儒家思想的功效，并将其涂上了合乎潮流的时代色彩，即"三民主义"，并以此来掌握、改造社会。

蒋介石一方面看到中国社会中的传统力量，另一方面也看到近代以来所产生的变化，他认为这一变化的主要趋势，就是从农业社会向工业社会的转变，在这个转变中，有一个最主要的特征，就是人口集中于城市，而在人口城市化的过程中，社会组织所受影响最大的是大家族的瓦解。大家族制逐渐崩溃，小家庭制渐渐流行，原属大家族所具有的生产教育等多项职能逐渐分化出来。一个人从幼年到老年的各种问题，从前都是家族问题，现在都成了社会问题。也就是说，随着中国从农业社会向工业社会过渡，旧的社会组织已不能适应，社会问题也随之产生。以至于共产党利用此点，并采取武装斗争，加速了社会的瓦解，遂造成国民党不得不撤离大陆之局面。

那么如何解决或补救这一情况呢？蒋介石对孙中山的"三民主义"以曲解的方法进行了改造，他认为：中国的社会问题，实际上乃是一个含有民族革命、政治革命和经济革命三种共同性质的国民革命问题，而"三民主义"就是其指导原理。"三民主义"的核心在于科学、民主和伦理，即科学的民生、民主的民权及伦理的民族主义。

根据蒋介石的阐述，运用所谓科学的民生主义，就是要注意工业革命带来的结果，建立一种社会安全制度，用以维护并改善国民生计，它的主要工作内容就是辅导就业，办理社会保险，加强社会救济，以达到那种人不独亲其亲、不独子其子，使老有所终，壮有所用，幼有所长，鳏寡孤独废疾者皆有所养的最高理想境界，并以此为蓝本形成一种具体制度。而民主的民权主义，也就是实行民权训练和推行地方自治。重点工作就是加强社会组织，而立机关、注户口、定地价、修道路、垦荒地、设学校就是其具体步骤。让社会上一切分子的生活行动，都能遵循一定的规律，安分守己，不作异动。至于伦理的民族主义，就是要加强忠孝仁爱信义和平八德的精神以昌明我国固有的人伦关系，那种传统的君臣、父子、夫妇、兄弟、朋友五伦在解释上可以赋予时代的含义，如君臣关系，就是国民对国家（国民是臣，国家、领袖是君）的关系。至于父子、夫妇、兄弟的家庭关系，虽不必如宗法时代那样规定的呆板，但家齐为国治之本，在责任观念上并没有古今的不同，应将这种家庭的伦理规范扩而大之为邻里乡党的关系，朋友一伦推而广之对同志对同胞的关系。因此，古时的五伦和现时的伦理观念，在形式上虽不尽相同，其精神上是一致的。蒋介石认为这正是孙中山伦理的民族主义的精义所在。

凡是对孙中山"三民主义"稍有了解的人都能看出，蒋介石在此对"三民主义"的发挥完全是断章取义，其核心精神仍然是传统的儒家思想，在科学、民主、伦理旗号下完全复原了传统的君权理论。蒋介石公开宣布：中国必须以"三民主义"为新道统，而"三民主义"则是继承了孔子的道统。中国社会尽管发生了变化，但他还希望人们的社会心理仍旧循照固有的模式发展下去，而这种带有时代色彩的新专制主义理论正是其驾驭民众的最好工具。

4. 蒋介石与基督教

1975 年，蒋介石病逝于台湾，灵梓中除随身穿戴外，另有蒋平生喜读的《三民主义》《四书》《唐诗》《圣经》《荒漠甘泉》等书，以作某种意义之象征。

置《三民主义》则表示蒋乃孙中山信徒；《四书》《唐诗》则表示蒋为中国传统文化的继承者；而《圣经》《荒漠甘泉》则又将蒋置于西方上帝光环的庇佑之下。

号称"台湾狂生"的李敖有一篇题为《蒋介石只信基督教吗》的文章，对蒋氏大发不恭之词，他引经据典论证讽刺蒋介石是个多神论者，他信的是古今上下四面八方神祇，所有的神全信，这样才万无一失。

李敖的调侃道出某些真情，蒋介石对宗教信仰采取的是一种"拿来主义"，为我所用，带有很大的实用主义倾向，追溯他信奉上帝的最初起因，就可以清楚地发现此点。

蒋介石是在他 42 岁那年开始信奉基督教的，1927 年他为了与宋家联姻，答应了宋美龄母亲的要求，接受对基督的信仰。为了达到目的，蒋介石没有犹豫，回答得非常爽快，并于两年后接受了洗礼。

正是因为这种爽快，则让人有一种动机不纯之嫌，作为一个年已不惑、生性又十分固执的成年人来说，乍然改变信仰并非易事，况且蒋介石从小受过正统的儒家思想教育，其母王采玉又倾心礼佛，蒋介石自己也与一些佛教大师有过来往，谈佛论禅，颇有兴趣。另外，西方的教义因为近代列强的侵略尚常遭国人尤其是儒学思想根深蒂固之士大夫白眼。从这些方面看，蒋介石信仰基督教似乎是一件令人费解的事。

但是，如果说蒋介石信奉基督教的最初动机是出于某种需要，那么后来的岁月里，他确实沉浸到里面去了。当然，他并不相信基督世界中那个虚无缥缈的上帝，他感兴趣者，乃是基督教中的某些思想，尤其到了晚年，更是每日诵读祷告之不辍，因为他从中发现了他所需要的东西。

"知父莫若子"，蒋经国就坚持认为，蒋介石信仰基督教，绝不是迷信，而是有着一定的思想基础的，这一思想基础仍是儒家理论。他引用蒋介石的话作为根据："我们中国'天人合一'哲学思想，乃是承认了'天'的存在，亦就是承认了'神'的存在。"[①] 而这一观念，正和基督教尊仰的上帝有沟通之处。另外，儒家学说讲"仁"，基督教劝人要"爱"，这些自然与共产党的无神论以及阶级斗争学说是水火不相容的。这就是蒋介石信仰基督教的基点之一。

除此之外，基督教中的一些思想也成了蒋介石退居台湾后精神的慰藉和支撑。

据蒋经国在《我的父亲》一文中回忆，蒋介石晚年曾将一本《荒漠甘泉》（下面简称《荒》）赠予他，该书是一本宣扬基督教的书籍，蒋介石晚年曾为之痴迷，并在每一篇文章里都加了批注，这些批注反映了他这一阶段的思想状况。

《荒》曰："我相信有一种忍耐更难做到，就是那同时能'奔'的忍耐，固然，在悲伤的时候不动，在不幸的时候不言，需要极大的忍耐，可是我知道一件事，需要更大的忍耐，就是在袭击之下，继续工作，心中负着重压，仍不停止前奔，灵里虽感痛苦，仍然勉力尽职，这才是基督的忍耐。"

蒋批：

① 此篇为我一生工作之写照。

② 信徒在敌人重压与袭击之下，灵性最感痛苦之时，仍要努力不息，

---

① 蒋经国：《我的父亲》。

努力尽职。

《荒》曰："保罗说：'所信的道我已经守住了。'虽然他的头他没有守住，人虽能把他的头斩去，却不能把他的信心斩去。"

蒋批：

本篇无异为我十年来经历所写也。

《荒》曰："许多时候，静比动更费力，静是力的最高效能，对于那些一无根据的最恶最毒的控告，主始终什么都不回答 …… 连一句话也不说。"

蒋批：

① 这是 24 年来我的处境，而以近四年为犹然。

② 静是力的最高效能，含冤不申，任人侮辱讥刺，与最恶最毒无根据的控告都不申辩，始终镇静如常，这是何等大力。

对照《荒》所宣扬的精神与蒋介石的批注，反映了蒋介石失意后狼狈不堪的处境。可以想象，在日本投降后，蒋介石执意要消灭共产党，发动内战，以致民怨沸腾。败退台湾后，风雨飘摇、四面楚歌，将帅丧胆、士卒离心，"反攻大陆"只是痴人说梦。此情此景，令蒋介石不堪回首，除了从《圣经》中寻求一点精神安慰外，还能有何作为呢？

外交篇

外交需要实力，也需要谋略。

弱国无外交，弱国比强国更需要外交。

强国外交失利，只伤面子，不伤肢体；

弱国外交失败，会影响民族生存和主权完整。

没有永远的敌人，也没有永远的朋友 —— 是说外交取向的多变性，是指外交具有阶段性的目标。外交主体要根据需要和外交格局的变化，适时进行力量的整合。

外交政策不等于基本国策，基本国策是求国家生存发展的战略，外交政策是实现基本国策并受其制约的对外部世界联系的政策。外交的基本准则是国家利益高于一切。

既然国家利益至上，因此，外交中要权衡国家和政党利益的关系，意识形态的分野不应作为制定外交政策的主要依据。以意识形态差异划分的那种"汉贼不两立"的外交，只能是短视的外交。

外交无信义可言？并不尽然。但要看与谁打交道。

成功的外交，不仅要具备一定的外交实力和精辟的战略，还要有高超的外交艺术和干练的人才。外交是多种因素的综合，又是特定时代国家整体实力的反映。

1．蒋介石的"联苏反共"

众所周知，历史上蒋介石是"反苏反共"的老手，说他"联苏反共"世人恐多不信。可实际上，在1935年以后的一个很长的时期内，蒋介石确确实实运用过这个策略。翻看蒋介石的外交史，不难发现，在蒋介石看来，只要有助于抑制、消灭共产党，无论是联合苏联也好，反苏也罢，都是可以的。

不过，"联苏反共"策略的发明权属于蒋介石的外交谋士蒋廷黻，而不是蒋介石本人。1927年蒋介石发动四一二反革命政变后，驱逐、缉捕苏联在华顾问，镇压共产党，中苏关系趋于恶化。1929年张学良为中东路与苏联干了一仗，中苏关系一度中断。九一八事变后，蒋介石奉行"攘外必先安内"的政策，当时蒋介石相信中日冲突依靠国联与英美大国的干预便可以解决，对联合苏联并不抱积极态度。可"一·二八"淞沪战役后，仍不见国联方面对日本施行经济和军事制裁，蒋望眼欲穿，可到头来竹篮打水一场空，失望之余，才感到光靠国联没有希望，这时蒋介石开始考虑与苏联恢复关系，希望依靠和借重苏联的力量共同抵御日本。但蒋介石又担心，一旦与苏改善关系，苏联会乘机以此为筹码大力支持中国共产党，这也是令他头痛的事情。

苏联这时处境也很微妙，希特勒德国的侵略野心日益暴露，苏联担心自己会面临德国和日本东西两方的夹击，为摆脱两面受敌的境地，苏联也希望与国民党政府联合，希望中国牵制日本，缓和自身的压力。苏联方面了解蒋介石的心思，为打消蒋介石的顾虑，还在中东路事件谈判时，苏联外交人民委员李维诺夫便就中共问题向莫德惠表明苏方的态度："此系中国内政措施问题，苏联并无恕愿之事。"蒋介石还不放心，为进一步试探苏联方面对中共的态度，1933年夏蒋介石在庐山召见主张中苏复交的清华大学历史学教授蒋廷黻，要他在赴欧考察期间，"尽可能地把时间用在苏联"，"测探中苏两国合作的可能性"。蒋廷黻出访欧洲期间在莫斯科停留了三个星期，潜心研究苏联外交，并就中国内政问题与苏联高级官员会谈。敏感的问题自然是如何看待中共，蒋廷黻提出："由于我们中国人认为苏联绝不会放弃其既定计划，所以我们也希望苏联政府能同意中国按自己的方式发展其政治经济组织"，这就暗示苏联不要干涉蒋介石反对中国共产党和"剿灭"红军的做法。对此，斯托莫尼可夫当即表示："苏联无意于干涉中国内政，一旦苏联政府要与中国建立进一步关系的话，那个中国一定是蒋介石统治的中国。"① 蒋廷黻将苏联的立场向蒋介石作了汇报，随后他出任了行政院政务处处长。1935年蒋廷黻又向蒋介石指出，"你同时反共反苏是不对的。苏联是一个很大的新兴力量，你必须取得苏联的谅解，使苏联对你放心，然后你才真能反共"。蒋廷

陈果夫

黻的结论是"反共必须联苏"。蒋介石觉得这也有道理，苏联在处理国家利益和意识形态分野的政党利益上，首先考虑的是国家利益，与苏联搞好关系，苏联倚重国民党政府，就不能不与中共保持距离。反之，你既反共又反苏，必然强化苏联对中共的支持，因为这时苏联无所顾忌。于是，蒋介石接受了这个主张，并任蒋廷黻为驻苏大使。

既然蒋介石采用"联苏反共"的策略，那又怎样理解1935年底蒋介石派陈立夫、陈果夫负责打通

① 《蒋廷黻回忆录》，（台北）传记文学出版社，1979年3月版，第155页。

国共关系、与共产党谈判呢？其实，这并不违背"联苏反共"策略，这只是蒋介石适应形势变化的一种变通手法。1935 年的华北事变，充分暴露了日本独占中国的野心，长此以往，势必危及蒋介石政权的利益，委员长这把交椅也保不住。这时中共关于建立抗日民族统一战线的主张受到了广大人民的拥护，全国各界人民的抗日救亡运动蓬勃兴起，国民党内的进步势力，如冯玉祥等激烈抨击蒋介石"攘外必先安内"的误国政策，要求立即对日作战。宋庆龄等人则公开要求蒋介石停止内战、一致对外。蒋必须正视这个现实，重新考虑反共问题。如果摆摆姿态，与中共接近，就会取得苏联的好感，这对"联苏援蒋"的计划无疑是有利的，更重要的是，蒋介石当时认为，经过二万五千里长征的红军损失巨大，已成强弩之末，"剿共"初功告成，红军已是"残余"、"流寇"，"不足为患"，可以运用安抚手段，迫使中共就范，达到解散或收编红军的目的。如此，既增加了"联苏"的资本，又以另一种形式消灭了中共，这又何乐而不为呢？

　　从 1936 年国民党在与共产党接触谈判中所提条件，也可清楚看出蒋介石"联苏反共"的用心。蒋介石深谙军队对中共存在的意义，因此接触中蒋介石始终坚持"军队第一、政权第二"的原则，千方百计谋求解除中共武装。如 1936 年 11 月 10 日和 19 日，陈立夫与潘汉年两度会谈，并两度转达蒋介石关于处理红军和共产党的办法："①红军可缩编至三千人，其余由宁方编遣；②师长以上官佐由宁资遣出洋考察，半年后回国按材录用。"政治上，共产党应"放弃过去的政治主张"，"可派代表参加国会及在各军政机关工作；但须先由我方提出适当名单，由彼酌量任用"。[①] 可见，如果共产党照此处理，中共无疑自己解除了武装，放弃了信仰，那只是被另一种方式的进攻消灭了。后来蒋介石在《苏俄与中国》一书中写道："我对于中共问题所持的方针，是中共武装必先解除，而后对他们党的问题才可作为政治问题，以政治方法解

---

① 《潘汉年关于与陈立夫二次谈判结果致毛、朱、张、周电》，1936 年 11 月 19 日。

决。民国 23 年底，五次'围剿'初告成功，中央即派陈立夫担当这一政治任务。"也正是不放弃消灭共产党这个图谋，致使谈判没有结果。同时，谈判中，国民党方面多次提出希望共产党领袖"促进联俄"。蒋介石正是以与中共谈判、接触为筹码，希冀既联合苏联，又消灭中共。可见，这不过是"联苏反共"策略的另一种表现形式罢了。

还应看到，国民党与共产党会谈并不是正式的，只是秘密接触而已，是蒋介石的试探，蒋介石无意放弃和改变根本解决中共的既定方针，力图对红军彻底消灭。西安事变前，苏联十分担心蒋介石对日妥协、允许在中国某几省共同防共，以对付苏联。1936 年 12 月 3 日，蒋廷黻回答苏联外交委员会副委员长斯托莫尼可夫的疑问时说，"绝无此事，我政府将贯彻自力'剿共'政策"。斯托莫尼可夫再问："将来如果红军到华北，中国是否愿借日本之力呢？"蒋廷黻为打消苏联的忧虑说道："国内的红军不是日本的对象，中国当然要贯彻自力'剿共'政策。"[①] 为了联俄，蒋介石没有也不可能联合日本来消灭中共，而是独自加紧对中共的军事进攻。1936 年 12 月，蒋介石调集数十万大军准备对陕北红军大举进击，蒋飞临西安亲自指挥，反共态度十分坚决，连张学良的哭谏也无济于事。终因蒋介石反共态度顽固而导致了西安事变的发生。西安事变前，国民党方面也有人担心西北"剿共"会影响中苏关系，蒋介石摸透了苏联的底，只要无碍于联俄大局，只要蒋介石不与日本站在一起，军事"剿共"，苏必不过问。于是蒋介石便对人言，不必顾及共产国际和苏联，消灭了共产党问题也就解决了。

蒋介石的"联苏反共"策略也确实收到了一定成效。如 1936 年下半年，蒋廷黻出任驻苏大使时便发现，所见与上次大有不同，"两年以前，职游此邦时，各报均力斥院座（蒋介石）之反中国民众利益，而为上海财阀及内地大地主与日人之工具。'赤匪'每得胜，此地报纸必大为宣扬，失败则隐讳

---

① 《蒋廷黻与苏联高级官员会谈记录》，《民国档案》1989 年第 4 期。

莫深","此次来苏，见其言论与往年大异。中国赤匪之消息全不见于此地报纸，对中央政府绝无批评之语"，"苏联所希望者为南京政府领导全国各党派组织统一战线或人民政府"。① 另外，苏联方面也尽量摆脱与中国共产党的干系。如西安事变发生时，蒋介石被扣西安，苏联方面报纸报道张杨举动系受日本人的策动，于苏联无关，希望和平解决。1936 年 12 月 17 日，苏外长李维诺夫为中国政府禁止登载苏联否认日本谣言的声明一事（日本方面说西安事变是苏联背后指示所为），向中国驻苏大使蒋廷黻提出抗议，指出：此举表示中国政府怀疑苏联与西安事变有牵连，"这种猜疑实不友谊"，并声明苏联与张学良没有任何联系。但蒋廷黻反诘道，张学良与中国共产党有关，而中国共产党与第三国际有关，这是明显事实。李维诺夫回答苏联政府与第三国际无关系。苏联唯一能帮助中国的办法就是让中共知道苏联的态度，而中国政府却禁止登载苏联态度的消息。西安事变真相大白后，发现确实冤枉了苏联。

　　抗战爆发后，蒋介石被迫承认中共合法，红军改编为国民革命军开赴抗日前线，抗日民族统一战线正式形成。抗战时期，民族矛盾并不完全排除阶级矛盾，蒋介石出于本阶级的利益，在共产党问题上，是既联共又反共，不允许共产党的活动超出他所许可的范围。因此，蒋这时的"联苏联共"，还有着"联苏反共"的一面。由于蒋介石实行联苏的策略，斯大林又过高地估计了蒋介石政策的积极方面，过分看重蒋介石军队在抗战中的作用，于是在处理国共关系问题上，轻视共产党，认为中共领袖"还显得孱弱，要把群众争取过来需要时间，到底需要多长时间很难说。此外，帝国主义未必容忍中共取代蒋介石"，"蒋介石有美国和英国援助，毛泽东是永远得不到这些大国的支持的"，"蒋介石即使不能打退日本的侵略，也能长期拖住它"。因此，斯大林反过来要求中共去服从国民党。王明听命于斯大林，回国后高唱中共

① 《民国档案》1989 年第 1 期，第 29 页。

及其军队"一切经过统一战线"、"一切服从统一战线",这个方针的实际含义是一切经过蒋介石,一切服从国民党,本质上是将中共武装变成国民党军队的一部分。

在对华援助上,斯大林怕给中共援助,会开罪蒋介石,造成中苏关系紧张,妨碍联苏制日的策略,因此便大力支援蒋介石政府,飞机、大炮等军事装备源源输入中国,仅1937—1942年间,就向蒋介石提供贷款3.638亿美元。而浴血奋战在抗战最前线的中国共产党,却没有得到苏联丝毫物资帮助。诚如崔可夫在《在华使命》一书中所言,抗战时期,延安方面得到的只是苏联的"精神鼓励"和马列著作。从一定意义上说,这也是蒋介石"联苏反共"或"联苏抑共"策略的成功。

蒋介石"联苏反共"的策略也受到一定的制约,并不是无所不能的。虽然苏联重视国民党,不给中共以物质援助,但苏联从自身战略利益和意识形态出发,还是不愿看到国民党打内战的。苏联对1938年10月武汉失守后蒋介石的消极抗战、积极反共是不满的,对1941年蒋介石制造的皖南事变是反对的。另外,蒋介石对"联苏"策略的成效期望太高。如淞沪会战时,认为苏联会出兵中国抗击日本。苏德战争爆发后,蒋介石不设身处地为苏联着想,还三番五次要求苏联参加对日作战,有点强人所难,因而遭到苏联拒绝。苏德战争爆发后,苏联逐渐停止了对蒋介石的军事援助,这些都令蒋介石对"联苏"成效感到失望。于是依靠外援打"廉价战争"的蒋介石必然寻找新的靠山,恰在这时,美国以新的姿态出现在蒋介石面前,陆续采取了一些使蒋介石感兴趣的政策。如中美租借法案,增强了蒋介石的军事实力,提高中国的大国地位,蒋介石成了四强领袖之一,从而得到外交上的虚荣。这样,蒋介石对"联苏"的倚重度就大大降低。1942年10月,他将"亲苏派"人物驻苏大使邵力子召回,"联苏"走向低谷。

抗战胜利前夕,为了应对战后中共问题,蒋介石又玩了一回"联苏反共"的计谋。不过,蒋介石这次付出了一些代价。蒋介石害怕战后苏联支持中共与自己抗衡，更担心苏联将东北这块战略宝地交给共产党，为换取苏联战后处理国共关系时，只支持蒋介石领导的国民政府，"对中共及新疆变乱不再作任何之支援"，蒋介石接受了损害中国主权的雅尔塔协定：承认外蒙古独立、旅顺租借给苏联、大连港国际化、中长铁路中苏共管。这种不等价的"联苏"也得到了补偿。由于苏联承诺只支持蒋介石并答应将东北主权交还国民党，于是就把沈阳、长春、哈尔滨三大城市及长春铁路干线交给国民党控制，并对中共军队在东北的行动作了许多限制：除不准用八路军、共产党名义外，武器装备也不予支援。1945 年 11 月底，国民党政府与苏军在长春谈判，达成苏军协助国民党军队接收沈阳、长春等大城市的协议后，苏军对中共的限制就更加明显，要中共退出大城市，"交还已接收的政权"，禁止中共在三大城市中实行足以妨碍他们公开执行中苏协定的一切措施。中共部队只好于 1945 年 12 月撤出沈阳，向本溪转移。到 1946 年 3 月，蒋介石越来越离不开美国，冷淡疏远苏联，一头扑入美国的怀抱，甚至以"反苏"来讨好美国，迫使苏联在东北采取了不利于蒋介石而有利于中共的行动。于是，蒋介石"联苏反共"的策略也就走到了尽头。

对于蒋介石的这一策略，台湾方面评价道，"国民党当权，有一段时期的外交相当成功，不但美国一边倒向国民党，也使俄国不愿帮助中共"。[①]

---

① 寇维勇：《为国民党的外交下半旗》，（台北）联丰书社。

2. 蒋介石争取归还香港

香港地区包括香港岛、九龙和新界。1842 年英国通过鸦片战争强迫清政府割让香港，使之成为英国在远东的军事商业基地。香港当时是一座岛，面积 75.6 平方公里。1860 年第二次鸦片战争后，英国又强割九龙"归英属香港界内"。1898 年，英国又逼清政府签订《展拓香港界址专条》，把位于深圳河以南、九龙半岛界限以北及附近岛屿的中国领土，即所谓"新界"租借给英国，为期 99 年。这样香港地区就包括南北九龙及附近 300 多个大小岛屿，总面积 1061.8 平方公里。香港地区历来是中国领土，英国的强割及强租本不具有法律效力，中国自有充分权力予以收回。

民国以来，中国政府曾多次要求归还列强在华的租界地，多因英国坚持殖民主义立场而未果。如在 1919 年巴黎和会上，中国代表一提出这个要求，就被英国借口"不属和会职权范围"而轻易否定。在 1929 年的华盛顿会议上，中国代表再次提出归还租借地问题，英国只同意归还威海卫，而以"防御需要"为由不肯归还香港新界。尽管英国对香港问题敷衍搪塞，能拖则拖，不愿归还，但香港主权本属中国，只要中国坚持反对不平等条约和列强在华特权，一有时机就势必重提香港问题。抗日战争中，蒋介石借助于中国抗战的力量，在中国人民要求废除列强在华特权的呼声中，趁势提出归还香港。

抗战中，迫使英国答应谈判废除在华特权也是来之不易的。抗战初期，英国出于本身私利，标榜"中立"，以牺牲中国来谋求与日本妥协，来保存其在华私利。中国抗战只好"苦撑待变"。太平洋战争前，武器装备落后的中国孤军奋战，并拖住 85 万左右日军，成为一支不可小瞧的力量，改变了过去任人欺侮的形象。太平洋战争使英国在远东及东南亚的殖民体系迅速瓦解。日本在偷袭珍珠港的当天进攻香港，不到20天，港英当局便竖起白旗乖乖投降。不到半年，英国就退出马来半岛、新加坡、缅甸，进入印度，日军打到印缅边境，直敲印度大门。这个"日不落帝国"当年雄风，随着英舰"威尔士亲王号"和"却敌号"的沉没而不复存在。英军不光彩的大溃退以及对印缅地区的保卫军队有赖于中国对日军的抵抗。

为了借助中国的抗日力量阻挡和牵制日军在太平洋的猛烈攻势，英美等国表示给蒋介石以支持，但英美只是要中国服从它们的战略意图，自私自利，英国还常以殖民主义的态度来对待中国。如在缅甸战场上，蒋介石认为滇缅公路是中国当时唯一的对外交通线，它的得失将会严重影响中国战局，应该坚守。美国从"先欧后亚"的战略思想出发，只想用中、英军队对付日本，不想派兵入缅作战。英国只关心印度的安危，处处防备中国军队插足缅甸。缅甸危急时，蒋介石主动向英国提出，中国可派八万人入缅作战。可英国军事代表魏菲尔却说，"如由贵国军队解放缅甸，实在是英国人的耻辱"，而予以拒绝。在仓皇撤退中，英方也不向中国打招呼，就私自将中国存放在缅甸仰光的150辆卡车等大批军用物资拉走。到了仰光危急时，又改变态度向中国求救。在缅甸战役中，英军多次不与中国军队联系，就独自先行撤逃，致使中国军队蒙受重大损失。中国军队牺牲官兵1.3万人，损失物资800万吨。英国非但不感谢中国，反而抱着殖民主义的傲慢态度无视中国的战绩。如1942年5月10日，英国首相丘吉尔在广播演说中，对美苏在战局中的作用大加赞扬，却只字不提中国军队为解救英军所作的牺牲。英美只把蒋介石当作一个小伙计，决定盟国作战情报、后勤与军火分配的联合参谋部首长会议，也把中国排斥在外。这一切都激怒了蒋介石，蒋感叹道，"丘吉尔的态度对我等于唾弃，以怨报德，徒有势力，而无信义"，"今而后知，所谓同盟与互助，皆为虚妄之言，美国亦不外此例乎？幸而我中国尚有一片土地与相当兵力，以图自存，而未为帝国主义完全牺牲耳"。[①]

凡此种种，蒋介石深感这是近百年来列强加给中国不平等条约的贻害，为了改变受歧视的屈辱地位，蒋介石借助全国军民抗战的力量和功绩，把废除不平等条约的主张提上议事日程。1942年4月23日，蒋介石让宋美龄在《纽约时报》上发表《如是我观》一文，提出取消外国在华种种特权，在国际上造成舆论，同时，又通过外交途径向英美提出废约主张。

英美两国起初敷衍，声言要待战后才能坐下商谈。但1942年正是英美在太平洋战场吃紧之时，他们需要中国的抗战力量挡住日军在亚太地区的攻势。丘吉尔认为，如果日本占领中国，"中国一崩溃……大举进犯印度，就确有可能"，[②] 因此必须稳住中国。这时日本为放手南下，为结束中国战事，以废除不平等条约引诱蒋介石投降。蒋介石掌握英美心态，声言如再不支援中国，中国就顶不住了，就只好向日本妥协了。再说，自日军侵华以来，大批中国国土已沦陷，英美在华的许多特权实际上已不复存在。为了缓和蒋介石的不满，以给蒋介石"精神鼓励"，英美两国协商后，于1942年10月通知中国，决定放弃在华特权，谈判另订新约。

蒋介石盘算，香港本是中国领土，现在又已沦入日本之手，英国当会做个空头人情将香港地区归还中国。因此，在改订新约的谈判中，蒋介石顺理成章地提出香港归还问题。

为稳妥起见，蒋介石在谈判前令驻英大使顾维钧"研究并试探英国对香港问题的态度"，向英国指出"香港是中国政府渴望尽快解决的问题之一"。[③] 丘吉尔避开正面回答香港归属问题，只是说"现在中国在日本的压力下首当其冲。但是随着日本的战败，所有日本占领的中国领土均将归还中国"。1942年10月底，英驻华大使薛穆（Segmour）和宋子文各代表一方在重

---

① ［日］古屋奎二：《蒋总统秘录》第4册，湖南人民出版社，第295页。

② 《丘吉尔第二次大战回忆录》第4卷，商务印书馆，第562页。

③ 《顾维钧回忆录》第5分册，中华书局，第15页。

庆开始谈判。英方草案中列有将上海、厦门、天津、广州的英租界交还中国，并没有归还香港或新界这一为中方至为关切的内容。原因是英国丘吉尔、艾登等决策人物一贯坚决反对归还。在 10 月召开的英国议会上，英外交次长白特拉克在答复关于香港地位的询问时，公然宣称"香港是英国的领土"。11 月 10 日，丘吉尔亲自出马发表演说，"我们的意思是再坚持下去。我当国王的首席大臣并不是为了主持清算大英帝国"。11 月 13 日，中方提出的《中英新约修订草案》建议在条约中加上废止 1898 年 6 月英国强加给中国的《中英展拓香港界址专条》，主张"英方在九龙租借地……之行政与管理权，连同其官有资产与官有债务，应移交中华民国政府"。[①] 可见，这时蒋介石在香港问题上作了一定的让步与保留，并没有要求一下子归还整个香港地区，而只是要求先归还九龙，香港本岛暂时搁置一旁。

对于中方草案，英国外交部远东司司长克拉克主张英国不妨采用拖延战术。而 11 月 30 日由丘吉尔主持的战时内阁会议却作出决议，断然拒绝放弃英国在九龙（新界）的地位。蒋介石并不死心，分析认为，"照英大使函意测之，则九龙等租借地尚不肯放弃，而西藏之特权，当更不愿提及矣。然余决促其同时撤销也"。宋子文在谈判中也指出，既然英方愿意取消在华租界，租借地与租界又属于同一范畴，理应归还新界。蒋介石甚至表示，条约如不收回新界，他就不同意签字。

12 月 21 日，英方以英国也把一些军事基地租借给美国，新界需"保卫香港所必不可少"为由而再度拒绝，只同意战后可同中国讨论新界的"租期"问题，谈判陷于僵局。这不免要使中国政府原定于 1943 年元旦与英、美同时改订新约成功，并作为一个"伟大外交胜利"而宣传的想法落空。蒋介石还拟向英方施加压力，摆摆姿态，坚持一下。不料姿态刚摆好，陶希圣主持的《中央日报》就先泄了底，在 12 月 27 日的社论《向罗斯福致敬》一文

---

① 秦孝仪主编：《中华民国重要史料初编——对日作战时期》，第三编《战时外交》（台北）。

中，透露了中美、中英将签约的消息。这下让英国摸了底，知道国民政府对条约是签订了的，只不过目前想讨个更好的价钱。这也使中国在外交上失去了所谓讨价还价的能力。蒋介石对此十分震怒，以外交泄密追究责任。于是中央日报社有的被解职，有的被记过，总编辑袁业裕交付军事法庭审判，后经叶楚伦保释；陶希圣也因此丢掉中央日报社的社长职位，记者卜少夫等人被罚薪三个月。

为了打破僵局，12月27日，宋子文让回国的驻英大使顾维钧去说服蒋介石不要坚持将归还新界纳入条约。顾受托劝慰蒋介石，中英新约是出于英国"友好"；顾维钧说，他"明白委员长的意思，该送来的礼物应当一次送来，可是英国愿意分两次送"，"依我看还是先收下这第一份为宜，可以在收礼时暗示一下我们在等待第二份的到来，这样可以不致引起什么误解"，而战时盟国间的团结"极为重要"。顾的劝说起了一定的作用，蒋介石开始考虑对英国让步问题。

不过，直到12月31日宋子文见蒋时，蒋介石仍然不想签约。这时，宋子文以强烈的言辞向蒋陈述：如不签署中英条约，将使中美条约实际上毫无价值；苏联的态度总让中国人感到忧心忡忡，中英友好，战后好对付苏联；九龙目前无重大实际意义。蒋介石权衡再三，同意签约。但蒋介石要宋子文向英国说明，只是考虑盟国团结，中国才决定签约的。蒋还要宋子文在中方保留意见文本中加上一句：中国民众自然对英国拒绝讨论九龙感到不满。蒋介石在当天的日

宋美龄1943年出访美国时的留影

记中写道，"对英外交，颇费心神，以九龙交还问题英坚决不愿在新约内同时解决，余暂忍之"，"待我签字以后，另用书面对彼声明：交还九龙暂作保留，以待将来继续谈判，为日后交涉之根据"，蒋同时设想，"一俟战后，用军事力量由日军手中取回，则彼虽狡狯，亦无可如何"。1943 年 1 月 11 日签订中英新约，中国外长宋子文照会英国，声明对香港新界"保留日后提出讨论之权"，然而英国终究没有归还新界。

蒋介石对香港未能归还余恨未已，认为不能争归九龙是中国一大失败，并要报界撰文批评英国。蒋介石对香港问题念念不忘，为争取早日归还，希望美国主持公道。1943 年春宋美龄出访美国以及 1943 年秋宋子文美国之行，都向罗斯福表达了中国对香港问题的立场，罗斯福表示战后香港"其主权应属于中国，但似可划为自由港"。

1943 年 11 月 13 日，蒋介石、丘吉尔和罗斯福在开罗会议期间，蒋介石虽极欲提出香港问题，但又怕正面激怒丘吉尔，于是蒋介石和宋美龄拜会罗斯福，请他出面和丘吉尔商谈。罗斯福敦促丘吉尔归还香港，并说那里居民百分之九十是中国人，而且又离广州很近。丘吉尔愤然回复说，只要他还是首相，他就不想使大英帝国解体。

为换取苏联出兵对日作战，以减轻美军在太平洋战场的伤亡，作为交易，1945 年 2 月，英美背着中国，以牺牲中国权益为代价，与斯大林签订了雅尔塔协定。事后罗斯福也感到有不妥之处。战后要抑制苏联还有赖于蒋介石政权，因此，他指示赫尔利飞赴英国和苏联，谋求他们对中国的背信行为有所补救的善后方案。1945 年 4 月 5 日，赫尔利劝说丘吉尔，如果英国不遵守大西洋宪章而继续拥据香港，苏联就会提出相同要求。如果英国放弃香港，则给苏对旅顺、大连的要求会有很大的抑制。丘吉尔回道，中国要收回香港，除非跨过他的尸体。蒋介石闻言感叹，"丘吉尔对香港交还中国问题，谓'誓死不愿'；又谓'美国对中国之政策，为一大幻想'。其蔑视我国盖如此也！"

1945 年 8 月 15 日，日军一投降，英国就将舰队开驶香港海面，打算由英国海军单独接受日军投降，重占香港。英国的这一举动显然违反了盟国间的协议，即香港北纬 16 度线以北地区属于中国战区，该区域内日军应向中国战区最高统帅蒋介石投降，应由蒋介石派人受降。蒋介石早就在与英国交涉香港主权问题，当然不能容忍英国在其战区内接收香港。蒋介石没有办法，只好请求美国新任总统杜鲁门主持正义。可杜鲁门和英方商谈后，迁就、偏护英国，致电蒋介石说，"英国在香港的主权是没有疑问的。倘为投降仪式而发生麻烦，似乎将抵偿不了其恶劣影响"。在英美的双重压力下，蒋介石又一次屈服了，承认英国占领香港。为保全面子 —— 中国人的面子很重要 —— 蒋想出了个办法，于 8 月 22 日致电麦克阿瑟，告知"可以中国战区最高统帅名义，授予英军司令官以接受香港日军投降的权限"。同时，蒋介石又令已进入香港、九龙方面的中国军队后撤。可是英国竟然连这点面子也不给，坚持香港主权、受降权本属英国，而拒绝蒋介石的授权。这时蒋介石态度强硬起来，8 月 26 日与赫尔利、魏德迈商谈，坚持委托英国受降方案。第二天，蒋介石又召见英大使薛穆，说"如其不接受此委托而擅自受降，则破坏联合国协定之责任在英国，余决不能放弃应有之职权，且必反抗强权之行为"。这时同盟国在"密苏里号"军舰正式接受日本投降（9 月 2 日）的日期已迫近，英国面临这一情况，只好于 9 月 1 日作了让步，承认接受委托受降的方式。对此，蒋介石在当日日记中自我安慰，称这"是公义必获胜利之又一明证"。9 月 16 日，在香港举行受降典礼，由哈可尔提少将代表中国战区最高统帅接受日军投降。中国方面派罗卓英参加，但在受降典礼上英国代表神气十足，处处以英国为先，故意冷淡中国代表。这样，英国又完成事实上的重占香港。

综上可见，香港之不能归还，与蒋介石的软弱有关。本来早在 1942 年中英交涉香港主权时，国际舆论对英国在太平洋失败大为不满，要求归还香港的呼声很高，且 1942 年正是太平洋战场十分艰苦的时期，英美有赖中国抗战之处很多，如中方坚持下去，是有可能收回香港的。退一步说，战后即使中国海军不强，不能捷足先登，完成事实上对香港本岛的占领，但地处大陆的九龙已在中国军队手中，如我不主动撤出，谅英军也奈何我不得。由于蒋介石怕刺激英国，主动撤出九龙等地的中国军队，致使蒋介石1942年设想"一俟战后，用军事力量由日军手中收回，则彼虽狡狯，亦必无可如何"的计划成为泡影。从中也可看出，列强不会轻易放弃其殖民利益，为了本国的私利，会置正义和公理于不顾，甚至会联合起来压迫弱小民族接受既成事实，除非你强大起来。1984年中英签署《关于香港问题的联合声明》，使香港问题得到最终解决，就是明证。

3. 蒋介石不肯见斯大林

1946年5月6日，斯大林令苏联驻华武官请蒋经国转达蒋介石，邀请蒋介石赴莫斯科访问，然而蒋介石却坚决地拒绝了。在蒋介石看来，拒绝苏联之行是"外交成败之重大关键"[1]，是行于所当行，止于所当止。但中国台湾许多学者却将它与国民党在大陆的失败联系起来，如李本京指出，"许多学者推断，若蒋介石对苏实行有弹性的外交，蒋应斯大林之约访苏，允许苏共同开发东北，不游行反雅尔塔协定，就可能不导致苏俄支持中共夺取东北，中国可能将是另一回事了"。[2] 此言虽是马后炮，但也耐人寻味。既然斯大林邀请非同寻常，蒋介石又为何拒绝呢？究其原因，是蒋介石对战后美苏矛盾精心算计后为倒向美国一边而玩的外交手腕——打苏联牌。

抗战胜利后，国共冲突又重新成为中国社会的政治焦点。如何制伏乃至消灭中共，确保国民党的一党专政，就成了蒋介石迫切想解决的主要问题，也是蒋介石制定外交政策的真正出发点和基本依据。蒋介石认为单独靠自己的力量不能解决中共问题，因此其外交考虑的主要内容就是放眼世界，寻求外部支持。战后同中国事务有重大关系的大国主要是美苏两国，那么能否从两国同时获得援助和支持呢？蒋介石认为熊掌和鱼不可兼得。苏联一贯是支持中共的，它能眼睁睁看着中共被消灭？雅尔塔协定已谋取中国不少权益，难道斯大林会就此止步？蒋介石也是现实主义者，他看到战后苏联百孔千疮，自身正亟待休整建设，不能指望苏联拿很多钱给国民党，而太平洋彼岸的美

---

[1] ［日］古屋奎二：《蒋总统秘录》第四册，湖南人民出版社。

[2] 台北：《中华民国建国史讨论集》（第五册）。

国才是真正的大老板。

蒋介石以其"反共"政治家的敏锐，看到战后美苏矛盾是不可调和的，国民党早晚要投入美国的怀抱。蒋介石从当时的中苏交涉中已看到美国不愿苏联势力扩张渗透到中国而影响美国在华利益，美苏冲突不可避免。如雅尔塔协定是罗斯福为减轻美军伤亡而牺牲中国的利益，美国当时有求于苏联，可是当中苏为履行雅尔塔协定而开始谈判时，美国原子弹试验成功了，美国的决策者认为，即使没有苏联的参加，也能完成原定的对日作战目标。战后的重点是如何抑制苏联势力发展，如何确保美国在世界格局中的优先地位。因此美国开始重新考虑雅尔塔协定问题，对苏态度趋于强硬。1945 年 7 月 17 日，杜鲁门告诉斯大林，如果中苏谈判有任何超出雅尔塔协定的内容，那就会引起麻烦。7 月 19 日，蒋介石给杜鲁门写信，诉说承认外蒙古独立已达雅尔塔协定的限度，甚至已超出他民众接受的程度，向杜鲁门诉苦。7 月 23 日杜鲁门致电蒋介石："我曾要求您实行雅尔塔协定，但我未要您作出超过该协定范围的任何让步。"言下之意，你卖得太多了！杜鲁门并电转宋子文不要向俄国人再作任何让步。斯大林提出把大连划为苏联军事区，并要求中国不在旅顺以南 100 英里的任何岛上建立要塞。8 月 5 日，美国国务卿贝尔纳斯转告斯大林这违反了美国门户开放政策。8 月 10 日，斯大林以"可能把内蒙古也划入外蒙版图"、"共产党即将进入满洲"来压宋子文尽早同意苏联关于把中国东北某些企业的股份作为战利品的主张。8 月 11 日，美国转告苏联，内蒙古问题不属于讨论范围，不能同意苏联对大连港区设备所有权的要求，因为这将损害美国利益。由于美方撑腰，中方也强硬起来不肯让步，致使《中苏友好同盟条约》僵持到 8 月 14 日才签字，这时离日本投降仅一天之差。杜鲁门原以为苏联贪得无厌、要求没有止境而损害美国在东北的利益，于是在 8 月 11 日下令美军登陆大连，后因苏联作了让步而中止。当年杜鲁门下令美军登陆大连的文件 46 页仍存于美国。

同时，蒋介石深知斯大林对美国在华的行动特别敏感。如 1945 年

12月25日斯大林告诉蒋经国，"你们中国人要明白，美国人想要利用中国作为满足他的利益的工具，他必要时，是会牺牲你们的！苏联愿意把本国的生产机器、汽车以及中国所没有的东西供给中国；同时也希望中国能把自己出产的矿物、农产品供给苏联；苏联又可以帮助中国在东北建立重工业，并发展新疆的经济。但是，我再三声明，也是我最大的一个要求：你们决不能让美国有一个兵到中国来；只要美国有一个兵到中国来，东北问题就很难解决了"。斯大林也曾直截了当地对宋子文说，"要么你和我们站在一起，要么站在美国一边反对我们"。①

蒋介石从日益尖锐化的美苏对立中，意识到自己是战后美国对付苏联、防止共产主义蔓延的东方支柱和主要帮手。美国显然需要蒋介石，美国对华政策没有更多的选择余地，美国也不会轻易抛弃他，美国支持和援助的对象只能是他蒋介石。蒋介石也从美国最初的对华政策中尝到甜头。抗战胜利前夕，以赫尔利使华为标志，明确了美国"扶蒋反共"的政策。战后，美国又积极帮蒋抢夺胜利果实，运兵各地，恢复对全国的控制。这就坚定了蒋介石借助美国力量解决国内冲突的想法，我蒋介石只要拼命"反苏"，你美国就一定会积极助我"反共"。于是外交上他就采用亲美的"一边倒"的策略。

美苏对立是一回事，但美国对国共冲突有不同看法，把中共与苏共区别开来。1945年4月，赫尔利在莫斯科问斯大林"中国共产党是不是真正的共产党"时，斯大林否认中共是真正的无产阶级的党，而是"假牛油式的党"，充其量不过是"激进的土地改革者"。美国战时在华外交官的报告，也持这种看法，甚至认为与国民党相比，共产党更是一个民主的、进步的党。因此，美国内部有一种考虑，甚至马歇尔及艾奇逊等人都有一种看法，认为中共不完全受苏俄控制，甚至中共与苏共之间还有某种程度的矛盾，在美国战后主要威胁来自苏联的情况下，美国如运用适当，也许可使苏共与中共分

---

① ［美］哈里曼：《苏使——与丘吉尔、斯大林周旋记》，三联书店出版。

开。在这种考虑之下，美国对华政策就不能完全照蒋介石的拇指转。

美国是按照美国的利益来解决国共纷争的，它曾试图在中国避免大规模内战，设想促进国共成立联合政府，即由美方调停，国民党让出部分权力给中共，同时着手民主改革，以换取中共交出军队，把共产党联合统一到以蒋介石为首的政府中去。因此马歇尔主张和平解决中国内争。而蒋介石认定，国共矛盾不可调和，只有武力才能根本解决。蒋介石凭借军事上的绝对优势，一有机会便大打出手。掌握决定美国政府各部门对华援助大权的马歇尔，对蒋介石执意发动内战表示不满，特别是蒋介石阳奉阴违更令马歇尔恼火。1946年 3 月 11 日马歇尔回国述职前脚刚走，蒋介石就在东北放手开战。4 月 18日马歇尔来华要蒋与中共妥协，并说了些中共的好话，蒋介石不听，马歇尔又施加更大压力，如不与中共妥协，则美国将停止运输国民党军队前往东北。

为了加强自己同马歇尔打交道的地位，谋求更多的美援，就必须把美国拉在一边，抱成一团。这时蒋介石在外交上玩起了"苏联牌"。

你们不是认为中共与苏共不同吗？我就拼命说苏共和中共完全是一回事，夸大苏联对中共的影响，以刺激和要挟美国。蒋介石认为，周恩来对马歇尔示好，"是欲表示中共有亲美疏俄之意，此中必有阴谋"。蒋介石多次要马歇尔相信，中共进入东北并得以壮大是苏共一手造成的，要马歇尔"以客观态度认识俄共乃绝无诚意者"，在得知马歇尔威胁要停止运送国民党军队时，蒋介石力陈"殊不知此时对共党妥协，实无异对俄国屈服"。1946 年 3月 9 日，蒋介石告诉马歇尔，"如果万一中俄发生军事冲突，或俄对中、美作战时，共军必效忠苏俄，听从俄共之命而向我攻击"。[①] 蒋介石还就美军记者在东北被苏联赶走事件和"张莘夫事件"大做文章，说这"十足是苏军与共军勾结事实之佐证"，制造马歇尔对中共的恶感。

为了表示自己不受苏联拉拢，蒋介石不惜疏远同苏联的关系，采取明显

---

① ［日］古屋奎二：《蒋总统秘录》第 4 册，湖南人民出版社，第 439 页。

倒向美国一边的政策。1946年2月，斯大林邀请蒋介石访苏，摆出友好姿态，以加强同国民党的合作关系，实际上具有防备美国、抵御美国对中国影响的目的。蒋介石认为这是斯大林离间中美关系的计谋，而国民党依赖美国援助颇多，访苏必将引起美国的疑虑，这是得不偿失之举。于是蒋介石便拒绝访苏。时隔俩月，斯大林又发出邀请，但再次遭到蒋介石的拒绝。蒋介石此举意在向美国表示坚定的反苏立场，使美国看到蒋真正铁心跟美走，我已投入你的怀抱，你能拒绝我的反共要求吗？实际上是蒋企图借重美国的力量来限制、抗衡苏联，并诱使美国加强国民党在美苏对抗中的战略地位，加强对蒋介石的倚重和支持。蒋介石日记对拒绝苏联之行的用心作了描述："斯大林邀余访俄，此乃离间中、美关系之最大阴谋。斯大林惯玩弄他人，而余则不受其欺诈也。唯此事婉拒后，彼将以所谋不遂，恼羞成怒，盖可断言。""此次婉拒斯大林邀约赴俄会议，为我外交成败之重大关键。若以马歇尔最近对余之态度而言，诚令人绝望，然余深知俄国扶助中共赤化中国之一贯政策，决不能因余之赴约而有所转移，且徒增马歇尔之疑忌，是适中斯大林离间中美之阴谋耳。故对美、对俄之外交政策，决不能以马歇尔个人一时之好恶而变更我基本国策。"

　　蒋介石这个外交决策是否成功呢？假如蒋介石访苏、实行弹性外交又会怎样呢？历史不能假设，也不会重演，但不妨碍人们从不同角度去思考。分析蒋介石拒绝访苏的得失，实际上也就涉及对蒋介石亲美"一边倒"的外交路线的评判。

　　战后，苏联还是兑现了《中苏友好同盟条约》的承诺，支持国民党接收东北主权，不给中共以武器支援，并对中共军队的活动作了很多限制，苏联还是想联合蒋介石的。在中共问题上，斯大林当时和美国驻苏大使哈里曼会谈时，曾不断地嘲笑中共，并告知已从延安召回了三名代表，"和共产党没有多少接触了"。斯大林也曾告诉蒋经国，莫斯科对中共不会采取主动。他准备劝中共结束内战，努力和蒋政府达成一项协议，但中共不会征求他的意见。斯大林还告诉哈里曼，国共之间的政治分歧算不了什么，主要障碍是个人间的不信任，"蒋不信任毛，毛也不信任蒋"。哈里曼凭他的观察得出结论："斯大林原本准备履行对中国协议的。"①

可蒋介石偏向美国一方，这势必增加苏联的疑忌，斯大林是不愿看到中国，特别是东北成为美国反苏阵地的。在撤军问题上，美军舰载送蒋介石军队准备从旅顺、大连登陆，如果这样，就无异于美国海军进入旅大，所以苏联坚决予以拒绝。美舰又将国民党军队准备运至营口登陆，遭到中共军队阻击，国民党军队只好从山海关打出去，进展迟缓。由于蒋军无法接收东北全部地区，苏军撤退期限就再延至 1946 年 3 月 1 日。斯大林还期待与蒋介石合作，以便将东北主权交给他。不过斯大林也不便对中共部队予以更多的限制，他承诺支持蒋介石，但也不能干涉中国内政。可是这时蒋介石离开美国便寸步难行，根本不敢背着美国去接近苏联，一次次拒绝了斯大林的邀请。更有甚者，蒋介石还故意制造"反苏"事件，以讨取美国欢心。1946 年2 月 11 日，美国公布了雅尔塔密约，在中国掀起轩然大波，重庆等地组织了反苏游行。这势必激怒苏联，使得苏联和蒋介石的合作越来越难以实现。相反，只有中共领导的军队在东北站稳脚跟，才能阻止美国势力侵入东北。在这一历史背景下，斯大林决定在蒋介石军队尚未进入东北全境的情况下，令近百万苏军悄悄迅速撤兵，给蒋介石来了个措手不及，使蒋介石无法得到东北全部主权，而中共军队占领了黑龙江至松花江的广大地区。苏联事后才通知蒋介石，而蒋介石当时丈二和尚摸不着头脑，他在 1946 年 3 月9 日的日记中写道："周末，俄军在东北调动频繁，颇向北撤，未知其作用何在？"

苏联出兵东北后，斯大林还想以东北的工业作为西伯利亚工业发展的基础。因此，无理要求与国民党政府合办东北工业，并以此作为筹码，与东北

---

① ［美］哈里曼：《特使——与丘吉尔、斯大林周旋记》，三联书店 1978 年 6 月版，第 592 页。

撤军等问题联系起来。1945 年 11 月 24 日，苏方正式提出中苏联合经营东北 80% 的重工业。12 月 7 日，苏方提出，除非经济合作问题解决，否则苏军自东北撤退日期将不能预测，并要求中方派人到苏联谈判。12 月 25 日，蒋经国与斯大林会谈，斯大林表达了强烈的愿望，但没有达成协议。1946 年 1 月下旬，苏联提出的备忘录具体提出将 38 亿日元的资产归中苏合办的各股份公司所有。蒋介石既不同意，又害怕影响东北的政治接收，就采取敷衍的态度。斯大林也看准了蒋的心思，就故意拖延撤军。蒋介石无奈只好求助美国向苏方施加压力。2 月 9 日和 26 日，美国两次照会苏联，坚决反对中苏合办东北工矿企业。有了美国的支持，3 月 5 日中国外长王世杰公开拒绝了苏联的经济要求，谈判正式破裂。

谈判破裂后，苏联立即下达拆除东北工业设备的命令。在 220 名苏联专家的监督下，拆运东北工业设备，接着又悄悄迅速撤离东北。可以设想，如果蒋介石答应中苏合办东北工矿企业，那么苏联就必定要将东北主权交给国民党。为确保苏联既得利益，苏联一定会对中共作出更多限制，至少要求中共不得危及由苏联合作经营的经济区域。这对蒋介石占据东北无疑多了一线希望。那么，苏联也就无需将如此众多的工业设备劫运回国。苏军撤运对中国造成的损失是惊人的。仅举几例：锦州阜新、抚顺、佳木斯、安东鸡宁、大连甘井子火力发电所的机组，小丰满水力发电所的机组尽数被拆运；客货铁路车辆 5 万辆，沈阳飞机制造厂、坦克制造厂、营口制镁厂、炼油厂的全部机器；运走卡车 3078 辆，补给车 21084 辆，特种车、指挥车 1102 辆。据 1946 年美国远东赔偿调查团团长鲍莱估计，总值达 8.5 亿美元，如果要恢复到拆运时的规模，则需 20 亿美元。[①]

蒋介石亲美疏苏"一边倒"的外交政策，也使蒋介石失去了自主的能力。国民党内持异议者不乏其人。张治中就几次向蒋介石进言，要他改变对

---

① 王平：《八年抗战》，第 437 页（台北版）。

美"一边倒"的政策，不要怕美国"吃醋"，为国家利益计要实行中苏、中美并重的外交方针。如张治中向蒋提出的一个《机密建议》指出，"过去一面倒亲美外交政策，根本丧失了独立自主精神，不符合国家利益。建议向苏提出派遣特使赴苏，以谋求打开中苏僵局"。对此蒋介石一度似有所动心，针对美国援蒋不力，蒋负气地提出，中国今后决不再依靠美国，今后必须加强与苏联的联系，并放风邀请苏联调停国共冲突。这确实引起了美国的注意。蒋以为得计，忙派私人秘书告诉美方，一面证实苏联曾提出调停，一面又讨好美国说不想与中共和解。这一打一拉，加快了美国援蒋步伐，于 1948 年 2 月提出了援华法案。然而，蒋介石并不真想改变"一边倒"的外交政策，只不过是又玩了一次"苏联牌"。

4. 蒋介石为何放弃向日本索赔

自九一八事变起，日本发动了长达 14 年之久的侵华战争，给中华民族造成空前巨大的民族灾难。据 1946 年 10 月国民政府行政院不完全统计，仅卢沟桥事变后，中国公私财产直接损失达 313 亿美元，间接损失 204 亿美元。此数不包括东北、台湾及海外华侨所受的损失。中国死伤军民 1040 万人，其他因逃避战火、流离颠沛、冻馁疾病而死者，更不可胜计。[1]1991 年中华人民共和国国务院发表白皮书《中国的人权状况》认定，八年抗战中，我国直接经济损失达 620 亿美元，间接经济损失达 5000 亿美元。中国受损之惨痛，实为世界战史所罕见，日本战败后理应对中国赔偿。可是 1952 年由蒋介石批准签订的《日台和约》却放弃了向日本索赔。

对蒋介石放弃向日本索赔一事，何应钦在《八年抗战》一书中说道，1945 年 8 月 15 日，也即日本投降的当天，蒋介石发表广播讲话声言，战后要与日本"加速密切联合起来，成为家人手足，发扬人类互谅互敬精神，建立起互相信任的关系"，对于日本"我们将不念旧恶"，并要"以德报怨"。何应钦认为，这个"以德报怨"的讲话，实际上反映了美国政府战后从在亚太地区扶持日本的战略需要出发，所制定的包括"保留日本天皇制度"、"不派军驻日本九州，以及放弃赔偿"等对日受降的基本政策[2]。这就是说，蒋介石早就打定主意，战后不要日本赔偿了。蒋介石难道傻到有赔偿不要、傻到连政治领袖最敏感的民族感情和舆论都不顾吗？

---

① 《中国责令日本赔偿之说帖》。

② 何应钦：《八年抗战》，台湾"国防部史政编译局"，第 366 页。

其实，蒋介石"以德报怨"的讲话并不表明放弃索赔，这只是向国际社会作出的一种姿态，说蒋介石早就打定主意、诚心诚意地主动放弃赔偿，是冤枉了他。

蒋介石不仅战后希望得到日本赔偿，而且早在抗战期间就着手向日本索赔的准备了。为了清算日本侵华罪行，一俟战争结束就向日本索赔，1939年7月，国民政府行政院制颁《抗战损失调查办法》及《查报须知》，通令中央各机关及省市（县）政府分别调查具报公私直接间接损失，并由国民政府主计处每隔半年就将收到的统计数字累计汇编成《抗战中人口与财产所受损失统计（试编）》。1943年，世界战局已日趋明朗，同盟各国开始考虑战后索赔问题，11月17日，蒋介石急忙手令行政院："自九一八以来，我国因受日本侵略，关于国家社会公私财产所受之损失，应即分类调查统计，在行政院或国防最高委员会组织机构，切实着手进行，勿延。"为了统一抗战损失调查工作，1944年1月22日，蒋介石照准将教育部设立的"向敌要求赔偿文化事业研究会"并入抗战损失调查委员会，由孔祥熙兼该会主任。1943年11月4日，中国驻苏联使馆转回由苏联瓦尔加教授所著《希特勒德国及其同伙赔偿损害问题》，蒋介石遂令参事室分析研究，拟具意见。1944年2月14日，王世杰等人研究后上报蒋介石，苏联所拟"赔偿责任以及赔偿办法，除先尽物质损害赔偿，然后再赔偿身体损害一点外，均有利于我国，因之可同样适用于日本"。3月19日，参事室外交组草拟了《战后对日媾和条件纲要》，指出日本除赔我军费外，还应以五种方式对我予以经济赔偿。

日本投降后，蒋介石对索赔一事更加关切。因向日本索赔，须提出各项战争损失的数字和资料，1945年9月25日，蒋介石手令行政院火速催办损失统计，并限两周内将财产损失、人口伤亡调查上报。因时间仓促，加上战时统计缺漏甚多，因此行政院10月12日上报的统计数与实际相距甚远。如就死伤人口而论，重灾区江苏省伤亡仅列290人，南京伤亡只列3192人，这实在太离谱。蒋介石看后批示责问："南京人口死伤只报3192，则其大屠杀之人数，当有在内，为何不列入在内？"为了纠正偏于估计之统计，自1945年11月22日起，又在全国范围内开始全面调查。

1945年10月和11月，蒋介石还令国防最高委员会秘书长王宠惠约集行政院、内政部和外交部代表几度会商研定索赔方案。根据《波茨坦公告》第11款规定日本战后以实物赔偿的精神，11月13日，外交部最后通过的《关于索取赔偿与归还劫物之基本原则及进行办法》规定：日本对我赔偿以实物为主；与其他国家相比，中国受害最巨，故对日索取各项赔偿，应有优先权，如盟国实行总额分摊，中国应占日本赔偿总额之过半；日本每年应将若干原料及产品，在规定的年限内分期按量运交中国作赔偿之一部。可见，战后中国政府就规定，所索要的实物视日本的赔偿能力而不是依中国所受的损害数而定。

1945年11月29日，蒋介石指示王宠惠："关于索取赔款案今后可由行政院主持办理，唯仍请随时与行政院切取联系，并将国防最高委员会方面有关意见提供该院参考。"这样，内政部抗战损失调查委员会改名赔偿委员会，改隶行政院。机构升级，也说明蒋介石对索赔的重视。

由于抗战胜利，不仅是中国一国的胜利，而且也是同盟国对日作战的胜利，因此索赔成功与否，还取决于其他盟国的态度。为处理战后日本问题，盟国成立了由中、美、苏、英、法、菲、加拿大、澳大利亚、新西兰、印度等国组成的远东委员会，总部设华盛顿，负责制定对日政策。另外在日本设立由中、苏、美、英四强组成的盟国管制日本委员会，负责执行远东委员会的政策。蒋介石审核任命国民党的外交家、驻美大使顾维钧兼任远东委员会中国代表，任命朱世明、商震两将军先后为中国驻日代表团团长，并派出阵容达百数人的"中国驻日接受和归还劫物代表团"。蒋介石对索赔事宜十分重视，每遇重要问题都亲自过问，由秦孝仪主编的《中华民国重要史料初编》所披露台湾方面公布的部分索赔档案可见，蒋介石亲自审核批示的重要电文、报告就有 16 件之多。

　　不过，蒋介石最关心的莫过于获得日本的军事装备，以用来对付共产党。早在 1945 年 10 月 11 日，蒋介石就责成军令部向盟国提出"日本海军设备、航空工业生产设备，拟由我方接受，作为抵偿损失之一部"，并令驻美大使多次与美国洽商。蒋介石当时胃口确实很大，可是英美等国并没有体念蒋的意愿，而是将日本的航空母舰、战列舰等大型舰只予以炸毁，将日本的残余舰艇由中、美、苏、英四国平均分配。1947 年 6 月 27 日，四国代表

商震

在东京抽签。在前三次抽签中，中方共分得驱逐舰、护卫舰、运输舰 24 艘，每次 8 艘，前两批分得的 16 艘开抵上海港，第三批 8 艘开赴青岛，第四批驶抵台湾左营军港。

　　在赔偿的核心问题，也即日本国内实物拆充赔偿的问题上，各国意见不一。但在远东委员会中，美国战后一跃成为列强的霸主，军事经济实力急剧膨胀，由于美国在太平洋作战中的作用，以及战后事实上独占日本，因此，美国的态度举足轻重。美国起初也主张从严处理，美国赔偿专员鲍莱于 1945 年 12 月 16 日向杜鲁门提出日本赔偿报告书，主张将日本工业限制在 1926—1930 年的水准，其余工厂均尽速拆充赔偿。根据国际惯例，赔偿问题的整个解决要在对日和约中完成，当时战胜国急于用日本工业来复兴本国工业，于是 1946 年初，远东委员会通过了临时拆迁方案，将盟军总部管制下的日本工厂先作部分拆迁。碍于远东委员会内各国为份额和品种意见分

歧，迟迟难决，中国方面迭次要求美国单独行动，执行先期拆赔。1947 年
3 月，美国径行对盟军总部颁发指示，实施《日本赔偿先期交付案》，准许
在先拆赔的 30% 中，中国取得 15%，英国、荷兰、菲律宾各取 5%。这样，
蒋介石政府共运回工厂器材设备三批。第一批是机床工具类共 7686 部，重
52034 吨；第二批是试验设备类 1690 具，重 735 吨；第三批是电气设备及
剩余设备，重 19827 吨。共值约 2000 万美元。

应该说，美国最初对国民党的索赔给予了一定的支持。如 1947 年 9 月
远东委员会在分配各国索赔份额时，中国占 30%，美国甚至表示愿意将自
己所获的 6% 给予中国。美国之所以如此慷慨热心，其意在扩大美国在中国
的影响，壮大国民党的力量，扶蒋反共，并以此抵御苏联的影响。可是到
了 1948 年，国际形势有了新的变化，美苏矛盾日益升级，美国为控制欧
洲，排斥、遏制苏联的影响，便积极援助希腊、土耳其等国，推行"杜鲁门
主义"。在东方，看到蒋介石不争气，在中国内战中节节败退，美国对蒋介
石在大陆的统治感到担忧。美国从全球战略出发，开始考虑未来日本在远东
的地位和作用，为把日本变成"防御今后远东方面的新的共产主义威胁的堡
垒"，美国对索赔渐渐降温，并置远东委员会于不顾，干扰、拖延并最终于
1949 年 5 月中止了日本的拆赔工作。

美国此举显然有损于中国的利益，中国是抗日的主力，作为中国战区的
最高统帅和四强领袖之一的蒋介石应为中国的权益据理力争，以反对美国的
这一做法。但蒋介石实行亲美的外交路线，为求得美国提供大量的内战援助，
在赔偿问题上，唯美国马首是瞻，即使美国损害了中国的利益，也忍气吞声。
朝鲜战争爆发后，美国便不顾一切地扶持日本，坚决主张各盟国放弃赔偿要
求，以与日本缔结和约。美国的主张遭到许多国家反对，菲律宾、法国、印
度尼西亚则分别坚持 80 亿美元、20 亿美元、40 亿美元的赔款。这时蒋介
石"政府"置身台湾孤岛，风雨飘摇，态度十分软弱，竟指示驻美"大使"

顾维钧，同意美国所提在和约中放弃全部赔款要求的建议。① 顾维钧感到国民党方面竟连菲律宾等小国都不如，连起码的表示都不敢，这在"外交"上实在难堪，为挣一点面子，于是顾维钧自作主张，在答复美国主张时附加一语："关于赔偿问题，我亦能赞成美之主张。但如任何他国坚持赔偿而能取得，我亦不能完全放弃。"

　　为了完成对日和约，美国向菲律宾等国施加压力，指出赔偿是不现实的，同时又答应给予美援，以堵住菲律宾等国强烈的赔偿要求。1950 年英国承认了中华人民共和国，远东委员会多国中，赞成由蒋介石方面参加对日和约的只有两个国家，这令蒋介石恐慌。为摆脱孤立，争取主动，蒋介石急忙于1951 年 6 月 18 日发表声明，"中国对于日本不采取报复主义，而应采取合理的宽大政策，并以种种直接间接办法求取对日和约之及早观成"。② 有什么好办法呢？根据蒋介石的基调，"国民政府行政院"第 121 次会议认为，"能否与日订约，实系于美国及日本的态度，我如坚决要求赔偿，既难望美国之支持，自亦非日本所愿，势增加我参加和约之困难"，于是决定"可酌情核减或全部放弃"。蒋介石的这种做法，连顾维钧都感到不妥，"事情有时令人难以理解。像赔款这样一个重大问题，台北政府竟会突然作出出人意料的决定。中国人民受害 14 年，不但受伤亡之苦，而且受财产损失与生活艰辛之苦。我认为台北至少应当在完全屈从于美国压力之前，把赔款问题加以慎重考虑"，"在我看来，政府在要求日本赔款问题上，是可以坚持较长时间的"。

　　在美国一手导演下，拒绝国共双方参加，于 1951 年 9 月 8 日在美国旧金山通过了片面的《对日和约》，放弃一切赔偿要求。中华人民共和国外长周恩来发表严正声明，谴责和约拒绝战胜国中国参加、取消日本赔偿，这是违反国际协定的，"那些曾被日本占领、遭受损害甚大而自己又很难恢复的国

---

① 《顾维钧回忆录》第九分册，中华书局出版，第 187 页。
② 《蒋介石就对日和约发表郑重声明》，1951 年 6 月 18 日。

家应该保有要求赔偿的权利"。台湾当局对未能参加和会也表示了不满,"立法委员会"的 469 人还联名致电美国参众两院以示抗议,但对和约取消日本赔偿一事却只字不提。

由于中国没有参加和会,日本方面还应与中国订立双边和约。这就产生了日本是与中国台湾还是与中华人民共和国订约的问题。1951 年 9 月后,有日本方面欲与中华人民共和国订立双边和约的传闻,实际上双方就贸易问题已开始谈判。日本首相吉田茂一度表示"如果中共要我国在上海设置驻外事务所,我们可以设置","日本现有选择媾和对手之权"。冈崎在回答董显光探询时也认为,如和台湾订约,"势将引起大陆中国国民对我之仇恨"。美国为孤立、反对新中国,竭力策动日本与台湾缔约。蒋介石为摆脱困境,抬高自己的"国际地位",勾结日本共同反共,便不惜以放弃赔偿讨好日本,实现与日本订约。1952 年 2 月 19 日,台湾"外长"叶公超直言不讳地说:"中日是不是共同反共,确立了这个大前提之后,则不论全面媾和也好,单独媾和也罢,和约吃些亏亦是不足议论的。"2 月 20 日,日本代表到台湾谈判,谈判伊始,叶公超就重申了蒋介石"对日不采取报复主义"的精神。谈判中,台湾当局也曾试探,台湾当局虽放弃索赔,但可否根据旧金山和约的精神,取得一些日本的劳务补偿(如打捞沉船),日本代表以这不符合蒋介石"对日宽大"精神为由加以拒绝。结果,台湾和日本签订的"和约"议定书第一项乙款竟写明:"为对日本人民表示宽大友好之意起见,'中华民国'自动放弃旧金山和约第 14 条甲项第一款日本国所应供应之服务之利益。"日本作者古屋奎二在《蒋总统秘录》一书中写道,"中日和约中未见有一个赔偿的字眼,乃是未见前例的条约"。台湾此举极大地伤害了中国人民的感情,血战八年的中国获得的只不过"自动放弃"的极度"宽大精神"。

由上可知,战后蒋介石并没有立即放弃向日索赔,他曾积极地张罗,而且也索要回一部分。何应钦所谓战后蒋介石"以德报怨"的讲话就预示了以后不要日本赔款,只不过是为了讨好日本的牵强之语。因为何应钦说此番话时，台湾和日本早已抱成一团。言下之意，我们对你们战败的日本捐弃前嫌，如此友好，你们日本再怀有二心就太不应该了。在 1972 年中日邦交正常化后，台湾当局也每每以"蒋公当年对日以德报怨"来责难日本。

蒋介石为一党和集团的眼前私利，弃民族尊严和利益于不顾而放弃赔偿要求，实是下策。诚然国际形势确实于己不利，但应据理力争，即使一时争不到，也不能放弃索赔的权利。在"旧金山和约"后，连菲律宾、印度尼西亚、缅甸、南越都表示保留要求赔偿的权利，为抗议和会取消赔偿，缅甸总统断然拒绝出席旧金山对日和会。事实上，从 1955 年起的 21 年里，日本向东南亚国家先后付出赔偿费 16 亿美元（菲律宾 5.5 亿美元，缅甸 3.4 亿美元，印度尼西亚 2.33 亿美元，南越 3.9 亿美元）。相形之下，中国放弃索赔，岂不令人愤慨！始作俑者蒋介石，难辞其咎。现在台湾民间要求向日本索赔，并希望台湾当局予以支持。因有蒋介石放弃索赔的承诺在先，台湾当局只能缄默不语。这大概是哑巴吃黄连吧！

5. 蒋介石急欲出兵朝鲜

1950年6月25日，朝鲜半岛爆发了大规模内战。金日成率领的北朝鲜人民军直逼釜山、汉城（今首尔），南朝鲜李承晚集团一片惊慌，连连告急。于是，6月27日，在苏联代表缺席的情况下，美国操纵联合国安理会作出决定，要求仆从国援助南朝鲜李承晚集团。蒋介石行动唯恐不速，抢先于6月28日急电国民党驻美"大使"顾维钧，令其速转陈美国总统杜鲁门，表示愿派国民党精兵三师3.3万人，携飞机20架赴朝鲜助战，军队五日内便可出动，望美国尽快派船接运。蒋介石还表示台湾离南朝鲜最近，兵贵神速，摆出一副急不可耐的架势。

难道蒋介石有实力出兵朝鲜吗？蒋介石是真心诚意要解南朝鲜之危吗？其实正好相反。1950年是蒋介石频遭厄运的时节。1950年初，国民党军队基本上被赶出了大陆，数十万残兵败将仓皇逃至台湾。下野后的蒋介石于1950年3月1日"复行视事，继续行使总统职权"，大声叫喊要以台湾作为"反攻大陆"的基地。可话刚落音，人民解放军便于4月17日跨越琼州海峡登上海南岛，仅六天时间就歼灭和驱逐了岛上的胡宗南军队。接着又相继解放了被蒋介石视为台湾屏障的舟山群岛、万山群岛、东山岛等海岛。中国人民解放军集结于福建沿海进行两栖军事训练，准备"解放台湾"。台湾孤悬海外，危如累卵，蒋介石自顾不暇，如坐针毡。不得已，蒋介石大讲"民族正义"、"以牺牲为志气"，要部下宣誓效忠。风雨飘摇的台湾，到处是一片凄凄惨惨的景象。此时蒋介石急欲出兵朝鲜，并不表明他多么有牺牲精神，而是为了引火烧身，以达到争取美国支持、摆脱外交绝境的目的。

抗战胜利后，蒋介石采取了向美国"一边倒"的外交路线，也正是在美国的支持下，蒋介石才敢于发动一场美国出钱出枪、蒋介石出人的反共内战。蒋介石认定，只要坚持"反苏反共"，美国就不会抛弃他。但是，美国对蒋介石的表现感到失望。特别是蒋介石在大陆统治的最后一两年，美国对蒋介石的态度趋于冷淡。美国总统特使魏德迈甚至在南京国民大会上公开点名指责蒋介石政府无能、腐败，大大地教训了国民党一通。美国希望中途换马，在美国暗中支持下，李宗仁当上副总统。1949 年又逼蒋介石下野，由李宗仁代总统。

　　蒋介石明知美国对他落难不会落一滴眼泪，但蒋介石认识到想有出路还必须千方百计抱住美国的大腿。为免于被抛弃，蒋介石从幕后到前台，想笼络一些东南亚反共国家，组成"反共同盟"，搭起架子，造成声势，然后呼吁美国当盟主，使美国感到蒋介石在反共问题上尚有余热可用，从而改变弃蒋政策。为了实现这一目的，蒋介石大造舆论，宣扬国民党所发动的内战是抵抗共产国际对中国的侵略，呼吁一切反共产主义的人们站在一起，精诚团结，百折不回，奋斗到底。当时菲律宾的季里诺政府和南朝鲜的李承晚政权同病相怜，"彼此命运相关"，一拍即合，认为亚洲局势非常复杂，"应立即组织太平洋联盟"。为了建立这一联盟，蒋介石带着下野的沮丧和军事失利的不安，不辞劳苦于 1949 年 7 月、8 月出访了菲律宾和南朝鲜。建立远东反共联盟，就是为了拖住美国。蒋介石直言不讳地说，"联盟的目标是希望美国参加"，"组织太平洋联盟之海上行动，必须来自美国"，"美国之领导，可以形成一团结中心，由于经济及国力限制，亚洲国家实在无力支持一真正有效之联盟"。[①]蒋介石向美国招手，可

陈诚

---

① 《中央日报》1949 年 7 月 9 日。

美国千呼万唤不出来。蒋介石知道自己的分量，便让菲律宾总统季里诺游说美国，"敦促支持反共联盟"。无奈美国对此不感兴趣，给蒋介石泼了一盆冷水，热闹了一阵的反共联盟只好匆匆收场。

美国非但对蒋介石不感兴趣，甚至还打算必要时抛弃他。早在 1949 年 2 月，美国驻华大使参赞莫成德特意从南京飞到台北，游说蒋介石派到台湾任省主席兼警备总司令的陈诚，要陈背叛蒋介石，断绝台湾与大陆的往来，不让蒋来台湾，说美国可以每年拨给 2500 万美元作"经济援助"。陈诚不为所动，因而蒋介石在西南挣扎一番后得以落脚台湾。现在披露的标号为 37-4 的美国国家安全会议记录也证实此事，"国务院已遴派高级官员前往，将计划面告陈诚"。[①]

就在蒋介石忐忑不安之时，美国并不考虑蒋的情绪和处境，于 1949 年 8 月公布了对华关系《白皮书》，向全世界公开指责蒋介石"不能应变，其军队丧失了斗志，其政府不为人民所支持"。《白皮书》浩繁的篇幅充满了对蒋介石的怨责和绝望，表明对蒋介石的失败，美国毫无错误和责任，美国准备从中国脱身。

中华人民共和国成立后，美国国务院曾召集一些外交官和中国问题专家举行圆桌会议，商讨对华政策。参加会议的人普遍认为蒋介石将被永远赶出中国大陆，中共不久将攻占台湾，美国与蒋介石和国民党政府的关系势将从此结束。会上许多人主张承认新中国，只是一些当政者认为"事情并没有那么紧迫"而搁置下来。美国国务卿艾奇逊甚至表示，只要中共政权不同于苏联政权（如南斯拉夫铁托式），那么，即使共产政权也是可行的。于是美国对华外交实行了"等尘埃落定"的观望政策，并采取了如下行动：

1949 年蒋介石军队撤离南京、国民政府南迁广州时，艾奇逊指示驻华大使司徒雷登继续留下来，以寻找机会与中共接触，只派一位秘书到台湾。

---

① 《透视外交内幕》，风云论坛社（台北），第 12 页。

美国政府与台湾方面的文书，都拒用"照会"，仅以"备忘录"代替。

1949年9月，蒋廷黻在联合国大会上提出"控苏案"，指责苏联违反雅尔塔协定和《中苏友好同盟条约》而支持中共，要求各国不要承认苏联支持的中华人民共和国政府，而美国代表杰赛普提出，只要谴责苏联就可以了，要将决议中"不承认中共政权、不许中共入联合国"等句删去。最后通过的决议案是，"大会呼吁各国尊重中国政治独立与领土完整，并尊重中国人民无论现在或将来，均有自由选择其政治机构及维持独立政府，不受外力控制"。1950年1月10日，艾奇逊在联大安理会上表示，如安理会多数国家赞成中共进入联合国，美国将不行使否决权。

1950年1月5日，杜鲁门发表讲话，按照《开罗宣言》和《波茨坦公告》，台湾早已在日本投降时归还中国，"现在美国亦无意在台湾获取特别权利，或建立军事基地"，"美国亦不拟遵循任何足以把美国卷入中国内争中的途径"。1月12日，艾奇逊发表国防界线的演讲，指出美国的太平洋防线是自阿留申群岛经日本、冲绳，而至菲律宾。这样就将台湾划入美国势力范围之外，美国将不承担安全义务。

1949年11月，美国即告诉国民党政府的"参谋次长"郑介民，美国已对蒋政权失去信心，不要再指望从美国获得进一步的援助。1950年1月5日，杜鲁门声明将蒋介石政府从美国获得的军火，哪怕是1947年、1948年订的货，一律停运停交。

1950年5月17日，美国驻台代办报告，台湾命运已尽，建议撤侨，并请自6月15日起将美领事馆撤退。5月19日，美国国务院电准撤侨，并准视情况自定离台日期。5月28日，美国国务院向菲律宾总统探询，是否愿意接受蒋介石及其高级人员来菲律宾避难。[①]

凡此种种，无一不使蒋介石颓丧至极，蒋介石与美国的关系下降到冰点。

---

① 　梁敬镦：《中美关系论文集》（台北），第204页。

按照台湾官方的说法，这是对国民党"精神上沉重打击"。除美国外，四强中的苏联与台湾方面断交，英国则于 1950 年 1 月承认了中华人民共和国。印度、缅甸等 17 国也先后承认新中国。在远东委员会多国中，主张由蒋介石方面参加战后对日和会的只有两个国家。蒋介石四面楚歌，这是国民党"外交史上最黯淡的一个时期"。

蒋介石与麦克阿瑟

就在蒋介石为生存和前途焦虑不安之时，朝鲜战争爆发了，这给蒋介石带来一线生机、一线希望。朝鲜战争的爆发，使美国重新审视台湾的战略地位，美国国内也有部分人主张不应该抛弃蒋政权，不甘心在蒋介石身上花了 50 亿美元而落得两手空空。6 月 25 日，杜鲁门等人听取了麦克阿瑟强调台湾战略地位的报告。麦克阿瑟认为：台湾是美国太平洋防线，自阿留申群岛经日本、冲绳，而至菲律宾一环。战时可扼亚东之航线，断敌对东南亚资源之征取；平时可作为空军与潜水舰之基地，如敌人占领台湾，可使其成为一艘不沉的航空母舰，对美攻击能力增加百分之百，因此，美国不能轻易放弃。杜鲁门、艾奇逊这时也认为台湾在反共问题上确有价值，甚至萌发占领台湾的设想。如是，它或可成为美国的一部分，或者也可成为与中共交涉、以牵制中共与苏联保持距离的筹码。于是，6 月 27 日美国通知台湾方面，美国派第七舰队武装进驻台湾，"阻止中共攻击台湾，同时通知中国国民党政府，勿对大陆攻击，并令第七舰队看视其攻击之停止"，"台湾未来之地位，必须等待太平洋地区恢复安全后，与日本和平解决，或由联合国考虑"。

蒋介石闻之喘了一口气，定下了慌乱的神情。蒋认识到台湾对美国还有用，美国不会坐视不管。同时，蒋介石又清楚地看到，台湾只是美国谋求自身利益的工具或外交筹码。美国散布"台湾地位未定"论，要将台湾问题将来留交日本、太平洋会议或联合国考虑，是表示美国还没有完全接纳和认可蒋政权。让第七舰队进驻台湾虽为阻止中共"解放台湾"，但又要蒋保证不得武装"反攻大陆"，这也意味着美国不愿刺激大陆政权，不愿造成美国武装支持国民党反攻大陆的印象，更不愿看到由于美国助蒋而刺激中国大陆政权出兵朝鲜。蒋介石心里明白，如果情况有变，美国随时都会抛弃他。

蒋介石虽对美国不满，但又必须在这一线转机之时拖住美国。你美国不是要与我保持一定距离吗，那我偏要投入你的怀抱，做出难分难解的姿态。正是基于这一目的，蒋介石才在自顾不暇的情况下主动要求出兵朝鲜。如果美国接受蒋介石出兵，那么，蒋介石就可达到以下目的：①蒋是以国民政府名义，以联合国会员国名义请战的，同意蒋出兵，就无疑证明美国再次确认了蒋介石政权的合法性；②蒋介石就牢牢地捆在美国的战车上，无论结果或好或坏，美国对蒋都得负责到底；③蒋介石军队在朝鲜直逼东北，中共必将与美蒋抗衡，美必定不会承认中共政权；④蒋介石军队在朝鲜也将刺激引发中共对朝参战，战火扩大不可收拾，如苏联再加入，则第三次世界大战爆发，美国又要利用蒋，蒋政权的地位又提高了，这样蒋介石可借助美国，把逃到台湾的军队经朝鲜半岛渡过鸭绿江，进入东北而重返大陆；⑤主动请战，积极响应美国的主张，也可向美国表示，你虽对我不仁，可我对你还是一往情深、忠心耿耿、爱之如初的。

美国人也不是傻瓜，对蒋介石的用意揣摩很深。其时，麦克阿瑟在朝鲜正苦于兵力缺乏，6月29日急电杜鲁门准请美军两营赴朝作战，另以两师听候调遣。6月30日上午，杜鲁门便将蒋介石请拨三师赴朝助战的方案提出讨论。艾奇逊发言认为，如果国民党军队在朝鲜出现，中共势必介入朝鲜战争；台湾本身防务也特别空虚；由日本派船赴台运兵入朝，还不如由日本直接运送美军入朝，路程更近，转运便捷；台湾国民党军队的战斗力也成问题，又缺乏坦克、大炮，其战斗力恐不过与南朝鲜军队相似，是无法与苏联装备训练的北朝鲜军队相抗衡的。言毕，众人皆点头称是，于是遂决定婉谢。

蒋介石对不能出兵朝鲜一事十分不满，耿耿于怀。而"联合国军"总司令麦克阿瑟听说蒋欲出兵，正求之不得。1950 年 7 月底，麦克阿瑟赶到台湾同蒋介石商谈，对蒋介石扬言台湾可出 50 万兵力大加赞赏，并表示完全支持。麦克阿瑟提出：美国可以派军事代表团来台湾帮助训练和装备，提高国民党军队的战斗力。麦克阿瑟甚至还提出，可以派出大批飞机轰炸中国东北，帮助蒋介石军队在鸭绿江登陆。这又使蒋介石看到希望，蒋异常兴奋，洋洋得意地宣称：由于能再次与老战友合作，胜利就有了保证。麦克阿瑟随即向杜鲁门要求同意由台湾出兵。麦克阿瑟毕竟是一位军人，他所考虑的是取得军事的胜利，而五角大楼的决策者是从全球角度来审视美国的战略利益的；美国利益的中心在欧洲，它不愿在东方大打，而让苏联在一旁坐看美国消耗。早在 6 月 26 日，杜鲁门就曾决定美军在朝鲜不过三八线。于是，1950 年 11 月以后，美国就考虑如何结束朝鲜战争。麦克阿瑟的这一主张，既不符合美国的利益，也遭到全世界人民的强烈谴责，杜鲁门还担心会引起同新中国的直接军事冲突，于是拒绝了麦克阿瑟让蒋出兵的要求，并派哈里曼去日本向麦克阿瑟说明美国的政策。

蒋介石不甘心自己的计划受挫，在请兵朝鲜计划被拒后，1950 年 12月，蒋介石又向麦克阿瑟另献"围魏救赵"之策，即美国帮助蒋介石武装出兵大陆的福建、浙江方面，开辟第二战场，以减轻中国人民志愿军对美军的压力。[①] 后因"联合国军"在朝鲜被打得焦头烂额，麦克阿瑟又故技重演，于 1951 年 3 月对外发表讲话，叫喊接纳台湾军队，把战火扩展到中国的大陆"沿海地区和内陆基地"，使新中国"立即陷于军事崩溃的危险"。麦氏这近乎战争狂人般的叫嚣，激起全世界爱好和平人民的强烈反对，美国政

---

① 梁敬錞：《中美关系论文集》，第 279 页（台北）。

府也不容许这位屡屡违背美国利益的傲慢将领继续指手画脚，杜鲁门不得不于 1951 年 4 月 1 日宣布立即解除麦克阿瑟的职务。蒋介石企图出兵朝鲜以"反攻大陆"的梦想随之破灭。

美国之所以拒绝蒋介石出兵，还考虑了其他国家的态度。如当时英国、印度等国已承认新中国，反对蒋介石出兵朝鲜、扩大战火的做法。当然，蒋介石能否出兵的关键还在美国的态度。可蒋介石在世时不敢得罪美国，《蒋总统秘录》一书只引用蒋介石的一句话来说明被拒的原因，即"由于业已承认了大陆共党政权的英国以'不能和中华民国的军队并肩作战'而表示反对，乃未能实现"。在美国和台湾断交后，台湾方面又开始议论此事，对麦克阿瑟大加称颂，对艾奇逊则极力贬斥。台湾当局事后也认为，出兵朝鲜一事被拒后，"吾人时诚多失望。但及今回想，即使当时杜鲁门接受此请，使我三师精兵参助韩战，证之 11 月以后美国改采'战不求胜'之军事政策，则我三师作何种收场，殊亦令人持有塞翁失马之感"，"于朝战起初时，因力争国军赴朝助战，而当发现美国改变战略之后，则立请勿提派兵援韩旧案，另献'围魏救赵'之策"。蒋介石出兵真意昭然若揭。

不过，虽然蒋介石请兵一事受挫，但也有令其感到高兴的事。美国政府毕竟开始改变对蒋介石弃之不顾的政策。1950 年 8 月，美国承认台湾当局是"中国国民政府，不管它辖下的土地是如何狭小"。蒋介石与美国的线又牵牢了。蒋介石应该感谢朝鲜战争，正如台湾当局所言，"韩战是历史性转折点，若非韩战爆发，美国早已步英国的后尘而承认中共，那么撤退到台湾的'中华民国政府'能否生存到今日，都成了疑问"。①

---

① 《透视外交内幕》，国际论坛社（台北），第 76 页。

6. 蒋介石与夫人外交

蒋介石的外交有过许多顿挫，但也创造了一些"奇迹"。据说在台湾被取消联合国席位后，台湾的一位记者与美国人谈到台湾"外交"困境时，愤然抨击台湾"外交"的无能，但那位美国人却说："你们外交政策十分成功啊！至少在以前是很成功的。你看看：你们的政府从大陆搬到台湾二十多年之后，全世界却还以为你们代表中国，还以为台北是中国的首都，你们在联合国代表你们早已失掉了二十多年的中国大陆，这是古今少见的成就啊。当年苏联建国十六年，美国才予承认，如今，中共建国二十多年，美国才加以承认。这不仅是伟大的外交成就，简直是外交的特技表演啊。每一本国际政治的教科书，都应该把它列入专章加以讨论，每一个国家的外交官都应该从中寻找外交的灵感。"① 这近乎挖苦式的笑语，台湾当局却十分欣赏，并自我安慰"以台湾一省牵制美国，拒绝中国，保持联大二十余年，不应被视为失败者，反而应被认为拖延不可避免之大祸的悲剧英雄"。

奇迹是怎样创造的？台湾当局认为这是蒋介石运用"夫人外交"的成就。他们说：

"国民党的外交，大部分靠美国背后撑腰，台湾在联大席位二十年，台湾外交跟在美国背后亦步亦趋，而国民党对美工作，主要由蒋夫人负责，完全靠老交情，老朋友。"

"由于宋美龄的魅力，设法使美国卷入中国战争到了这样的程度：到了需要为中国排难解忧时，美国人民总感到惭愧和不安，好像是当着穷亲戚的面，

① 《为国民党的外交下半旗》，联丰书社（台北），第 13 页。

砰地关上了门一般，如果不加相助就不仁不义。"

"蒋宋联姻，改变了国民党的外交路线，放弃原先亲德亲日而改亲美。"

"国民党内杰出的外交家，世界杰出的女性领袖，蒋夫人高贵的气质，华丽的英文，风靡了美国的新闻界，美国大量援助国民党等都与夫人的魅力有关。"

"蒋介石先生曾赞美他的夫人，说她的影响力超过了两个军团的力量，诚非虚语，因为如果没有美国的支持，国民党可能早就倒店了。"

以上评论是否得当，或过于溢美，当作别论，但有一点是肯定的，宋美龄确是近代政坛上的风云女性。作为政治角色的宋美龄和作为家庭角色的蒋夫人，这两者是无法截然分开的。宋美龄之所以在外交舞台上获得这种形象，除了她固有的魅力和才能外，还是与她背靠蒋介石分不开的。纵观中国几千年的历史，在政坛上有作为、在社会上有影响的女性，若没有家庭的背景，大凡是不能成功的。宋美龄的外交成功，其实也正是蒋介石运用"夫人外交"的结果。

蒋介石亲美外交的源头始于蒋介石与宋美龄的联姻。甚至有人断言，蒋介石之所以与宋结合，目的就是为了和美国牵线，这是一场政治联姻。不过蒋介石当时是矢口否认这一点的。1927 年 8 月，蒋对《字林西报》记者说道："此种婚姻，并非政治结婚。诸人皆从事于政治生涯，乃属偶然巧合。"蒋介石还声明追求宋美龄为时五年，言下之意，纯属感情的结合。我们不排除蒋宋确有感情，有些记者也以几十年间蒋宋关系较好加以证明，究竟是否感情的结合只有他俩知道。但如果说蒋没有政治目的，则是欲盖弥彰。追求孙中山的小姨子，无形中使蒋中正在当时中国尚以血缘姻缘为关系的政治脉络中，得到高一层的"合法性"地位。从蒋的家世与为人来看，是不能以"无心插柳"来解释的。

但如果说蒋追求宋美龄一开始就是为了走亲美路线，倒是值得推敲的。因为蒋追求宋始于第一次国共合作时期，那时孙中山实行"联苏联共"的政策，列强均在反对之列。可是到 1927 年蒋介石下野东渡日本征求宋母同意时，蒋介石就不能不考虑亲美的外交路线。对日本和中国近代历史熟悉的蒋介石，必然会考虑如果日本不合作怎么办，这就迫使蒋介石向英美等国求援，联美以制日。所以，蒋介石东渡日本前于 1927 年 9 月 10 日对《密勒氏评论报》记者表达了对美友好的强烈愿望，言及访日后拟赴欧美考察一年，"对美国之经济与工业之发达纵讫甚久，极盼能亲睹其状况，而以为将来中国必当取法之"，"公询问美事多次，心中殆正计及游美之行程也"。蒋介石说，以前联俄是因美英保守不予支援而迫不得已的权宜之计，最后蒋介石强调："今日中国，当视美国为列强中唯一真正良友矣！"对不会讲英语、对美国知之不多的蒋介石来说，宋美龄自幼生长在美国，接受严谨的美国教育，在协助蒋介石与美国交往时，在突破语言和文化的障碍方面会起到其他中国女性所不可替代的作用。也许因为这层考虑，蒋宋联姻时，蒋作了重大让步：①休妻；②改皈基督教。对于常把"忠、孝"挂在嘴边的蒋介石来说，休结发之妻毛福梅当为不忠，违母命弃中国传统佛教而改信基督教，似不孝。这些蒋介石都不顾及了。蒋介石后来为母撰碑文"愧为逆子，祸及延慈"，也是意有所指吧。

当时人们对蒋宋联姻的意义猜测种种。时有报纸评论，"媚人的蒋夫人在不会讲英语的军人身边，就成了大女买办"。一家报纸报道蒋宋联姻的标题是"中（正）美（龄）结婚"，是巧合，还是别有寓意？！我们不能否认蒋宋联姻中，蒋的动机中有亲美的取向，但如果说蒋宋一结合，蒋就立即接受宋美龄的建议而改行亲美外交，则是过高估计了宋个人在历史上的作用。如果不是日本步步紧逼干涉蒋武力统一中国的话，讲究现实的蒋介石也是不会轻易开罪强国近邻而远交美国的。

由于蒋介石改信基督教，在美国等西方国家看来，其信仰相同，当是容易接纳的。蒋宋联姻的外交优势很快就得到回报。蒋介石夫妇明白在华传教士在对外宣传上有极大的影响力，因此一有机会就大说传教士的好话。如

1937年10月，宋美龄对美国记者说及传教士，"美国国内总是喜欢责怪他们。但中国人心里明白……我和委员长在全国旅行时，我们一再为教士们牺牲及忍耐的精神感到惊讶，坦白说，我认为没有宗教就救不了中国。政治是不够的"。美国在华传教士，以及支持他们的北美海外布道团大会、美国基督教联邦委员会、基督教青年会热情而全力支持蒋介石夫妇，他们认为近一个世纪来传教士在中国传教收效并不明显，现在支配着中国一切的蒋介石夫妇信奉基督教，这令人信服地证明，他们传教的努力在中国是卓有成效的。通过传教士，蒋介石夫妇在西方的形象被理想化了。父母都是传教士，并出生在中国的美国《时代》周刊的出版者卢斯，还把蒋介石夫妇选为美国《时代》周刊"1937年名人夫妇"，并将他们的照片刊登在1938年1月的《时代》周刊封面上。该刊还报道说："中国人在一位最高领袖及其出色的妻子的领导下度过了1937年。在这对夫妇的领导下，向来不团结的中国人民，慢慢地表现出民族意识。"①

抗战中，蒋介石借助夫人特有的魅力和才能，不仅为自己树立起良好的外交形象，而且还相互配合来实现通常外交手段难以完成的目的。如太平洋战争爆发后，美国为拖住蒋介石抗战，派史迪威来华任蒋介石的参谋长，同时史迪威又全权掌管美国援华物资的分配。史迪威从美国利益出发，以支配援华物资为筹码，要求

蒋介石、宋美龄与史迪威的合影

――――――――――

① 《蒋介石的外国高级参谋长――史迪威》，[美]麦克米伦出版公司出版，第268页。

中国军队不顾牺牲，积极开辟印缅战场，拖住日本，以减轻太平洋战场美军的压力。蒋介石既要保存实力，减少中国方面的损失，又要争取更多的援华物资，这样，史蒋矛盾时有冲突，为了缓和矛盾，平息史迪威的不满，蒋介石和宋美龄一个扮红脸，一个扮白脸。每当蒋介石与史迪威争吵后，宋美龄就出来调解，宋美龄和宋蔼龄常请史迪威共进午餐或喝茶，试图安抚。1942年4月，蒋介石和宋美龄去缅甸看望史迪威，蒋介石开出允诺"史迪威将军享有指挥中国军队的全权"的空头支票，而宋美龄临行前送给史一罐果酱和一封信。信中充满了"诱惑"的语言，她写道：罐中的食品代表生活的甘和苦。她安慰史迪威"我们支持你……我在线的另一端……你面前摆着一项男人的事业。而你是一个男子汉，我要补充说，你是一名多么出色的男子汉啊"！这令史迪威激动不已。有时蒋夫妇又一起联合向史迪威施加压力，如1942年6月，蒋介石责备史迪威，英国人吃败仗就把中国的装备拉去抵挡，何以这样偏袒英国，宋美龄则怒吼，"如果总是这样，中国没有必要再打下去了"。史迪威认为蒋介石夫妇的发作是一场经过精心安排的表演，想以"强烈抗议"来得到他们未得到的东西。1942年9月，蒋介石与史迪威激烈争执后，宋美龄和宋蔼龄邀请史迪威见面，告诉史迪威造成中国军队

何应钦与史迪威

战备障碍和策划撤换史迪威的是何应钦，而不是蒋介石，宋还告诉史迪威，是俞飞鹏在蒋介石面前告了他的状，宋还答应在蒋介石面前替史迪威讲话。这样，让史迪威相信，蒋介石还是信赖他的。

宋美龄还以"第一夫人"的特殊地位按照蒋介石的意图

展开外交。在缅甸战场吃紧、日军又向浙江发起进攻的时候，1942年5月23日，宋美龄写信给美国负责租借物资的官员劳克林·柯里说，中国士气从未"像现在这样低过"，并补充道：蒋介石还是"第一次"感到悲观，如不大力援助，恐怕中国就要顶不住了，向美国施加压力。蒋夫人还多次与史迪威会晤，希望史迪威给予美国援华的陈纳德的"空中飞虎队"更多的权力和物资。1942年，宋又向来访的美国总统特使威尔基表达蒋介石的看法，希望以陈纳德取代史迪威，并要威尔基向美国总统罗斯福陈述陈纳德关于"空中战略"的计划。

　　通晓六国语言的蒋夫人更多的是充当了蒋介石对外政策的发言人。抗战初期，蒋介石渴望美国废除"中立"主义，积极支持抗战。蒋夫人经常接受外国记者采访，或奋笔疾书，连篇累牍地解释中国的形势，要求在美国刊登她的文章，她也经常主持和参加对美广播。她呼吁美国不要袖手旁观，要对

"飞虎将军"陈纳德与蒋介石夫妇

日本实行禁运。她在广播中疾呼，"身为美国立法者的国会议员，不应对侵略表示恐惧，也不应同意把汽油、石油和其他战争物资送往日本以鼓励侵略"，如果日本打胜了，"它将利用我们的领土、我们的人力和我们的资源以支持极权主义反对民主国家的军事行动"。她对美国初期的"中立主义"表示了气愤、惊愕和悲痛。为了配合蒋介石废除不平等条约的努力，1942 年 4 月23 日，《纽约时报》发表宋美龄《如是我观》一文，提出废除列强在华特权，争取国际舆论的支持和同情。

蒋夫人特有的魅力也使蒋介石的外交增色不少。蒋夫人善于展示自己的魅力来达到外交目的。陈纳德在日记中记述了 1937 年他与蒋夫人会面是他"终生难忘的会面"，当蒋夫人仪态万方，迈着轻盈的脚步走进房间，兴致极高地发出咯咯的笑声时，陈纳德"完全给迷住了"，"她对于我将永远是公主"，自那以后，就再也没有遇到"另一个能使他那么仰慕、那么尊敬和那么爱恋的

威尔基与蒋介石

伙伴"。于是乎，有人认为这是陈纳德长期热衷于支持中国抗战的重要情感原因。1942 年 8 月，美国总统特使威尔基访华，他带着成年人的激情，倾倒在蒋夫人的魅力之下。他回国后发表的《天下一家》写道，夫人以"她的智慧、循循善诱的天赋、高尚的品格 …… 以她的才智和魅力，豁达和同情心，雍容的仪态和火一般的坚定信念 …… 一定会成为最理想的外交使节 …… 我们将以超乎寻常的注意力倾听她的声音"。为了继续他们的交谊，威尔基提议夫人对美国作一次友好访问，在与夫人最后一次会晤时不停地要求她"明天"同机赴美。由于蒋夫人与威尔基之间的热情，人们判断他俩之间有不可告人的隐情。1985 年，当年随威尔基来访的迈可·考尔斯出版了《迈可回望》一书，逼真地描述了在重庆盛大的夜间招待会上，迈可是怎样掩护威尔基和蒋夫人悄悄离开，蒋介石又是怎样"吃醋"，怒气冲冲地带着三个全副武装的侍卫找遍了威尔基下榻的每一个房间，但没有找到。直到凌晨 4 点才归的威尔基快活地叙述了他和他夫人之间的事，并说已邀请蒋夫人同返华盛顿。迈可想到蒋介石搜查的情景，以及威尔基夫人会出现在迎接的机场，这将十分尴尬，风流事件也会影响 1944 年威尔基竞选总统。从政治上考虑这是不智的。第二天当宋美龄听了迈可不能带她同机赴美的消息后，愤怒的蒋夫人用长长指甲朝迈可的面颊使劲地抓下去，于是迈可脸上留下了整整一个星期的疤痕。台湾作者李敖据此还专门撰了一篇《蒋介石捉奸记》的文章。是空穴来风，还是确有其事，我们无法确认，也无必要深究，但重庆当时盛传宋蒋不和的消息，引起外交界的关注，闹腾得蒋介石只好亲自出来辟谣的事例一点不假。

　　为争取美国的援助和获得美国公众对中国抗战的同情，1942 年 11 月起，宋美龄作为蒋介石的代表对美国作了为期七个月的访问，她以其特有的演说才能及美貌，在美国出尽风头，频频抛头于社交界和政界，活跃在新闻界，激起一片片洋溢的赞扬和欢迎之声。议员范登堡承认受蒋夫人演词之感动至于泪下。罗斯福夫人看到宋美龄，以至"油然产生了想要帮助她并把她当作女儿照顾的愿望"。宋美龄演讲中强调战胜日本比战胜德国更为重要，

宋美龄在纽约受到当地华侨的热烈欢迎

尝试劝说美国改变"先欧后亚"的战略。美国有人夸张地说，由于这位"极有魅力，又非常迷人的小夫人"要求为空运司令部增拨飞机，以致罗斯福下令将刚生产出来还没有完成全部性能试验的 C-46 飞机立即交付中国使用。无论如何，蒋夫人个人都获得了巨大成功。从那时起直到 1967 年，她每年都被评为美国人最崇拜的十位女性之一。

可以说，自嫁蒋介石后，宋美龄就一手包办了蒋的对外交涉事宜。蒋介石对她的倚重有时令人不可思议。如 1943 年 11 月在埃及开罗召开罗斯福、丘吉尔和蒋介石三大国领袖这样的重要会议，蒋介石理应让一些重要的外交官、大使知道，并让他们参与准备，可直到开会前，连国民党著名的外交家、驻英大使顾维钧也才从英国官员口中得知，英国官员原本以为顾维钧一定要参加中方准备的。顾连忙电告蒋介石，探询是否前往，竟被蒋介石回绝了。顾感叹自己在英国人心目中的地位下降了。开罗会议上，罗斯福带了一千余人，丘吉尔也带了五百余人，出席各类专门会议，而蒋介石连宋美龄的老妈子在内只带了二十余人，应付各类会议，捉襟见肘。不会讲英语的蒋介石在外交上并不具有吸引力，宋美龄就以打动人心的方式向西方介绍蒋介石。罗斯福对记者说，"在开罗，我无法形容蒋中正的任何看法。后来我回想起这件事，我才意识到，都是蒋夫人向我讲的她丈夫如何如何，以及她是怎样想的。她总是在那里回答所有的问题。我可以了解她，但对这位蒋先生，我却根本看不透"。

　　1948 年下半年，中国人民解放战争以摧枯拉朽之势席卷而来，蒋介石陷入全面的危机中，他认为要支撑危局，除非从美国得到更多的钱 —— 也许每年 10 亿美元，否则无法阻止从北而南的汹涌的共产主义浪潮。宋子文求援碰了一鼻子灰。有人建议蒋介石亲自到美国走一趟，蒋介石知道美国正想踢开他，自身形象不佳，于是又打出了夫人牌，让宋美龄去美国乞援、游说。可这时，杜鲁门对她的魅力不感兴趣了，宋美龄遭到冷落，国宾馆住不进，只能住在马歇尔私人家中，不但钱借不到，令人尴尬的是，当宋美龄还在华盛顿时，美国就发表了对华关系《白皮书》，指责国民党腐败，宋只好怏怏而归。

　　国民党退到台湾后，在对美外交上蒋介石夫妇的成功在于"善用"了"中国游说团"（Lobby）。宋美龄等人根据美国政治三权分立的运行特色，运用美国舆论及国会影响美国行政当局的对华政策。他们在美国拉拢反对中共的议员、政客，欺骗舆论，组织各种组织，以民意影响美国政府的对华决策。当时组织了"美国对华政策协会"，"国民党外交委员会"，"中国救济协会"，"援助中国反共以保护美国委员会"，"百万人委员会"，"美国保守联盟"等组织，包括大约 90 位国会议员、高级将领和企业界大亨，如诺兰、柯尔伯、麦加兰、布里斯基、周水德等议员，还有政界名人奥斯汀、魏德迈、麦克阿瑟等。他们主要的活动就是要求美国政府援助国民党，拒绝承认中共，排斥中华人民共和国的联合国席位。

　　台湾当局认为，"中国游说团"的威力存在 30 多年，直到台湾被驱逐出联大为止。他们认为这是"外交史上前无古人，后无来者"的活动，是台湾外交成功的特例，"是中华民国牵制美国、影响其中国政策的法宝"[①]。这功劳又归到蒋夫人的外交上，"美国大量援助国民党，以及强大的'中国游说团'的活动，都与蒋夫人个人的魅力有关"[②]。宋美龄确实为此做了大量工作，用

① 《透视外交内幕》，风云论坛社（台北），第 37 页。
② 《为国民党的外交下半旗》，联丰书社（台北），第 19 页。

金钱收买美国议员也是常用的手法。内幕专家皮尔逊指称"中国银行"是"中国游说团"的神经中枢。1950年尼克松竞选参议员时，宋美龄就派孔祥熙的儿子到洛杉矶捐款助选。尼克松当选后还到纽约孔祥熙家拜访。蒋宋把从美国搞到的钱相当一部分用到美国的"中国游说团"身上。当时杜鲁门总统对这件事痛心疾首，指示联邦调查局专门调查，后来杜鲁门在接受记者访问时愤怒地说："他们都是小偷，他妈的，每一个人都是小偷，他们从我们送给蒋介石的38.5亿中，偷走了7.5亿。"

"中国游说团"的影响主要不是蒋夫人的作用，而是美国长期敌视新中国的政策所决定的，也是美国以意识形态分野作为外交取向的错误政策滋生出来的毒瘤。不然，何以中美恢复邦交正常化后，它不但销声匿迹，没有市场，还被认为是如同当年臭名昭著的"麦加锡主义"那样的"无端指控"和"人格谋杀"呢？！

蒋介石退居台湾后，国际地位更加孤立。外交完全是以美国为中心的外交，蒋夫人更是包揽了国民党的外交，大使的任命都要经她认可，台湾驻美的最后一任"大使"沈剑虹也是经她反复调查权衡后决定的。蒋夫人本人也五次访美。她在台湾外交中举足轻重。难怪台湾当局被驱逐出联合国后，人们普遍认为这是蒋夫人的外交失败，指责她用人不当，任用亲信黄仁霖等人，实行了一种"蝙蝠式的外交"——蝙蝠是一种飞在天上不是燕子、趴在地上不是老鼠的动物，虽然也想像燕子那样吻着碧波滑翔，却没有那种耐力，有时又想和老鼠混在一起，在阴沟里钻进钻出，又因为没有眼睛，不时发出啾啾的悲鸣，最后只好躲在阴暗的角落里，窃窃饮泣。

蒋夫人的对美外交，以美国承认中华人民共和国而画上句号。这时，宋美龄再一次发挥她的演说才能，发表《"不要说它"——但是我们要说》的长篇讲话。除了悲鸣以外，她还能说些什么？！

军事篇

蒋介石的话务官王正元曾说："蒋介石接电话时的第一句话总是：'我是委员长……'"

即使军事委员会已经撤销、"委员长"一职已不复存在时，也不例外。

因为，蒋介石始终把自己看成一个军人，炮火纷飞，硝烟弥漫，运筹帷幄，是他人生的主体。

新中国成立后，在电影里，在小说中，国民党军队被贬得一文不值，全是不堪一击的酒囊饭袋。

少有人愿意承认蒋介石曾打过胜仗，也少有人心平气和地研究蒋介石的军事生涯与治军之道。

驱散迷雾，去掉有色眼镜，捡起"对事不对人、可恕不可忘"的古老传统，透过硝烟，透过战火，沿着当年的古战场，冷静地考察蒋介石治军用兵的成败得失，"社会性记忆"的偏差定会为千年古谚"寸有所长"所取代。

溯自黄埔发迹，蒋介石同北洋军阀、地方实力派、日本侵略军及共产党军队在战场上较量了二十九年。他打过无数次胜仗，北伐东征，统一了全国，数度削藩，剪除了异己，八年抗战，赶走了日寇；也打过无数次败仗，五次"剿共"，三年内战，飞机加大炮竟敌不过小米加步枪，最后被迫逃往台湾。

胜负互见，但最终却是一个失败者。这就是蒋介石的军事生涯。

1. 蒋介石是一个军事家吗

蒋介石是一个军事家吗？

蒋介石的部下说："蒋公雄韬伟略，用兵如神，是中国最杰出的军事家。"

台湾学者说："领袖蒋公是一位知行合一的大军事家。"①

香港学者说："蒋介石精通《孙子兵法》，指挥着数百万大军，他和毛泽东并称 20 世纪中国两大军事高手。"②

毛泽东说："蒋介石代替孙中山，创造了国民党的全盛的军事时代。他看军队如生命，经历了北伐、内战和抗日三个时期 …… 他创造了一个庞大的'中央军'，有军则有权，战争解决一切，这个基点，他是抓得很紧的。对于这点，我们应向他学习。在这点上，孙中山和蒋介石都是我们的先生。"③

周恩来说："蒋介石不怎么像个军人。作为一个战术家，他是一个拙劣的外行。说他是个战略家，也许还凑合。与战术家相比，蒋还算个战略家。他常以相当好的韬略来全面筹划战役。"④

大陆学者怎么看？迄今为止，既没有人说蒋介石是军事家，也没有人说蒋介石不是军事家。

在大陆民众心目中，蒋介石是个失败者，几百万大军的家底几乎输光，逃到一个小岛上了却残生。至于蒋是否够格当军事家，大多数人认为事不关己，没有必要操这份闲心。

---

① 吴朝富著:《领袖蒋公之建军思想》,（台）正中书局印行。

② 刘济昆著:《毛泽东兵法》,香港和平图书有限公司印行。

③ 毛泽东:《战争和战略问题》。

④ 埃德加·斯诺:《红色中国杂记》,群众出版社,第 72—73 页。

蒋介石谢世已久，墓木成拱，即使算不上古人，也应该算得上前人。盖棺定论，能不能把军事家的桂冠戴在他头上呢？

判断某人是否是一个军事家，不像教师批改数学作业，有标准答案，也不像体委给运动员定级，拿金、银、铜牌做砝码，仅有两项"考核范围"可资权衡，即：

① 军事实践：有无指挥作战、运筹帷幄的能力与经历。

② 军事理论：能否建立自己的军事思想体系。

以上两条，够上一条，即算"达标"。例如，蒋百里、马汉、克劳塞维茨等，虽没有赫赫战功，但在军事理论方面造诣甚深，我们可以说他们是军事家。陈玉成、冯玉祥虽没有像样的军事著作问世，但带兵、练兵、用兵很有一套，我们也可以称之为军事家。孙武、毛泽东既能指挥作战，运筹帷幄，又能由实践到理论，建立自己的军事理论体系，则是更"标准"的军事家。

蒋介石能否"达标"？

先看军事实践。

蒋之发迹，一靠抓军权，二靠抓党权。两相比较，抓军权尤重于抓党权。正像毛泽东所说"他看军队如生命"。一旦军权有旁落的苗头，他立即下野，绝不做有名无实的"总裁"。

蒋介石早年，曾追随孙中山参加反清、反北洋军阀的武装起义，做过排长、营长、团长，那时，蒋只是默默无闻的军事后辈，尚无力兴风作浪。当了黄埔军校校长以后，蒋有了自己的家底，这才慢慢跻身民国军事巨头的行列。蒋介石晚年承认，出任黄埔校长才是他戎马生涯的真正开始。

蒋介石一向以军人自居，他的居室常年挂着自己的戎装照。蒋接见外宾，出席记者招待会，总是一身戎装，很少穿西服或长袍。

蒋介石戎马一生，指挥大小战役不计其数。以下是他的主要"战绩"。

① 东征时期——1925 年

地点——广东东部

兵力对比——3000 对 10 万

结果——以少胜多，统一广东

② 北伐时期——1926—1928 年

地点——湘、鄂、赣、皖、浙、苏、闽、鲁、冀、豫

兵力对比——10 万对 70 万—80 万

结果——以少胜多，统一中国

③ 讨桂时期——1929 年

地点——鄂、湘、桂

结果——胜

④ 讨冯时期——1929 年

地点——豫、苏、鲁

结果——胜

⑤ 中原大战时期——1930 年

地点——豫、鄂、湘、桂、鲁、晋

结果——胜

⑥ 第一次"剿共"时期——1930 年 10 月至 12 月

地点——江西苏区

兵力对比——10 万对 4 万

结果——失败

⑦ 第二次"剿共"时期——1931 年 5 月

地点——江西苏区

兵力对比——20 万对 3 万

结果——失败

⑧ 第三次"剿共"时期——1931 年 7 月至 9 月

地点——江西苏区

兵力对比——30 万对 3 万

结果——失败

⑨ 第四次"剿共"时期——1932 年 7 月至 1933 年 3 月

地点——江西苏区

兵力对比——63 万对 6 万

结果——失败

⑩ 第五次"剿共"时期——1933 年 10 月至 1934 年 10 月

地点——江西苏区

兵力对比——100 万对 10 万

⑪ 抗日战争时期——1937 年 7 月至 1945 年 8 月

经过——大小战役不计其数，时败时胜。

最后结果——胜利，日本无条件投降。

⑫ 三年内战时期——1946 年至 1949 年

经过——大小战役不计其数，胜少败多。

最后结果——失败，仓皇逃往台湾。

透过蒋介石的战绩，我们可以这样下结论：蒋介石身经百战，有胜有败。摒弃"以成败论英雄"的历史偏见，可以将军事家的桂冠戴在他头上。

再看军事理论：

蒋介石在少年时代，即立志学习军事。浙东硕儒顾清廉是引导蒋介石步入军事殿堂的引路人。顾清廉是位同情革命、忧心国事的教书先生，与蒋介石有师生之谊，此时，蒋只有 19 岁，就读于浙东金箭学堂。

顾清廉受清末"自强"思潮影响，有"强国必先强兵"的思想。他时常教导蒋介石说："一个国家要想自存，就不可以缺少军事，为了将来有一天能报效国家，就不能不学习兵法。""要想获得新的兵法，就必须出洋留学。"①

1906 年，20 岁的蒋介石负笈东洋。其时，日俄战争虽已结束，但日本军国主义扩张军备不但没有放松，反而变本加厉。从北海道到琉球，自东京至神户，人人都在谈论战争。在这种环境下，蒋介石感到恐惧，感到震惊，更加坚定了研究军事的信念。

在此后的岁月里，无论是作为普通一兵参加反清起义，还是作为民国巨头纵横天下，不管时间多么紧，蒋介石始终没有放松研究军事。

38 岁那年，蒋介石把自己经常阅读的书籍开了份清单。清单中，军事书籍十居其六，老子、姜尚、孙子、吴子、管子等人的韬略，诸葛亮、岳飞、文天祥、戚继光、曾国藩、左宗棠、胡林翼、骆秉章等人的战略思想、治兵之道，西方军事名家克劳塞维茨、约米尼、福煦、霞飞、马汉、李德哈特、毛奇、史里芬等人的指挥艺术，都是他的涉猎范围。

一有心得，辄记于书楣，日久积沙成塔，便有一篇"大作"问世。如《军事基本原理》《增补曾胡治兵语录序》《合印纪效新书练兵实纪序》《马汉海军战略序》《历代名将传序》《历代名将言行录序》《孙子兵法与古代作战原则以及今日战争艺术化意义之阐明》《对克劳塞维茨著作的感想》《李德哈特战略论研究之总评》等等皆是。

他不仅博览群书，撷取中外兵学精华，还不断地总结实践经验，分析成败得失，由实践到理论，如《反攻战争指导要领》《敌我双方优劣之检讨及战争艺术化的要义》《对于匪军战术的研究与军队作战的要领》《军事教育训练的再检讨》《军事科学、军事哲学与军事艺术》等等皆是。

蒋介石的军事理论有哪些基本内容？

要而言之，可分为以下三个部分。

---

① 《蒋介石秘录》第一册，湖南人民出版社。

（1）军事哲学

什么是军事哲学？蒋介石解释说：

"军事哲学（战争哲学），乃在运用哲学的原理法则，将过去的战争史迹，与现实的战争性质，以及精神有关的问题，加以综合的研究，而得到统一的战争理论之学。根据这个理论，就可以正确地了解战争的本质和形态，来控制战争和指导战争。"[①]

这段话比较拗口。通俗点讲，军事哲学指的是：战争的本质是什么？人们应该如何看待战争？

在军事哲学中，蒋介石提出了四对基本概念。

① 战与和

蒋介石认为，和平是目的，战争是手段。他说："战争的作用，在于解决战争，确保和平。"

自古至今，战争不计其数，且多以挑起战争的一方失败而告终，两次世界大战的结局即是明证。但是，战争结束之日，往往即是下一场战争筹备、酝酿之时，过不了多久，战争又会重新爆发。"战争"一词永远不能从字典上消失，人类"永久和平"的美梦始终不能实现，这是什么原因呢？

蒋介石认为，这是"忽略了战争的结果和目标"所致。既然战争的目标是和平，人们就不应该以取得眼前的、已爆发的战争的胜利为满足，必须穷追猛打，彻底消灭可以导致战争的任何因素，如霸权主义、民族沙文主义等。

故在蒋介石的眼中，战争不只是单纯的武力对抗，而是包融经济、政治、文化、意识形态的全方位的"国民拼命"。

但是，要实现战争的目标——和平，绝非短期内可以一蹴而就，必须通过若干代人的共同努力。在"目标"实现之前，人类仍需要和平——实际

---

① 蒋中正：《军事科学、军事哲学与军事艺术》。

上只能是短期和平。这种短期和平的获得，只能靠强大的武力为后盾，因为"敌人是决不会发善心的"。所以，蒋介石主张，国家建设必须以国防为中心，始终保持强大的威慑力量，"能战才能和"。

② 仁与忍

仁者，仁爱；忍者，残忍。

战争的手段是残忍的，横尸遍野，血流成河，荆榛满目，社灶烟冷。这就是蒋介石所说的"忍"。

战争的目的和本质是和平，政通人和，百废俱兴，老有所养，幼有所教。这就是蒋介石所说的"仁"。

如何处理"仁"与"忍"之间的关系。

因为战争的手段是残忍的，而其目的却是仁爱的，所以蒋介石认为，对待战争，不能像墨子那样一味"非战"，也不能像俾斯麦、希特勒那样"好战"，必须"慎战"，师出有名，"不得已而用之"。

一旦"不得已而用之"，就必须"忍睹伤心惨目的鲜血牺牲，而不为所动"，以更残忍的手段对付残忍的敌人，以更野蛮的方法回敬野蛮的敌人，只有如此，才能赢得战争的胜利，达到战争的目的 —— 仁。这就是蒋介石所说的"忍以济仁"。

蒋介石非常反对宋襄公似的"仁"，他说：

"宋襄之仁，是目的与手段不分的妇人之仁。对待敌人的宽容，即是对自己的残忍，亦即是对垂死待救的同胞的残忍。如果对敌人讲仁爱，那你就要为敌的残忍所克制，如果你在战场上讲人道，那你就要被野蛮的敌人所消灭。"

③ 常与变

常，指的是万古不变的战争规律。蒋介石说：

"尽管生产条件和战争形态在急剧变化，而其基本原则，却仍然是不变的。无论使用怎样威力强大的氢弹作战争手段，与过去刀矛相搏，只有手段与方法上难易快慢之别，而在性质上并无前后不同的所在。"

变，指的是瞬息万变的战争形态。蒋介石说：

"从战略到战斗，随着社会组织、经济形态、科学知识的进展，正在日新月异的变化……以现在军事实况来看，简直是一年比一年，甚至于是一天比一天都在流变。"

二者关系如何？

蒋介石认为常与变"相因相生"，"变是常在万殊之事中的运用，变对常来讲是一种同质的变"，一个好的军事指挥人员，必须"守常达变"，即先掌握万古不变的军事原理 —— 常，并根据战场上千变万化的对峙形势 —— 变，确定战略方针。单靠"小聪明"，平时不学习军事理论，胸无成竹，固然打不了胜仗，墨守成规，不知随机应变，也只能是"马谡读兵书，会背不会用"。

④ 生与死

人都有怕死的心理，死到临头时，为了求生，常常能做到平时连想都不敢想的事。

想当年，蒋介石被东北军追捕，华清池后的悬崖峭壁竟能一跃而过，哪像是个半百之人。

也许自此以后，蒋介石懂得了置之死地而后生的道理，遂在《军纪之要义与功效及战争哲学的中心问题》这篇文章中提出了所谓"天人合一"的生死观。

"军人的基本观念，只有'生'与'死'两个字。我们军人，爱自己的国家、同胞、历史、文化，也爱自己所信仰的真理 —— 三民主义。为了实现主义，为了拯救国家、拯救同胞，即使牺牲了自己的生命，亦在所不惜……通过这种牺牲，才可以真正求得生命价值的提高与恒久。反之，如其悠悠忽忽，寡廉鲜耻，那就将偷生苟活，结果自必要'生不如死'，遗臭后世，为天下笑了。"

此种说教，并非蒋介石首创。如吕坤即在《呻吟语·应务》中说："大丈夫看得生死最轻，所以不肯死者，将以永死所也；死得其所，则为善用死也。成仁取义，死之所也，虽死贤于生也。"

由于是老生常谈，效果如何，很可怀疑。但蒋介石的部下冷欣却说：

"蒋公的训教，直抵死关，声声言死，予人当头棒喝，使受教者无所规避，目不转睛地正视死亡，以先烈为模范，而逐渐将死亡意义提高至一升华境界。将死亡的阴森与冷凄，化为光耀与可亲，反而使死亡具有一种庄严壮丽之美，转而视为福地乐土，使人于此中去体会人生真谛。"

此论真令人难以置信。

（2）军事科学

对军事科学，蒋介石同样有一段拗口难解的诠释：

"军事科学指的是，依照军事的目的，就具体的一定的对象的范围作有系统的研究，特别注重观察、实验、分析、彻底明了其产生和形成的各因素及其运动的法则规律，和形成配合的互相关系，由此而获得其合理、经济（节约）、有效和进步发展的方法，而满足其一定的目的的要求。"

耐着性子读完这段话才会发现，蒋介石所说的军事科学，是指如何使用军事科学。

蒋介石认为，军事科学化有两个基本条件："一个是战具和技术的科学化；另一个是军队生活、行动、训练、行政工作和战斗指挥的科学化。"前者是"物的资源"，后者是"人的资源"。

科学技术日新月异，武器装备不断改良，古时用长矛大刀，近代用后膛枪、铁甲船，现代用飞机、火箭、氢弹、原子弹，将来必有更先进的装备出现。所以，蒋介石主张："建军用兵，要超越经验，建立一支独立国家的现代化军队。""我们必须具有时代的科学精神，一切要推陈出新，不断创造与进步，因为我们建军不只是为了今天的需要，而且要能适应明天，甚至为更长久的打算。"

但是武器并不能决定一切，"小米加步枪"照样能打败"飞机加大炮"。逃往台湾后，迟暮之年，侈言卧薪尝胆、不忘在莒的蒋介石已从唯武器论中惊醒，十分注意"人的资源"，讲究"科学的组织"。

"我们要加强战力，固然需要装备的改良，但绝不可轻视科学办事精神。""所谓科学的精神是什么？简单地说，那就是要有组织、有系统，使能'协调合作，集中统一'，发挥无限的力量和功效。我们无论组织里的哪一部门，以及组织里的哪一个人，都应该在明确的系统、一定的范围之内，各尽其职，分层负责，无论在纵的或横的方面，都要密切配合，通力合作……务使不分彼此，不计利害，完成其共同工作的目标。""此外，在这个立足点之上，还有一种更具有决定性的能力，那就是端在人心向背，士气钝锐，以及指挥官的统御力和精神的修养。"

（3）兵学

通常，兵学是军事学的别称，如兵学丛书、深谙兵学、兵学大家等。

但蒋介石却别出心裁。

"我所说的兵学，指的是要大家对于军事上一般战略战术原则学理的修养，即要有军人坚定的忍耐力，旺盛的企图心，和卓越的指挥才能，以及运用军事原则和战争学理，以从事于组织战、宣传战、心理战、情报战和谋略战等等各种的最高智慧，无论在什么困难危险的时候，仍能不屈不挠，毫无沮丧败退的意思，始终彻底地奋斗到底。"

啰里啰唆，无非是想说，兵学者，指挥学也。

在兵学中，蒋介石"发明"了三大原则：

① 革命战术思想

何谓革命战术？蒋介石解释道：

"所谓革命战术，应尽量避免采用正面决战、争夺据点和固守防线的正规战术，而应切实把握革命战术的要领：一面以必要兵力，与敌周旋，并多方牵制，分散敌人；一面将主力部队，向敌人外翼迂回，攻击其侧背，依正面部队之策应，前后夹击，予以包围歼灭。"

说穿了，革命战术就是迂回战术。新瓶装旧酒，名称玄玄乎乎，内容不过尔尔。

蒋介石是在台湾"发明"革命战术的。其时，海峡两岸，剑拔弩张。中国人民解放军在闽浙沿海整军经武，高喊"一定要解放台湾"，国民党军队亦磨刀擦枪，侈言"反攻大陆、光复失土"。蒋介石明知自己处于绝对劣势，蚍蜉难撼大树，但身为三军统帅，气可鼓不可泄，只好借用"正奇两用"的兵家古训，并换上动听的名称，一则壮胆，一则自慰。

② 攻势主义

《孙子》曰："善攻者，敌不知其所守。"

蒋介石说："自古善用兵者，舍攻击敌人别无制胜的良策。""攻势原则是战争原则的重点。"

在攻与守之间，蒋介石特别强调攻。即使到了非守不可的地步，也应该采用"攻势防御"。

蒋介石为什么会嗜攻如命呢？

蒋介石的爱子蒋纬国作了回答：

"父亲强调攻势作为，显然是受了半世纪来战争形态的改变之影响。譬如，中国强大的军队，被'小米加步枪'的中共军队逐出大陆，越南与美韩等联军近百万的现代化陆军，再加上美国海军与战略轰炸部队，被一个北越与越共部队，竟会弄得一筹莫展。这些现象，常使人产生错觉，认为战争除暴力之外，还有其他更有力的手段。许多民主国家，在这种错觉之下，反为共产集团所愚弄，致使民主国家在共产集团统战颠覆的策略下，吃尽了大亏。"

一语道破天机。蒋介石一而再、再而三地强调进攻，是担心自己的部下"在统战策略下吃亏"，是为了让部下明白，"只有攻势主义，方能解决战争，光复失土"。

③ 战争艺术化

在兵家古训中，蒋介石最讨厌"将在外君命有所不受"，最喜欢"运筹帷幄决胜千里之外"，真可谓有扬有弃，切中"批判地继承"要旨。

每逢战事发生，蒋介石都要亲自规划战略战术，大到部队调动，小到械弹粮秣，事无巨细，都要亲自过问。有时，甚至绕过前线负责将领，把作战命令直接下达给团、营长。

问题是，运筹帷幄，不一定能决胜千里。打了败仗，部下可就倒了大霉，撤职的撤职，杀头的杀头……即使打了胜仗，蒋介石也会唠唠叨叨：甲行动迟缓，乙配合不力，丙没把后勤工作做好……只有甲、乙、丙齐心协力，配合得天衣无缝，才能达到"战争艺术化"的境界，才能创造中外战史上不朽的战例。

什么是战争艺术化？蒋介石说：

"军事艺术化，乃是以更坚苦的灵明，更澄澈的悟力，所谓'慧眼灵觉，看破战机'，乘势应变，产生其独特合理的决心，而投以中节致命的最后一击。这样存神过化的军事艺术，不是科学的、物理的方式所能为功的。"

简直是神乎其神！恰似田贵生授香功，只可意会，不可言传。

怎样才能达到神乎其神的艺术化境界？蒋介石又说：

"战争艺术的效能，全寓于战争的机制之中，且多在于战争的偶然性或危急之中，方能显现。故欲达战争艺术化的目的，要以孙子所谓'校之以计而索其情'的精神，运用心神来计谋策划，以适应其战争的机制，把战争科学所需要的一切组织、制度、业务、技能、器材、物质，与陆海空的一切力量，配合运用，反复娴熟，神而化之，使之成为自己的第二本能，再配合久经'修养而致'的第二天性 —— 灵感、意志、勇气、果断、坚忍、负责和光荣战死的决心。"

把这段禅味十足的"偈语"译成白话就是，要达到军事艺术化的境界，有两个条件：一是军事指挥官必须有高超的指挥艺术；二是各种有形无形的战争因素必须协调一致。

军事哲学、军事科学和兵学构成了蒋氏军事理论体系的基本内容。

姑不论蒋氏军事理论正确与否，但有一点是可以肯定的：蒋介石能够自圆其说，成一家之言。

2. "三分敌前、七分敌后"
—— 蒋介石如何收拾孙传芳

《孙子兵法》说:"上兵伐谋,其次伐交,其次伐兵,其下攻城 …… 故善用兵者,屈人之兵而非战也,拔人之城而非攻也。"

此话笔者不敢苟同。"不战屈人",也许只能是军人美好的憧憬,不但历史上没有发生过,现在、将来都不可能发生。诚然,"伐谋"、"伐交"确实是战争中不可缺少的重要手段,但是,只有与"伐兵"相配合,才能发挥出威力,故从实质上讲,只有"伐兵"才能"屈人","伐兵"是本,"伐谋"、"伐交"是末。一味强调"伐交"、"伐谋",把"不战屈人"视为普遍的战争原则,是本末倒置、不切实际的空花幻影。

北伐期间,蒋介石对五省联军总司令孙传芳,一开始也想通过"伐谋"、"伐交",使孙"不战而屈",但没有成功,后来改用"三分敌前、七分敌后"的办法,"伐谋"、"伐交"、"伐兵"同时并用,终于把孙传芳制伏。

1926 年 7 月蒋介石在广东誓师北伐时,手中只有 8 个军,共约 10 万人,而广东以北的北洋军阀却有 80 万大军,即吴佩孚部 20 万,

孙传芳

分布在湖南、湖北、河南、四川等地；孙传芳部25万，分布在江西、福建、浙江、江苏、安徽五省；张作霖部35万，分布在东三省及直隶（河北）、山东等地。敌强我弱，蒋介石提出了"打倒吴佩孚、联络孙传芳、不理张作霖"的策略，并派孙传芳的老同学张群前往南京，劝说孙传芳一道北伐。

7月初，张群赶到南京后，顾不上旅途劳累，即直奔孙传芳的联帅府。老同学几年未见，重逢后格外亲切。一阵寒暄过后，老谋深算的张群提起了许多同窗时代的愉快往事，极力造成亲密无间的友好气氛。孙传芳自非冥顽不灵之辈，自然知道"醉翁之意不在酒"。遂道：

"无事不登三宝殿，岳军兄（张群字岳军）千里迢迢，远道而来，恐怕不是单单为了叙旧吧？"

"馨远兄（孙传芳字馨远）果然料事如神，"张群乘机明言，"明人不做暗事，实不相瞒，我此行是受了蒋总司令的重托，邀请你一同北伐。"

"我身为五省联军总司令，自应保障五省人民安居乐业，江浙久历兵燹，民怨沸腾，不宜再遭涂炭。"孙传芳婉言谢绝。

"革命潮流浩浩荡荡，顺之则昌，逆之则亡，国家分裂已久，统一势在必行。蒋总司令曾说，统一后定当论功行赏，馨远兄仍可经营东南五省。"张群仍不死心。

"古人云：'带甲十万，千里馈粮，内外之费，日去千金。'江浙民力已竭，为百姓计，我决心保境安民，既不助蒋、亦不帮吴，置身事外。"

张群怏怏，旋即回粤复命。

第二天，孙传芳对上海《字林西报》记者发表谈话，称：

"余素以保境安民为宗旨，今因湖南扰乱，恐牵动赣境，破坏和局，不得不增兵防守，倘人不攻我，我决不攻人。此系余既定政策，断不改易。"

孙传芳真的是想为民请命吗？

非也。孙打出"保境安民"的旗号，目的是要让北伐军与吴佩孚在两湖拼得两败俱伤，再乘虚出兵，坐收渔人之利。

据马葆珩（孙传芳的一个师长）回忆：

"孙传芳送走张群后，曾对我（指马葆珩）说：'蒋介石这个乳臭未干的小子，打了几年仗？竟想与我平起平坐！'他眼中根本没有蒋介石，认为蒋根本不是他的对手。后来，有人建议，乘两广空虚之际，一举袭取广州，截断北伐军后路。孙说：'广州外国人太多，弄不好就要引起外交纠纷，还是两湖好。'实际上，他很早就想夺取两湖，将五省联军扩大为七省联军，但由于吴佩孚是他的老上司，他不便直接从吴佩孚手中抢，等到北伐军占领武汉后，他再出兵收复武汉，吴佩孚自然就无话可说了。到了8、9月间，北伐军相继攻下长沙、岳阳，吴佩孚岌岌可危，一天打几个电报催孙传芳出兵援救，孙传芳却回电说：'目前赣闽吃紧，对湘事不能统筹兼顾，仍请我帅自行主持'，加以拒绝，坐视吴佩孚被消灭。这时候，孙的部下看到蒋、吴杀得正难分难解，双方伤亡都很大，都跃跃欲试，认为由湘东出兵，袭取湖南只是举手之劳。但孙传芳却笑着说：'广东党军（北伐军）本像一团绳索，刀子不能砍断，但当它拉成一条直线时，用一把小刀就能剪成几段。等它们打到湖北，在粤汉线上一字排开时，我们再下刀子，湖南、湖北都是我们的。'"

北伐军攻下长沙、岳阳后，吴佩孚退往湖北，蒋介石名声大震，昔日乳臭未干的吴下阿蒙备受世人青睐，连斯大林都夸他"是个好战士"，千里迢迢从莫斯科发来贺电。乘着战胜余威，蒋介石又派说客到南京"伐谋"。

蒋介石本人也亲自出马。8月12日，蒋在长沙致电孙传芳，电谓：

"……兄（孙传芳）以苏、浙、皖、赣、闽五省之治安自任，无任感佩。若能顺应潮流，以保五省人民之幸福，且合力同心，铲除北洋余孽，中正必请于政府，承认兄为五省之总司令。"

哪知孙传芳不仅没有坠入蒋介石的"伐谋"圈套，反而一改观望态度，一面致电吴佩孚，促其全力应战；一面调兵遣将，云集江西，随时准备抄蒋后路。

孙传芳把所属部队编成五个方面军：

第一方面军由邓如琢统领，下辖中央第一师（邓自兼）、江西第一师（唐福山）、江西第二师（蒋锲臣）、中央第六师（杨如轩）、滇军第一师（杨池生）、江西第四师（赖世璜）、中央第九混成旅（张凤岐）、江西第一混成旅（刘宝题）、粤军第一师（刘志陆），总兵力3万余人，驻樟树。

第二方面军由郑俊彦统率，由江苏调往江西，总兵力1.4万人，沿南浔铁路南段布防。

第三方面军由卢香亭统率，由浙军组成，总兵力3.2万余人，沿南浔铁路北段及赣北各县布防。

第四方面军由周荫人统率，由闽军组成，总兵力3万人，集中于闽南，伺机进攻广东潮州、梅县。

第五方面军由陈调元统率，由皖军组成，总兵力2万人，沿赣鄂边界布防。

孙传芳磨刀霍霍，蒋介石只得兵戎相见，"不战屈人"的美梦彻底破灭。

江浙本富庶之地，孙传芳手下的蔡朴、程登科、陈汤泉都是"经营有道"的理财高手，孙传芳的部队不愁粮秣，装备也很精良。孙本人十分重视部队训练，每年都要举行一次"秋操"，检查训练效果，孙军的战斗力很强。

对于蒋介石来说，孙传芳是一块比吴佩孚更难啃的硬骨头。

怎样嚼碎这块硬骨头？

蒋介石使用了新招 —— "三分敌前、七分敌后"。

"三分敌前"是：集中优势兵力，猛攻孙传芳地盘的门户江西，在战场上打垮孙传芳，消灭他的有生力量。亦即《孙子兵法》上所说的"伐兵"。

"七分敌后"是：策动孙军将领倒戈，使孙传芳后院起火，顾此失彼。亦即《孙子兵法》上所说的"伐交"、"伐谋"。

"三分敌前、七分敌后"合到一起，就是"伐兵"、"伐谋"、"伐交"同时并用。

1926年9月初，北伐军兵临武汉，吴佩孚已成强弩之末，蒋介石毅然决定，除第四军继续围攻武汉外，其余部队立即挥师东进，进攻江西。

进攻江西的部署是：兵分三路，分进合击，直捣南昌。

左翼李宗仁，率第七军（共2万人）自鄂城、大治入赣北，进攻瑞昌、九江。

中路程潜，率第六军两个师（9000人）、第一军一个师（5000人）进攻修水、武宁，直捣德安，切断南浔铁路。

右翼朱培德，率第二军两个师（9000人）、第三军三个师（1.2万人）自醴陵入赣西。

孙传芳侦知蒋介石要攻江西，并未感到大祸临头，因为在他眼里，蒋介石始终是个乳臭未干的"后辈"。

据马葆珩回忆：

"孙传芳知道蒋介石分三路来攻时，立即召集军事会议。会上，孙说：蒋介石打得过我们五省联军吗？他要打江西，我还要打武汉、长沙呢！所以，孙传芳发布动员命令时，始终强调要攻，并制定了兵分两路进攻武汉、长沙的计划，他还把自己的联军总部设在兵舰上……孙军的部署是：①令谢鸿勋率第四师由九江水陆兼程，进驻瑞昌、修水、铜鼓，候令进攻武汉；②令卢香亭为援赣总司令，率第二师及郑俊彦第十师、杨赓和独立旅、彭德全混成旅、马登瀛独立团，进驻南浔铁路，候令进攻长沙；③孙本人率领周凤岐第三师、陈调元第三师、武鸣卫队旅进驻九江，并以周凤岐为总预备队总司令。"

但是，孙传芳的"宏伟计划"很快就化为泡影。

9月5日至18日，北伐中路军在短短的十余天内，很快就攻下修水、铜鼓、奉新、宜丰、高安五县。当孙部谢鸿勋部开到瑞昌附近时，战略要地已全部被北伐军控制。

谢鸿勋是孙传芳的心腹爱将。此人胆略过人，战功彪勋，但勇而少谋。为向"联帅"（孙传芳）表功，到瑞昌后不久，他竟在未探明敌情的情况下，急令旅长杨振东（也是个徒有匹夫之勇的老粗）反攻铜鼓、修水。蒋介石见谢军声势浩大，乃令程潜撤出，并在城内酌留一部为便衣队，混入居民家中。杨振东获悉程潜退出，不战而收复两城，得意异常。老一套办法，一面布告安民，一面电"联帅"告捷，并通知谢鸿勋率大部队入城。部队安顿完毕后，谢、杨等高级军官都觉得万事大吉，打牌的打牌，吸鸦片烟的吸鸦片烟，连小官小兵也离开营房，寻找艺伎花女。就在这个当儿，程潜忽率部围城，城内便衣亦举火为号，里应外合。联军两员勇将适正在烟榻吸烟谈心，忽闻杀声四起，炮火弥天，方知有变，匆忙之间，各带两名卫士拼命外逃。未几，谢部又在箬溪遭北伐军第七军李宗仁部急风暴雨般的袭击，更是溃不成军。谢鸿勋本人在战斗中被流弹击中，后不治身亡。

与此同时，北伐军右翼军相继攻克萍乡、宜春、莲花、新余、万载、上高、清江、安福。9月19日，第六军乘虚攻占南昌。孙军卢香亭部不得不改变候命进袭长沙的计划，折道反攻南昌。

21日，卢部郑俊彦师攻南昌得手。孙传芳遂把他的司令部"江新"轮开到九江，并调整战略，制订了一个"声东击西"的计划。

这个计划把在江西的孙军分为三路：一路由南昌向高安方向追击；一路由修水、武宁向通山挺进；一路由武穴渡江，进攻阳新。

这个计划的特点是，江西采守势，湖北取攻势。很明显，孙传芳企图避开北伐军主力，乘虚一鼓而下武汉，再鼓而克长、岳，把北伐军从湘鄂两省赶出去，实现渴望已久的"剪长绳"的美梦。

蒋介石当然不会被孙传芳牵着鼻子走，他也调整了作战部署。

蒋介石的计划是：集中主要力量在南浔铁路沿线与联军决战，消灭孙传芳主力于赣北。为此，他将攻赣部队重新编组。

左翼军：李宗仁率领，仍以第七军为主，并从湖北抽调第四军第十二师（张发奎）、湖南抽调独立第二师（贺耀组）加入，主攻德安、九江、永修。

右翼军：朱培德率领，内分左纵队（朱培德兼）、右纵队（鲁涤平）两部，先攻抚州、牛行车站，再围南昌。

中央军：程潜率领，先攻乐化，再会合左翼军进攻永修。

总预备队：刘峙率领，驻奉新、安义。

很明显，蒋介石的目的是截断南浔路，切断孙军与大后方（苏、浙、闽）的联系，使孙传芳乘虚袭取两湖的计划不攻自破。

双方自行其是，可谓针锋相对。

就在这个节骨眼上，孙传芳后院起火了。

何故？

蒋介石"伐谋"、"伐交"故也。

首先是邱伟通蒋。

邱伟是联军卢香亭部的电务处少校主任。此人科班出身（毕业于保定军校），一向恃才自傲。但卢香亭用人，重经验不重学历。邱伟眼见许多行伍出身的"老粗"步步高升，觉得前途无望，遂怀恨在心。蒋介石闻知邱卢有隙，乃乘虚而入，秘密派人许以高官厚禄，收邱为间谍。

卢香亭是联军南浔线上的主将，自邱伟通蒋后，蒋介石对卢军的布防、调动及作战计划了如指掌，乃对症下药，采用疲敌战术，时而袭击马回岭，时而袭击乐化，时而袭击牛行和南昌，有时各处同时袭击，而且夜战多于昼战，但联军一出击，蒋军立即就逃得无影无踪。如此反复偷袭数月之久，直拖得卢部官兵精疲力竭，士气十分低落，更重要的是，蒋介石赢得了时间，在赣江两岸调集了重兵，从容布阵，为发动总攻准备了条件。

其次是夏超、周凤岐叛孙。

夏超，字宝侯，杭州人，警察学校毕业。所部警察约八千人，都是新式装备，而且夏超经常亲自督练，倚为政治本钱。夏超为人，表蔼里阴，见风使舵，政治野心很大。

孙传芳去九江督师时，对夏超十分担心，为笼络起见，特派他为浙江省长兼全省警务处处长及杭州守备司令。岂料"树欲静而风不止"，孙传芳刚走，蒋介石的说客戴任、马叙伦、许宝驹即到。

夏蒋一拍即合。蒋许夏以第十八军军长，夏答应相机宣布独立，在孙传芳后院放一把火。

夏超所部势力甚单，不敢贸然发动，乃秘密遣使晤见周凤岐，相约共举。

周凤岐时任浙军第三师师长（驻防九江），亦是首鼠两端之徒。周的智囊陈启之、樊松甫等早已与蒋介石暗通声气，并反复劝导周"顺应潮流"，起兵反孙，谓事成后可许以第二十六军军长。初时，周预料蒋敌不过孙，昧着良心摆过几次脸，其后联军节节败退，乃秘密到九江英租界接受第二十六军委任状，并密电夏超，择期共举。

适时上海钮永建亦派代表来见夏超，谓黄浦江有水警千余，可以响应。

蒋的说客马叙伦、许宝驹频频往来于沪杭之间，引起了一些新闻记者的怀疑，10月初，上海各报刊出种种猜测性的报道，闹得沪杭两地满城风雨。孙传芳阅报后，大为惊骇，立即电令上海警备司令宋梅村直扑杭州，先发制人。

夏超得报，手忙脚乱，匆匆派所部警察大队开往嘉兴阻击。这些"有执照的流氓"没有受过野战训练，欺压百姓有余，临阵御敌不足，六千大军，竟被宋梅村的先头部队两个营打得落花流水。10月16日，宋部进占杭州，执杀了夏超。

夏超反孙虽败，但却使孙传芳倍感后路堪虞，萧墙之祸，不得不防。自此，联军将领上猜下忌，倒戈事件时有发生。

11月间，陈仪就任国民革命军第十九军军长，率部反孙。

同月，闽军周荫人部苏延第十二师、蒋启凤第十三师、周荫轩独立旅相继倒戈，何应钦兵不血刃，进驻福州。

"伐谋"、"伐交"的同时，蒋介石在南浔线加强了攻势，相继攻占德安、马回岭、九江，联军被迫退守南昌孤城。11月8日，北伐军左、中、右三军会抵南昌，孙传芳自知久守必失，遂令卢香亭、郑俊彦星夜突围，分别撤回江苏、浙江。

孙传芳退往江、浙后，所部尚有约 20 万人，被整编为 14 个师、4 个独立旅。蒋介石攫得赣闽两省，地盘扩大，需要消化。所以 1926 年底，双方进入短暂的休战时期。

利用这个间隙，蒋介石又派出了一批说客，策动陈调元、马玉仁、张仁奎、白宝山反孙。

陈调元是有名的倒戈将军，一贯见风使舵。白宝山（海州镇守使）、马玉仁（扬州镇守使）、张仁奎（南通镇守使）亦兵亦痞（都是青洪帮头目），翻云覆雨更是家常便饭。蒋介石盯上了这四个人，可谓深得择痛而击个中妙味。

果然，陈调元等纷纷接受印有国民政府鲜红大印的委任状，并致电蒋介石，表示愿"痛改前非"、"参加革命"、"弃暗投明"。孙传芳被迫全线撤退至江北。

1927 年春，蒋介石以孙传芳众叛亲离，残部无多，认为适时"伐谋"，或能不战屈人，亦未可知，又派张群游说孙传芳。

据马葆珩回忆：

"孙传芳联军全部撤往长江北岸后，蒋介石曾派张群约杨文闿（孙传芳的幕僚，与张群有同窗之谊）到南京来洽谈孙蒋合作问题。蒋介石希望孙传芳挂起青天白日旗，进攻北京，孙为国民革命军副总司令兼华北联军总司令，蒋为国民革命军华南联军总司令。孙传芳以自己出身北洋军阀，对北洋军阀的头子有千丝万缕的关系，自己也没有进占北京统一华北的'雄心壮志'。（当孙传芳赶走杨宇霆，活捉施从滨时，那真是一帆风顺，势如破竹，本可直取济南，易如反掌。但大军赶过徐州时，孙传芳即命停止前进。他对部下官兵说，我们占的地盘不少了，够了，够了。从此，人们都说孙传芳胸无大志。）更由于孙传芳撤退江北前，就已与张作霖实行合作，张作霖除给孙部分军饷外，还命山东张宗昌全力支援孙传芳，拒绝南方的蒋介石势力。因此，蒋孙合作，虽经张群、杨文闿从中斡旋，终无结果。"

1927 年 8 月 13 日，蒋介石受桂系排挤，一度下野。孙传芳闻知南京政府有变，立即渡江反攻，李宗仁率部在龙潭迎击，双方血战一星期，孙部大败，死伤四万余人。

1928 年 1 月 9 日，蒋介石复职。4 月 9 日，蒋介石令所部（已重新编组为四个集团军）沿津浦路出击，孙部兵败如山倒，一直溃退到济南。济南是张宗昌的地盘，孙张素有隙（1925 年，孙曾大败张宗昌于徐州），孙既怕张宗昌的部队叛变，危及自己的生命，又怕张不告而走，使自己困在城内，束手就擒，但又不敢先张率部出城，昔日不可一世的"联帅"已成自身难保的过江泥菩萨。

5 月初，张宗昌果然率部单独出逃，孙传芳闻讯，深恐蒋介石乘虚来攻，吃掉自己仅剩的老本，遂秘密召开军事会议，令所部撤往关外，徐图再起。

会后，孙传芳偕万鸿图等少数亲信先期出关，与张作霖接洽防地，并嘱马葆珩、郑俊彦、程其祥等人速率部北撤。

岂料马葆珩等联军将领感到败势已无可挽回，撤往关外亦难苟安，遂在河北大城县一带逗留不前。事为蒋介石侦知，立即派高荣达等与马葆珩接洽。双方一拍即合，孙传芳的余部全部穿上了"中央军"的军装。

光阴似箭，转眼一月已过。孙传芳在关外左等右等，仍不见部队出关，心里十分着急，遂派万鸿图携五万元入关，探听部队消息。万到天津后，看到马葆珩的司令部门前挂起了国民革命军第五军团的招牌，大吃一惊，丢下五万元给马葆珩，星夜出关复命。

孙传芳一下子变成了光杆司令，又急又气，但又不敢冒险入关，"收拾旧部"。万鸿图老于世故，知道树倒猢狲散是怎么回事，遂开导说：

"联帅，古来叛臣无善终，马葆珩、李宝章这些小人变节投降，终归会有报应。"

"我偏不服这口气，蒋介石会给他们军团司令，我就不会给集团军司令吗？"

于是，孙传芳又派万鸿图携带大批金钱与委任状，重返关内。

结果呢，委任状和钱照单全收，但"中央军"的服装却不肯脱。

蒋介石尝过"伐交"、"伐谋"的甜头，自然不许孙传芳效仿。

孙传芳死期至矣。

据马葆珩回忆：

"由于蒋介石特务遍及全国，孙传芳截留部队的行动，早被蒋介石的特务洞悉无遗。蒋介石对下台的大军阀头子本来就不放心，孙传芳这样一而再地想与他为敌，便通过陈调元部队师长施忠诚（施从滨侄儿），唆使施剑翘（施从滨侄女）以替父报仇的名义，刺杀孙传芳。施剑翘经过周密准备，探知孙传芳经常在天津居士林打坐念经，便也装着打坐的模样混进居士林，察看孙传芳都是哪些日子去，经常坐什么位子。刺孙的那一天，施剑翘早早来到居士林，挑选孙传芳经常坐的位子后边的一个位子坐下。约九点多钟，孙传芳吃完茶点去打坐，刚坐下，施剑翘就在他身后开枪把他打死了。当时她自己也吓得晕过去了。传说施剑翘刺孙后立即亲自到警局自首，是与事实不符的。"

3. "银弹战术"——蒋介石如何瓦解西北军

1929 年春夏之交，蒋冯反目，大战一触即发。

5 月，陕西华阴，冯玉祥召集西北军高级将领会议，研究敌我态势，布置作战计划。

"两军作战犹如二人格斗，聪明的人先缩回胳膊，然后再出拳，拳头才会有力。目前我军布防在甘、宁、青、陕、豫、鲁六省，东西绵延数千里，战线太长，东面有蒋介石数十万大军，西北部阎老西沿黄河布防，用心叵测。虽说我们主要是对蒋作战，但对阎老西切不可掉以轻心，从前南口战役时，我们就吃过他抄袭后路的大亏。"所以，冯玉祥提高了嗓门，命令道："我决定所有军队一律撤到陕西，收缩战线，集中兵力，迎接蒋军来犯。"

陇海铁路，一列列军用列车急驰而过，数十万西北军官兵踏上征途。

1936 年夏，任职军委会副委员长不久的冯玉祥，应蒋介石之召赴庐山议事

冯玉祥既敢武装反蒋，自然早已权衡得失。在冯看来，西北军自五原誓师以来，借着北伐的名义，兵力不断扩充，已发展成庞大的军事集团。西北军不仅战将如云（韩复榘、孙良诚、吉鸿昌等均骁勇异常，素有"铁军"之称），而且精诚团结（高级将领都是跟冯多年，由冯一手栽培起来的家将），战斗力远高于其他各派军队。反观蒋军，人数虽多，但除了原国民革命军第一军老班底为嫡系外，其余多是北伐期间收编的杂牌军，这些部队对蒋介石尚存戒心，不一定肯为老蒋卖命。

所以，冯玉祥对赢得这场战争的胜利充满信心，他期待着蒋介石只是民国政坛上的匆匆过客，期待着蒋介石身败名裂，更期待着不久即可入主南京国民政府。

然而，冯玉祥的美梦不久即随韩复榘、石友三叛变投蒋而宣告破灭。

5月25日，陕西华阴，护党救国军西北路军前敌指挥所，冯玉祥神情颓丧，老泪纵横，孙良城、宋哲元等相对唏嘘，手足无措。韩复榘叛变来得太突然了。

"先生，我主张立即追剿韩复榘，以儆效尤。"孙良诚首先打破沉默。

"算了吧，就让他走吧。"冯玉祥哭哭啼啼，方寸已乱。

"下一步我们怎么办？"

"我们团体（冯对自己的军队的惯称）内部出了叛徒，仗自然无法再打下去，"冯玉祥伤心过度，信心全无，"事已至此，我只好暂且解甲归田，避避风头，你们先把队伍撤回潼关以西，闭关不出，相机再起。各位兄弟，好自为之吧！"

未几，冯玉祥通电下野，蒋冯战争以蒋的胜利而告终。

韩复榘、石友三突然叛变，使冯玉祥在精神上受了巨大的刺激。事隔30年后，冯的亲信吴锡祺曾撰文写道：

"那几天，冯不时地掉眼泪。有次，左右的人问他为什么这样，他指着外边的卫兵说：'当初石友三就和他们一样，常替我站岗，我看这个卫兵将来也靠不住。'这时，冯对于他带了多年的西北军，已经失掉了信心。"

韩复榘为什么临阵叛变？这得从蒋介石的"银弹战术"说起。

利用金钱、高官厚禄分化、瓦解、利诱敌军，是蒋介石打击各派军阀的惯用手段。原国民革命军将领刘骥曾在 1961 年撰文回忆道：

"每当反蒋声浪弥漫全国，而蒋在军事方面又打了败仗，与蒋有密切关系的某人曾担心地问他：'今天消灭甲，明天消灭乙，闹得人人自危，这样发展下去，将来何以善其后呢？'蒋忿然作色而又十分自信地说：'只要人们要官要钱，我就有办法。'"

韩复榘正是经不起官与钱的诱惑，才叛冯投蒋的。

蒋为什么要选择韩复榘作为拉拢的对象？这就得从韩冯关系及韩的秉性说起。

韩复榘是冯玉祥当第十六混成旅旅长时的营长，因其骁勇善战，深得冯的赏识，与刘汝明、孙连仲、孙良诚、闻承烈、过之纲、石友三等并称"十三太保"，冯亦视韩为心腹爱将之一。随着冯的势力逐渐壮大，韩的职务越来越高，到 1926 年冯部由北京撤退到察哈尔、绥远一带，与张作霖、吴佩孚在南口相持时，韩复榘已当上了师长。当时，阎锡山估计冯玉祥在北京已站不住脚，遂在大同、天镇一带抄袭冯军后路。冯军因后路被断，有全军覆没的危险，乃倾力猛攻大同，结果晋军被压迫在大同城内，冯军已无后路被断之虞。在攻打大同战役中，韩复榘身先士卒，勇猛异常，深得冯之欢心。未几，南口失守，冯军乃沿京绥线向西溃退。其时，冯已离开部队前往苏联，冯军由张之江、鹿钟麟统率。张、鹿秉承冯之旨意，令全军经包头、五原撤往甘肃（甘肃为冯军大后方）。在西撤途中，韩复榘因恐甘肃荒凉贫困，所部给养无着，无法维持，乃与晋军将领商震接洽，投降山西。1926 年 9 月，冯玉祥自莫斯科经库伦返甘，收拾残部。冯玉祥对韩复榘降晋一事，把责任推到张之江身上，声称此事既发生在张、鹿负责时期，自系张、鹿治军无方之过，与韩无涉，并驰书韩复榘，表示可以既往不咎。由于冯玉祥一再催促，加上韩降晋后颇受晋军钳制，故韩乃率部西开，重新加入冯军。

韩复榘既有降晋"案底"，自然担心冯玉祥会耿耿于怀，担心冯玉祥所标榜的"既往不咎"只是一时权宜之计，担心冯会秋后算账。自此后，遂有畏冯、防冯之心。

其后，冯玉祥在五原誓师响应北伐，韩复榘率部转战鲁豫。战争期间，戎马倥偬，大家都要集中精力，同舟共济，一致对敌，韩之畏冯、防冯心理有所淡化。到了北伐战争结束，冯玉祥处理善后时，韩复榘埋藏心底的心虚、恐惧心理较前更甚，他密切注视冯的每一个举动、每一次命令，终日惶恐自危，心怀惴惴。

韩复榘的亲信、第二十师副师长（韩任第二十师师长）曾回忆说：

"那时候，他（指韩复榘）情绪低落，意态消极 …… 他闹情绪的原因，根据他日常言谈的流露，大约主要有以下三点：①在两次豫东大战和会师徐州之役，他自以为战功最大（在彰德大战中，韩部与奉军作战极为激烈，我和曹福林、张凌云三个师长均受重伤），尤其是克复京奉之役，是他首先进入北京的，出力也不小，可是，不但冯玉祥对他的战功只字不提，还听说有人说他与晋军不忘旧情等等这样那样的闲话。②韩看到冯对孙良诚一味表扬提拔，首先保荐他为山东省主席，心中更加不快，认为自己有投降晋军的一段历史，无论怎样卖力气，也没有什么前途。③韩有烟酒嗜好，冯是知道的，尤其是最近又弄了个二太太纪甘青，冯也不会不知道。所以，更怕见冯的面，受冯的责骂。"

冯玉祥的西北军是由一个混成旅发展起来的庞大的军事集团，冯在军内实行家长式的封建统治，所有高级将领，如孙良诚、门致中、韩复榘、鹿钟麟等人，都是由冯玉祥从士兵提拔上来的，冯视他们为子侄。无论他们的官升到多大，冯都把他们当士兵看待，见面直呼其名，动不动就罚站罚跪。宋哲元当旅长时，驻军北京南苑，某次因上课迟到，冯竟当着宋的部下的面责打他几十军棍。北伐以后，冯军已发展到几十万之众，许多高级将领如门致中、孙连仲、韩复榘等已经爬上省政府主席的位子，但冯玉祥仍拿家长式的统治办法管束他们。例如，"1928 年，冯在洛阳曾命令调韩复榘最精锐的手枪队去洛阳，韩不愿意，于是冯派参谋长李兴中把韩叫到洛阳来，当面对韩大发雷霆说：'你现在当了主席，很威风了，在家里有人守卫，出门有人保驾，你们都不管我了。好啦，我这里没有人守卫，你给我站岗去。'韩敢怒而不敢言，只得老老实实走到冯的司令部门外，站了两个多钟头的岗。后来，经过一些人再三求情，冯才饶了韩复榘。"

冯素以从严治军闻名，军内严禁嫖赌玩乐。韩复榘纳纪甘青为妾之事传到冯的耳朵后，冯大为震怒，专程赶到开封召集军政人员训话，指桑骂槐地说："现在许多军政高级人员，生活很腐化，吸烟、喝酒、打牌还不算，有的人打了几个胜仗，自己以为了不起，你弄个唱戏的，他弄个说书的⋯⋯"韩复榘当时也在场，脸色极为难看。事后，韩曾对副官长张俊声说："在冯先生眼里，我们始终是长不大的小孩，我要开小差了，跟着他真没有前途！"

由上述事例不难看出，韩复榘早已产生离冯之心。这正是蒋介石选择韩复榘为拉拢对象的原因。

蒋介石是如何拉拢韩复榘的？据知情者回忆：

"1929 年春，蒋桂战争爆发，冯玉祥认为可以投机取巧，就采取了卞庄刺虎的办法，令韩复榘部坐镇平汉路南段，坐山观虎斗。不料李明瑞倒戈，没几天工夫，李宗仁的部队全部溃退，战事迅速结束。事出意料，冯的计划完全失败，只好通电讨李，命韩迅速向武汉进兵。蒋介石获得全胜，很快到了武汉，电韩复榘停止进兵，并召他来见，于是蒋韩就在武汉见面了。

"见面的时候，蒋和宋美龄亲自招待韩复榘夫妇（韩带纪甘青同去），对韩嘉奖备至，口口声声称向方兄（韩复榘字向方）的战功卓著，并说，现在北伐成功，不应再有内战，应该从事和平建设云云。

"临别之时，蒋送韩 10 万元，并用各种方法笼络韩复榘，准备对付冯玉祥。"

"韩向来见冯，冯总是连名带姓地叫他，不但毫不客气，而且还给他碰钉子。这次受到蒋的礼遇，受宠若惊，又高兴、又感激。"

"这次蒋韩会见，对韩的影响极大，此后，蒋韩之间，就发生日益亲密的关系了。"

可见，早在蒋冯战争爆发之前，韩复榘已中了蒋介石的"银弹"。战争爆发不久，韩复榘果然叛冯投蒋，蒋介石的"银弹战术"取得了成功，10万雪花银没有白花，达到了"不战而屈人之兵"的预期目的。

一年以后，蒋冯阎中原大战爆发。战前初期，冯阎联军势如破竹，一举占领河南、山东。京沪震动，南京国民政府草木皆兵，风声鹤唳。为挽回败势，蒋介石故技重演，又向冯军抛出了"银弹"——命张钫携款收买冯军将领，策动吉鸿昌、梁冠英倒戈。

张钫是冯玉祥任河南省政府主席时的建设厅长，素与冯有旧。1929年蒋冯战争爆发时，张曾对冯收缩战线的防御战略提出修改建议，但未为冯采纳。1930年，因"西北军劫粮一案"，张冯反目，张几乎为冯活埋，后侥幸逃脱。自此以后，张钫恨冯入骨。蒋介石选定此人执行"银弹战术"，可谓慧眼识人。

1960年张钫曾对当年策动吉鸿昌、梁冠英倒戈的前因后果，作了精彩的描述。

"在战况最激烈、蒋军节节后退之时，蒋委托邵力子等几个友人对我说：'战事胶着不能解决，实为国家之患，地方人民都受其害，你纵然不放一枪，冯也不会对你原谅，公谊私恨，你都应该尽力，希望你本着辛亥革命的精神，为国效劳。'我那时并无中心思想，又因本是不甘寂寞的军人，就不免见猎心喜，便答应了他对我的希望。他的希望是什么呢？就是让我收容杂牌部队，并分化冯的内部。我当时向他提出了要求和意见：①准备大宗款项、子弹，由我自由分配。②变更战略，由豫南、豫西入手。蒋都答应了。我对蒋谈，冯性多猜忌，手段毒辣，他对苏联、对国民党、对友人、对部下，都有翻手为云、覆手为雨的事实，使人对他只有恐惧，没有信仰。所以，自韩、石倒戈以后，他们团体已经破裂。阎为人柔奸欺诈，乃多年为人所公认的大滑头，冯对他本怀忌恨，只因去年受了种种挫折，才陷入阎的圈套和他合作，但是，他们二人各有怀抱，势孤则暂时相顾，力充则互争雄长，他们这种貌合神离、各怀异心的结合也绝不能持久。现在如果把冯的外围杂牌军队收编，冯的主力也自然分化。这个策划必须动作迅速，才能收功。冯多疑，纵有所闻，一二星期内尚想不出对策，我军布置既定，冯对此颓势即难挽救。蒋采纳了这建议，让我担任第二十路总指挥，所需饷弹，电要即发，决不迟误。并且说：'明天就派飞机送你到漯河布置一切，部队按照计划随时调拨，两星期内都会到达目的地。这个计划的执行，必须秘密而且迅速，使敌人措手不及，才能奏效。'

　　"我只带了一个人乘战斗机飞往漯河，声言是到漯河设立的河南省府办事去，暗中派人到对方各部中作分化收买工作。当时，万选才部宋天才等号称四军，樊钟秀阵亡，其部下约有二师之众，由李万林带领收编，王殿阁、李万如、范龙章、赵冠英等约四师人，归张治公统辖，驻临汝以西伊、嵩、宜、洛间，均先后受编，并发给重金、着开放安全地带。这样，冯军外围已完全崩裂，纷纷投降矣。

　　"阎冯外围正在动摇的时候，冯的中坚部队吉鸿昌、梁冠英等倒戈的事也发动了。

　　"战争将要结束的前一周，吉鸿昌派他的亲信副官王慈博见蒋说，他所尊重的河南人只有两个，一个是李鸣钟，已经出洋去了，一个便是张伯英（即张钫），如果张能来一趟，他便一切唯命是从。蒋电何成浚约我同到石镇陈诚的防地和他见面。当时蒋当着吉所派的王慈博问我肯去否？我说：'如果前去，恐怕又要蹈去亳的覆辙。'蒋说：'洧川是吉的防地，洧川一下，可直捣开封，吉与兄没有仇恨，想无意外。'我只得答应，并因说：'如果不放我回来，请重价回赎。'遂即刻和王慈博同乘汽车向北三十里许，通过中央军的防线和中间真空地带约五里路，到达洧川县城南所约定的地点，进入吉的防地，见外壕深约一丈有余，宽也相等。当时士兵放下一块宽约一尺多、长约二丈的木板，让我从壕上渡过。王慈博先走过去，对连长、营长说：'那位（指我）郭海峰先生是吉总指挥的同乡，他是个文人，你们要照料他过壕。'我从木板上走过，像是上了浪桥一样，很快地走了过去。听见他们的官兵说：'这位可不像是文人。'我听了他们的话，就提高了警觉，装作文人的样子，摇摇摆摆地说：'学校里也有浪桥，我曾经练过。'由团部到了旅部，来了一位参谋长让我同他乘汽车到了洧川县东五里许路旁的一座破庙里，吉鸿昌在门外迎接，举手敬礼并向前扶我。我们携手进入庙院，三间北殿外一无所有，搬砖当凳，屈膝围坐。吉和我班荆道故，说了离别后（1929 年在开封分手）思念的话，以后便谈到了本题。吉很坦白地说：'内战祸国，外人获利，国家统一，便可集中力量一致对外，现在我甘冒不韪，宁负私人，不负国家，请公特来一谈，为我决策。'我说，兄大计已定，我当从旁赞助，兄必须当机立断，不可迟疑。吉说：'我已决心归附中央，义无反顾。但是张维玺、梁冠英等和我有约，必取一致行动，须要通知他们联名通电，非有两三天的时间不可。'我允他三天为限，与邻近的中央军即取联络。我就照这样办法回去复命。吉携带两个提盒，内装饭菜，同食后各饮暖瓶开水，约二小时即分手告别。吉说：'仿鲁（即孙连仲）在司令部候谈，不能在此久延，恐怕他见疑。'他即派旅长一人、参谋长一人送我西行。在车上参谋长说：'适才过午，饭没吃饱，何不到城里休息一会儿再走？'于是，同到城内彭师长的司令部又进餐茶。哪料城内有认识我的人，便用电话报告冯玉祥。冯便打电话给吉鸿昌，由城内总机转拨。管电话人来告诉参谋长说：'冯总司令正在电话上骂吉司令，叫他跪下听电话。吉司令说，跪下了，说吧。冯总司令问张伯英到你那里干啥，吉说来了一趟。冯总司令大骂，吉司令把电话挂了。'参谋长叫他不要乱说，并伏在我的耳旁把这些话告诉我，并叫我即刻离开洧川。我匆忙渡过战壕，走了几里路，找到中央军李韫珩的司令部，到了昏黑才回到石象镇。蒋正在村头野地散步，见我回来，非常高兴地说：'这次倒去得快来得快。'那时，陈诚、何成浚、夏斗寅、徐源泉都来询问接洽情形。我把经过述说了一遍。夏斗寅说：'收了款（我去时曾带 47 万元给吉）无降表，岂不是空跑一趟？'蒋说：'伯英兄去走一趟回来就得了，况且冯已经知道，这就很好，不要什么手续，请休息吧。'"

吉鸿昌接受蒋介石 47 万元后，旋即通电主和，归顺"中央"。蒋介石的"银弹战术"又一次取得了成功。

被蒋介石的"银弹"击倒的当然不止韩复榘、吉鸿昌二人。李明瑞、陶钧、李品仙（桂系）、梁冠英、王修身、石友三、张维玺、张印湘、焦文典（冯系）、李生达（阎系）、马廷福（张学良部）等均因蒋之贿赂而背弃"故主"投身蒋的怀抱。可见，"银弹战术"是蒋介石行之有效、屡试不爽的惯用伎俩。蒋在晚年，曾得意扬扬地说："要赢得战争的最终胜利，必须瓦解、瘫痪敌人于前，军事打击、扩张于后。"

如何"瓦解、瘫痪敌人于前"？施展"银弹战术"是也。

4. 远交近攻 —— 蒋介石怎样战胜冯阎李

战国时期，秦昭王向范雎询问剪除六国之策，范雎回答说："时下六国合纵抗秦，大王要消灭六国，统一天下，切不可树敌过多。对于与秦相距较远、矛盾尚未表面化的齐燕等国，要多方拉拢，尽量搞好关系，使之站在秦国这一边，或是至少保持中立，然后再集中力量逐个对付与秦距离较近的韩、魏。这样，既无借道之难，又无门前之祸，到头来便可远近皆得，六国的灭亡也就指日可待了。"后来，秦昭王及其继承者采用范雎的建议，先灭韩，次灭赵，再灭魏、楚、燕，最后灭齐，统一了中国。

后人把范雎的计谋称为"远交近攻"，并列为三十六计之一（第二十三计）。

阎锡山

自然，远交近攻中的"远交"，只不过是在政治上、外交上所采取的诱骗手段，并非真的要长久地和平相处。一旦"近攻"得手，"远交"也就成了新的攻击目标。

蒋介石饱读兵书，自然明白远交近攻之计个中妙味。在蒋氏数十年的军事生涯中，远交近攻之计曾被反复运用，其中尤以中原大战期间发挥得最为淋漓尽致。

中原大战是中国现代史上规模最大的一次军阀混战，战争的双方为蒋介石的"中央军"和冯、阎、李反蒋联军。就军事实力而言，双方势均力敌，难分伯仲，谁能取得战争的最后胜利，只有等到战争结束才能见分晓。

在双方磨刀霍霍、战云密布、大战一触即发之际，各派军阀纷纷发表通电，或则拥蒋，或则讨蒋，只有张学良不动声色，态度暧昧。

当时，张学良的东北军有数十万之众，张的部下于学忠、王树常等都是能征善战之将。张的倾向如何，实足以影响大战的最后结果。谁能首先争取到张学良的支持，谁便会有压倒对方的优势。

因此，双方均派代表前往沈阳，都把张学良作为"远交"的对象。

阎锡山先派自己的行营主任梁汝舟持亲笔信到沈阳要求张学良出兵反蒋，后又派温寿泉、张维清、傅作义等向张游说。冯玉祥也派门致中、邓哲熙、孔繁蔚赴沈晤张；未几，汪精卫的说客覃振、陈公博、郭泰祺等人亦到沈阳，劝张加入反蒋联盟。

蒋介石当然不甘人后。为了争取张学良的支持，他费尽心机，采取了种种策略。

第一，投其所好，软磨硬缠。

1930年3月初，蒋介石派方本仁（江西省政府主席）、刘光（参谋本部第一厅厅长）北上赴沈。临行前，蒋把方、刘二人召到官邸，面授机宜，并强调说："二位此番北行，关系党国前途甚大，务请察言观色，见机行事。不论张汉卿（张学良，字汉卿）走到哪里，你们都要紧追不放。成功成仁，在此一举。"方、刘抵达沈阳后，见缝插针，利用各种渠道，与张学良接触，劝其

张学良

领兵入关，由北面袭击反蒋联军。3月末，蒋又加派吴铁城、张群携款北上，协助方、刘。4月，张学良在沈阳举行追悼东北边防军阵亡将士大会，吴、张、方、刘亦莅临参加，并惺惺作态，挤出几滴鳄鱼泪，企图借此博取张的好感。6月3日，适逢张学良30岁生日，蒋介石特派李石曾前往沈阳祝寿。李素知张学良好赌，遂不辞老眼昏花，通宵陪张打麻将，并故意让张频频开和。7月2日，张学良前往葫芦岛主持港口开工典礼，吴铁城一行亦前往参加，吴还以铁道部部长孙科的名义发表贺词，称赞张办了一件利国利民的大好事，极尽恭维逢迎之能事。8月10日，张学良离开葫芦岛前往北戴河，吴铁城等人又于次日尾随而至，并赖在北戴河不走，轮番求见张学良，大有不感动张氏铁石心肠誓不罢休之势。

第二，许以高官厚禄。

方本仁、刘光、吴铁城等人北上时，除携有现款外，还带着十余张国民政府委任状，作为与张学良会谈的筹码，即，如果张学良支持蒋介石，南京国民政府就立即任命张学良为中华民国陆海空军副总司令，于学忠为平津卫戍司令，王树常为河北省政府主席，胡若愚为青岛市长，王家桢为外交部次长。这确实是一个非常诱人的条件，因为如果这些委任状真的全部兑现，东北军不仅可以重新得到在北伐期间丢掉的山东、河北、平津等地盘，还可以进入南京中枢。

第三，在东北军内部扶植亲蒋势力，寻找代理人。

除了派出安抚使到沈阳笼络张学良外，蒋介石本人还频频给张学良的部下去信、汇款，暗送秋波。蒋这样做的目的有二：其一，在东北军内部造成要求出兵援助"中央军"的声势，逼迫张学良早下领兵入关的决心；其二，万一张学良还是不为所动，则策动东北军将领发动倒张运动，使东北军自相残杀，无法集中力量支持反蒋联军。

1930年7月，蒋介石通过陈贯群（时任临绥驻军参谋长，与于学忠私交甚笃）向于学忠转达三封亲笔信。蒋在信中对于恭维备至，称于在东北军中"一柱擎天"，并表示，如果于能率兵入关，无论他想在华北得到什么位置，均可应允。但于学忠不为所动，并把蒋的亲笔信面交张学良。

蒋见拉拢于不成，又遣何成浚、陶敦礼策动马廷福（马时任临绥驻军第二十三旅旅长）倒戈，并允事成后即汇给马现洋300万元。马经不住重金诱惑，顿起"背主"歹念，准备乘张学良前往北戴河避暑之机伙同孟百孚、安福魁举兵倒张，但此事很快为张学良侦知，并设计诱捕了马廷福、安福魁、陶敦礼等，倒戈未及发生就被平定。

由上述事例可以看出，蒋介石为了把东北军拖进"中央军"的战壕里，什么条件都肯答应，什么手段都能使出来。

东北军诸将领的态度如何？

曾身经此事的于学忠后来回忆说：

"在此期间，东北军曾在沈阳举行一次高级会议，专门商讨应付时局问题，出席的有张作相、于学忠、王树常、王树翰、莫德惠、刘哲、刘尚清、沈鸿烈、臧式毅、荣臻、鲍文樾等人（万福麟因骑马伤足，先未出席，后亦到沈）。

"这些人当时的意见，约可分为三派：①主张不与任何方面合作的，如张作相主张，东北军只应绥靖地方，保境安民，不必与任何方面合作，尤其不应与蒋介石合作。他曾说过：'我们吃高粱米的，哪能斗得起南蛮子，最好离他们远远的。'他的参谋长熙洽也说过：'东北若与蒋介石合作，简直是拱手让人。'其余如张景惠、汤玉麟、汲金纯等人，均支持这种主张。（后来南北代表齐集北戴河，张作相恐张学良为所包围，曾在关外致张一电，大意谓：须始终守向来的态度，勿为甘言所动，勿为武力所屈。）②赞同与蒋介石合作的，为王树翰、莫德惠、刘哲、刘尚清、沈鸿烈、鲍文樾等人，而尤以王树翰主张最力。③本人无任何意见，静待张学良的决定的，为万福麟、于学忠、王树常、臧式毅、荣臻等人。"

张学良本人的态度如何？

于学忠回忆说:

"事变发生后,张学良本人举棋不定,迟迟不决。他抱着坐以观变的态度,希望由于时局的演变,或能使双方息兵言和,停止内战。故对外他宣称严守中立,置身事外,对内则告诫东北军诸将领渭:'名分上决服从中央,举动上必以东北四省福利为前提而慎重考虑。'"

为了表明这种"严守中立"、"置身事外"的超然立场,张学良尽量避免与南北说客晤面,以免外界生疑。3月至8月间,他往返穿梭于秦皇岛、北戴河、沈阳三地,东躲西藏。

树欲静而风不止。张学良躲到哪里,方本仁、刘光、吴铁城、张群、李石曾等人就跟到哪里,始终像影子一样盯住他不放。到8月初,张学良在被缠无奈的情况下,遂向吴铁城等人口头表示,如果蒋军能攻下济南,他就通电主和,并率部入关,帮蒋收拾时局。

蒋介石得到张学良的承诺后,立即下令全力猛攻济南。8月15日,"中央军"蒋光鼐、蔡廷锴两部在付出惨重的代价后,终于占领济南。

蒋介石与张学良

张学良闻知蒋军已攻下济南，认定反蒋联军已成强弩之末，遂于 8 月底返回沈阳，部署东北军入关计划。7 月 10 日，张在沈阳北陵召开东北军高级将领会议，阐述其决定率部入关的原因：

"东北地处边陲，日本窥伺已久，如欲抵制外侮，必须国内统一。我自 1926 年即主张停止国内战争，早日促成统一。在先大帅（指张作霖）在世时，我曾迭次进谏，未蒙采纳。1926 年，先大帅曾派韩麟春赴山西见阎，请他与我们合作，我们也绝不干涉山西的事务，阎锡山表示同意，韩麟春满意而归。而为时不久，阎锡山即将大元帅派往山西的使者于珍扣留，并由娘子关出兵，与我方作战。韩麟春就由于阎的失信，气愤而死。阎冯二氏的为人，一向反复无常，从前北洋系统的覆灭，二人应负其责。目前阎冯合作，事如有成，二人亦须决裂 …… 蒋介石亦系一阴谋的野心家，在他的阴谋里，本想以军事解决西北，以政治解决西南，以外交解决东北。他对我们，亦无特殊的关系，从马廷福的事变，更可看出他的不顾友谊和不择手段。不过目前国是日非，如非国内统一，更不足以对外。我们为整个大局计，必须从速实现国家统一，早停内战。最近，阎冯的军队已退至黄河北岸，蒋军业已攻下济南，我方似应允出兵关内的诺言。"

从张学良的"誓师词"中不难看出，张本人对蒋介石"不择手段和不顾友谊"的军阀本性决非冥冥不知，可是，为什么他竟愿意在关键时刻拉这个"阴谋家"一把呢？

合理的解释只有一个，蒋介石开的价码太诱人了！

东北军入关，加速了反蒋联军的覆亡，从这个意义上来说，张学良是蒋介石的大恩人。但是，蒋介石是绝不会感谢这个恩人的，因为"削藩"、铲除异己已被蒋列为既定方针。张学良手握重兵，自然是下一个目标。

民国时期的张蒋联盟与战国时代的齐秦连横竟如出一辙，蒋介石不愧为范雎再世。

正如马克思所言："历史往往会出现惊人相似的一幕。"

5. 碉堡战术 —— 第五次"围剿"红军

蒋介石戎马一生，在战场上厮杀了几十年。他的对手共有四个：一是北洋军阀，即直系吴佩孚，由直系分化出来的孙传芳，及奉系张作霖；二是地方军阀，即北伐前的陈炯明、邓本殷，北伐后的李宗仁、白崇禧、冯玉祥、阎锡山、陈济棠、陈铭枢、唐生智、张发奎等；三是侵华日军；四是共产党，早期是工农红军，后期是人民解放军。

胜负情况如何？

北洋军阀彻底瓦解。吴佩孚、孙传芳被弄得手无寸铁，解甲归田，成为"隐士"；张老帅的家底虽还在，但老帅被日本人在皇姑屯炸死不久，张少帅即通电易帜，挂起青天白日旗，穿上中央军的制服 —— 胜矣。

地方军阀也不是对手。冯玉祥的西北军降的降，逃的逃，不复存在；唐生智、张发奎、陈铭枢没剩下一兵一卒，成了光杆司令，被迫到南京国民政府谋个有名无实的闲差；李宗仁、阎锡山虽还有点兵，老本没有全部输光，内心里还有点不服气，但毕竟胳膊拧不过大腿，也只得表示归顺国民政府，服从蒋介石的领导 —— 胜矣。

第五次"围剿"时的蒋介石

侵华日军曾使蒋介石吃尽苦头。国民政府从南京迁到武汉，又从武汉迁到重庆，蒋介石一度背上了"内战内行，外战外行"恶名，但侵华日军最终还是败在蒋介石的手下（当然全靠共产党帮了大忙），向蒋介石的使者何应钦呈递降书 —— 胜矣。

只有共产党能把蒋介石制伏。共产党从十几个人、七八条枪开始，越打越强，就像滚雪球似的，越滚越大，最后，"小米加步枪"战胜了"飞机加大炮"，蒋介石被迫逃到弹丸小岛台湾，惶惶如丧家之犬 —— 败矣！岂止，简直是惨败！！

那么，是不是可以说，蒋介石"逢共必败"，一点还手的机会也没有呢？

非也。蒋介石同共产党较量了几十年，也曾胜过几场。比如，1933年10月至1935年10月，蒋介石亲率100万大军，"围剿"江西苏区 —— 共产党红军的中央根据地，就曾如愿以偿。

这场战争，共产党方面称之为第五次反"围剿"，国民党方面则称之为第五次"围剿"。名称虽不同，但双方史书对战争结果的描述却非常相似。共产党的史书说："红军打了一年的仗，仍然不能粉碎敌人的第五次'围剿'，被迫撤出中央苏区，进行二万五千里长征。"国民党的史书则说："匪军与其伪政府乃不得不采取远遁战略，七万多共匪为避免被歼灭，突围而出，向西流窜。这次撤退被称为长征，历时一整年，路程二万五千里，到陕北时，只剩下七八千人。"

蒋介石为什么能够取得第五次"围剿"的胜利？

原因有二：一是共产党内部出了问题。当时，共产党的主要领导人王明、博古等左得出奇，否认敌强我弱的客观形势，把军事指挥大权交给共产国际派来的军事顾问李德，用兵如神的毛泽东英雄无用武之地。二是蒋介石总结了前四次"围剿"失败的教训，采用了新的策略。

蒋介石采用了什么策略？

一是强调军事与政治双管齐下，即所谓"三分军事、七分政治"。

自毛泽东上井冈山实施武装割据以后，共产党即拿"人民战争"作看家法宝。毛泽东早年在《井冈山的斗争》一文中曾写道："边界的斗争，完全是军事的斗争，党和群众不得不一齐军事化，怎样对付敌人，怎样作战，成了日常生活的中心问题。"后来，毛泽东又多次说过"军民团结如一人"、"放手发动群众"、"军队与人民心连心"之类的话。"人民战争"的妙处就在于它能够在苏区形成万众一心、众志成城的御敌气势。群众不再认为打仗只是军队的事，而"士兵则感觉不是为他人打仗，而是为自己为人民打仗"。

究其实，"人民战争"思想并非毛泽东的新发明，古代兵圣孙武曾在《孙子兵法》中说："道者，令民与上同意也，故可以与之死，可以与之生，而不畏危。"共产党通过政治宣传工作将自己的"道"——打倒反动派，翻身做主人，向苏区百姓广为宣传，使百姓与红军同生共死，"而不畏危"，这就是"人民战争"。

"人民战争"不同凡响。在苏区百姓心目中，蒋介石的"国军"是匪，是不共戴天的死敌，红军是子弟兵，是吊民伐罪的仁义之师。每当战事发生，苏区百姓总是箪食壶浆，犒慰红军，主动为红军搞情报、救伤兵，甚至亲往前线，并肩战斗，成为红军的大后方和总预备队。

国民党对"人民战争"又恨又怕，曾参加"剿共"的杨池生惊叹道："匪区人心已被收买，是计毒矣哉！"

蒋介石也非泛泛之辈。"围剿"与反"围剿"的较量，绝不是样板戏中所描绘的英雄对草包之战。为了对付共产党的"人民战争"，蒋介石决定以其人之道，还治其人之身，采用"三分军事、七分政治"的策略。

何谓"三分军事、七分政治"？

蒋介石解释说：

"所谓'三分军事、七分政治'，具体点说，就是我们一方面要发挥军事的力量，来摧毁土匪的武力，一方面更要加倍地运用种种方法，消极地来摧毁所有一切的组合，及在民众的一切潜势力。尤其是匪化的心理，更应设法变更，故须积极组织并武装民众，以树立我们在民众中实质的基础，尤其是要教化一般民众，使他们能倾向我们的主义，以巩固我们民众精神的壁垒。"

一句话，就是要与共产党争夺民心。

国民党的军官们能不能把蒋介石的"三分军事、七分政治"贯彻到战场上去呢？这是蒋介石非常担心的问题。为此，他专门在庐山设立军官训练团，反复强调"三分军事、七分政治"是"剿共"能否成功的关键。他说：

"军队与政治、社会、经济是密切相关的，而不容分割的，所以我们带军队的人，不好只就军队而言军队，一定要同时兼顾到政治、经济、社会种种环境，然后才可谈到军队的整理与改进，也才能真正推进军队的力量并永远保持其胜利。"

"'三分军事七分政治'的中心就是收拾民心，因为良民是良兵的基础。"

真是唇干舌燥，不厌其烦，唯恐部下当耳边风。

怎样贯彻"三分军事、七分政治"？

蒋介石提出了四点要求：

第一，搞好舆论宣传。前四次"围剿"失败后，国民党军队士气十分低落，许多士兵和军官听到"剿共"二字就发怵，看到红军腿就抖。蒋介石对此很气愤，曾当面训斥某个军官说："现在许多士兵，在精神上已被土匪征服了，只知道死的、呆的守着一个地方，连动都不敢动。不仅不能积极去进攻土匪，甚至怕和土匪见面。这种卑情的怕匪心理影响到战场，就使我们的军队处处陷于被动的地位。"为鼓舞士气，蒋介石要求各级军官将"围剿"红军的"伟大意义"反复向士兵宣传，使士兵能够"明生死"、"知荣辱"、"打破生死关"，并要求官兵同甘共苦。据曾参加第五次"剿共"战争的杨伯涛回忆："战斗打响后，蒋军所有军官，无论职级大小，一律不佩武装带，而与士兵相同，在腰间扎一小皮带，身着布质军衣，脚穿草脚或胶鞋，吃大锅饭。霍揆彰、李树森等行军时都背着米袋，被士兵戏称为伙伕头。"

第二，党政军密切配合。军队占领一地，即在该地建立创办党政军的统一机构，使党、政、军三方协同一致，通力合作，同时并进。

第三，组织农村合作社、宣传"二五减租"。共产党能够得到苏区的民心，实施"人民战争"战略，靠的是什么？一是靠深入细致的政策宣传，使百姓有彻底翻身的美好憧憬；二是靠开展土地革命，打土豪、分田地，使百姓立即拿到实惠，尝到甜头。为了把失去的民心再夺回来，"剿共"部队各师党部遵照《农村土地处理条例》《农村合作社组织条例》等，宣传"二五减租"，规定地主收租的最高限额，组织农村合作社，贷给农民种子、肥料，希冀以其人之道，还治其人之身。

第四，"转化民众心理"。虽然共产党十分重视争取民心，并收到了很好的效果，但蒋介石仍相信苏区百姓并非铁板一块，仍相信苏区内还有对共产党心怀不满的人。他引用古人的话说，"十室之邑，必有忠信"、"林子大了，什么鸟都有"，指示部将们必须"分别忠信的良民和奸诈的莠民，然后挑选一方之良，以锄一方之奸"。军队每向前推进一步，每占领一块地区，即在该地设置感化院，建设俘虏收容所，千方百计，把倾向红军的人"感化"为服从"委座"的人。每逢周末，都组织"剿共宣传周"，挑选巧舌如簧之辈，登台讲演，大谈"苦海无边，回头是岸"。

蒋介石的这几招确实很管用，就连周恩来都认为，老蒋"狡猾谨慎机警多了"。

话又说回来，打仗，归根结底还得靠军队去完成，"三分军事、七分政治"再管用，没有好的战略战术，不到战场上过招，仍然不能取得"围剿"的胜利。

在第五次"剿共"战争中，蒋介石采用了哪些新招？

新招有二：一是持久战，二是碉堡战。

前几次"围剿"，蒋介石并没把红军放在眼里，认为红军只是乌合之众，土匪流寇，一击即垮，有点轻敌。故采取的是长驱直入、速战速决的战略。

结果呢，红军将计就计，你长驱直入，我就诱敌深入，你想速战速决，我偏要打持久战，把主力部队藏起来，不同你见面，使你想打也打不成。你追着我打，那正好，我就带你漫山遍野转圈圈，把你累得精疲力竭，"肥的拖瘦，瘦的拖死"，等你体力不支，想撤退时，我再杀个回马枪。

这次，蒋介石学乖了。

你想诱敌深入，我偏偏要步步为营，慢慢推进。你不是喜欢打持久战吗？行，我奉陪，我也不指望速战速决、一口吃一个大胖子，反正我的部队比你多，军粮比你充足，我们来拼消耗，看谁能撑到最后。

你不是想带我上山转圈圈吗？对不起，我不上当了。我先占领平地，然后再上山，占领一个山头后，你别想再回到这个山头了。我一个山头一个山头往前赶，看你能跑到哪里去。

总之一句话，蒋介石的第一招是："耐住性子，慢慢蚕食。"

怎样蚕食？

蒋介石又使出了第二招：碉堡推进。

这一招不是蒋介石自己想出来的，而是戴岳教他的。

戴岳系湖南人氏，当时任第十八师第五十二旅旅长。此人足智多谋，有"小诸葛"之称。他想出了"碉堡推进"这一毒招，害得红军被迫离开江西，千辛万苦，进行二万五千里长征。所以，这个人，不但蒋介石、何应钦记得，连毛泽东也记得。毛泽东曾在《中国革命的战略问题》一文中说："首先在国民党军中提出这个问题的是国民党反动将领柳维垣和戴岳。"

新中国成立后，戴岳成了战犯，在劳动改造期间，他曾主动坦白向蒋介石建议"碉堡政策"的经过：

"早在1930年春天，我到贵溪督率所部及各县警察队发动对红军的进攻，即曾采用碉堡推进的办法，修建了大批碉堡。"

"之所以要建堡，是因为，我部虽攻占了苏区，赶走了红军主力部队，但苏区群众实行空室清野，使我部粮食供应感到极困难，欲进行追击搜索，又苦于得不到当地群众的任何帮助，耳目失灵，根本找不到红军目标。

"我只得将部队撤回原防，决定先求立住脚跟，再步步为营，向前推进，逐步缩紧对苏区的包围，压缩苏区，于是，就在苏区外围选择冲要地点，修筑碉堡。

"修堡之前，我偕同主任参谋练光枢踏勘地形，绘图立说，指示修筑方法。

"碉堡多依山而建，用石头砌成，1.4丈见方，共三层，四面开有枪眼，并有侧防设备。碉堡四周，环筑矮墙，也开有枪眼。墙内搭盖棚厂，作附近居民集中住宿之用。碉堡内有充分的粮食柴水储备，无被困之忧。

"碉堡修成后，我令每堡驻兵一排（有时只驻兵一班）。因碉堡地形较高，四周开阔，本身结构也很牢固，故虽遭多次集兵围堡，但均因无法接近，只好撤围而去。

"后来，蒋介石为了进攻江西中央苏区，令所有军官贡献对红军的作战经验，以便集思广益。我就花了两天时间写了一篇《对于剿匪清乡的一点贡献》的意见书（以下简称《意见书》），交给何应钦。

"我采用一问一答的方式，着重谈了谈'碉堡政策'的作用。

"什么是碉堡政策呢？我在《意见书》中写道：'凡重要的地点，不能不驻兵，而又无多兵可分派，就选择一个良好的地势，用石砌成碉堡，使少数兵守之，并督率附近各村，组织联村自卫，使良民或反共的民众得到相当的保障，坚决地反共。'

"关于碉堡政策的作用，我认为，主要是'能以少数的兵力保守一方，使红军不能击破，并能以少数的部队，击溃多数的红军。同时，可以阻绝红军的交通和活动，逐渐把苏区缩小'。

"我把这份《意见书》送给何应钦。何看后大加赞赏，立即叫人印成小册子，发给在赣部队的各级官佐。

"何应钦还给小册子撰写了序言，说：'此书乃戴旅长岳本其平时剿匪清乡之经验汇集而成，知彼知己，洞中窍要，可作'剿匪'部队之参考。我党政军各界同志，允宜人手一册，细心研究，应时运用，于'剿匪'前途，当大有裨益'。

"何应钦又立即把小册子呈给蒋介石，蒋看后非常开心，给我官升两级（由旅长升任第四挺进军总指挥），并令'剿共'部队普遍筑堡，实行碉堡推进。"

说干就干。蒋介石令"剿共"部队会同地方政府，征召大量民夫，不惜一切代价建造碉堡。到 1933 年年底，江西已修成碉堡 2900 多座。

蒋介石又令广筑公路，把分散孤立的碉堡织成一张互相联系的大网。

万事俱备。1933 年 10 月，蒋介石调集了 100 万大军，200 多架飞机，对共产党苏区发动了空前未有、声势浩大的第五次大"围剿"。

共产党方面，其时毛泽东被王明、博古等排挤，有志难伸。王明、博古对共产国际派来的军事顾问李德言听计从，并委以指挥作战大权。

李德系第一次到苏区。新到乍来，既不知己，更不知彼，只是照搬苏联红军正规战争的经验。他反对以往行之有效的游击战和带游击性的运动战，主张阵地战和正规战；反对诱敌深入，主张拒敌于国门之外，寸土必争；反对集中兵力、运动迂回，主张分兵把守、短促突击；反对歼灭战，主张击溃战。

而这些恰恰是蒋介石求之不得的。

战事于 10 月底正式开始。

蒋军兵分四路，从东、南、西、北四个方向向江西中央苏区包抄推进。具体部署是：

北路顾祝同，驻抚州（今临川），下辖第三路军（总指挥陈诚）、第二十路军（总指挥张钫）、第二十六路军（总指挥孙连仲）等，沿南城、南丰、黎川、硝石、宜黄一带布防，主攻广昌、宁都。

西路何键，驻宜春，下辖第十五师（王东原）、第十六师（彭位仁）、第十八师（朱耀华）、第十九师（李觉）、第四十六师（戴岳）、第五十师（谭道源）、第六十二师（陶广）、第七十七师（罗霖）、新三十四师（陈渠珍）、新六十三师（陈光中），沿湘赣边界布防，主攻铜鼓、万载。

南路陈济棠，驻韶关，下辖第一师（李振球）、第二师（叶肇）、第五师（李振良）、第七师（黄延损）、第八师（黄质元）、独立一师（黄任寰），集结于平远，主攻寻乌、筠门岭。

东路蒋鼎文，驻漳州，下辖第三师（李玉堂）、第九师（李延年）、第十师（李默庵）、第三十六师（宋希濂）、第五十六师（刘和鼎）、第八十师（陈明仁）、第八十三师（刘戡），沿上杭、新泉、连城、龙岩一带布防，主攻长汀。

蒋军总兵力约 100 万人，其中用于进攻江西中央苏区的共 50 多个师，50 多万人。苏区红军总兵力约 10 万人。两相比较，蒋军超过红军五倍以上。

就装备而言，蒋军筹备多年，从国外购买了大批先进武器，并配有 200 多架飞机协同作战，而红军则仅有土枪土炮，且数量有限，有的战士只能手执长矛大刀，赤膊上阵。

尽管蒋军占有绝对优势，但蒋介石并不急于求成。他指示前线官兵，一旦到达指定地区，立即筑堡修路，牢牢站稳脚跟，借收"以逸待劳"、"以主待客"、"以静制动"之效，用坚忍、稳当、实在、慎守的方法对付红军的疲扰战术。

一旦脚跟立稳，堡成路通，即等待机会向前推进一步，再在新辟之区筑堡修路。三里五里一进，五里八里一推，碉堡越修越多，网越织越密，越收越紧，苏区也就越来越小，红军的有生力量、武器弹药总有一天会消耗殆尽。

王明、李德不知是计。蒋介石碉堡推进，他们偏偏要倾师攻坚，把仅有的几个鸡蛋往石头上碰，白白糟蹋红军的老本。结果，事与愿违，本想"寸土必争","御敌于国门之外",却眼巴巴地看着蒋军步步紧逼,得寸进尺,而无可奈何。

1934年5月底,蒋军攻陷苏区门户广昌;9月,又占领石城、宁都、雩都、兴国;10月,红都瑞金亦被占领。至此,红军已无路可走,只好离开苏区,进行二万五千里长征。

蒋介石得胜后,好不得意。又是开庆祝会,论功行赏,弹冠相庆;又是发表演讲,称:"共匪基本被歼,仅有少数逃窜,已派军追剿,不日当可斩草除根。"

碉堡政策在这次战争中功不可没,蒋介石不是一个"忘本"的人,饮水思源,戴岳自然成了他栽培的对象。旅长很快变成师长,师长不久又变成军长。

能得到"委座"的器重,自不难受到"委座"身边红人的青睐。事隔五年后的1939年,陈诚在沅陵与戴岳邂逅相遇,曾深有感触地对戴说:"你的碉堡政策,对'剿共'起过很大的作用。第五次'围剿'时,我们就是凭着这个碉堡政策,加上公路政策而取得胜利的。"真可谓一字之师,终身不忘。

6. 时空转换 —— 持久消耗的抗战方略

（1）博采众长的持久战略

近代中国，多灾多难。列强侵略，纷至沓来。一衣带水的东邻日本，则是侵略中国的列强中最贪婪、最疯狂的战争强盗。明治以后，这个刚摆脱贫困、挤入列强行列的国家，就屡屡向同文同种的中华民族发动战争，意图实现它"开拓万里波涛"、使"国威布于四方"的霸业。可是，历史老人作了出人意料的安排，被世人称为"东亚病夫"的积弱中国，八年抗日战争，却使不可一世的东洋狂魔灰飞烟灭，中国人民第一次取得反侵略战争的全面胜利。细探抗战胜利的个中原因，重要的是，国共双方都坚持了持久抗战、长期消耗敌人的军事战略。处于全国统治地位的国民党及其军队，执行蒋介石设计的"以空间换时间"的持久抗战方略，终使全国抗战的持久战略成为现实。

九一八事变标志中日民族矛盾成为主要矛盾，民族危机日益严重。处于南京国民政府统帅地位的蒋介石，看到日本军队客观上没有立即入关，没有直接危及国民党政府的生存，于是实行"攘外必先安内"的误国政策。他的理由是，中国和日本比处处落后，如与日本开战，几个月甚至几天中国就会灭亡。而南方七省中共燃起的"燎原之火，有不可收拾之势"，若同时对内对外开战，则会加速自身的垮台，蒋介石左右权衡，提出"治本莫先于建设，治标莫先于剿共"。蒋介石原想将"沈阳事件"作为"地方事件"而"局部解决"，以为割让东北三省就可平息日本的欲望，哪知日本还不满足，反向关内步步进逼，让人喘不过气来。1935 年的华北事变，日本又做起将华北五省分治并成立"华北国"的美梦。

　　熟悉中国近代史，又曾在东洋留学的蒋介石，对日本的贪婪本性当是了解的。作为政治家的蒋介石明白，如再不阻止日军的步伐，自己委员长的交椅也保不住了，为国家，为自己，中日之间一场大战、恶战将不可避免。这时，工农红军被迫离开苏区，开始长征。蒋介石认为"剿匪初告成功"，中共已不再对他构成直接威胁，于是乎，考虑对日作战及勾画战争总体战略原则就提上了日程。此时，一批先知先觉、忧患意识浓郁的知识分子积极参与了对日战略的构建。

　　素有五四运动主将之称的傅斯年教授在《独立评论》上撰文，倡导积极抵抗日本的侵略："中国在开战之初，不能打胜日本，却可以长久支持，支持越久，对我们越有利。"

　　1935 年 7 月 21 日，地质专家丁文江教授在天津《大公报》上公开疾呼："华北是我们的乌克兰，湖南、四川、江西是我们的乌拉尔，云南、贵州是我们的堪察加…… 大家准备到堪察加去！"

胡适与蒋介石的合影

早在 1935 年 6 月 27 日，胡适博士直接写信给南京教育部部长王世杰，力陈对未来中日之战的看法：

"我们必须准备：（一）沿海口岸与长江下游的全部被毁灭，那就是要敌人海军的大动员。（二）华北的奋斗，以至河北省、山东省、察哈尔省、绥远省、山西省、河南省的沦亡、被侵略毁坏，那就是要敌人陆军的大动员。（三）长江的被封锁、财政的总崩溃、天津上海的被侵占毁坏，那就是要敌人空军的大动员。

"我们必须要准备三四年的苦战。我们必须咬定牙根，认定在这三年之中我们不能期望他国加入战争，我们只能期望我们打得稀烂而敌人也打的疲于奔命的时候才可能有国际的参加以援助。

"必须使政府与军事领袖深信此长期苦斗为不可避免的复兴条件。

"我们若要作战，必须决心放弃准备好了再打的根本错误心理。我们必须决心打三年的败仗，必须不惜牺牲最精最好的军队去打头阵，必须不惜牺牲一切工商业中心作战场，一切文化中心作战场。但须步步战，必须虽步步败而步步战，必须虽处处败而处处战。此外别无作战之法。

"王世杰、戴季陶、孙科、居正等都竭力赞同胡的主张。王世杰在复信中说：前途动向自仍视蒋先生决心如何。"

上述议论，与蒋介石当时对日战略方针的设想，有许多相通的地方。蒋介石闻之，十分感叹，他对张治中说道："了不得，中国的知识分子不得了，他们懂军事。"1935 年 7 月 4 日，蒋简明扼要地表达了他的战略设想，"一面呼吁和平，期求集体安全；一面整备国防，充实军备，至和平绝望时期举全国力量从事持久消耗战，争取最后胜利"。在作战地域的布局上，"对日应以长江以南与平汉路以西地区为主要阵线，以洛阳、襄阳、荆州、宜昌、常德为最后阵线；而以川、黔、陕三省为核心，甘、滇为后方"。[①] 由此确立了

---

① 张其昀：《中华民国史纲》第 4 卷，（台北）1954 年 11 月版，第 211 页，。

他"向西南求出路"的基本路线。

1936 年底，国民政府参谋本部奉命开始拟订《民国二十六年度国防作战计划》。该《计划》的立足点是着眼"长期作战计"。后来实行计划时，大本营作战组组长刘斐直截了当地指出，"我们要实行全面而持久的战争，拖到日寇对占领我国的每个县都要出一个连，甚至一个营的兵力来防守战地，即使日寇在战术上有某些胜利，而在整个战争中它就非垮台不可"，故而，"不应在一城一地的得失上争胜负，而要从全盘战略着眼"。蒋介石连连点头，并表示"要长期抗战"，必要时迁都重庆。

延安的中共领袖们对抗战的战略方针也进行了有益的探索。1935 年华北事变后，毛泽东指出，日本帝国主义还是一个严重的力量，"要打倒敌人必须准备作持久战"。1936 年 4 月 20 日，张闻天谈到，"抗日战争不是几天几个月就能决定胜负的，这是一个持久战"。七七事变后，朱德发表《实行对日作战》一文，公开指出：抗战"将是一个持久的艰苦的抗战"。8 月上旬，中共中央提出《确立全国抗战之战略计划及作战原则案》，其要点就是战略上的持久防御战。8 月 9 日，周恩来、朱德、叶剑英携方案由西安飞抵南京，参加国防会议，并在会上进一步阐述了中共关于持久战的见解。可见，国共双方在战略上所见略同。

1937 年 8 月 7 日的国防会议，决定"全面抗战，采取持久消耗战略"。蒋介石明确指出，"倭寇要求速战速决，我们就要求持久消耗战"。如何进行"持久消耗战"？蒋介石提出了两项要求："我国此次抗战，其要旨在于始终保持我军之战斗力，而尽量消耗敌人力量，使我军达到持久战之目的。"这就是说，既要消耗敌人，又要保存和发展自己。

战时，蒋介石还将"持久消耗战略"的精髓化成具体的口号，那就是"以空间换时间"。1938 年 2 月，他具体解释说："我们这次抗战，是以广大的土地来和敌人取胜负；是以众多的人口来和敌人取生死。本来战争的胜负，就是取定于时间与空间，我们有了敌人一时无法全部占领的广大土地，就以空间的条件，已足以制胜侵略的敌人。""我们现在与敌人打仗，就是争时间。我们就是要以长久的时间来固守广大的空间，要以广大的空间，来延长抗战的时间，来消耗敌人的实力，争取最后的胜利。"

如何评价抗战头 16 个月的正面战场？通行的说法是：正面战场大溃退，见敌望风而逃，丧师失地，一泻千里。这是近乎挖苦式的讥讽。不错，这 16 个月中正面战场部队阵亡 37 万余人，负伤 72 万多人，也确实丧失了大片国土，战场上也确有一些将领闻敌即逃，但客观地说，正面战场并不是一味消极地"以空间换时间"。有些地方是非退不可的，如华北平原，一马平川，无险可守，硬要死守拼消耗是没有太大意义的。台儿庄会战后，日军沿津浦路两面夹击徐州，我数十万大军如固守徐州，与敌决战，则正中日寇下怀，我先机转移，就保存了力量。再如广州失陷后，如再死守日军志在必夺的武汉，则徒增中方的消耗，而不利持久抗战。蒋介石是深谙此点的，他在武汉失守后宣称，"我们以后持久抗战的战场，要在平汉线与粤汉线以西地区，更有胜利的把握"。这 16 个月中，虽然放弃了部分"空间"，却赢得了时间，保存和发展了力量，中方的兵力从最初的 170 万人增加到 225 万人。假如开战以来，中方固守城池，寸土必争，与日军拼消耗，其结果当可以想见。

要坚持持久战，必须消耗敌人的有生力量。为此，蒋介石组织发动了平津作战、南口战役、涿州战役、忻口战役、娘子关作战、同蒲路之战、津浦路之战。要持久抗战，就要不惜让出部分空间，哪怕是十分宝贵的空间。蒋介石适时开辟华东战场，引敌南下，减轻华北战场的压力，使敌进攻沪淞，陷敌于江南水网地带，消耗和迟滞敌军，成为"以时间换空间"战略的成功例证。

（2）引敌南下，开辟江南战场

卢沟桥事变后，日军在华北放手大打，全面推进，咄咄逼人，企图给中国军队"有力一击"，速战速决，强占华北，然后顺势扩大战火。为了牵制国民党华东地区的军队驰援华北，日本方面也考虑派部分兵力，进军上海。

早在卢沟桥事变之初，国民政府最高统帅蒋介石就加紧了淞沪一带的备战部署，调集军队，秘密驰往上海、苏州，并任命张治中为京沪警备司令官。7月30日，最高统帅部电复张治中，对上海日军"应我先发制敌"。8月13日，张治中遵令打响了向上海日军进攻的第一枪。八一三淞沪战役是中国军队主动发起的战略攻势。现在发表的《张治中回忆录》，以及战时为纪念淞沪抗战张治中发表于《新华日报》的讲话，都明确指出上海战事是中国方面先打响的。现在有的文章中说是日本首先挑起上海战火是一种误解，是想以此说明日军的野蛮与贪婪。

中国方面首先发动淞沪战役，蒋介石的主要目的是调动日军南下。应该说这一目的是达到了。8月20日，国民政府军事委员会下达的作战令指出，"国军主力集中华东，攻击上海之敌，力保淞沪要地，巩固首都"，决心集中我国陆军主力与敌一拼。于是，长江以南我军停止北调，纷纷驰援淞沪。中央军、地方军陆续开抵上海。8月底，连在陇海线东部机动待命的胡宗南之第一军也转赴华东战场。淞沪战役集中了国民党精锐部队七十余个师。在中国军队猛烈攻击下，日本统帅部被迫不断向上海战场增援，华北战场的部分军队也南下淞沪。9月5日，日军统帅部决定，"把主作战转移到上海方面"。保卫上海的将士们英勇顽强，寸土必争，坚持上海达三个月之久，迫使日军从原有的八九千人陆续增加到二十多万人，使江南成为抗击日军的主战场。

把日军调到上海繁华地区来打，中国方面损失不是太大了吗？其实，这正是蒋介石对日本侵华战略进行分析后的精心设计。蒋介石考虑到，日本占领华北后，必然从山西、河南渡黄河南下，一路直扑武汉，一路进攻西安、兰州，迂回四川。如此，中国就会失去抗战的后方。日本要全面侵华，沪宁杭富庶地区志在必夺，这是迟早的事。发动淞沪战役，调动日军南下，可改变日军深入中国腹地的战略，至少可延缓日军进攻的步伐。引日军沿长江两岸丘陵水网溯江西上，绝非从华北平原南下来得迅速。8月18日，蒋介石派陈诚、熊式辉赴沪视察。20日陈诚回南京陈说对时局的分析："敌对南口在所必攻，同时亦为我所必守，是则华北战事扩大已无可避免，故敌如在华北得势，必将利用其快速装备沿平汉路南下直扑武汉，于我不利，不如扩大沪事以牵制之。"蒋听后坚定地表示："一定打！"陈诚又说："若打，须向上海增兵。"于是，蒋当即命陈诚为第十五集团军总司令，率部赴沪增援。①

引敌兵南下，蒋介石是有先见之明的。蒋介石在战前就曾明确指出："这一仗打起来，上海、南京都不能守，我之所以要打，是因为我在日本读书的老师，如今都身担大任，日本人对中国的战略战史的研究，有时比中国人还深刻。现在我们与日本人打仗，不怕从南方打也不怕从北方打，最担心的是日本人由卢沟桥入山西再经汉中入四川，这是当年忽必烈灭亡南宋的战略。如果日本人到西南，从云南、贵州到广西一抄，我们即便保守南京、上海，这个仗也打不下来。现在唯一的办法是在上海作战，引导他沿江西上，届时他就败了。"

现有学者认为，日本当时拥有世界上一流的海军，日军对华战争离不开对海（水）面的控制，要侵略中国，不利用长江这一横贯东西的黄金水道深入中国腹地，则是难以想象的，将淞沪作为主战场是题中应有之义，不管你蒋引不引，发动淞沪战役也好，不发动淞沪战役也罢，他总是要来的。因此，对蒋主动引敌南下存有疑义。

考察历史就会发现，日本对华战争是先从华北而不是先从上海开始的。日军重兵云集华北，确实存在要从汉中入四川的可能性。不仅蒋介石有此种担心，而且中共领袖也大多持这种看法，他们以为日军必定要占领西安，并由此深入我西南抗战后方。毛泽东在《论持久战》中预计，战争第一阶段"敌之企图是攻占广州、武汉、兰州三点，并把三点联系起来"。1938 年底，王稼祥还认为日军"准备沿陇海路及由晋南渡河向西安前进"，"由晋西向陕甘宁边区进击，并企图围攻兰州"，进而从陕西盆地顺势攻入重庆。② 刘少奇

---

① 国民政府军事委员会战史会档案，《陈诚私人回忆资料》，中国第二历史档案馆藏。

② 王稼祥：《论目前战局与敌后抗战的几个问题》。

事后也说道，"我们当时估计，敌人还会继续向内地实行战略进攻，平汉路、陇海路及郑州、洛阳、西安等地会被敌人占领"，"直到 1939 年冬，才改正了这个过分的估计"。[①]1939 年 2 月 21 日，《新华日报》社论《目前华北形势》一文也认为，"敌人对华北的进攻，是对中国内地新的进攻的准备"，日军"首先是渡河攻陕，进攻我西北抗战后方"，"牵制敌人向西北进攻，这是坚持华北抗战的中心关键"。

引兵南下，更可以利用已构筑的国防工事消耗敌人。1935 年构建的国防工事大多在长江沿线，北方只有某些战略点才筑有防御工事。战前，长江以北的军事预算只占 16%。对此，"军事上的孔夫子"、德国陆军元帅塞克特告诉蒋介石，他担心华北很快会被日本拿过去。不幸果为其言中。引兵南下，不失是一种补救措施。

战役结果表明，蒋介石以江南这块富庶的"空间"，吸引和调动日军主力，"沿长江西进，迟滞了敌人，为中国方面几乎赢得了一年的'时间'（到武汉失守），得以从容部署抗战"。

（3）以水代兵，阻敌西犯

1938 年台儿庄战役结束后，集合于徐州的北线日军，沿着陇海路向西进犯，直逼归德、兰封之线。日军统帅部计划，北线主力沿陇海线西进，拿下郑州后，再沿平汉线南下攻打武汉。同时，再以华中方面军溯长江而上武汉，作为辅攻，准备在武汉四周捕捉围歼中国主力军。

5 月 12 日，日军土肥原师团（第十四师团）渡过黄河，直攻菏泽。土肥原师团右纵队在仪封附近，以一万余众，炮百余门，战车百辆，猛扑兰封。九岛师团也随之攻入豫东。蒋介石最担心的事就要发生了。早在 1937 年 10 月 16 日，徐永昌和蒋介石会商军情后，徐便在当天的日记中写道："蒋

---

① 刘少奇：《六年华北华中工作经验报告》，《刘少奇选集》上卷，第 275 页。

先生以为，敌越黄河南下，斯真不得了。"① 如日军渡黄河西进占郑州，南可威胁武汉，西可攻洛阳、占西安，威逼汉中，如此，这势必严重影响中国未来的战局。

于是，蒋下令誓死守住兰封，拒敌西进。5月25日战斗打响，中方组织数次勇猛反攻，激战数日反败下阵来。盛怒之下，蒋下令将丢失兰封、归德的桂永清、黄杰撤职查办，枪毙了擅自退出兰封的第八十八师师长龙慕韩，但仍无法阻挡汹涌而来的日军。6月6日开封失陷，郑州近在咫尺，危在旦夕。怎么办？蒋介石心急如焚，直嚷着要到前线去督战。

忽然间，蒋介石想到了他的一位德国高参法肯豪森。这位德籍军事总顾问早在1935年8月便向蒋呈送了一份《关于应付时局对策之建议》，预测中国未来战争中南北两个战场可能出现的情况和对策。对于北方战场，"最后战线为黄河，宜作有计划之人工泛滥增厚其防御力"。②

蒋有此腹案，但终不便由最高统帅自己说出。这时恰巧第一战区司令长官部参谋长晏勋甫和胥行两人提议，效法中国古代军事的传统兵法——水淹七军、以水代兵之术，炸开黄河南岸堤防，以水为兵拒敌，确保郑州安全。程潜表示同意，遂上报上峰。蒋介石一听大喜过望，正是不谋而合，立即照准。该计划上报后不到一小时，便收到了蒋介石的批准电。侍从室指示在郑州东北的花园口把黄河南岸堤坝掘开，让河水向东南方河南、安徽、江苏地区流去，淹没敌军。

兵贵乎神速。第二十二集团军孙震部所属新编第八师承担掘堤任务。他们选择三个点掘开堤防，责任重大，薛岳、商震也坐镇郑州指挥。为保密起见，谎称日军快打到这里，派一个团执行警戒，把周围十华里以内的老百姓统统赶走。选定800名身强体壮的士兵，编成五个组，每二小时轮换，日夜

① 《徐永昌日记》第4册，台北1991年影印版。
② 《民国档案》1991年第2期。

轮番挖。连挖四昼夜，才挖穿见水。时值涨水初期，河身比堤外地面高，一经挖穿，口子虽窄小，而水势是从高向下，流得很急，挖的人站不住。于是战区调来平炮两门，对准缺口猛轰六十余发，将大堤撕开两丈宽左右的口子。这一下，河水汹涌泛滥，自行崩溃。6月11日，滔滔黄水，一泻千里，豫皖苏三省四十余县顿成一片泽国。[①] 洪水将村庄、人畜、田地、房屋一切统统吞没。据战后国民政府统计，以次89万余人丧生。

黄河花园口决堤在军事上取得了某些成功，在一定程度上达到了国民政府阻止日军西犯的战略目的。兰新之敌也遭到巨大威胁。以机械化部队和骑兵为主的土肥原师团，陷于泥泞洪水中不能自拔，被前后分离的部队给中国军队围歼提供了机会。国军第二十师张测民部趁机反攻蔚氏等地，毙敌甚众。西进日军在决堤之后，搜罗门板等充浮水用具，纷纷东撤，狼狈不堪。为避免灭顶之灾，日军动用海空军力量帮助陆军后撤。

蒋介石此举打乱了日军统帅部的部署，日军只好以华中方面派遣军绕道安庆，沿长江一线主攻武汉，这为以后中方保卫武汉争取了时间。大片黄泛区的形成，将中国南北两个战场割开，使北线日军攻势停顿下来。这样，日军企图攻占潼关南下武汉、西占西安直逼我川陕抗战后方的战略设想化为泡影。

对此，蒋介石自然是十分高兴的。据新八师参谋熊先煜日记所载，其时，蒋氏每天"必有三四次询问决口情况"，并要该师对这一决堤情况向他"随时汇报"。事后，军委会给新八师师长蒋在珍记功，并电薛岳发奖金3000元。

国民党退至台湾后，国民党的"新闻局长"董显光对水淹日军、黄河改道一事，在他撰写的英文本《蒋介石将军传》中写道："中国方面对于日军的前进早有惊人的准备。我方将郑州的黄河堤炸毁，以滔滔之水对抗侵略的敌人。数千日军为水所截，致遭淹死。然此举对于日军的真正损害则为一切贵

---

① 朱振民：《爆破黄河铁桥及花园口决堤执行记》，《纵横》1994 年第 4 期。

重的日本装备，大炮与摩托化单位皆为水淹。在这大水造成的混乱中，我军乘机反攻。这样的局势使日军不易支持，只得迅速后退，遗下不少的装备。于是陇海路一役日军便告败绩。"

不过，蒋介石在当时并没有宣传自己的这番"壮举"，而推说是日机轰炸堤防所为。为使舆论相信，他们还设计了一场军民抢堵决口的表演，让外国记者参观。国民政府的报纸一面痛骂日军残暴疯狂，使豫东平原陆沉；一面又骂他们是自食其果，淹死不少东洋兵。

如何评价黄河决堤？大陆史学界传统观点是持否定的态度，认为这是片面抗战、不发动群众的恶果，是抗战中极不光彩的事，也未能阻止日军的进攻。诚然，从纵水殃民这一点看，黄河决堤是应否定的，它确实不是发动群众之举。但如从抗战双方生死较量的大局来看，从军事第一、胜利第一这一战争的最高原则来看，即使自己承担某些牺牲也是值得的。从纯军事的角度、从达成阻止迟滞日军进入中国腹地的战略目的来说，此举还是有利于中国抗战大局的，应实事求是予以某种程度的肯定。我们也可设身处地为蒋介石设想，刚刚转向抗日的国民党政权及其统帅，在万分紧急而又无计可施的情况下，舍此还有良策吗？作为最高统帅的蒋介石，当然知道民意是政治家的生命，他作出这个决定，当是万不得已，尽管现在看来，这是一项并非唯一的选择。以人为制造的黄泛区"空间"和数百万人民生命财产去换取有利于中国抗战的"时间"，毕竟代价太昂贵了。

（4）"水上的万里长征"

确立西南后方根据地，是"以空间换取时间"战略的具体运用。

蒋介石明白，中日之战一旦酿成恶战，中国华东经济基地沦陷，中国海岸线被敌封锁，对外交通几乎断绝，中国要坚持抗战，就必须建立新的经济基地和寻找对外联络线。1932年起，蒋介石就开始思考这个问题。我国西南地区具备了上述条件。四川居中国西部，盆地四周，山峦奇伟，气候宜人，物产富饶，全省 5000 万人，约占中国总人口的八分之一。民性勤劳，文化根基深厚，素有"天府之国"之称。西南对外交通便利，只要修筑滇缅路，外部援助就可源源而来，而且西南地区地形复杂，易守难攻，所以可成为民族复兴的基地。

中国著名的军事理论家蒋百里战前就建议在持久抗战中，应以内陆省份为我国抗战的后方基地，抗战军力要"深藏腹地"。1935 年 8 月，国民政府军事顾问德国人法肯豪森对蒋剖析了四川对中国未来抗战的重要性，"川省若未设法工业化，未能自造必要用品，处此种情况必无战胜希望"，"终至四川为最后防地，富庶而因地理关系特形安全之省份"。

中外专家的建议，坚定了蒋介石"经营四川"、"外战入川"的决心。1934 年秋冬，中央军"围追"红军而进入四川，蒋介石着意将四川的政治节奏纳入国民党中央的步伐。1935 年春夏，蒋视察川、滇、黔、陕各省后，于 7 月 4 日决定了"以川黔陕为核心、甘滇为后方"的战略方针。8 月 11 日，蒋在峨眉训练团对川滇三省各级干部演讲时郑重指出："我敢说：我们本部十八省哪怕失了十五省，只要川滇黔三省能够巩固无恙，一定可以战胜任何强敌，恢复一切失地，复兴国家，完成革命。"抗战爆发后，蒋介石在汉口发表谈话说："以四川为持久抗战后方，如武汉失守，即以四川为最后根据地。北固陕西，南辖滇、黔、桂诸省，稳扎稳打，以消耗敌人。同时促进国际变化，以求盟友。如此日本一定多行不义必自毙。"在《武汉撤退告全国军民书》中，蒋又讲道："我国抗战根据地，本不在于沿江沿海线浅狭交通地带，乃在广大深长之内地，而西南诸省，尤为我抗战策源地。此为长期抗战之根本方略，亦即我政府始终一贯之政策也。"

1937 年 6 月 11 日，蒋介石确定川康整军方案。方案规定：川康军队以军为单位整编，直隶于中央，由军委会直接指挥；人事事项依照陆军人事法规办理；军队军官军士教育机关，由中央按级办理；所有飞机队飞行场厂，一律由中央接管；军需工业及兵器制造专业，由中央接管和统筹办理。任命何应钦为川康整军委员会主任，实现了中央对川军的完全控制。为有效地驾驭川省省政，蒋介石一度亲自兼任四川省主席。为保障西南后方的稳固和不受外敌侵犯，战时中国远征军开赴缅甸、印度作战。

1937年10月30日，国民政府决议迁都重庆，标志着建立西南大后方的战略行动正式实施。其实，抗战爆发前，南开大学与北洋大学就到重庆与西安筹建分校。战时69所高校内迁西安，延续文化命脉。抗战伊始，国民政府就组织将沿海大量的工业、企业、商业迁入西南，这对持久抗战、拖垮日本，起了很大的作用。

在建立西南抗日后方的战略行动中，在中华民族史上值得大书一笔的是沿海地区工业设施的内迁。淞沪战事爆发后，资源委员会会同财政部、军政部、实业部组织成立上海工厂迁移监督委员会，实施搬迁计划。从8月27日起，部分工厂正式开始内迁，冒着战火，试航船只驶出苏州河进入长江水道。10月26日，闸北失守，苏州河道被阻，各厂物资只好取道黄浦江转入松江，再经苏州、无锡至镇江进入长江。11月初，日军在杭州湾登陆，松江河道受到威胁，船只改运南通，经运河至扬州，再转运镇江长江口。从上海远迁四川等地，路途遥远，长江险阻，溯江而上，日机又追寻轰炸，其艰辛可以想见。为避免敌机轰炸，船只用茅草伪装。交通工具不敷，许多船只用人力代替，长江纤夫浩浩荡荡。船至上游，水流湍急，船只马力不够，只好将机器分卸藏入山洞中，分批运送。上海机器内迁时，为在短时间内尽可能多拆运内地，当时一般先运至镇江，再至武昌。到1940年底，工矿企业内迁共达1048家、机件材料12万吨。葬身江中的器材设备数量也十分惊人。如此巨大的内迁后方工程，无疑是"水上的万里长征"。从中我们可以看到生生不息的民族精神。

（5）变敌后为敌前

中国的抗日战场由正面战场和敌后战场两部分组成。正面战场，即由国民党正规军单独对日作战的战场。至于敌后战场，一般认为，就是共产党领导开展的敌后游击战场。这实际上是一种误解，因为战时国民党最高当局也曾派遣军队进入敌后，开辟抗日游击战场。

抗战初期，蒋介石是不重视敌后游击战场的，主要靠正面战场的阵地防御，以重叠配置的守势拼消耗，来实现"以空间换时间"的战略。随着敌占区的扩大，敌军有限的兵力只能占领少数城市及铁路沿线，大片沦陷区无法控制，中共蓬勃兴起的敌后游击战场对坚持抗战的国民党人是一种鼓舞和启示。1937 年冬天，白崇禧便向蒋介石建议，"采游击战与正规战配合，加强敌后游击战"，以收"积小胜为大胜，以空间换取时间"之效。蒋介石采纳了白的建议。

武汉失守后，中国失去大片国土，日军兵力使用上捉襟见肘，于是蒋介石认定中国抗战进入第二时期，遂及时调整战略部署。1938 年 11 月 25 日，蒋介石在南岳军事会议上提出，今后"政治重于军事，游击战重于正规战，变敌后方为前方，用三分之一力量于敌后"，并下令各战区划分若干游击战区，指派部队进行游击。不久，又增设冀察战区，苏鲁战区。这两个战区合共兵力占抗战总兵力的五分之一。另外，第一、二、三、九各战区也应经常各派十余师进行游击。

敌后游击是中共的拿手好戏。抗战伊始，毛泽东就主张部队化整为零，"来个麻雀满天飞"，飞到广大敌后去发动和组织群众，壮大抗日力量。朱德称毛泽东发明了"母鸡下蛋的办法"，这是个创造。后来，白崇禧及黄绍竑都曾感慨地说道，"中共是游击的祖宗"。为了向中共学习游击战争的战略战术，蒋介石决定举办游击干部训练班，以汤恩伯为主任，叶剑英为副主任。不久，蒋介石亲兼主任，白崇禧、陈诚兼副主任，汤恩伯任教育长，叶剑英为副教育长，足见蒋氏对游击战的重视。训练班共举办三期，其中第一期就有来自全国各地的学员 900 余人。李宗仁的第五战区还专门请叶剑英、边章五等人教授游击战的秘诀。

卫立煌与史迪威

国民党敌后游击部队，有的配属于战区或集团军，如第三战区浙西游击区便是第三战区副司令长官黄绍竑经营的；第五战区豫鄂皖边游击区又称大别山游击区，则由第二十一集团军总司令廖磊兼游击总司令；第二战区建立了由卫立煌拥有的中条山根据地；海南岛无正规军，琼崖保安司令王毅指挥保安团退守五指山，开辟第四战区海南游击区，有武装四千余人。此外，还有于学忠、韩德勤统辖的苏鲁战区，和以孙良诚、庞炳勋、石友三、高树勋等部为支柱的冀察战区。

除冀察战区与苏鲁战区到抗战后期不复存在外，山西游击区、豫鄂皖游击区、浙西游击区及海南游击区，都一直坚持到抗战胜利。这些游击区都具有重要的战略地位。

国民党敌后游击区牵制消耗了敌人，配合了正面战场。如山西南部中条山根据地，曾 14 次打退日军的进攻，坚持到 1941 年，牵制华北大量日军；枣宜会战时，大别山游击部队为牵制敌军西进，分两路东进分散敌军；海南游击区部队孤军奋战七年，大小战斗千余次，其中较大的战斗 180 次；在山东，从青岛退至沂蒙山区的国民党海军陆战队的地方武装，曾抗击了进犯的日军……

敌后国民党游击部队也有与八路军配合抗敌的事例。如第一战区司令长官卫立煌率领部队和八路军合力粉碎了日军对中条山的九路围攻。1939年 7 月下旬，卫部又与八路军一道反攻，收复长子、屯留等七县日军据点。1939 年 6 月，山东的八路军与于学忠部携手英勇抗击日军独立混成第五旅团，及第二十一、第一一四师团各一部，共二万余人。第一战区豫东游击区的宋克宾、魏凤楼部，与新四军冯雪峰部也有过相互合作的历史。毛泽东曾充分肯定国民党敌后游击战场的作用，他在《八路军军政杂志》发刊词中谈到，八路军取得成绩的原因"其中友军的协助是明显的，没有正面主力的英勇抗战，便无从顺利地开展敌后方的游击战争；没有同处于敌后的友军之配合，也不能得到这样大的成绩"①。

可以说国民党敌后游击战争的开展，牵制了敌军，困扰了敌军后方，使其不能集中全部兵力进攻正面战场，这样既延长了作战时间，又扩大了作战空间，消耗了敌人，在一定程度上实现了"空间换时间"的目的。

应该看到，部分敌后国民党部队具有明显的反共色彩，与中共敌后部队搞"摩擦"，有些部队与敌伪暗通声气，不少高级将领叛变投敌，从而使国民党游击战场在抗战中的地位和作用受到很大限制。如苏鲁战区和冀察战区的消亡，即是明证，这大概是蒋氏始料未及的。

尽管"以空间换时间"这一战略在执行中带有明显的局限性，如过分依赖外力，抗战前期的"苦撑待变"，后期在取得外援后又偏安等待，在西南坐等抗战胜利到来，也不可能发动包括中共在内的广大人民进行人民战争等，但我们还是应积极肯定这一战略。可以说，如果没有占统治地位的国民政府及其军队贯彻这一战略，就不会有全国持久抗战局面的形成。

---

① 《毛泽东军事文选》，《八路军军政杂志发刊词》。

7. 奇正两无 —— 蒋介石怎样指挥东北战争

1948年9月底，东北野战军攻占辽宁义县，完成了对锦州的战略包围，辽沈战役拉开序幕。

锦州为东北门户，向为兵家必争之地。锦州一失，长春、沈阳等地的数十万国民党军队后路即断，东北野战军战前所设想的"关门打狗"将成为现实，东北蒋军迟早都会被分割包围，各个击破。

情况万分危急。蒋介石急电卫立煌（东北行辕主任兼"剿匪"总司令）来京，面授救锦机宜。

蒋介石的战略方针是：长春、沈阳守军主力弃城而出，由卫立煌亲自统率，沿辽西走廊向西推进，径解锦州之围，并借援锦之机，协同锦州守军东西夹击，重创锦州、锦西地区的东北野战军。

但卫立煌并不赞成蒋介石的构想，他认为，东北野战军的战术是"围城打援"，林彪在围攻锦州的同时，早已在锦、沈之间布置重兵，并先期抢占黑山、大虎山、沟帮子等战略要隘，以逸待劳，静候蒋军上当，况且，辽西走廊河汊交错，眼下尚未封冻，不利于大兵团徒步行军，沈阳守军主力如果贸然弃城西进，不仅解不了锦州之围，反而有被分断截击、各个击破、全军覆没的危险。因此，卫主张沈阳、长春主力暂仍固守不出，锦州之围应自华北调兵至葫芦岛就近解救。俟锦州解围后，守城部队与援军合组为机动兵团，渡大凌河，出沟帮子，沿辽西走廊东进，这时，沈阳守军主力再西出辽西，东西夹击，才有取胜的把握。

尽管卫立煌声泪俱下，据理力争，但蒋介石主意已定，仍强令卫西出辽西。慑于蒋介石的淫威，卫立煌没有勇气公然抗命，但又不愿接受蒋介石的作战方针，只是含糊其辞地推脱说，俟回沈与各负责将领协商后再作处置。

蒋介石感到卫立煌决心不大，乃派总参谋长顾祝同赴沈督战，并嘱顾要亲眼看到卫立煌下达作战命令始能回京。

卫立煌回到沈阳后，立即找他的搭档廖耀湘（东北行辕副主任兼"剿匪"副总司令）协商。廖也反对蒋介石的战略方针，认为出兵辽西是白白送死，自取灭亡。二人都感觉到生死关头有犯颜直谏的必要，并赶到顾祝同的住处，恳请顾把他们的想法电告蒋介石。

10 月 5 日，蒋介石复电卫立煌，电谓：

"急。极机密。沈阳卫总司令俊如鉴：前拟计划不变，着所部刻即西进。中正。"

据廖耀湘于 1961 年回忆：

"卫立煌接到电报后，非常焦愤和不安，遂对我（廖耀湘）说：'我原本不愿到东北来，替陈辞修（陈诚）收拾乱摊子，但总统一定要我来，三番五次地叫岳军（张群）和夫人（宋美龄）劝我，并答应东北军事由我全权负责，他决不干涉，可是，到了紧要关头，他根本不考虑我的建议。'又说：'我宁愿不干，也决不愿再使沈阳主力单独出辽西，用鸡蛋碰石头。'于是，他约我同他到顾祝同那里去，再做最后一次努力，想说服他。因为他们过去同事，比较好说话一点。"

"到了顾祝同住的地方，卫一见顾，就带着激动的口气说：'我们两个是多年的同事和共患难的好友，我的事就好像你的事一样，我这次遇到生平以来从没遇到过的困难，无论如何希望你帮忙解决。我们不是不愿执行总统的命令，我们也不是不愿意行动，只是时间上和空间上如何配合的问题。我们只是要求在葫芦岛、锦州两处部队会师之后，东西两方同时并进，以免被共产党各个击破。'他焦急而诚恳地请顾祝同帮忙，再一次负责向蒋介石建议，不要使沈阳主力冒大险单独出辽西。顾祝同推脱说，'我已把你们的意见电告总统，但总统考虑后，仍要执行原来的命令和计划，我是奉复监督执行命令的人，我不能再向总统说话'。卫立煌遂气急地说：'单独出辽西，一定会全军覆没。你不信，我两个打赌，画十字（即写军令状画押）。'彼此不欢而散。

"第二天，顾祝同又到卫立煌那里督促卫赶快下命令，以便他回京复命。卫答应可以先将部队集中，但又同时要求顾回京后继续代他向蒋介石申述意见。"

鉴于卫立煌坚决反对出兵辽西，蒋介石决定撇开卫立煌，直接把作战命令下达到各作战部队。

廖耀湘回忆说：

"顾祝同回南京后，说卫立煌不愿出兵，企图避战，当时蒋介石十分气愤。第二天（8日），他飞抵沈阳，压迫东北将领执行他的命令和计划。他先单独召见卫立煌，卫立煌仍坚持自己的意见，引起他更大的愤怒。接着，蒋介石在力行社单独接见了我，这是决定最后沈阳部队命运的一幕，空气非常紧张，甚至令人窒息。一开始，他就发脾气地对我说：'你是我的学生，为什么你也不听我的命令？'蒋介石的情绪和对我的态度从来没有这样不沉静。他没有让我讲话就马上命令道：'这次沈阳军队直出辽西，解锦州之围，完全交你负责。现在的问题，不纯粹是撤退沈阳主力的问题，而是要在撤退之前，与共产党进行一次决战，给他一个打击。你的任务就是要指挥沈阳主力直出辽西，先到达新立屯地区，再由新立屯经阜新经锦州、义县，攻击共产党军队的后背。'

"那一天，蒋介石单独同我会谈的时间最长，他反复叮嘱我，在这次行动期间，听他直接指挥，他随时打电报给我。"

次日，蒋介石派飞机给长春守将郑洞国空投一封信，令他立即率部突围南下，协同廖耀湘西出锦西。

至此，东北蒋军开始实施蒋介石的"出击锦西"战略，部队各就各位，整装待发。

值此关键时刻，肩负东北军事全责的卫立煌却无事可做，因为各作战部队长官已人人能够"通天"，直接与蒋介石电报往来。

这是中外战史少有的可笑现象！

《孙子》曰："将在外，君命有所不受。""将"亲临前线，最了解瞬息万变的战局变化。且"君"既将御敌重任托付于将，自然早已考虑到"将"有随机应变的能力，故"君"应本着用人不疑的原则，尊重"将"的战略构想，不必在千里之外指手画脚，故作运筹帷幄之态。

蒋介石饱读兵书，自然不会不懂这个道理。卫立煌到东北之前，他也曾对卫许下"将在外君命有所不受"的诺言。可是，当"将"与"君"之间的战略设想、方针发生冲突时，蒋介石却将当初许下的诺言抛到脑后，先是三令五申，劝诱交加，强迫卫立煌改变初衷，继而又干脆撇开卫立煌，亲自把命令下达给各级作战单位，弄得人人能够"通天"，谁也无法统一指挥。

姑不论蒋卫二人的战略构想谁更高明，仅就用人不疑这一点而言，蒋介石已犯了兵家大忌。因为"君"既然觉得"将"不能完成"君"的使命，完全可以弃之不用，再找一个不辱君命的人来顶替他。

果然不出卫立煌所料，廖耀湘率沈阳守军主力出击辽西后，很快被陷入河泽烂泥之中，几十万大军宛如一块飘浮的浮萍在辽西走廊上荡来荡去，每推进一步，都要付出惨重的代价。10月15日晚，中共东北野战军攻占锦州，守锦蒋军全军覆没，东北"剿总"副总司令兼锦州指挥所主任范汉杰，边区兵团副司令官兼辽西行署主任贺奎，第六兵团司令卢浚泉、副司令杨宏光，第九十三军军长盛家兴，师长景阳、李长雄、安守仁、黄文徽等均被活捉。而此时，廖耀湘率领的援军仍徘徊于新民、彰武之间，根本没有起到增援的作用。

长春的情况更惨。郑洞国的突围计划刚刚拟定，第六十军军长曾泽生已率部起义，郑洞国的副参谋长杨友梅和司令部的高级幕僚亦秘密和共产党接洽，策动新七军投诚。在四面楚歌声中，郑洞国被迫放下武器。

丢掉长春、锦州之后，蒋军在东北仅剩下一个据点——沈阳。语云：久守必失，故沈阳守军将领均主张立即自牛庄出营口由海路撤往关内，保存一部分有生力量。蒋介石自忖东北行将不保，亦觉撤退势在必行，但却不同意由营口内撤。他主张再出辽西，立即反攻锦州，仍梦想在撤退之前搞一次战略决战，歼灭共产党在东北的有生力量。

卫立煌、廖耀湘坚决反对这一计划，道理很简单：既然是撤退，当然要以保存实力为目的，选择最安全的撤退路线。况且，新败之后，元气未复，避战犹恐不及，焉能求战？

但蒋介石也有他的难言之隐。不反攻锦州，打几场胜仗，怎能挽回面子，以正国际视听？

沈阳守将们均意识到再出辽西只是白白送死，遂组织起来向蒋介石请愿，请求他慎重行事，改变初衷，避免徒作无谓牺牲。

但蒋介石决定了的事是不会更改的。

10 月 19 日，蒋遣心腹爱将杜聿明携带他亲笔手谕赴沈，直接给各作战单位下达命令。

20 日晚 6 时，杜聿明在沈阳卫立煌的私宅召集刘玉章、赵家骧等，口授蒋的"谕旨"。"谕旨"要点为：

① "委员长"要廖耀湘以全力攻锦州，同时葫芦岛、锦西部队亦向锦州攻击；

② 廖兵团除现有兵力（新一军、新三军、新六军、第七十军及骑兵、重炮、战车等）外，增加第二零七师沿北宁路向黑山、打虎山攻击前进，协助葫、锦（西）部队收复锦州，如黑山、打虎山敌人顽强抵抗，并有增援模样，即向营口逐次撤退；

③ 在廖兵团向黑山、锦州攻击的同时，第五十二军先占领营口，巩固海运补给基地，并与廖兵团联系；

④ 第八兵团周福成指挥第五十三军及在沈其他部队守沈阳。

众将领听罢，面面相觑，一言不发，气氛沉静得使人恐怖。事隔十二年后的 1961 年，杜聿明回忆起当时的情景时，仍觉心有余悸。

"我将蒋介石的口头命令下达后，大家一言不发！廖、刘皆不愿进攻锦州，但也无顶回蒋介石命令的表示。我当时站在个人的立场上是这样想的：蒋介石的命令我虽然不同意，但我不能不下达，希望卫、廖、刘能顶回去，那么我就可以向蒋介石回报说各将领皆认为不能执行命令，蒋介石要办就办大家，由大家负责。卫也可能有这样的想法，可是，卫不敢说顶回去。我不敢说顶回去，廖、刘也不敢说顶回蒋介石的命令。那就是说，大家皆认为蒋介石是失策，可是谁也不愿承担起挽回东北蒋军覆没的责任，只是背后埋怨慨叹。这就是当时蒋军将领的一般心态。

"几个人谈到深夜，廖、刘二人才去执行蒋介石的命令。卫立煌仍然在这个小客厅里走来走去，不能安枕休息。我也同他一道转来转去，两人研究蒋介石为什么要出此一策，始终研究不出道理。我说：'廖耀湘要是行动迅速，打得机动，将黑山、打虎山敌人牵住，还可能从营口撤退，否则有全军覆没的危险。'我接着说：'最好请总座（指卫）准备一下，等营口立住足，再向老头子（指蒋介石）建议将部队撤至营口，目前我们还不能提出这个意见，因为他判断敌人要退，万一敌人真如他所料退了的话，我们不仅要碰钉子，而且成了放弃沈阳的罪人。'卫肯定地说：'敌人不会退，你看着吧！'我说：'敌人攻锦州轻而易得，伤亡不大，我看也不会退。不过，老头子一定要这样做，也许他有什么神机妙算。'"

蒋介石果真有什么神机妙算吗？我们不妨比较一下国共双方在东北战场上的军事实力。

共产党方面：东北野战军总兵力约 80 万人，其中用于锦州、锦西、黑山、打虎山一带的共有 11 个纵队及若干独立师，约 70 万人，用于长春的有一个纵队及七个独立师，共 10 万多人，且已打通沈长铁路，随时可以南下威胁沈阳。

国民党方面：沈阳附近共有六个师，即第六军的第二零七师，第五十二军的第二师、第二十五师，第五十三军的第一一六师、第一三零师；新民、彰武之间有 12 个师，即廖耀湘兵团所属新一军之第五十师、暂五十三师、新三十师，新六军之新二十二师、第一六九师、新六十二军一个团，新三军之第十四师、第五十四师、暂五十九师，第四十九军之第一零五师、第一九五师，第七十一军之第八十七师、第九十一师；葫芦岛方面有侯镜如四个军。以上三处总兵力共不到 40 万人。

《孙子》曰："五则攻之，十则围之，倍则奇正并用，有正无奇，有奇无正，每战必殆。"东北野战军两倍于蒋军，且士气高涨，可谓"有正有奇"，东北蒋军在数量、士气、战斗力等方面均处下风，且已被东北野战军层层包围，正处于"有正无奇、有奇无正"的危险状态，在这种情况下，守犹恐不固，怎能疲师远攻地形险要的锦州？

然而，蒋介石却不从客观存在的敌情、地形、敌我兵力对比及士气等有形无形的战斗要素来制定战略战术，不听前线将领声泪俱下的逆耳忠言，硬是要一意孤行，拿鸡蛋去碰石头，岂有不败之理？

战局的发展也充分证明了这一点。当廖耀湘兵团奉命离开彰武、新民向西推进时，驻扎在长春的东北野战军立即浩浩荡荡南下，抢占新民，切断廖兵团退往沈阳的后路。布防在锦州、锦西一带的东北野战军 70 万大军以 10 万人在黑山、打虎山以北地区，阻击葫芦岛侯镜如部，主力部队则迅速东进，将廖耀湘兵团包围于黑山、北镇、打虎山及其以东纵横不到七八十公里的狭小地区。10 月 26 日至 28 日，廖兵团在腹背受敌的情况下孤军作战两天一夜，全部被歼，无一漏网，廖耀湘本人也被生擒。11 月 1 日，沈阳守将周福成自忖守城无望，被迫投降。至此，东北蒋军除由营口逃出千余人外，全部溃灭。

论者或谓国民党政府的垮台（更何况东北战场）是历史必然，任何人都无力回天。斯言甚是。但东北战场败得这样惨、这么快，以及国民党政府垮台如此迅速，仍然出乎时人意料之外。毛泽东当时即曾说过："原来预计，从1946 年 7 月起需要五年左右时间，便可能从根本上打倒国民党政府。现在看来，只需从现时算起，再有一年左右的时间，就可能将国民党反动政府从根本上打倒了。"卫立煌夫人韩权华自沈阳逃到北平后，也曾疑惑不解地问卫："这么多的部队，怎么这么快就完了呢？"卫气愤地回答说："老头子的战术太高明了！"

8. 兵贵神速 —— 蒋介石如何指挥徐蚌会战

　　淮海战役（国民党方面称之为徐蚌会战）自始至终由蒋介石亲自指挥，最能体现蒋介石的军事思想和指挥才能。

　　战役开始之前，蒋介石根据中共中原野战军主力东移河南禹县的情报，判断中共的战略目标是：林彪的东北野战军挥师南下，牵制华北傅作义，刘伯承的华中野战军自河南东进，协同陈毅的华东野战军，与蒋军展开中原决战，窥伺徐州、蚌埠，夺取津浦铁路，并威胁南京。

　　蒋介石深知，此战非同小可，胜则局面尚有可为，甚至扭转整个战局；败则一泻千里，"划江而治"都有问题。为免临阵仓促，蒋介石于 1948 年11 月令国防部部长何应钦草拟作战方案，以为未雨绸缪之计。

傅作义

　　11 月 22 日，何应钦的作战方案出笼。其设想是：此次会战由徐州"剿总"（主任为刘峙）和华中"剿总"（主任为白崇禧）共同担任，白崇禧任总指挥；战略方针是，放弃中小城镇，收缩战线，集中兵力。

　　方案于 23 日由国防部第三厅厅长郭汝瑰呈交蒋介石。蒋认为与自己的战略意图相符，表示可以照案执行。国防部遂于次日下达作战命令：

命令原文为：

（1）徐州方面

① 应对陈毅部取攻势防御，逐次消耗共军，并巩固徐州附近地区而确保之；

② 第七（黄伯韬）、十三（李弥）两兵团分别控制于阿湖、新安镇、八义集各地附近机动，截击南窜之共军，应援东海方面之战斗；

③ 第二兵团（邱清泉）应机动控制于砀山附近，依情况协同黄维兵团夹击出于黄泛区之刘伯承部；

④ 第三绥靖区（冯治安）应以主力控制于运河以西地区台（儿庄）、枣（庄）支线，担任守备；

⑤ 第十六兵团（孙元良）当刘伯承主力向黄泛区"窜犯"时，向缩县、蒙城各附近转移，尔后控制于蚌埠机动；

⑥ 第四绥靖区（刘汝明）应以主力守备商丘，一部掩护陇海铁路东段交通（商丘至徐州段）；

⑦ 徐州"剿总"应加强徐州、蚌埠、淮阴防御工事，务期坚固、完备，以形成机动兵团之核心，并预为因陈毅部之南窜可能引起的各种应战作准备。

（2）华中方面

第十二兵团（黄维）并指挥第二军、十五军，应寻刘（伯承）、陈（赓）等主力进剿，如刘伯承主力越过平汉线东窜，即先机推进周家口附近，适时联系邱清泉兵团夹击而歼灭之。

（3）会战由白崇禧统一指挥

众将领领命后，星夜兼程，赶赴指定地点。

25日，黄伯韬第七兵团到达新安镇。

26日，李弥第十三兵团到达八义集。

28日，邱清泉第二兵团到达砀山、黄口。

……

就在这个节骨眼上，白崇禧却临阵变卦，甩手不干了！

据郭汝瑰1985年回忆：

"10月3日，白崇禧由汉口来到南京。当日下午5时，国防部开会讨论中原作战问题，白崇禧高高兴兴地参加，满口同意以第十二兵团转用于阜阳、上蔡、大和地区，他还自动提议以第三兵团（即原来淦的第三纵队，辖第七、四十八两个军）随第十二兵团进出阜阳和太和附近。

"但31日上午10时再次开会时，白崇禧突然变更主张，坚决不肯统一指挥徐州和华中两剿总。他说：'你们要我统一指挥，无非是为了调动十二兵团嘛！你们把十二兵团调去就是。不过第二军、第十五军在形势上不便归十二兵团序列，只能以第十四军熊绶春部、八十五军吴绍周部归十二兵团。'"

第十二兵团以第二军、第十五军战斗力最强，白崇禧却要留下，换上老弱病残的第十四军、第八十五军充数。战未接阵先乱，不妙！

白崇禧为什么一夜之间忽然变卦？令人费解。按说，统一指挥两个"剿总"，是这位自视甚高、有"小诸葛"之称的桂军首脑梦寐以求的。此次出任总指挥，出于何应钦的推荐，白何私交甚笃，照理白不应辜负何。

原来，就在30日晚，李宗仁秘密会见了白崇禧，二人密谋趁机拆蒋介石的台，逼蒋下野！

蒋介石何等聪明，自然能一眼看穿桂系的花招。"仗一定要打赢，不能让李、白看笑话！"他恨恨地对左右说。

常言道：打仗即是打将。能否择将得人，是胜负的关键。

但是，徐州"剿总"总指挥刘峙却是个草包，除了肯听话一点外，百无一长。

蒋介石自忖刘峙不是刘伯承的对手，立即加派杜聿明为徐州"剿总"副总指挥，前往徐州，全权负责前方指挥。蒋本人亦于31日晚匆匆由北平飞回南京，坐镇京师，静观战局发展，随时准备亲赴徐州，面授破敌机宜。

及至11月4日，蒋介石探得前方情报：刘（伯承）陈（毅）大军约70万之众，正浩荡东进，但主攻方向不明。

战斗迫在眉睫，蒋介石急召顾祝同、郭汝瑰等，研究应战方案。

"十二兵团加入徐州剿总序列后，我方在陇海路东线共有80万大军，敌我对比，我稍占优。"顾祝同道。

"目前我军态势，80万大军沿陇海线一字排开，东起海州（今连云港），西至商丘，首尾遥望千余里，犹如一条长龙。若共军集其主力攻其一点，或击龙腰，或割龙尾，一攻即破，势必阵法大乱。"郭汝瑰道。

"郭厅长言之有理，"蒋介石道，"墨三（顾祝同，字墨三）立即飞往徐州，通知刘总指挥，立即放弃商丘等中小城镇，继续收缩战线，将徐州'剿总'所辖五个兵团，集中于徐（州）、蚌（埠）一带、沿津浦线两侧。"

6日，蒋介石正式下达作战命令：

① 徐州守备部队应切实加强工事，坚固守备；

② 第七兵团黄伯韬部应确保运河西岸，与第一绥靖区、第三绥靖区密切联系，并在运河以西地区清剿；

③ 第二兵团邱清泉部以永城、砀山地区为集结中心，并在附近清剿；

④ 第十三兵团李弥部应集结于灵璧、泗县地区机动，并在附近清剿；

⑤ 第十六兵团孙元良部以蒙城为中心，进行清剿，掩护津浦路之安全；

⑥ 第四绥靖区刘汝明部移驻临淮关，以第八绥靖区辖地为辖区，原第八绥靖区着即撤销；

⑦ 第九绥靖区之第四十四军归黄伯韬指挥，立即由陆路撤往运河以西，与第七兵团会合，第九绥靖区各级官长到徐州待命；

⑧ 淮阴守备由第四军担任。

透过这道作战命令，不难看出蒋介石的战略意图：用少数部队固守徐州，卡住陇海铁路咽喉，阻止刘伯承利用陇海铁路东西调动军队，延缓其攻击速度，这是其一；其二，所有主力部队（共五个兵团）悉数集中于徐州、蚌埠之间，机动配备，无论刘伯承从平汉路东进，还是经苏北南下，都可以利用津浦铁路，迅速调集部队，集中五个兵团迎击，寻求局部优势。

从战略原则看（不是站在蒋介石的立场上），这个方案是对头的。因为在不明白敌军进攻意图的情况下，交战地点无法确定，难作有针对性布阵，只好本着灵活机动的原则，机动布置，并牢牢卡住行军路线——津浦路，随时集中使用武力。

对照上月 24 日下达的第一个方案，优劣不言自明。

问题是，前方部队能否按期到达指定地点，完成这个方案？

刘伯承会让你从容布阵吗？

解放军不等你拉开架式就抢先进攻怎么办？

说到底，一切取决于时间、速度。时间就是胜负。

可是，太晚了！

刘伯承侦知蒋军意图，立即集中主力击其弱点，目标直指黄伯韬兵团。

8 日，即蒋介石着手布置计划的第三天，当黄伯韬刚刚与第四十四军会合、准备撤往运河西岸的关键时刻，刘伯承亲率 30 万大军，直扑而来，运河两岸顿时枪声剧作，硝烟滚滚。

惊慌失措的黄伯韬做梦也没想到刘伯承来得这样快，遂一面以少量部队在运河站附近设法阻击，一面令大部队迅速渡河。

时值初冬，河水尚深，徒涉几不可能，而河面仅有一座残破不堪的陈年老桥。黄兵团十几万大军挤在一堆，争先恐后地上桥西逃，秩序既乱，速度亦慢。黄伯韬见桥窄人多，乃令第六十三军奔赴窑湾渡河。延至 9 日深夜，兵团部、第二十五军、第四十四军、第六十四军、第一零零军才相继渡过运河，退到碾庄附近。而第六十三军却在窑湾遭到围攻，全军覆没，无一生还。

到达碾庄，惊惶未定的黄伯韬忽然接到蒋介石的电报：

碾庄黄司令官鉴：密。极机密。第三绥靖区张克侠、何基沣叛国投共。可恨！8 日，匪华东军粟裕亲领一、四纵队由万年闸渡河，似有侧击弟部后背企图。中正。

9 日深夜，粟裕的两个纵队占领碾庄西侧的大许家、曹八集，刘伯承率领 30 万大军正全速渡河，黄伯韬顿感两面受攻，腹背皆敌，遂令在碾庄附近占领一个长宽不到 10 公里的环形地带，固守待援。

黄伯韬兵团被围，蒋介石集中使用五个兵团的战略部署宣告破产。此时，徐州"剿总"各部队的位置为：第十六兵团孙元良部在宿县；第十二兵团黄维部已到汝南埠，并继续东进；第二兵团邱清泉部、第十三兵团李弥部已放弃曹八集，向薛家湖退却。没有一个兵团处于本月 6 日下达的作战计划中规定的位置。

这样，蒋介石不得不调整布置。

11 月 10 日，蒋介石致电刘峙，下达作战令：

电报代号：戌灰防挥督电

① 应本内线作战之原则，集中全力以求运河以西、徐州以东之共军而歼灭之。为求决定性之胜利，宜尽百般之手段，迟滞阻击由西东窜之共军之第三、第八、第十三各纵队越过津浦南段参加其主力军之作战。

② 黄伯韬兵团之六十三军（实际上已于该晚被歼灭 —— 作者注）应在原位置固守待援，其余各军不应再向后撤，尤应协同邱清泉兵团夹击运河以西徐州以东之共军。

③ 李弥兵团应抽一个军参加攻击。

④ 邱兵团应以主力转用于徐州以东，协同黄兵团作战。

⑤ 徐州守备部队应坚工固守，支持各方面之攻击，形成战场上之坚固支

撑点，以利决战。

⑥ 孙元良兵团应即推进至夹沟、符离集地区，阻击共军第三、八、十三各纵队之东窜，并维护交通。

⑦ 刘汝明部即集结于固镇、宿县，维护铁路交通，并清剿铁路两侧共军。

可见，蒋介石仍希望五个兵团协同作战，径解黄伯韬之围，并伺机反包围解放军。其重点在歼灭解放军有生力量，不在乎一城一地的得失。

但是，徐州"剿总"总指挥刘峙却主张坚守徐州，保地不保兵。当日晚10时，刘峙致电蒋介石称：

"徐州以西之共军尚有强大力量，企图为牵制邱兵团，策应徐州以东兵团之作战。我军作战基本方针，应采取攻势防御，先巩固徐州，以有力部队行有限目标之攻击，策应黄伯韬兵团作战，俾争取时间，然后集结兵力，击破一面之共军。"

蒋介石吃过"丢人保地"的大亏，当然不肯再蹈覆辙，遂立即复电批驳：

"所呈之作战方针，过于消极，务宜遵照'戌灰防挥督电'所示方针，集中全力击破运河以西之共军，以免第七兵团先被击破。"

从军事原则的角度考虑，蒋介石的作战方针实高刘峙一筹。黄伯韬被围，五个兵团只剩四个可以随时调动，当务之急当然是救出黄兵团，保存有生力量。否则，若四个兵团坐视黄兵团不顾，悉数龟守徐州，则黄兵团迟早都要完蛋。一旦刘伯承收拾了黄伯韬，解除了后顾之忧，立即就会挥师西进，围困徐州。到时候，徐州势必成为碾庄第二。

刘峙如此无能，蒋介石十分懊丧，并电告徐州"剿总"，嗣后由杜聿明全权指挥。

杜聿明领命，立即遣李弥率第八军、第九军，邱清泉率第五军、第七十军、七十四军迅速东进，援助黄伯韬。

刘伯承侦知邱、李兵团滚滚而来，意在协同黄伯韬反包围围攻碾庄的解放军，立即遣陈赓率第七、第十两个纵队设法阻击，并猛攻碾庄，以求早日解决黄伯韬。

刘伯承西阻东围的"背靠背"阵法立即奏效。杜聿明派出的援军每日只能前进几公里，眼巴巴看着黄伯韬陷入孤军作战。

14日晨，刘伯承又调几个纵队猛攻宿县。宿县为徐州、蚌埠之间的咽喉，宿县一失，津浦铁路即被切断，到时候不但黄伯韬救不成，邱清泉、李弥亦有腹背受敌的可能。

这一招击中了蒋介石的要害。为保住宿县，他只好派李延年率第三十九军、第九十九军（合组为第六兵团）由固镇出发，北上解围。

16日晚，解放军攻下宿县。邱、李兵团随时有后路被断的危险。

黄伯韬固然要救，宿县更不能丢！蒋介石的"戌灰防挥督电"作战方案又成一张废纸，沮丧、愤怒、不安、惊恐一齐向他袭来。"箭在弦上，不得不发"，不愿意拆散仅有的四个兵团也不行了。

18日，蒋介石令第十二兵团黄维部（已于16日到达阜阳）向宿县挺进，协同第六兵团李延年部攻城。

邱、李援军不继，黄维、李延年另有任务，不能参加"救黄（伯韬）行动"，碾庄方面的第七兵团更加岌岌可危。

19日晚，大牙庄、小牙庄被解放军攻占，黄伯韬的兵团部退往大院上，十几万大军龟缩在八个小村庄，随时都有全军覆没的危险。

22日，解放军又攻占碾庄、大院上、小院上，黄伯韬被迫退往大许家，只剩下四个小据点了，而此时，邱、李兵团却仍被阻滞在运河两岸。

奄奄一息的黄伯韬兵团和步履维艰的邱、李兵团已没有可能完成"打破包围、实行反包围"的战略设想，在无可奈何的哀叹声中，蒋介石下令黄伯韬突围。

刘伯承岂肯放走瓮中之鳖？蒋介石突围令下达之前，解放军虽攻得很猛，但主要是稳中带猛，并非毫无顾忌。一旦发现黄兵团有逃跑的企图，刘伯承立即下令前阻后追，放开手脚痛打。且黄兵团被困半月有余，食不果腹，累日作战，官兵早已成强弩之末，惊弓之鸟，焉能突破士气高昂、数倍于己的解放军的重重包围？故突围令不过是催命符的代称罢了。

是夜，黄伯韬令所部放弃仅有的四个据点，由小费庄向西突围。刘伯承闻讯，一面令一个纵队奔赴陈家楼截击，自己则亲率两个纵队随后追击，仅几个钟头，就将黄兵团消灭殆尽，漏网之鱼寥寥可数。

23日清晨，当小西庄、陈西楼一带的百姓晨起务农时，展现在他们面前的是数万具横七竖八、血肉模糊的尸体，场面凄惨恐怖，不忍直视。

黄伯韬本人亦因突围不成，羞愤自杀。据杨廷宴（时任黄兵团第二十五军副军长）回忆：

"22日晚下达突围命令后，部队秩序很差，不久即被共军冲垮。天明后，走到一家茅屋时，只剩下我和他（指黄伯韬）了。这时候，他感到万念俱灰，决心自杀。临行之前，他说：'我有三不解，第一，我为什么那么傻，要在新安镇等候四十四军两天之久；第二，我在新安镇等了两天之久，为什么不知道派工兵在运河上架设军桥；第三，李弥兵团既然以后要向东进攻援救我，为什么当初不在曹八集附近掩护和西撤？'

"他自杀后，我伤心痛哭，这时，来了一个解放军战士，我诳他说：'他是我的哥哥，我母亲叫我来探看他，他死了，我怎么回去向母亲说呢？'这个解放军战士同情我，还帮助我把黄埋了，让我走了。"

黄伯韬兵团覆灭后，国防部建议放弃徐州，退守淮河。蒋介石也认为放弃徐州势在必行，但他又强调，要退守淮河，首须打通徐蚌线，因为只有徐蚌交通打通后，才能决定徐州守军主力如何转移，而要打通徐蚌交通，首须明了徐州东边敌情，才能下命令。这是23日的事。

24日，李延年来电称，解放军五万余人本日由大李集向宿县、任桥、固镇方向急进，第六兵团后背压力很大。

为免李延年兵团被分割包围，成为黄伯韬第二，蒋介石急令黄维率第十二兵团由南平集沿浍河右岸向蕲县集以东地区转移，向李兵团靠拢。

孰料刘伯承意不在李，当黄维兵团 26 日行至南平集东南之双堆集时，两支解放军自蕲县集、卢沟集方面杀出，迅速将黄兵团包围。

此时，李延年兵团已行至龙王庙、西寺波，陈毅的华东野战军正由徐州东部地区滚滚南下，李兵团侧背十分危险，根本不敢继续向黄兵团靠拢，遂沿懈河后撤。这样，黄兵团更加孤立。

蒋介石得知黄维兵团在双堆集被围后，初以为该兵团能够支撑一段时间，甚至有能力打破包围。及至 28 日，黄维来电称，解放军炮火十分猛烈，共军数倍于守军，突围几乎不可能。这才感到事态非常严重。

忧心忡忡之余，蒋介石给黄维、李延年各发一份电令，要黄迅速扩大防守区域，修筑工事，固守待援，李停止后撤，沿濉河布防，伺机策应黄兵团。

当日上午，蒋又急召杜聿明来京，与国防部共商解救黄兵团机宜。

会议在国防部地图室举行，与会者何应钦、顾祝同、刘斐、郭汝瑰、赖成梁等。

"黄伯韬兵团已溃灭，李延年兵团自顾不暇，可用之兵仅徐州守军各兵团，放弃徐州，解救黄维兵团，势在必行。"蒋介石道。

"徐州各兵团（孙元良兵团、李弥兵团、邱清泉兵团）已沿津浦路正面攻击前进，但进展甚微。目前共军已完成几道预备阵地，如果继续正面进攻，不过徒增伤亡，无法达到与黄维兵团会师的目的。"杜聿明道。

"那么，由左翼或右翼包抄怎么样？"有人提议。

"看样子，也不会有效，首先应补足粮弹再说。"杜聿明答道。

"那你说应该怎样进攻？"蒋介石发急了。

"最好以主力由双沟镇经泗阳直趋五河，然后与李延年兵团会师北进，以解黄维兵团之围。"杜聿明道。

"纸上谈兵，这个方案可以成立。但各兵团能否胜任，不可不察。"蒋介石有点担心。

"就地形而言，泗阳一带，港汊纵横，对大兵团行军，十分不利。倘共军侦知我方意图，派几个纵队侧击，徐州主力势必如陷入泥潭，不能自拔，前进后退皆不可能。廖耀湘兵团被困死在辽西走廊，可为殷鉴。"刘斐、顾祝同不同意杜聿明的方案。

令人吃惊的是，面对众人的责难，杜聿明竟笑而不答。俄顷，杜神秘地邀蒋进入地图室右侧的小房间，意在密谈。

大约20分钟光景，杜、蒋回到地图室。蒋道：

"大家还有什么好方案？"

众人面面相觑，一言不发。

"散会！"

当日晚，杜聿明飞返徐州。

12月1日，国防部侦知，徐州守军15万之众空城而出。顾祝同等方知杜、蒋二人密谋的结果是：徐州兵团经萧县南撤。

2日，据空军探报：杜部已到青龙集、瓦子口，行军路线，颇可怀疑，似有弃黄（维）、李（延年）兵团不顾单独南逃的企图。

同日，蚌埠来电：刘伯承抽调两个纵队，急奔马庄、永城，意在截击杜部南撤；黄兵团压力已轻。

蒋介石认为机不可失，应乘刘伯承分兵之际，先期进占永城，集中有力部队围歼刘部先头部队，攻其必救，既可缓解黄兵团压力，亦可歼敌有生力量。遂派空军空投一封亲笔信给杜聿明，信谓：

"应速决心于两日内立即解决濉溪口、马庄一带敌部（据报不足四万人），此为各个击破唯一良机。如再迟延，则各方之敌必于三日后麇集弟部周围，又处被动矣。此机万不可失，切勿再作避战迂回之图。弟南下25万众，皆聚集在吴集周围地区，此最不利，应即分路前进，向敌出击，否则，臃肿滞延，又将坐待被围矣。如欲先占永城，牵制敌之主力，可派有力部队进占，切不可全部进取。据报，马庄敌之先头部队，今晚似可先我进占永城，则我军又落后矣。若再以主力攻城，是最不上算。此时应以决心觅敌之主力而歼灭之为唯一急务。"

然而，蒋介石的愿望又一次落空了。

3日，解放军占领永城，而此时，杜聿明部尚在永城东北八公里以外。4日，陈赓率华东野战军浩浩南下，迅速将杜聿明部包围于陈官庄、青龙集、洪河集、李石林一带。

杜聿明为什么会遭被困厄运？

问题出在一个"慢"字上。

杜部南下时，中高级将领甚至下层军官均携家带眷，阔太太、娇小姐随军，加上机械化部队与徒步部队未能协调一致，是慢的根源。古语云兵贵神速，杜部放弃徐州，意在奔解双堆集黄兵团之围，理应轻装急进，迅速秘密，使解放军发觉迟，来不及阻挡，或是仓促阻挡也挡不住为好，怎能携带大批辎重及与作战无关的眷属？历史上清军围攻天京，李秀成自杭州回解天京之围，就是因为轻装急进、没有拖累，才能甩掉清军，远程奔袭的。

杜聿明部被围后，蒋介石手中已无机动兵力，只希望杜部各兵团三面掩护，一面进攻，逐次跃进，以与黄维兵团会师，并令李延年兵团由新桥、曹老集向双堆集靠近。

刘伯承的策略是，阻一围二。即：阻击李延年向双堆集靠近，围攻杜聿明、黄维，使三处敌军都孤军作战，以便各个击破。

6日，解放军由东、北两面进攻黄兵团第十四军阵地，该军苦撑两日，不支瓦解。至此，黄兵团仅剩下第十军、第十八军及第八十五军共三个军了，更加岌岌可危。8日晚，黄维遣胡琏（黄兵团司令官）自双堆集飞往南京，请求突围。蒋介石起初还有点犹豫，后考虑到第十八军及第十军是自己亲手组建的"党国中坚"，与其坐以待毙，不如誓死突围，或许尚有成功的可能，遂令胡琏连夜飞回双堆集，要黄维毅然突围。14日晚，黄兵团兵分五路突围，结果又重蹈黄伯韬覆辙，三个军仅千余人侥幸逃脱，其余全部被歼。

黄维兵团覆灭后，围攻黄兵团的解放军立即加入攻打杜聿明的战斗。是时，李延年兵团已奉命撤往淮南，掩护汤恩伯部构筑长江防线。放眼淮北战场，只剩下杜聿明独战刘、陈、邓、粟了。

蒋介石自忖杜部久拖必垮，只有突围一法。

怎样突围？

徐州"剿总"所辖各兵团已损失殆尽，华北"剿总"也自顾不暇，华中"剿总"倒是眼下无战事，但白崇禧又不肯"借兵"（蒋介石曾令白崇禧调兵解救本部，但白坚决反对，并以辞职相威胁）！

没有援军策应的突围等于赌博！

不赌也得赌，否则也是等死。

18日，蒋介石致电杜聿明，大叹苦经之后，甩给杜八个字："击溃当面之敌南下。"

"击溃当面之敌？"痴人说梦而已。如果杜聿明部有力量击溃当面之敌，当初就不会被包围了。而今围攻杜部的解放军几倍于当初，轮番上阵，此起彼伏，怎能被"击溃"？

1月10日，杜聿明部在苦撑了20多天后，全部被歼，无一漏网。杜本人亦被俘。

纵观淮海战役的历程，战役开始前，蒋介石已估计到刘伯承会采用分割包围、各个击破的战术，并始终想把分散隔离的兵力集结起来，形成有力的打击力量（即五个兵团一齐使用），而刘伯承则抢在蒋的五个兵团到达指定地点、摆好阵式之前发动进攻，先包围黄伯韬，再包围黄维、杜聿明，使蒋的作战方案落空，最终赢得了整个战役。撇开政治（如人心背向、阶级背景）因素不谈，仅就军事的角度而言，蒋介石不是输在战略上，而是输在速度上。假使蒋介石的作战方案提前几天下达，或是刘伯承推迟进攻日期，胜败姑且不论，华中蒋军至少不会如此被动，始终被牵着鼻子转。

权术篇

臣有臣礼，君有君策。中国古代有一门备受封建帝王重视的学问，那就是帝王术。

帝王术不是治国之道，因为它不讲求国计民生、防敌御侮、教化百姓，那些事自有文武百臣去做。汉高祖刘邦曾有言，他用智谋靠的是张良，打仗靠的是韩信，生产安民靠的是萧何。他的分内事就是驾驭这些人才为他效力。所谓"下君尽己之能，中君尽人之力，上君尽人之智"① 就是这个意思。因此，帝王术的主要内容实际上就是研究如何扬君王之威、求驭下之策的权术。

追根溯源，中国帝王术理论的创立和研究的集大成者大概要算战国末期的韩非了。他创立了以法、术、势为中

① 韩非：《八经》。

心的法家体系，特别强调君主必须讲求驭下之术，"使天下不得不为己亲，天下不得不为己听"。

蒋介石虽然自称是儒家道统的继承者，但对那些凡是有利于他的统治的理论学说一概来之不拒，即使是与儒家思想相对立的法家学说也不例外，因此有人评论他"外儒内法"。这种情况在历史上也有先例，如汉武帝也是满口仁义，"独尊儒术"的局面就是在他统治期间形成的。但对照他的所作所为，却有许多是与儒家思想背道而驰的，因此也有人评论他"外仁义而内多欲"。从历史上看，王道、霸术历来是统治者不肯偏废的。

蒋介石十分喜爱读《韩非子》，早在西安事变前，张学良就批评过他这一点。纵观蒋介石一生，确实，他对帝王术的揣摩已达到运用之妙存乎一心的纯熟境界。

1. 深藏不露　天威难测

韩非有文日《三守》，何谓"三守"？即是指君主必须掌握的三条原则，其中第一条就是要心藏不露，使臣下猜不透你想什么、干什么，以杜阿谀之念，生戒己之心。

蒋介石对此条完全心领神会，遇事三缄其口，从不轻率发言，有人曾拿汪精卫、胡汉民与之比较。与胡汉民谈话，是他讲，你不讲，胡汉民滔滔不绝根本不容你置喙；与汪精卫谈话，是他讲一半你讲一半，汪精卫和蔼可亲，让你有如沐春风之感；与蒋介石谈话，则是你讲他不讲，蒋介石仔细倾听不置一词，让你感到莫测高深。三者相比，胡汉民更见直率，汪精卫则含虚伪，蒋介石就愈显得城府颇深。

有一件事很能说明问题。1946 年 9 月，三民主义青年团在庐山召开第二次全国代表大会，三青团与国民党的关系问题是这次大会激烈争辩的主题，一些代表，尤其是学生和地方团部的代表，鼓吹党团完全分开，并主张把三青团建成一个独立的政党，并以团代党，达到取而代之的目的。

蒋介石成立三青团，是有其原因的。三青团成立于抗战初期，由于国民党的腐败使得蒋介石感到失望和愤怒，因此他寄希望这个组织的建立可以形成这样一个工作关系，能使所有抗战支持者放下分歧，特别是能够把对国民党非常反感的全国青年吸引过来。另外，随着蒋经国插手团的工作，蒋介石就更希望三青团能够发展壮大，成为"太子"崛起的政治资本。

正是基于蒋介石的上述认识，庐山大会的一些代表才敢放言无忌，大肆攻击国民党腐败无能，他们认为在这一历史关键时刻，国家需要一种充满生气的新力量取代日趋没落腐朽的国民党。

大会期间，蒋介石偕夫人宋美龄参加了多次会议的讨论，额首聆听。虽不置一词，却满脸和悦，给你鼓励却没有承诺，使你根本无法猜出其更深的内容。

但是，这些代表却利令智昏，把蒋介石的和颜悦色误以为是默许鼓励，变本加厉地攻击国民党，鼓吹以团代党。会议的最后一天，一位四川来的代表，见蒋亲临会场，更是兴奋异常，大声疾呼要立即组织新党，并历陈国民党的腐败无能。这位代表的慷慨之论博得阵阵掌声，他自以为必将得到蒋之欣赏。

事情发展到这一地步，需要蒋介石拍板了。谁知蒋介石的发言却大出人们意料之外，他首先将这位代表骂个狗血喷头，声色俱厉地训斥道：这位代表的发言是谬之又谬，而组织新党则是根本不可能的。

蒋介石这番公开表态是与会代表所想不到的。因为此时蒋已接受了 CC 派的"谏言"，如果另组新党，蒋介石兼跨两党领袖，那么两党互相攻击时，蒋又如何自处？另外，蒋介石为培植蒋经国已想好了办法，第二年，他就将三青团合并于国民党，根据党团合并有关条文规定，团中央委员即为党中央委员，这样蒋经国也就顺理成章地进入国民党核心集团，完成了子承父业的一个重大步骤。蒋介石纵容三青团攻击国民党，是要让把持党务的陈立夫、陈果夫心生敬畏；而最终取消三青团，则又是为蒋经国晋升铺平道路。这番用心隐藏之深，令人叹为观止。

只有深藏不露，才能产生不测之威的效果，蒋介石对何应钦就曾施展过这一招术，迫使何应钦不敢再生妄动之心。

何应钦，字敬之，生于 1889 年，他的一生荣辱几乎与蒋介石连在一起，两人合作从黄埔军校时算起，历经南京、重庆、台湾等各个历史时期，长达50 余年，是蒋介石最得力的大将之一。何应钦 90 岁大寿时，国民党元老谷正纲借用《易经》上"云从龙，风从虎"典故形容蒋何关系，甚至还把蒋比作齐桓公、周武王，而何则是管仲、太公。可见何应钦在国民党内地位之尊。

何应钦位尊而权大，他曾任黄埔军校总教官，是黄埔系中仅次于蒋介石的人物，门生故吏满天下，刘峙、顾祝同、钱大钧、关麟征、杜聿明、汤恩伯、胡宗南这些显赫一时的风云人物，或是何派囊中人物，或与何派有所渊源，他们共同构成了蒋介石嫡系的中坚力量。

正因为位尊权大，自己也挟功自傲，何应钦不免对蒋产生取而代之之心。1927年，当桂系逼宫、迫蒋下野时，何应钦采取了默认的态度。这件事给蒋的印象和刺激甚深，因为当时何应钦只要表示挽留，他

何应钦

蒋介石何至于如此狼狈。因此，他重新上台后第一件事，就是免去何应钦第一路军总指挥职务，并从此以后再也没有把黄埔军的指挥权交给何应钦。

遭此打击后，何应钦在一段时间内尚循规蹈矩、兢兢业业为蒋效力。随着西安事变的爆发，蒋介石被扣，何应钦又野心复萌。西安事变爆发的当日下午，在南京的一些国民党中央大员就集会于何应钦家中，正是在这次集会中，何应钦定下讨伐的基调。

说何应钦有取蒋代之的野心不是空穴来风，这段时期，他活动频繁，一方面电促在意大利养病的汪精卫迅速回国，并与王伯群拟定了"统一党国、革新政治"的方案，准备推举汪为国民党总裁，自己任军事委员会委员长，还提出了各院院长人选；另一方面，他积极寻求外界支持，西安事变后第三天，就密派他的兄弟何辑五飞抵西南找刘湘、龙云，以图壮大声势。他还准备以讨伐为名派飞机轰炸西安，将蒋介石生死置之度外。

　　何应钦的这些举动引起宋氏兄妹反感，他们已经看出这里面有"戏"。因此，西安事变和平解决后，蒋介石的心里已盘算起该如何教训何应钦。

　　西安事变后，蒋介石表面上不动声色，继续与何合作，一副将帅和睦的模样。日本投降以前，美国总统罗斯福派居里为代表到重庆询蒋未来的继承人，蒋以体力还健，尚未考虑为答。而罗斯福再令居里作第二次追问时，蒋竟答应将以何应钦继之。蒋介石这番话实令何欣喜不已，自以为重邀圣宠。

　　就在这一派雨霁天朗的气氛中，蒋介石突然发难。事情的起因极小，有人向蒋报告有人虐待新兵，这本来在国民党军队中屡见不鲜，但蒋介石这一次却借题发挥。其原因就是兵役工作归军政部兵役署管，而何应钦恰是军政部部长。蒋介石先是把兵役署长程泽润招来，程泽润是何应钦的亲信，号称军政部四员大将之一，这天正是他50岁寿辰，家中宾客满座，席间觥筹交错，突蒙委员长召见，自然感到十分扫兴。

　　程泽润更没想到，他始到蒋介石面前，就遭蒋之责骂与痛打，蒋介石挥舞手杖，如疯如狂，何应钦一旁尴尬而立，窘迫之至。

　　蒋介石的雷霆之怒并未因痛打程泽润有所缓和，随即当着何应钦的面将程抓了起来，接着又下令把军政部的军务、军需、军械、交辎等司、署的头头全部撤换，把何应钦这个部长架空了。与新兵被虐事件有关的团长、营长、连长、排长、班长一律枪决。堂堂兵役署署长程泽润最终也未逃此噩运，竟为此当时司空见惯之区区小事而人头落地。

　　蒋介石这次在内部大开杀戒，很有一股震慑力量。在丧师失地者比比皆是、贪赃枉法者大案累累的情况下，蒋介石竟以此小事为开刀处，真是天威难测。至此，何应钦不能不知趣，赶快腾出军政部部长职位，将自己的爪牙锋芒好好收敛起来，终其一生，再未见有逆上之举了。

2. 大权包揽　朝纲独断

韩非所重视的"三守"，除心藏不露外，还有独自决断、独揽权局，对这两条蒋氏可说是心有灵犀，无师自通。他出道伊始，就在权力场上摸滚摔打，深谙个中三昧。

蒋介石是个领袖欲极强的人，少年时他就坚信"天将降大任于斯人矣"。他宁为鸡首，不为牛尾，跟随孙中山时，他难与任何人合作，做许崇智副手时，他与许闹得不欢而散，随孙中山做事，他也曾数度撂挑子。中心一个问题，就是嫌权力小。到了南京国民政府时期，他更是集大权于一身，先后担任过国府主席、行政院院长、国民党总裁、军事委员会委员长、总统等。当他担任某一项职务或兼数项要职时，他就要求制定法律，赋予其隆重的地位和职权。如果其他人担任同项职务，他又会要求重新制定法律，缩小其职权。如蒋在大陆三度出任国府主席、总统府总统达18年，此时期无论名义还是实际权力，都具有至上的地位。而胡汉民、谭延闿、林森担任国府主席时却无甚权力，李宗仁代理总统时权力更加微弱，甚至个人安全都受到特务的威胁。再如将做行政院院长时，行政院会议就是国务会议；而汪精卫为行政院院长时，行政院仅为蒋介石辖下一个部门而已，汪精卫则几成蒋的幕僚，两者的威风不可同日而语。下面以这段蒋汪合作时期双方争夺权力为例，一睹蒋介石如何抓权弄术、玩汪精卫于股掌之上。

蒋汪矛盾始于"中山舰事件"，在这次事件中，蒋介石既打击了共产党，又打击了汪精卫。汪精卫在感到威信受损后，愤然隐退，出走法国。蒋介石逼走汪精卫后，出任国民党中常会主席、组织部部长、军人部部长、国府军

汪精卫

事委员会主席等要职，独揽了党政军大权。此时蒋汪之间力量的对比发生了关键性的变化。

在纵横捭阖的权力斗争中，汪精卫深知自己不直接掌握军事力量之短，便充分利用自己在国民党内的地位和资历之长，打出"党统"招牌，以充争权之资本。

但是，在蒋汪一系列较量中，汪精卫技不如人，屡遭败绩。直至1931年广州"非常会议"期间，蒋介石为打击胡汉民，遂向汪精卫摇动橄榄枝，汪也趁势对蒋的拉拢将计就计，企图利用蒋介石，先与之合作，再徐图最高权力。1932年初，蒋汪联袂入京执政，汪精卫任政治会议主席、行政院院长，主管政务；蒋介石任军事委员会委员长，掌管军事。从此，双方进行了长达七年的合作。

这次合作的前景明眼人早看出黯淡和不妙，汪派重要人物陈公博认为汪精卫进南京与蒋共事，实际上替自己掘下一个大陷阱，他分析说：

"汪蒋之无法合作，实在有种种原因。第一，他们两个人个性本来就不同，一个爱说话，一个爱缄默；一个感应很快，一个城府很深。两个人虽然共负大责，而蒋先生对于一切机密都不愿竭诚讨论。国家大事本来应该和衷共济的；什么才是和衷，基本条件当然是坦白，今既不能坦白，衷又由哪里和起，济又由哪里共起？第二，他们两位先生表面虽然客客气气，而暗中还在争领袖。在汪先生方面，以为他在党国，有历史，有地位，有勋劳，除了孙先生之外，他不作第二人想。不过他老先生是谦抑为怀的，他不愿当正式的领袖，不愿大张旗鼓地做党的总理和总裁。不过他自己虽然不愿做正式的领袖，同时他也不愿他人做正式的领袖。至蒋先生方面就不然了，他出身是军人，对于名位很是看重，他不但要做实际的领袖，还要做名义的领袖，一天没有达到登其大宝的愿望，他到底不甘心。"①

诚如陈公博分析所言，汪精卫虽有领袖欲，却犹抱琵琶半遮面，不脱酸腐之气。而蒋介石却是卧榻之侧岂容他人鼾睡，对汪精卫百般掣肘，使汪之权限几乎被剥夺殆尽。陈公博在其回忆录《苦笑录》中将汪掌行政院时之窘迫描写得淋漓尽致。

"一个行政院，也就是一个内阁，它的大作用跳不出军事、财政和外交三者。汪先生初入南京，宋子文劝汪先生不要管军事，他说蒋先生最怕汪先生过问军事，如果汪先生要合作到底最好是不要过问军事。宋子文的说话，自然是受蒋先生的命令来说的，那些说话哪里是劝告简直是警告罢了。汪先生自是对于军事毫不过问，对于蒋先生手下的军队自然不敢问闻，即对他以为是属于自己的第四军，也时刻避嫌，不愿接近。四川的刘文辉本是拥护汪先生的，在汪先生行政院长任内，就为刘湘攻击。刘湘是受蒋先生卵翼的，购买军械和飞机，得蒋先生助力不少。因为四川深处腹地，运送军械要经上海、经南京、经汉口，倘使蒋先生不帮助，随时都可扣留。二刘在四川打起来，中央政府一点也不敢过问，我在中政会议提过几次制裁，可是大家似是莫逆于心，绝对通不过。中央既然不能制裁，中央既然不能讲法律，地方只有实力解决了。因之刘文辉终于失败退了西康，汪先生只好承认事实，徇蒋先生之意，任刘湘做四川省政府的主席。

"财政一项也为宋子文绝对把持，用人是专断的，政策是秘密的，汪先生初到南京，想介绍张有壬做财政次长，子文很干脆地拒绝。财政部所做什么事，行政院再也休想知风声。宋子文这位先生，他把持财政的情形，不独把汪先生挤在门外，蒋先生也有时蒙在鼓里，后来蒋先生再忍不住，压迫他

① 陈公博:《苦笑录》。

辞职，换了一个听话的孔庸之。但孔老先生是只听蒋先生的话，而绝不听汪先生的话。就是法币政策吧，那是国家何等重大的事，连孙哲生也给他秘密通知了，可是对于汪先生就只字不提。提出预算案哪，发行公债哪，增减税率哪，事前绝不讨论，都是临时提出行政院，非立刻通过不行，也非立刻实施不可。宋孔两位亲戚真是萧规曹随，他们的态度，并不是提出议案，而是指挥会议。

"说到外交，汪先生也是难于作主的 …… 汪先生兼了外交部，蒋先生的外交情报还是到不了行政院之门。

"军事、财政、外交三项重大事件到不了行政院，每次行政院开会都讨论琐碎而又琐碎的问题，加之蒋先生又以剿匪为名，请求中央把剿匪区域都划给行营，无论军事、财政、司法，以及地方行政，一概由行营办理。因此行政院更是花落空庭，草长深院了。剿匪区域，不过是一个名称，蒋先生忽而在牯岭召集全国财政会议，忽而召集全国建设会议，高兴起来，打电话叫南京的关系部院参加。或若忘记了，他让有关系的部院在旁边顶着二门打听消息。牯岭是一个很悠闲的避暑地，那时已变成了南京的太上政府，林主席子超先生自然还谨慎地守着国府的大印，而行政院简直是委员长行营的秘书处，不，秘书处也够不上，是秘书处中一个寻常的文书股罢。

"行政院是这样，中央党部汪先生也难得过问，中央党部一个秘书处，一个组织部，一个宣传部，一个民众训练部，汪先生也无从干预。"

汪作为一个政客，手中无军事实力，所能卖弄者，就是所谓在党内的"声望"与"资历"了，如果一旦失去党权，就犹如没有了下赌时的筹码。蒋介石针对此点，密令陈果夫、陈立夫以中央党部名义令各省市党部打击制裁汪派势力，各地党部对汪派人物一律挡驾，甚至派人监视、侦察。在五全大会选举前，浙江省党部可以把改组派的人绑票，等到选举完竣才放出来；山东省党部更是骄横，选举前关了许多改组派分子，直至选举结束后，还有人被囚狱中。在蒋派势力高压下，汪派人物噤若寒蝉，只能充作"羔羊"。有人认为，汪精卫后来投敌叛国，实与长期遭蒋压迫有关。此说虽非精当之论，但也不无关系。

以上陈公博的描述，反映了蒋介石执着的领袖欲，蒋视权如命，寸权不让。从某种程度而言，他简直是个权欲狂。纵观蒋的一生，他本兼各项职务已近百余，不仅党、政、军、国大权一揽无余，即使一些社会组织、基层团体、学校学会，他都要尝一尝龙头老大滋味。一切必须以他为尊，以他为至上，甚至不惜自坏规矩，搅乱关系。例如他组织建立三青团，这本来是一个全国性的青年组织，但蒋介石却以国民党总裁身份兼任三青团团长，从而使该组织借"天子以自重"，导致了党团关系的混乱。

关于党团关系，三青团成立伊始，国民党中常会就连续开会讨论这一问题，并制定了一系列的规定与实施办法，其中明确指出：团应服从党的领导，党应扶助团的发展。[1] 把持国民党党务大权的 CC 头子陈果夫在给三青团中央干部学校讲课时，就经常"以党团关系为题，强调三青团是根据国民党的党章规定设立的，应绝对服从国民党的领导，团员相当于国民党的预备党员"。[2] 根据上述解释，可以说党团关系已十分明确。

但是蒋介石对党团关系的阐述却令人费解，他字斟句酌，表面似乎冠冕堂皇，但实际上字里行间却留有极大的引申发挥的空间。1939 年 3 月，蒋介石在向国民党中央训练团党政班第一期学员发表训词时说：就国民党的系统来说，三青团乃是"本党系统之内的青年组织与集团，是党的新血轮、新细胞，与新的生命力，但青年团必须受党的领导"。可是如果从"整个系统"（即指蒋氏的全部统治——笔者注）来说，党与团之间则只存在着指导关系，而这尚是相互性的，绝不具有"上下统属"的性质。[3] 蒋氏的解释如此含糊，正好被三青团中激烈分子所利用，他们对蒋介石的话进行引申发挥，认为如

---

① 中国第二历史档案馆馆藏档案。

② 《青干班和青干校始末记》，《文史资料选辑》第 74 辑。

③ 中国第二历史档案馆馆藏档案。

果国民党是全国的血脉，而三青团则是新血轮，领导着全国青年，起着继往开来的作用。他们俨然以国民党的未来主人自居，甚而提出党团分立、以团代党的口号。

由此看来，党团关系的混乱与蒋介石不无关系，因为他不希望三青团完全为国民党所控制，成为党的傀儡。在他个人与组织之间的关系上，三青团与国民党略有不同。前者是直接听命于他的，团长为其最高领导，而后者虽以他为总裁，但根据其组织法规定，党的最高权力机关是全国代表大会，大会闭幕期间则由中央执行委员会代行。另外，国民党历史较长，内部派系林立，有以汪精卫为首的改组派（汪投敌后瓦解）、张群的政学系、陈立夫陈果夫的 CC 系等等，远不像指挥三青团那样随心所欲。基于这样的考虑，蒋介石才在解释党团关系问题上态度显得那样隐晦和模棱两可，对于党团的统属问题让人们本着"良知心领神会，而不必以文字来作形式的规定"。[①]使党团互相牵制，共奉他一人为领袖，从而集权力于一身。

蒋介石为使权力不堕，大有事必躬亲之架势。韩非子曾告诫君主，若"恶自治之劳惮，使群臣辐辏之变，因传柄移藉，使杀生之机、夺予之要在大臣，如是者侵"。[②]意思是如果君主厌恶亲理政事的劳苦，使群臣归聚的中心出现变化，从而权柄和势位发生转移，使生杀、赏罚大权被大臣所控制，像这样，君主就要受到侵害。蒋介石牢记这种教训，如对党务，他先是交给丁惟汾，结果丁惟汾借机培植党羽，形成"蒋家天下丁家党之势"。蒋介石立即采取措施，以二陈代丁。后当二陈羽翼稍丰，又培植朱家骅。由于蒋介石对党务工作经常亲自过问，因此一有异动他就能尽早发现，消灭于萌芽之中，终蒋介石一生，党权一直在其手中不堕。

再如军权，蒋介石靠军队起家，自然更加重视，他的嫡系部队曾一

---

① 中国第二历史档案馆馆藏档案。

② 韩非：《三守》。

度交由何应钦率领，但当他对何产生怀疑后，就立即罢其兵权，自己亲领军队。他指挥战役，居然绕过前线指挥官，手令直接下到团一级指挥官，真是到了事无巨细、不惮其劳、事必躬亲的地步。而这一切都是为了防范一条，即大权旁落。此大概为历代君主之心法而为蒋氏所体会至深者。

3. 裁抑权贵　约束亲随

历史上有诸多教训、诸多流血告诫君主，要注意对权贵、亲近之人加强裁抑约束。韩非子也早就指出，爱臣要有度，他警告说："爱臣太亲，必危其身；人臣太贵，必易主位。"①

蒋介石也有国亲贵戚，也有宠臣亲信，但他却非常注意分寸的把握。他可以允许他们聚敛财富，可以允许他们恃主使威，但绝不允许他们专权和犯逆。

宋子文

在国民党上层统治人物者，论其"亲"，论其"贵"，莫若"国舅"宋子文了，他不仅有显赫的社会关系，本人又受过良好的西方教育，长于理财，且讲信义，重然诺，有一定的正义感。从各个方面看，他都理所当然应成为蒋介石的好帮手。

蒋介石也确实对之不薄，宁汉对立时，宋子文心倾汉方；蒋宋联姻时，宋子文最初又起阻挠作用，但当宋一旦投入南京国民政府营垒后，蒋却不计前嫌，很快委以财政部长一职，使宋得以施展他所擅长的财

————————————
① 韩非:《爱臣》。

政才能。可以说，在宋最初掌财政的阶段，蒋很少加以掣肘，甚至宋子文不高兴时，发点脾气，骂骂老蒋，也都无可无不可。

宋子文也投桃报李，起初宋子文对蒋介石追求他的妹妹感到反感，但在操办这桩轰动上海滩乃至当时中国政坛的婚事时，宋子文却是出了大力的。蒋介石与宋美龄结婚，男家的主婚人是蒋锡侯，宋子文则是女方的主婚人。在婚礼的请柬上，每份都盖有宋子文的印章。在1927年12月1日举行的结婚仪式上，是宋子文挽着宋美龄走到众宾客面前，把宋美龄交于蒋介石之手的。[①] 另外，宋子文掌财期间，一度曾逢蒋介石下野，从蒋之利益出发，宋子文拒不与孙科政府合作，导致孙在财政上焦头烂额，为蒋的复出作了铺垫。

但是，从人格上讲，宋子文不是那种人云亦云、唯唯诺诺的宵小之徒，他希望建立起一种像西方那样带有现代色彩的财政制度，向往着三权分立的政体，并主张文人主政。因此，他提出了裁兵减费、确立预算的主张。

殊不知，宋子文的所作所为正触着蒋介石痛处，无疑是对蒋介石寡头政治、穷兵黩武政策的抨击。如果仅止于此，出于姻亲的面子和用人的需要，蒋介石尚能忍耐。比如说宋子文反对蒋介石扩大内战、增加军费，因而经常在经费上"捏"着一点，蒋介石就自己想办法，成立农民银行，准备自己发行钞票。但是如果宋子文不知自忌，继续培养自己的声望，那就是蒋介石所不能容忍的了。

关于宋子文被蒋介石赶下财政部长位置一事，曾有一个不入正史的传说，说宋子文理财之余也想抓点军事实权，准备成立所谓税警团，并利用手中财权从国外进口了一批武器，其装备、给养、训练均为当时一流。这让蒋介石感到吃惊，认为宋在培植私人武装。因此急匆匆将宋赶下台来，使他无所作为。

---

① 《申报》1927年12月2日。

以上传闻是否可靠姑且不论，这次蒋介石让宋子文下台确实有防范宋的意思。宋子文下台前曾出访欧美，获得不少成功，回国后威望日益增高，已经有超出蒋介石的苗头。例如，上海金融、工商界头面人物在欢迎宋子文回国的大会上，曾对宋大加赞捧，称宋子文"实可谓为中国人而能谋世界幸福者第一人物"，"是世界的外交家、世界的政治家、世界的经济家，宋先生在世界上能成功，在国内亦必能成功"。甚至把宋子文比作美国总统罗斯福，是"中国复兴之第一人"。[①] 要知道对宋子文进行上述吹捧的人大多为江浙财团头面人物，有人认为蒋介石起家，背后靠的就是这帮人的经济力量，如今宋子文居然在这些人中有如此威望，蒋介石如何能不加以裁抑，正所谓："虽近爱必诛！"[②]

陈立夫

再看蒋介石与陈果夫、陈立夫关系。蒋与二陈可谓源远流长，二陈之叔陈其美是蒋介石出道的援引者，对蒋可说是恩重如山。在十里洋场走过的蒋介石，身上不乏江湖之气，陈死后他也力图报答，因此视二陈为心腹股肱。丁惟汾去职后，他就将党务大权完全交给二陈管理，由二陈对自己负责。

二陈也不负蒋望，将党务控制得如铁桶一般，但随着经营日久，二陈在党内的势力也蔓延开来，以至盘根错节，上下纵横。他们不仅

---

① 《申报》1933 年 8 月 31 日。

② 韩非:《主道》。

控制了全国的党务、教育和文化系统，在政界和警务、司法界，CC 系也有很大的地盘。

二陈的力量终于在 1935 年召开的国民党五全大会上显示出来。这次大会，CC 系完全控制了选举，陈立夫的选票居然比蒋介石还多四票，陈立夫自知遭忌，亲自在黑板上擦去一个"正"字，这样在统计时自然比蒋少了一票，陈立夫这一举动无异于画蛇添足，更让蒋介石生警惕之心。

果然，蒋介石得此消息后，立即感到了二陈的威胁。对于处理这类事情，蒋历来果断决毅，当即打算将陈扣留起来。

自五全大会选举结束后，陈立夫就一直内心不安，他知道蒋介石心狠手辣，因此一得到这个消息，就赶紧躲到天目山上去"养病"，他托了许多人去向蒋说好话，还启动了陈其美的遗孀向蒋哭求："我儿子死了，立夫就是我的儿子，他有多大胆敢不听委员长话！你难道忍心英士绝后吗？"蒋介石抹不过这道面子才给予谅解，但从此后就一直冷落二陈，在二陈领导的中统与军统的争权夺利中，蒋始终偏袒军统，就是想把二陈的权力限制在一定的范围之内。

蒋介石对亲随侍从的约束也很严格，他有一个庞大的幕僚秘书班底和侍卫随从人马，如他在南昌行营时的秘书处以及后来成立的侍从室。这些部门不仅具有多项权力职能，其特别处还在于他们整天都在"天子"脚下，目睹其喜怒哀乐，负责其日常起居，他们可以窥测"圣"意，影响"圣"断，其能量不可低估，外官器之甚重。

这种现象在历史上也一贯有之，那些近侍大臣，甚至连身份微贱如宦官者流，都能够利用与帝王接近之利，观其色，听其言，投其所好，弃其所恶。长此以往，人主难免不受其壅闭。初则被其影响，继则大权旁落。此辈势力达于顶峰之时，竟能手秉朱笔，口衔天命，令天下为之祸乱，群臣为之倾倒。

因此，蒋介石对身边这帮幕僚亲随的约束可说是时刻不懈，凡是侍从室人员，从主任到卫士，人手一册淡蓝色封面的"侍从日记"，必须把每天的行动、做事、看书阅报等各项情况都扼要记载下来，放在枕头下面，以供蒋介石随时检查，掌握侍从室每个人的动向。

蒋介石平生恨别人擅权，对身边人员更是防范甚严。蒋手下曾有一名得力助手叫杨永泰，此人是旧政学系首领，精明干练，满腹经纶，1930年由国民党元老张群推荐给蒋介石。蒋杨相见，大有恨晚之慨。很快，杨永泰就被破格提拔为国民政府军事委员会秘书长，成了蒋介石首席智囊。

杨永泰对于蒋介石贡献最大者，莫过于他提出的"三分军事、七分政治"的"剿共"战略。1934年，他上书万言，献计在"剿共"地区建立保甲制度，控制农村老百姓活动。这些很得蒋介石欣赏，一度倚之为左右手。

杨永泰不愧有枭雄之才，为了迎合蒋介石，他每逢向蒋汇报之时，身上中山装左右两只口袋内，都备有正反两方面的条陈。同蒋介石见面，他先畅所欲言，在谈话中探察蒋介石倾向于哪一方面，然后迎合蒋的意见，从口袋中取出预备好的条陈，请蒋介石审阅。人们把杨永泰这一手戏称为"乾坤袋"。

当蒋介石得知这一秘密后，立即起了警惕之心，他尽管怜惜其才，认为"杨永泰为人精干，雄才大略，在我幕僚中确是一员干将"，但又告诫自己："此人非我同道，非忠于事者，久之其心必异。"从此规定杨永泰的公文必须先送侍从室一处或二处核阅，摘要拟办后再送他批阅，以防杨永泰迷惑"圣"听。

如果说杨永泰以上伎俩仅用于讨好迎合，蒋介石尚能容忍，但如若到了侵权的地步，蒋介石则要驱之为快了。杨永泰所在的行营秘书处，在蒋介石长驻南昌或庐山时，成了实际上的行政院，所有国民党重要军政文电都须经杨永泰过目，所有军政大员见蒋都须经杨安排，杨一时权倾朝野，他自己也操纵政事，扩大势力。当蒋介石发现这些形迹后，立即作出决定，将其调至湖北省主席位上，从而远离了政治中枢。

　　蒋介石还特别反对身边人员交结外官，侍从室每进新人，主管长官都要再三嘱咐，尽量甚至不要同外人接触。陶希圣回忆说："凡侍从室工作的人都是六亲不认的，我在里头做了好几年的组长，起初还无所谓，后来也六亲不认了，甚至经常不能回家，也不能随便到哪儿去应酬。""就是在办公的时间，大家一人一个桌子，背对背，就是面对面也不相干，一个人手里所做的事别人也不晓得，这成了一种习惯。"① 尽管如此，但由于侍从室近水楼台，一些地方大员、朝中政要还是每每对他们刻意拉拢。当时不管军政大员还是封疆大吏，到中央办事，或要求达到一些目的，侍从室这一条路非走不可，捷径就是馈赠，实则贿赂。新疆督办盛世才到重庆时，对这些中枢人物每人送了新疆名毯十条，据说暗中还附有黄金等财物。马鸿逵、马步青等来重庆，都是分赠名贵的西口皮货。

　　但是，这些都是瞒着蒋介石的。1935 年，蒋介石第一次入川，进川前，他关照侍从室工作人员，不准随便接受川军招待。可是侍从室先遣的总务人员还没有到达，川军已准备好筵席，先到的侍从人员只得吃了两天丰盛佳肴。事后，蒋介石知道了大光其火，命令将钱补交对方，并要有回执证明。当然，蒋介石这些告诫和规定并未能阻止手下人与外界的勾结联络，这乃是国民党政权腐败的一个必然现象，而非蒋氏一人之力所能制止。

---

① 　陶希圣：《报人本色的布雷先生》，载台湾《传记文学》第 28 卷第 4 期。

4．匠心独运　举贤用不肖

过去，我们对蒋介石集团人物大多流于脸谱式的刻画，非贪即庸，这是不符合事实的。蒋介石不仅有非凡的驭下之能，察人、用人也有其独到之处。在他的麾下，谋臣战将如云，如财政、外交分别有宋子文、孔祥熙，党务有陈果夫、陈立夫、丁惟汾，幕僚有杨永泰、陈布雷，军事有何应钦、陈诚等一大批黄埔将领，特务系统则由戴笠领衔。他们或精于理财，或长袖善舞，或擅长组织，或文采斐然，或能征惯战，文韬武略、鸡鸣狗盗兼而长之，堪称一时之选。

关于用人的标准，根据传统，理应"举贤而去不肖"。但是，蒋介石却能根据实际情况变通处理，无论贤者或其不肖，只要符合需要，一律登用不误。

当然，蒋介石对贤者与不肖的使用与选择还是能把握住分寸而区别对待的，从蒋一生在用人问题上的取舍可以看出，他在人才的选择和使用上，非常注重于三个方面的考察，即忠诚、才干和操守。

忠诚，这里仅是讲对蒋个人是否忠心不二，才干就是指人的才能与见识，而操守则应理解为人们所共有的行为道德标准，如廉洁、奉公、勤勉、谦虚等等。

三者俱备者，蒋介石是倚重有加，慰藉有加，他可以委重任，托重付，用人不疑，百般呵护。请看他对陈布雷之态度。

陈布雷是在蒋介石第二次下野、临赴日本之前由国民党元老张静江介绍给蒋介石的。据说促成此事还与共产党有关。北伐后，中国共产党曾考虑物色一位文采出色而为人正直、富有正义感的中间派人物给蒋介石做秘书，认

张静江

为陈布雷是合适的。于是派人与陈布雷的同乡陈友仁联系，请求张静江为之引见。陈友仁是张静江的女婿，蒋混迹于上海交易所时，张静江曾给予不少资助。陈布雷并非无名之辈，在辛亥革命到北伐战争期间，他在上海《天铎报》《商报》《时事新报》任主笔，发表了不少反清廷、驱列强、打倒军阀、提倡革命的文章。蒋介石读了陈文后倾慕不已，早想引为左右，因此，张静江的介绍便一拍即合。

陈布雷身体羸弱，书卷气极浓，具有中国传统知识分子的某些典型特点，狷介傲岸，公正廉洁，追求理想完善的人格。他虽然久蒙"圣宠"，但绝不恃权傲物，官场中也很少交往。每日握管不停，而日常起居却极为简朴。他的府前门可罗雀，很少有贵宾来往，因为大家都深知他的秉性，从不找他向蒋介石进言。陈布雷对自己的子女也没有一个凭他自己的地位而安插进政府部门的。在国民党高级官僚中，像他那样富有正直公平之心、谨行奉公守法之举的人确实少见，真可谓"出淤泥而不染"。

陈布雷对蒋介石的忠诚也无可怀疑。前面说过，陈身上具有浓郁的旧式知识分子的习性，重知遇之恩，奉行"以国士待之，当以国士报之"之准则。他对蒋介石确实做到了竭思殚虑，死而后已。即使在自己临终前，仍不忘为蒋考虑，在他写给自己秘书蒋君章、金省吾的遗言里，这种报主之心依然可摸可触。

"君章省吾两兄：我今将不起，与兄等长别矣。此事并非突然发生，实在从今年夏天以来，即觉我已无生存人世之必要，故请兄等千万勿再请医生医我（医我亦决不能活，徒然加长我的痛苦，断不能回生也），善后诸事我不忍预想，亦无暇预言。第一件事，乃为如何发表消息，此事可请芷町、希圣诸兄商量，我意不如直说'从八月以后，患神经极度衰弱症，白天亦常服安眠药，卒因服药过量，不救而逝'。我生无补时艰，断不可因此举而使反动派捏造谣言，我实在是自责自谴，无法再生存下去，神经已反常，不能自制也。另纸多事，请两兄注意，深谢相随数年之厚意。畏垒留言。"

陈布雷的死因非常复杂，见仁见智，有诸多说法。但有一点毫无疑问，即他对前途已丧失信心。有人认为他的死是自我解剖、自我否定的结果，尽管他鞠躬尽瘁，可惜却明珠暗投，只能用一死来否定自己的一生。但是，尽管如此，为报知遇之恩，他临死前还为蒋介石操心，害怕有人利用他的自杀对蒋不利，而亲自编造谎言，真是愚忠可悯。

对于这样的人才，蒋介石自然十分器重，放手使用。陈布雷从38岁至59岁长达21年期间，他一直是蒋介石贴身的文字侍卫官、首席幕僚长、首席秘书。有人曾把侍从室的性质作一比喻，认为它仿佛如清代的军机处，而陈布雷则仿佛如军机大臣。即使抗战胜利后，侍从室实行改组，陈布雷卸去侍从二室主任职，但在蒋介石心中，他的职务依然未变，什么机要事件或棘手事件都交给他，所下的手谕依然称其为陈主任。有人认为，他在当时得蒋介石信任之专一，关系之密切，所处地位之重要，在蒋介石亲信中，实无出其右者。

蒋介石对陈布雷的人格也是尊重的，平日相见，总是以布雷先生相称，相询召见之时，君臣相对，蒋总是颔首倾听，态度专注。陈布雷50岁寿辰，蒋特书联语"宁静致远、澹泊明志"赠陈，"略表向慕之意也"。在生活上，蒋对陈也特别照顾，蒋平生反对和讨厌别人吸烟，有烟瘾的军政大员在见蒋前都要过足了瘾后方敢前行。但是，蒋介石对陈布雷却网开一面，不仅不反对他吸烟，有时甚至特意将一些进口烟卷送陈，以此示惠于陈。

陈布雷并非那种目光短浅、受宠若惊之辈，他有才华、有思想、有见识和抱负。在他对蒋失望之际，仍不肯"背主"，固然有封建士大夫那种耻为"二臣"之迂腐，同时，也是受蒋介石那套驭下手段之羁绊的结果。

遍数蒋氏所信任赏析者，除陈布雷外，陈诚也算是突出的一位，堪称蒋介石的心腹宠将。

陈诚，字辞修，1898年1月4日出生于浙江省青田县。1924年，26岁的陈诚随邓演达进入黄埔军校任上尉特别官佐，负教育副官之职。因偶然与蒋介石不期而遇，从此升腾发迹，将其终身命运，与蒋连到了一起。

蒋陈相识，带有一种偶然性的戏剧色彩。当时蒋介石任黄埔军校校长，他每天都有于清晨来操场散步，有等候学生早操、训话的习惯，而这天，陈诚因失眠不能入睡，遂翻阅《三民主义》以度长夜，至天将明之际，携书至操场练习单杠，而恰巧与蒋介石相遇。

蒋平生自负有察人之能，特别注意从细枝末节处观察，他见陈所带的《三民主义》书中圈圈点点，显然已认真阅读过，而陈诚这种"闻鸡起舞"的精神和表现也使他欣赏。从此，陈诚这个名字就深刻在他的脑中了。

在蒋介石使用和考察陈诚的过程中，陈诚充分表现了他的忠心和才干，蒋介石的领袖欲极强，陈诚则投其所好，与那些低级拍马屁者相比高出一筹的是，他把对蒋介石的个人崇拜上升到理论化和系统化的高度。

陈诚特别强调蒋介石的个人作用，他认为："在当今的中国有领袖，主义才能发扬光大；有领袖，革命才有固定的重心；有领袖，中国才能真正地完成统一。"① 而"我们今天则有一个千古罕见的英明睿智的领袖 —— 蒋先生"。②"领袖是我们的太阳，服从领袖的意旨，执行领袖的命令，这是全民应有的天职"。③ 他要求人们把自己的精神、智慧、自由和生命都贡献给蒋介石，"我们还要抱着一种圣洁的胸襟，像欧洲殉教徒一样的衷肠来服从领袖，使领袖的伟大精神如太阳光辉，如明珠宝鉴那样普照于天下"。④

陈诚在宣扬对蒋介石的个人崇拜中，自己也率先作出榜样，他见到蒋介石像都要行"注目礼"，提到蒋介石名字，即要肃然立正。他的这种行为自然得到其他人的仿效，从而在国民党集团内部形成了对蒋介石崇拜的氛围。

陈诚的才能也确实有过杰出表现，随蒋介石东征，他征战淡水，炮摧惠州；军阀混战中，他为蒋重创唐生智、交锋冯玉祥；抗日战场上，他又拼搏在淞沪战场，征战于华中、桂南、粤北，还指挥过远征军，取得鄂西大捷。陈诚不仅有带兵之能，还长于治兵与行政。陈诚治军，厉行"经济公开"、"用人公开"、"意见公开"三公开政策，他的看家资本第十八军和第十一师在国民党军队中，是一支具有独特风格的战斗部队。陈诚主政，作风严厉，办事踏实，掌管湖北省政期间，他下重力除弊，实行"三禁"，即禁烟、禁赌、禁娼。这在鄂西曾风靡一时，也取得了一定的成效。

在国民党高级将领中，陈诚的廉洁也是有口皆碑的，他最痛恨贪污枉法、克扣军饷者。主政湖北时，凡贪污者碰上陈诚刀口，很少活命的。他针对国民党军队克扣军饷、贪吃缺额之风，提出经济公开口号，规定薪饷必须严格执行上级规定的制度，按月发清，绝不拖欠，各级长官申报的空额必须

---

① 陈诚：《领袖言行的体系讲授大纲初稿》。

② 陈诚：《认识时代 —— 一个民族复兴的时代》。

③ 《陈部长最近言论集》。

④ 《陈部长最近言论集》。

有严格限度，各连队的伙食，须由全体士兵轮流采购副食品，然后向全连公开账目。陈诚这一套之所以能贯彻下去，在于他自己能够身体力行，以身作则。

蒋介石对陈诚的喜爱是溢于言表的，谭延闿为国民党元老，又是蒋宋伉俪之结缘人，谭生前曾将爱女谭祥托付蒋宋，嘱其为之物色佳婿，而蒋则选中陈诚，亲自为其择配佳偶。这桩婚姻令陈诚满意至极。

随着何应钦失宠于蒋介石后，蒋更刻意培植陈诚，从黄埔练兵到中原大战，只五六年时间，陈诚已由上尉升至上将。1944 年冬，陈诚又挤走何应钦当上了军政部部长。退至台湾后，又先后担任"副总统"、"行政院长"，成为国民党的二号人物。为人臣子，他也算攀到顶峰了。

蒋介石对陈诚的爱惜几近"护短"，1933 年，陈诚任第三路军总指挥，"围剿"红军，损失惨重，一天之内二次丧师，亲兵第十一师几乎全部被歼，熊式辉为此电告蒋介石："最近一月以来，有第五十九、第五十二、第十一各师之挫败，一切情形想已洞察，计师长死伤四员，旅长六员、团长十六员，步枪损失当以万计。"他还隐言要求撤掉陈诚，"务请中央速筹办法，加调得力部队，并另派大员来此督剿"。[①]

熊式辉的攻击并没有奏效，陈诚尽管遭如此惨败，但其夫人走了宋美龄的路子，不但将此风波消弭于无形，而且蒋介石还立即给陈诚的第十八军和第十一师予以充足的兵力补充，使陈迅速恢复了元气。

陈诚在东北战场上的失败是国共两党力量对比转折的一处关键，遭到国民党上层人士的普遍诟病。1948 年 3 月在南京召开的"国大"上，何应钦联合桂系及其他派系展开了对陈诚的攻击，许多代表慷慨激昂，提出"请杀陈诚以谢国人"。东北代表张振鹭要求蒋介石仿诸葛亮挥泪斩马谡。陈诚已到了世人皆曰可杀的地步。

---

① 南京国民政府行政院档案，中国第二历史档案馆藏。

但是，蒋介石却独怜其才，他亲自出马为陈开脱，说"责任在我，与辞修无关"。[①] 蒋介石一生，善于诿过他人，如今却甘愿为陈诚背锅，可见陈在他心中之分量。

蒋介石对陈诚也真正做到了信而不疑，用而不疑。蒋平生最嫉妒的人中，邓演达算是一位，这不仅在于邓的雄才大略和坚定刻苦的精神，还在于黄埔军校学生对他的尊敬和信仰。蒋介石之所以能在与党内政敌斗争中屡屡获胜，一个重要的原因就在于黄埔军人在他的掌握之中，这是汪精卫、胡汉民等不及他的地方。邓演达则不同，他在黄埔同学中地位极高。邓驭下极严，但处处以身作则，学生、教官无不敬惮；蒋则以煦煦之仁向学生施恩。因此，邓、蒋在黄埔中分别被人以"严父"、"慈母"目之。

陈诚与邓演达关系甚密，早在保定陆军军官学校，他们就是校友。陈诚进了建国粤军，又成了邓的下属，并在一次战斗中负伤，得邓于火线上相救。离开粤军后，陈又随邓进入黄埔，在邓领导下工作。在工作和战斗实践中，陈始终是邓的直接部下，邓激进的革命思想、踏实的工作作风和勇敢的战斗精神给陈诚留下了深刻印象，陈诚对邓演达的敬重是发自内心的。

即使邓演达与蒋介石公开对立后，陈诚对邓的景仰之心依然未泯，宁汉对峙时，陈就向部下表示，愿将部队带到武汉，支持邓演达。邓演达组织第三党，陈则表示支持其政治主张，并要从第十八军公积金项下，向邓提供经费。第十八军的一些高级军官也参加了这一组织。1930 年 8 月，邓演达准备发动一场武装起义，推翻南京国民政府，就曾准备利用第十八军力量而加强声势。

邓陈关系如此密切，蒋不会不风闻。因叛徒出卖，邓被蒋介石秘密杀害于南京麒麟门外沙子岗，陈诚闻此噩耗，泪流不止。他曾电蒋辞职，称"上无以对总司令，下无以对恩友"，表达了他的坦率、忠诚和义气。

---

① 方靖:《六见蒋介石》。

　　而蒋介石的驭人之能正表现于此，在陈诚貌似背叛的举动后面他看到了潜藏着的忠义。他不仅不追究此事，相反却召陈相见，称其与邓交往纯属私谊，并勉励他继续工作。在以后对陈的使用中，仍放心大胆，百般呵护，使陈成为他手下最忠实的得力大将之一。

　　从蒋介石对陈布雷、陈诚二人的使用上可看出，蒋介石不仅重视臣僚的忠诚和才干，对其个人品质和操守也是十分讲求的。蒋介石一贯认为，一个人可以以小见大，他如果无恻隐之心、无辞让之心、无是非之心，没有基本的道德伦理观念，即使有才，也其久必异。对其使用，必须辅之以权术，加之以掣肘，严格掌握分寸尺度。

　　蒋介石对待戴笠，就属于上面的例子。

　　戴笠，字雨农，黄埔六期生，为人机警、残暴，是蒋介石实行特务政治的最好帮手。

　　特务政治，古来有之，明太祖朱元璋曾广织特务网络，连大臣在家一喜一怒都不放过，要绘之榜上，以示君主无所不察。到了明中叶，东厂、西厂、锦衣卫这些特务组织更是猖獗一时，弄得人人自危，加剧了社会的混乱。不过，任何事物都有两面性，以明中叶那些在位的皇帝论，昏庸不堪者居多，有的甚至数年不理朝政，然权贵外臣虽擅权者多，却谋反者少，这大概也与特务政治肆虐有关。

戴笠

　　蒋介石是十分欣赏且热衷特务政治，他器重戴笠也正是因为戴有这方面才能。

戴笠是靠打小报告起家的，有人控告说他当年只能拦蒋介石汽车以递报告，而戴笠却自我申辩，他不是"拦"而是"等"候蒋介石下汽车时，跑步呈上报告。但无论如何，这已有低下无耻之嫌了。

但是，戴笠掌握军统之后，确实将特务活动搞得轰轰烈烈，有声有色，杀人越货，偷盗绑票，无恶不作，为蒋介石消灭异己和政敌立下汗马功劳。

戴笠对蒋介石也很忠诚。西安事变后，宋子文和宋美龄决定亲赴西安，同张学良和杨虎城面晤，而戴笠则主动请缨前往。当时宁方对张杨态度尚未透彻了解，而戴笠平时作恶太多，东北军早对他痛恨入骨，此行是担着风险的，临行前，他在南京曹都巷特务大礼堂召集科股长以上人员讲话，涕泪交流，"此去凶多吉少，我到西安和校长共生死"。到了西安后，他为表忠心，又要求住在蒋介石附近，以略尽保卫职责。

蒋介石对戴笠也很欣赏和重用，戴笠喜欢蛮干，他的手下人员都喜欢摆出一副吃相难看的样子，用便衣武装代替一切，置国家法律于不顾。而蒋介石则特别欣赏戴这样干，并总是把暗杀、捣乱、偷盗的任务交给军统。为了奖励军统在社会上造成的法西斯恐怖，日本投降后，蒋还密令，在收复区，只准军统有行动权，而二陈控制的中统仅有报告权。

蒋介石还通过扶植军统，抑制中统，扩大戴笠的权势，戴笠不仅在特务领域内称王，同时在文化、宣传、教育等部门也插手其间，控制了不少地盘。

戴笠的横行不法，为非作歹，也使他声名狼藉，军统的名声臭到连国民党内部的清介之士都耻于与之为伍。对戴笠，蒋介石虽然出于需要而予以大用，但在心中却从未把戴笠当作人看。

戴笠也不想长期以此面目出现于人前，有一段时间，他很想以君子的面貌从事正当的军事、政治活动，他曾打过做第三战区司令长官的主意，又曾想担任"三民主义青年团"秘书长，但蒋介石对戴的意愿却从来不屑一顾。戴在其眼里充其量是鸡鸣狗盗之流，是上不了台面的。

　　与对待陈布雷、陈诚这些忠诚、才干、操守三者俱备的人不同，蒋介石对待戴笠也无丝毫尊重，他对戴笠可以随意责骂、罚跪、抽耳光。早在1935 年，蒋介石在杭州对特务人员训话时，就规定了他们职权范围，就是做好他的耳目和工具，"除服从命令外，没有你们个人意志的自由"，"你们特务工作就是领袖的耳目，换句话讲，就是领袖所用的革命工具。做工具的人，只有死心塌地地绝对服从主官的命令，随时准备为领袖牺牲自己的一切，主官要你们死就死，要你们活就活，毫没有你们抉择的余地"。[①] 这段话，实际上也是戴笠在蒋心目中地位之写照。

　　蒋介石对戴笠也有所牵掣和警惕。戴笠一直想把首都警察局控制在手中，由军统的人出任局长，戴的亲信任建鹏已经将首都警察局印信在身边带了八年，但蒋介石就是不答应，无可奈何之下，戴最终还是交了出来。戴笠也知道蒋介石对他的看法，曾对人说："我将来如果不死在共产党手里，也早晚会死在委员长手里。"

　　蒋介石是个受传统文化影响甚深的人，在用人选能问题上，他懂得"壁立千仞，无欲乃刚"的道理，操行不谨之人，纵使有才，也只能为枭雄之才，纵使有"忠"，危难之际，也难守志节，对这些人，蒋介石在使用上总是有所把握、有所约束的。

　　当然，蒋介石手下既庸且贪者也如过河之鲫，据李宗仁评价，抗战初期，战场上表现最差的要算是第一战区副司令长官兼第二集团军总司令刘峙了。刘氏在华北溃败时，曾受到撤职查办的处分。但是不久，蒋介石又重新起用刘峙，以致外界闲言啧啧。甚至连宋美龄都听不下去而向蒋介石进言，恐刘峙难以担任指挥作战之责。

　　但是，蒋介石却另有一番苦衷，他也知道刘峙指挥作战不行，但却反问宋美龄，除刘峙外，又有谁能像他那样绝对服从指挥呢？确实，蒋介石

---

① 　蒋介石:《特务工作人员之基本修养》。

在大陆期间，国民党内部派系林立，腐败成风，已到了举世皆浊的地步。像陈诚那种既对蒋忠诚不贰，又富有才华、操行严谨之人何其难寻。退而求其次，蒋又不放心，生怕尾大不掉，遂造成互相牵制、互相掣肘之局面；再等而下之者，则仅能取其"忠"，而不得不用其"庸"，这便是蒋介石的悲剧了。

5．培植"太子" 继承大位

　　尽管蒋介石偷换概念，自称领袖而不称君主。但是，蒋介石早把国民党政权视为"蒋家王朝"。正因为如此，我们视蒋介石与蒋经国，就不能仅仅从父子关系上着眼，不能将之简单地归入"家务事"之类。

　　如以封建君主时代论，蒋经国地位非同寻常，他出自蒋介石元配夫人毛氏，宋美龄因终身不育，不存在以宠夺嫡的危险。蒋介石另一个儿子蒋纬国不仅非长非嫡，其母名分全无，而且身世还大有疑问。因此，以血缘嫡长论，蒋经国应是承继大统的唯一人选。

　　蒋介石对膝下的两位公子也态度迥异，"经儿可教，纬儿可爱"。蒋介石内心早有定夺，对蒋纬国，他更多的是一种温情和舐犊之爱，而对蒋经国，那份感情却复杂得多。

　　蒋介石笃信"天降大任"之类的箴言，对蒋经国不娇不宠，督之甚严。蒋每次回家省亲，只把大包小包的糖果礼品塞到小儿子手中，而对站在一旁的经国不闻不问，以致毛氏夫人都看不下去。

　　但是，蒋介石对大公子的教育却抓得很紧，蒋经国六岁入学开蒙，七岁则由蒋介石托付给了塾师顾清

蒋氏父子

廉，顾原是蒋介石塾师，素为蒋所敬重，现在又让儿子去受业，父子两代同师，蒋介石显然想让儿子沿着自己的路走下去，这是他的苦心所在。

蒋介石对儿子的教育奉行"中学为本，西学为用"的原则，他认识到："现在时世，不懂英文，正如瞎子一样，将来什么地方都走不通，什么事业都赶不上。"[①] 因此，在 1921 年夏，他把蒋经国送往上海读书，但同时还派塾师王欧声随往，以就近教导经国国文。这期间，蒋介石在给儿子的信中，谆谆不忘以孔孟之道相教诲，有的信根本不叙家常，仅是指明《曾文正公文集》某段某段，教儿子读看，以代家书。

在蒋经国读书这段期间，蒋介石尚处于个人奋斗阶段，少有精力过问家事。另外，蒋介石此时正与陈洁如打得火热，对结发夫人毛氏由冷生厌，由厌生憎，态度极为粗暴。而蒋经国从小在母亲怀抱中长大，事母极孝，加之父亲的严厉和冷漠，在他幼小的心灵中父亲的形象并不高大。

在上海读书期间，蒋经国曾因投入"五卅"运动而被学校开除。旋赴北京，入吴稚晖所办"海外补习学校"学习俄文不数日，又因参加反对北洋政府的示威游行，被北京警察局关押两周。获释后便于 1925 年 8 月到广州探亲，10 月即随一批黄埔学生共赴苏联留学。

从以上经历看，蒋经国的这段表现不乏一个年轻人应有的正直和热血，后来他在苏联宣布反蒋，既不显突兀，也不能完全说是被迫，他在给母亲的信中，表示对家庭方面有难以想象的烦恼和愤恨。[②] 很明显，这种烦恼和愤恨是直接针对蒋介石的。

四一二反革命政变发生后，在苏联留学的蒋经国与其他留学生一道，参加了反对蒋介石的宣传活动。他那雄辩的演说赢得了全体学生雷鸣般的掌声，他宣布："我在这里不是作为蒋介石的儿子，而是作为中国共产主义青年团的

---

① 蒋经国：《我的父亲》。
② 《蒋介石的私生活》，台湾洞察出版社，第 96 页。

儿子来讲话的。"① 他在几天后发表的声明中说："蒋介石的叛变并不使人感到意外，当他滔滔不绝地谈论革命时，他已经逐渐开始背叛革命，切望与张作霖和孙传芳妥协。蒋介石已经结束了他的革命生涯。作为一个革命者，他死了。他已走向反革命并且是中国工人大众的敌人。蒋介石曾经是我的父亲和革命的朋友，他已经走向反革命阵营，现在他是我的敌人了。"②

蒋经国的声明无疑是对蒋介石的棒喝，父子失和公之于天下，蒋介石对自己作了严格的检讨，他在 1931 年 11 月 28 日日记中写道："近来甚念经儿，中正不孝之罪，于此增重，心甚不安。"

这段日记反映了蒋经国在蒋介石心目中的地位，他还是从传统的"不孝有三，无后为大"的观念出发，即使空有江山在手，而不能传之后人，夫复何乐。

从此以后，蒋介石不断派人打听蒋经国下落，与苏联政府交涉，他要让蒋经国回国，从而使"蒋家王朝"世世代代绵延下去。

1937 年，蒋经国终于从苏联回国，蒋介石也改变了他对大公子的态度，以亲情而感化，以重任来磨砺。作为父亲，他有舐犊之爱；作为统治者，他有私心将江山传给自家人。因此，对蒋经国的培养，蒋介石既有真实的感情成分，又不可避免地掺杂进某些权术的东西。

父子相见的一幕是耐人寻味的。据目击者回忆，蒋介石当时禁不住泪水涌上眼眶，他怕被人看见，忙用报纸遮住脸。③ 蒋介石生性坚毅，这次流泪确属罕见，这是真正发自内心的天伦情感的流露。

但蒋介石并没有沉溺其中，随即将儿子遣回家乡，为了清除蒋经国留苏期间所受的思想影响，继续按照自己原定的模式重新教育儿子。溪口镇清静幽雅，正适合修身养性。蒋介石不仅为蒋经国延请名师，还将一套顾清廉圈

① ［美］盛岳:《"四一二"政变时的蒋经国》。

② ［美］盛岳:《"四一二"政变时的蒋经国》。

③ 居亦侨:《跟随蒋介石十二年》。

点过的《曾文正公全集》和朱子的《通鉴纲目》、王阳明的《阳明全书》等送给儿子，让他认真研读。

当蒋介石自认为已经将蒋经国的思想扭转后，随即开始逐步实行子承父业的重大步骤。

由于蒋经国未建寸功，骤当大任，恐难服众，因此，蒋介石最初把蒋经国托付给江西省主席熊式辉，让蒋经国先在基层干上一阵，以增加磨炼。一年以后，在蒋介石的精心安排下，蒋经国于 1939 年 6 月到重庆参加中央训练团第三期党政干部训练班受训一个月。结业前，经蒋介石批准，被增选为三青团中央干事，随后又被任命为三青团江西支团临时干事会干事兼筹备主任。

此番蒋经国受训，是他飞黄腾达的关键，因为三青团实际上是可与国民党对等的独立政团。蒋经国已从下层一跃跻身到国民党团中央，成为团的高层领导人之一。1947 年 9 月，三青团被国民党合并，根据党团合并规定，蒋经国又顺理成章进入国民党中央。不仅如此，蒋经国在团内的许多亲信也进入了中央执委会，"太子系"的力量进入了空前发展的阶段。

在蒋经国地位不断提高的同时，蒋介石开始为"太子"扫除障碍，铺平道路。他传授机宜，让蒋经国首先从干部抓起，培养自己的基础力量，在蒋经国主持下，"青年干部训练班"、"新赣南经济建设训练班"相继举办，这完全是仿蒋介石办黄埔军校的做法建立起自己的嫡系。

在蒋经国与对手展开争权夺利斗争的过程中，蒋介石完全本着"血比水浓"的原则，为争夺三青团，他抽去亲信康泽在团内的基石，让蒋经国控制了团的组织用人大权；为争夺青年军，他不惜抑制宠将陈诚，让蒋经国控制了青年军政工系统；为争夺国立政治大学，蒋介石将计就计，玩弄连环套，让二陈上钩，拱手让出"政大"实权。终于使蒋经国集军、团、校诸要职于一身，在派系林立的国民党内部有了立足和抗衡的力量。

国民党退至台湾以后，那些派系头目、军政大员死得死，降得降，或乘槎于海，或充作寓公，剩下的也被蒋氏父子弃之如敝履。他们对大陆败退下来的几十万残兵败将先不准登陆，留在外洋，统统缴械，然后通过审查、官兵分开，打乱原有编制重新组合，以防派系现象重新在军队中出现。蒋介石此时对蒋经国的培植已到了全无顾忌的地步。

1950 年 7 月，蒋介石决定成立国民党中央改造委员会，蒋经国为十六名委员之一。中央改造委员会相等于国民党中常会的地位，只有十二年党龄的蒋经国如今已跻身于中央决策阶层。在派系林立的大陆时期，蒋介石尚有顾虑，如今逃亡海岛，经过淘汰清洗，蒋介石已可以为所欲为了。

清除了大陆来的旧派系，扼杀了正在崛起的欧美系后（欧美系代表人物台湾省主席吴国桢，被逼走美国；陆军总司令孙立人，因所谓"通匪案"被长期软禁），现在的问题就是如何山水不显，风声不泄。他选中了他的心腹爱将陈诚作为陪衬，在 1952 年 10 月举行的台湾国民党"七全大会"上，在蒋介石的安排下，大会专门作出了颂扬陈诚的决议。1954 年，陈诚又当选为"副总统"，后来又相继当选为国民党副总裁、"国民政府行政院长"，成了台湾的二号人物。

一切迹象似乎都表明蒋介石已将陈诚选为接班人。其实不然，蒋介石十分清楚陈诚的身体状况，陈诚患有严重的胃疾，早就不堪繁剧。另外，陈诚聪慧过人，善解人意，每与小蒋发生争执都退避三舍。让他顶此位置，既可塞悠悠之口，又可从容布阵。利用这段时间，蒋经国已经逐步掌握台湾党政军大权，羽翼丰满，未雨绸缪。

果然不出所料，1963 年国民党"九大"会议上，陈诚以不堪繁剧为由辞职，不到两年，就因肝癌病逝于台湾。陈诚"以死让贤"，使蒋经国的接班更见顺利，至于以后接替陈诚的严家淦，其人无才无野心无势力，对蒋经国根本构不成一点威胁。在蒋介石精心布置下，子承父业已经是瓜熟蒂落，水到渠成了。

以上所举，仅为其荦荦大者，难免挂一漏万，诸如远交近攻、扶强抑弱、敲山震虎、杀鸡儆猴、上房抽梯、落井下石、以利饵敌、火中取栗，这一套套手法，蒋介石操练得得心应手，炉火纯青。他虽然取法于前人，但却有青出于蓝胜于蓝之势。民国初年，中国出了个大权术家袁世凯，堪称举世无两，连号称中国政坛的不倒翁、算盘打得极精的山西土皇帝阎锡山也自叹弗如，承认他当时最害怕的人就是袁世凯，但与蒋比较，阎却认为蒋更为可怕。此话出之玩弄权术的行家阎锡山之口，足可见蒋介石玩弄权术之技巧非同一般。

附

《蒋纬国口述自传》①中的《陈洁如回忆录》质疑

这本书是一个不知实情的人，假借陈洁如的名义所写的，而且这本书也不是陈洁如在世时写的，作者的目的就是要污蔑"老总统"。

我在"国安会"秘书长任内，有一次在前往"立法院"备询之前，刚好拿到这本书，就在途中看了一下，结果质询时正巧有"立委"对此书提出问题。他说："我有一个问题，涉及你私人的事情，是不是可以问？"我就转身向主席报告："主席，我不愿意耽误贵院的时间，如果他要问私人的事情，可以在院外问，如果他一定要问，而主席也认为可以问，我照样可以答复。"主席说："长话短说好了，不要占用太多时间。"那位"立委"就拿出一本《陈洁如回忆录》问我："这本回忆录你看过了没有，你对这本书有何感想？"我回答他："非常凑巧，我刚刚才拿到书，我还没有完全看完，只看了前面一段，我只答复我已经看到的而且只关于我自己的部分，与我不相干的部分不必浪费时间，因为现在我们是在院会中。"

做了一段说明之后，接下来我就开始讲："我可以举出这本书中有关我的部分，来证明这本书是伪书。一件是文字上的错误，另一件是相片上的错误。文字上，该书说陈洁如是在我六岁时在张静江先生家里第一次看到我的，事实上，我是九岁时在广州第一次看到她的，可见得这本书不是她自己写的。至于相片上的错误，是因为党史会有一次在国父纪念馆举行展览时，把

---

① 《蒋纬国口述自传》，中国大百科全书出版社 2008 年第 1 版。

一张相片的内容及说明弄混了，许多报章杂志引用这张相片，自然也发生错误。那张相片是父亲坐在中间，旁边有一大一小的男孩子分立两侧，相片说明为：长公子经国、次公子纬国。'铣'和'甘'用湖州音念起来是'心肝'，也就是心肝宝贝的意思。后来大公子陈铣夫报考杭州笕桥空军官校时，有朋友借着私人关系带着他到杭州市飞行，结果飞机失事，不幸去世。铣夫哥去世后，英士伯母非常伤心，就把甘夫哥的名字改成惠夫，因为他们是很虔诚的基督教徒，认为这是上帝赐给他们的恩惠。来台后，惠夫哥是交通银行的协理，不久前在副总经理任内病故。我相信在座各位一定有很多人认识他。"我把相片举起来时，马上就有一位"立委"：说："我认识他，这个一看就知道是陈惠夫。"虽然那张照片里的陈惠夫只有十几岁左右，但是脸型已经定型了。

　　最后，我就跟"立法委员"说："我从一段书面文字与一张照片就可以证明这本书所说的是假的。以陈洁如与陈家、蒋家的交情来说，就算她忘记第一次看到我的时间，但是绝对不会分不清我和哥哥以及陈家两兄弟。况且陈家两兄弟年龄的差距与哥哥和我的差距不一样，我和哥哥相差六岁半，而照片里的两个孩子年龄相差并不大，再者，依照相片的拍摄时间来看，哥哥那时已经到俄国了，而我也到东吴附中念书了。而且以陈洁如女士的为人而言，即使书上所写的事情是真的，她也不会写出来。我也用不着袒护自己的父亲，请问在座各位，你会不会把一个十三岁女孩子骗到旅馆里，把房门反锁？以领袖的人格与个性而言，他绝不会做这种事。退一百步来说，这件事即或是真的，陈洁如也不会写这种事情，因为她实在是一个很有教养的女士 (nice lady)。我跟她非常熟识，虽然她比我大很多，但是当我到广州时，我们两人很快就变成玩伴，经常一起在家聊天，或是出外逛街，她是一位非常善良的女士，很有风度，也很懂道理。我有一张和她合拍的照片，那张照片是我们在车站送行时所拍摄的，照片中张静江先生坐在椅子上，我站在一边，陈洁如则站在另一边。"那位"立委"后来就问不下去了，我也趁机向大家解释，这本书可以说是一无阅读的价值。

问: 这本书是从大陆翻印过来的，我问过唐德刚，他说这本书最原始的出处是由史丹福大学流出的，应该是一半真一半假。我也问过刘绍唐在印这本书时有没有修改过，他说只有一处地方改过，就是你刚才说的那一段。他说当初写得还更激烈，把那件事说成是强暴。所以我们现在看到的是经过刘绍唐改过的部分。

答: 擅改别人的稿子似乎不太好。

问: 他如果不改，那段写得更坏，把老先生写成强暴案主角。

答: 不管好坏，他擅改不就成了伪造文书吗？而且，改过之后的意思与原稿也相差不多。

问: 据说这是一份旧稿子，不是新稿子，后来经过整理才发表的。不知道史丹福大学是从何处得来的。我想这些事情可能是作者随便说说的。

答: 这本书绝对不是陈洁如自己写的，而且是在陈洁如死后写的，因为死无对证。如果她还在世，她可以对该书作者提出控诉。

问: 我看过一些她与老先生之间的信件，从信里面可以感觉她是个很有教养的人。

答: 民国初年的社会风气很保守，夫妻、老友之间不会直呼其名。这本书里面有一段叙述，生母把我从日本送到上海时，陈洁如开门，一见到她便叫着说:"季陶，你看谁来了！"陈洁如绝对不会喊"季陶"，这点我可以保证。在那个时候，我的母亲称呼父亲为"介兄"，陈洁如又怎么可能直呼父亲好友的名字呢？这是不可能的。直呼其名是西式规矩，传统的中国人不会如此的。坊间有一篇文章说父亲和戴伯伯合交一个女朋友，所以，究竟我是蒋先生的孩子，还是戴先生的孩子，连他们自己都搞不清楚。殊不知，那时候的人不仅不会合交一个女朋友，就算是逛窑子，也不会找同一个女孩子。

后 记

宋代李曾伯挽史鲁公诗曰:"盖棺公论定,不泯是人心。"蒋介石于1975年清明在台北去世,其棺暂厝台湾慈湖。据说蒋介石生前对自己有个评价,云不如孙中山那么高,但又没有朱元璋那样低,因此陵墓应选在南京中山陵与明孝陵之间。20年就要过去了,逝者长已矣,夙愿久未成,盖棺不能论定,入土亦难为安。

作者生活的石头城中,是烟笼寒水月笼沙的金陵春梦处。工作环境原为国民党国史馆,遗有汗牛充栋的民国档案,如果能将案卷立着紧紧相连,可绕南京城墙四圈有余。咫尺之遥便有黄埔路官邸、总统府、中央军校、国民大会堂、励志社等陈迹,都是当年蒋介石统治所在。

从沉甸甸的历史尘卷中,翻阅前朝记载,始悟我们以往在论及蒋介石及其国民政府时,不少观点有失偏颇;而台港学者,评价不乏阿谀。不是鬼,即是神。我心不泯,小子狂傲,《蒋介石的家事与国事》大概是属这种认识的产物。我们力求将蒋介石写得有血有肉,有情有欲,还其历史真实的本来面目。"文章千古事,得失寸心知",要做到这一点,也不是区区几十万字所能达到的。

本书的作者,均为历史专业工作者,也许操持起八股式的文章来尚可应付,而想写成一部熔可读性、科学性于一炉的专著却勉为其难。但有一点理直气壮,本书所引用的史料,"无一字无来历",有不少是第一次公布于世的"黑匣子",对治史者研究蒋介石或有一定用处。

该书由王晓华、张庆军主编,全书撰写目次如下:王晓华:家庭篇、婚姻篇;张庆军:思想篇、权术篇;孟国祥:外交篇及军事篇第6节;戚如高:军事篇第1—5,7、8节。全书由王晓华、张庆军策划、统稿。